本书受到云南省哲学社会科学规划项目、
云南大学“双一流”学科建设出版基金经费的资助

白语儿童焦点韵律的习得和发展

刘增慧 著

中国社会科学出版社

图书在版编目(CIP)数据

白语儿童焦点韵律的习得和发展/刘增慧著. —北京：中国社会科学出版社，2023.4

ISBN 978-7-5227-1605-3

Ⅰ.①白… Ⅱ.①刘… Ⅲ.①儿童语言—白语—语言学习—研究 Ⅳ.①H003②H252

中国国家版本馆 CIP 数据核字(2023)第 047980 号

出 版 人 赵剑英
责任编辑 陈肖静
责任校对 刘 娟
责任印制 戴 宽

出 版 中国社会科学出版社
社 址 北京鼓楼西大街甲 158 号
邮 编 100720
网 址 http://www.csspw.cn
发 行 部 010-84083685
门 市 部 010-84029450
经 销 新华书店及其他书店

印 刷 北京明恒达印务有限公司
装 订 廊坊市广阳区广增装订厂
版 次 2023 年 4 月第 1 版
印 次 2023 年 4 月第 1 次印刷

开 本 710×1000 1/16
印 张 27.5
插 页 2
字 数 383 千字
定 价 148.00 元

目 录

前　言

本书通过考察四岁至七岁白语儿童和白语成人产出的焦点韵律，探明了白语儿童焦点韵律编码的发展路径。实验结果表明，在焦点韵律编码的发展路径上，白语儿童随着年龄和语言经验的增长逐渐向白语成人靠拢，呈阶段性发展的特点。白语儿童到了七岁基本可以掌握和白语成人类似的焦点韵律编码能力。本书结果显示，母语背景和语言普遍性塑造了儿童焦点韵律的发展。本书结果与前人对于不同母语背景儿童焦点韵律发展研究的结论基本一致，即焦点韵律编码的跨语言差异影响儿童焦点韵律习得的发展路径。另外，本书还发现白语儿童在不同句子位置和声调中焦点韵律编码的习得也存在差异，而这些差异可归因于母语背景在儿童焦点韵律发展中的作用。

前言

第一章　引言

第一节　研究范围

语音习得是儿童[①]语言发展的一个重要方面（司玉英，2006），而韵律发展是语音发展中不可缺失的一环。对儿童语言中的韵律习得和发展进行描写、分析和解释是儿童语音发展研究的重要任务。另外，韵律与音系学、句法学和语用学的关系密切，研究儿童如何掌握韵律特征就成为一项极其重要又十分有趣的研究工作，特别是韵律的掌握还对儿童的语言、交际及认知方面产生了非常重要的影响（Prieto & Esteve-Gibert，2018）。然而，与较为成熟的元音、辅音和声调发展研究相比（李宇明，1995；李嵬等，2000；张云秋，2014），对韵律发展的研究仍有待开展。本书关注语言中常见的一种韵律功能——焦点韵律编码——在白语儿童中的习得情况。

“焦点”这一术语在不同的研究领域拥有多种意义范畴。在本书中，“焦点”指对于听话人来说一个句子中传递的新信息（Gundel，1999；Lambrecht，1994）。焦点可根据焦点成分的辖域和对比度分为不同的类型，例如，焦点成分可以是一个词——窄焦点（narrow focus），也可以是一个比词大的句法成分（比如一个短语）或者是一

① 本书按照学界的惯例，“婴儿”指1岁以下、“幼儿”指1至3岁、“儿童”指3岁以上的孩童（参见邹泓、宫齐，2020）。

个完整的句子——宽焦点（broad focus）；焦点成分可以表达更正或者是对前文所陈述信息的直接对比——对比焦点（contrastive focus）（Chafe，1976）。焦点可以通过不同的语言手段进行编码，包括句法手段、词法手段和韵律手段（Gussenhoven，2007；Chen，2012）。

学界对儿童语言发展重点关注描写语音发展的总体态势、语音系统的习得顺序以及习得过程中音位产出的错误类型，并讨论影响儿童语音习得进程的因素（司玉英，2006）。我国的儿童语言研究主要是针对普通话儿童的语音习得发展，代表性的研究有刘兆吉等（1980）和朱智贤（1990）对普通话儿童声母、韵母发音的正确率统计；李宇明（1995）对1—120天婴儿发音的研究；许政援（1996）对3岁前儿童语言发展的跟踪研究；李嵬等（2000）基于129名1岁至4岁半儿童口语资料确定的各年龄段音位集合、音位习得的先后顺序及习得过程中典型的产出错误类型。

近年来，对儿童焦点韵律编码的习得顺序研究成为国外研究热点之一（Arnhold，2016；Chen，2009；Chen，2011；Chen，2017；Grigos & Patel，2010；Müller et al.，2006；Romøren，2016；Wonnacott & Watson，2008；Yang & Chen，2018）。已有研究发现，韵律系统的跨语言差异塑造了不同母语背景儿童焦点韵律习得的发展路径（Arnhold，2016；Chen，2011；Grigos & Patel，2010；Grünloh et al.，2015；Romøren，2016；Yang，2017；Yang & Chen，2018）。Yang & Chen（2018）和Yang（2017）采用同一实验方法分别考察了汉语和韩语儿童焦点韵律编码的发展路径。她们发现，汉语儿童在7岁或8岁时已经能够既使用时长，又使用音高来区分焦点和焦点前，而韩语儿童却只掌握了使用时长而非音高来区分焦点和焦点后。Yang（2017）认为这样的差异主要归因于韩语和汉语在使用音系线索和语音线索进行焦点韵律编码上存在差异。具体来说，在韩语中，韵律短语分隔（prosodic phrasing）被认为是编码焦点的主要手段，而韵律边界的语音实现是次要手段。但在汉语中，通过变化音高和时长的语音实现手段是编码焦点的主要手段。Chen（2018）基于对汉、韩、英、德、荷兰、瑞典以及芬兰语为母语的儿童习得焦点韵律的对比，讨论了不同语言韵律系统对儿童习得焦点韵律编码的影响，认为：语言中焦点韵律标记越是依赖语音手段，习得该语言为母语的儿童习得语音手段的时间就越早；而母语焦点功能与相应音系线索间的关系越透明，习得该语言为母语的儿童习得窄焦点音系标记越早。Chen（2018）总结了影响习得路线的两个要素：是否有声调；以及韵律在标记词序焦点中的作用是否重要。

然而，已有研究多关注韵律手段较为丰富的语言（如汉语、英语、荷兰语等），对使用韵律手段较为局限的语言（如白语）的关注较少。本书关注的是白语儿童焦点韵律的习得和发展。白语，是一种主要在中国西南地区为白族（拥有约 100 万人口）所使用的声调语言，属汉藏语系，藏缅语族。已有研究发现（Liu et al.，2014；Liu，2017；刘璐等，2020），在白语中，只有时长用于编码焦点，即在白语中，焦点成分与其作为焦点后成分相比，只有时长延长了。

本书考察以白语作为第一语言的白语儿童焦点韵律编码的习得及发展路径，考察年龄范围从 4 岁到 7 岁，旨在探明白语韵律系统如何塑造以白语为母语的儿童焦点韵律习得的发展路径，揭示儿童韵律发展的阶段和规律。就笔者所知，学界对白语儿童焦点韵律编码的习得和发展研究仍较为空白。因此，当前研究将为白语儿童韵律发展提供第一手的研究资料。

为了将本书放置于恰当的研究背景中，笔者在本章第二部分从韵律的概念、信息结构和焦点的关系、编码焦点的语言手段三个方面来介绍焦点韵律编码的相关研究。在本章第三部分，笔者回顾了前人对不同语言中焦点韵律编码方式异同的研究，即焦点韵律编码的跨语言差异。在本章第四部分，笔者梳理了不同母语背景儿童焦点韵律编码的习得和发展。在本章第五部分，笔者提出了本书的研究问题和研究假设。最后，本书的基本框架在本章第六部分进行一一展示。

第二节　韵律和焦点韵律编码

一　韵律

韵律（Prosody）指的是声调和旋律的轻重（Couper-Kuhlen，1986）。韵律研究的主要对象是超音段特征，包括定时[①]模式、节律、响度等（克里斯特尔，2000；Prieto & Esteve-Gilbert，2018）。韵律在语言中用来进行信息组织、语义和语用意义传递。

韵律的重要性体现在三个方面：首先，韵律是语言结构的一部分（Beckman，1996），说话人依靠韵律将语篇切分为带有信息的语块，韵律不仅可以帮助听话人将语篇切分成有意义的句法成分，而且能提示对话双方何时进行话轮的转换。其次，韵律在对话中传递了语气类型（陈述、疑问、请求等）、信息结构（旧信息 vs. 新信息，宽焦点 vs. 窄焦点，对比等）、信任程度（说话人对于信息交换的认知）、礼貌、态度以及与说话人相关的性别、年龄、社会和地域等信息（Gussenhoven，2004；Ladd，1996；Nespor & Vogel，2007；Prieto，2015）。最后，世界上的很多语言都通过韵律在词层面实现词重音或者声调对比（Prieto & Esteve-Gilbert，2018）。

二　信息结构和焦点

“焦点”这一概念是“信息结构”中的基本元素。“信息结构”（information structure）也被称为“信息编码”（information packaging）、“交际/心理发音”（communicative dimension/psychological articulation），是指“为了满足特定语境或语篇的交际需要而使用句法、韵律或词法

① 定时（timing）指言语产生过程中对语音的发音和定序施加的时间制约（克里斯特尔，2000：361）。

手段对句子进行编码”（Vallduví & Engdahl，1996：460）。信息结构对于言语交际的重要性是众所周知的（Chafe，1976）。在众多关于信息结构的理论研究中，不同学者对相关概念的界定存在从细微到巨大的差异（Krifka，2008；Lambrecht，1994；Vallduví & Engdahl，1996）。在本书中，笔者依据的是 Vallduví & Engdahl（1996）对于信息结构研究所提出的理论框架，并依此界定“信息结构”和“焦点”的概念和范畴。

信息结构在前人研究中被认为是两分的二元结构，比如焦点—背景（Jackendoff，1972），主位—述位（Halliday，1967b；Halliday，Matthiessen & Matthiessen，2004），话题—评论（Gundel，1988；Hockett，1958），新—旧（Clark，Haviland & Freedle，1977）以及焦点—话题（Sgall，Hajicová & Panevová，1986）等二元结构。对于两分的“话题—评论”和“焦点—背景”二元结构框架的示例请分别参见例（1a）和（1b）：

（1）说话人 A：约翰怎么样？他干吗呢？

说话人 B：约翰喝啤酒。

a. ［T 约翰］［C 喝啤酒］（话题 Topic—评论 Comment）

b. ［G 约翰］［F 喝啤酒］（背景 Ground—焦点 Focus）

（此例摘自 Vallduví & Engdahl，1996：467）

在例（1）中，说话人 A 问：“约翰怎么样？他干吗呢？”，说话人 B 答：“约翰喝啤酒。”如在例（1a）中的展示，“约翰”是此句的“参考框架（reference frame）”。因此，“约翰”是这句话的“主题（Topic）”，引导前文所提及的语境。而“喝啤酒”给听者的认知状态做出了一个新的贡献，用“话题 Topic—评论 Comment”二元结构来分析，是一个“评论 Comment”（Vallduví & Engdahl，1996：465）。采用“焦点 Focus—背景 Ground”二元结构来分析例（1b），“约翰”提供的信息是无用的、已知的，或者是可以预期的部分，可以被划分为“背景 Ground”；“喝啤酒”提供的信息是有用的、新的、支配性的，或者是反预期的部分，可以被划分为“焦点 Focus”（Vallduví & Engdahl，1996：462）。无论是采取“话题—评论”二元论还是采取“背景—焦点”二元论，对于例（1）中的句子“约翰喝啤酒”的划分，结果都是一致的。对于这样的情况，无论是“话题—评论”二元论还是“背景—焦点”二元论都足以把控句子所表达的信息结构。

然而，二元论在另外一些情况中却无法区分出信息结构编码的差异（Vallduví & Engdahl，1996：467）。比如，无论是“话题—评论”二元论还是“背景—焦点”二元论都无法区分出例（2）中所展示出的信息结构编码的差异。

（2）说话人 A：约翰怎么样？他喝什么？

说话人 B：约翰喝啤酒。

a. ［T 约翰］［C 喝啤酒］

b. ［G 约翰喝］［F 啤酒］

（此例摘自 Vallduví & Engdahl，1996：469）

在例（2）中，说话人 B 的回答：“约翰喝啤酒”如果用“话题—评论”二元论来分析的话，就是（2a），等同于例（1a）。如在例（1a）中展示的一样，“约翰”是此句的“参考框架”。因此，“约翰”是这个句子的话题，引导前文所提及的语境。另外，“喝啤酒”是给听者的认知状态做出新贡献的成分，如果用“话题 Topic—评论 Comment”二元论来分析的话，就是“评论”成分。然而，如果用例（2b）里的“焦点 Focus—背景 Ground”二元论来分析的话，“约翰喝”提供的信息是无用的、已知的，或者是可以预期的部分，因此可以被分析为“背景 Ground”；“啤酒”提供的信息是有用的、新的、支配性的，或者是反预期的部分，因此可以被划分为“焦点 Focus”（Vallduví & Engdahl，1996：462）。这样的分析，存在一个问题：那就是对于“喝”的划分。因为“喝”其实在前文的问题中已经提及了，那么对于两位说话者而言，“喝”都已经不再提供新信息了。因此，采用“话题—评论”二元论把“喝”和“啤酒”一起视为贡献新信息成分的做法是有待商榷的。

基于二元论的理论局限，Vallduví（1990）提出了一套新的、将所有二元论的基本概念融为一体的三元论：首先，将句子划分为焦点和背景（与“背景—焦点”二元论类似）；然后，将“背景”进一步划分为“链接（Link）”和“尾端（Tail）”。在此三元论框架中，焦点（Focus）是指在话语发生时，一个句子中唯一给听者的认知状态提供贡献的成分；链接（Link）是听者认知状态更新的位置所在，相当于“话题（Topic）”；尾端（Tail）是指非焦点成分所涵盖的非链接成分，指代的是听者认知状态更新是如何受到影响的。三元论的划分不仅适用于已有文献中可以采用二元论处理的情况，也适用于二元论无法处理好的情况。比如，采用三元论可以将例（1）和（2）重新分析为例（3）和（4）：

（3）说话人 A：约翰怎么样？他干吗呢？

说话人 B：[G [L 约翰]] [F 喝啤酒]。

（4）说话人 A：约翰怎么样？他喝什么？

说话人 B：[G [L 约翰]] [F 喝啤酒]。

（此例摘自 Vallduví & Engdahl，1996：468）

在例（3）中，说话人 B 的回答是“约翰喝啤酒”，在说话人 B 的回答中，“喝啤酒”是话语发生时，句子中唯一给听者的认知状态提供贡献的成分，即“焦点（Focus）”；“约翰”是对听者认知状态更新的位置所在，相当于“话题（Topic）”，在三元论的理论框架下，可以被划分为“链接（Link）”；尾端（Tail）在此例中不存在，因此“背景 Ground”就只包含链接（Link）——“约翰”。在例（4）中，说话人 B 的回答仍是“约翰喝啤酒”，但是“啤酒”是话语发生时，句子中唯一给听者的认知状态提供贡献的成分，即“焦点（Focus）”；“约翰”是对听者认知状态更新的位置所在，相当于“话题（Topic）”，在三元论的理论框架下，可以被划分为“链接（Link）”；“背景 Ground”就包含链接（Link）——“约翰”和尾端（Tail）——“喝”。

遵循 Vallduví & Engdahl（1996）的理论框架，并参考相关研究对“焦点”内涵的讨论（参见 Gundel，1999；Lambrecht，1994），本书将焦点界定为：焦点，是在一个句子中对于听者来说的新信息。焦点可以依据焦点辖域的大小和焦点成分的对比度分为不同的类型。比如，焦点的辖域可以仅覆盖一个词（窄焦点 narrow focus），或覆盖一个比词更大的句法成分，如谓语或整个句子（宽焦点 broad focus）（Gussenhoven，2004）。焦点成分还能够传递对前文的信息的更正或直接对比（对比焦点）（Chafe，1976）。笔者采用本书中的实验材料将焦点的不同类型示例如例（5）至例（9）：焦点成分标示为粗体，并置于方括号中。其中，例（5）是宽焦点（BF，broad focus），例（6）是句首窄焦点（NF-i，narrow focus on a sentence-initial constituent），例（7）是句中窄焦点（NF-m，narrow focus on a sentence-medial constituent），例（8）是句末窄焦点（NF-f，narrow focus on a sentence-final constituent），例（9）是句中对比焦点（CF-m，contrastive focus on a sentence-medial constituent）。

（5）说话人 A：看！图片很模糊。我看不清楚。图片上画的是什么？

说话人 B：［熊扔球］。

（宽焦点 BF：broad focus）

（6）说话人 A：看！球，还有一只挥舞着的胳膊。看起来有小动物扔球。谁扔球？

说话人 B：［熊］扔球。

（句首窄焦点 NF-i：narrow focus on the subject）

（7）说话人 A：看！熊和球。看起来熊在弄球。熊怎么弄球？

说话人 B：熊［扔］球。

（句中窄焦点 NF-m：narrow focus on the verb）

（8）说话人 A：看！熊。熊的胳膊挥出去了。看起来熊在扔东西。熊扔什么？

说话人 B：熊扔［球］。

（句末窄焦点 NF-f：narrow focus on the object）

（9）说话人 A：看！熊和球。看起来熊在弄球。我猜熊剪球。

说话人 B：熊［扔］球。

（句中对比焦点 CF-m：contrastive focus on the verb）

三 编码焦点的语言手段

焦点可以通过不同的语言手段进行编码，包括句法手段、词法手段和韵律手段（Chen，2012；Gussenhoven，2007）。编码焦点的句法手段通常表现为语序的变化。这样的焦点编码手段也被称为“位置焦点标记手段”。常见的方式是将焦点成分置于特定的句法位置，如在沃洛夫语（Wolof）中，焦点成分紧邻动词，并置于动词之前；或者使用特定的句法结构来标记焦点，如英语中的“it 分裂句（it cleft）”。另外，一些语言还使用焦点标记词来标记窄焦点，如日语中的焦点标记词“ga”和苏丹语中的焦点标记词“wah”。就编码焦点的词法手段而言，常见的采用词法手段来编码焦点的方式是利用词缀变化，如在沃洛夫语（Wolof）中的动词前缀变化和爱尔兰语中的动词后缀变化都可以用来标记焦点。

焦点域和对比度存在差异的不同焦点类型也可以通过语言手段得以实现（Gussenhoven，2007）。比如，在埃菲克语（Efik）中，表达对比焦点需要使用对比焦点标记词（De Jong，1980；Gussenhoven，1983），但是表达窄焦点时却不需要；在纳瓦荷语（Navajo）中，中立的否定结构“doo...da”用于标记窄焦点，而“hanii”用于标记对比焦点（Schauber，1978）。在汉语的朗读音中，窄焦点和对比焦点的区别体现在焦点成分时长延长和音域扩展的程度不同（Chen & Gussenhoven，2008；Ouyang & Kaiser，2015）。

除了使用句法和词法手段编码焦点以外，采用韵律手段（包括语音手段和音系手段）来编码焦点的现象也广泛地存在于众多语言中

（Chen，2009；Jun & Lee，1998；Romøren & Chen，2015；Xu，1999；Yang & Chen，2018）。总的来说，和非焦点成分相比，焦点是通过韵律凸显来实现的。和宽焦点相比，窄焦点在韵律特征上表现得更为凸显。在一些语言中，对比窄焦点和非对比窄焦点的实现方式也存在差异（Baumann，Becker，Grice & Mücke，2007 对德语的研究；Hanssen，Peters & Gussenhoven，2008 对荷兰语的研究；Frota，2000 对欧洲葡萄牙语的研究）。在自主音段—节律音系理论（autosegmental-metrical approach）框架下，韵律凸显的方式可分为语音焦点编码手段和音系焦点编码手段（Chen，2018）。语音焦点编码手段指的是通过对韵律特征的连续性变化（如音高和时长的连续性变化），且无音位性变化的手段来凸显韵律变化以标记焦点。比如，在汉语中，窄焦点主要是通过焦点成分的时长延长和音域扩展实现的；与此同时，窄焦点所辖音节的调位却并不受影响（Chen & Braun，2006；Ouyang & Kaiser，2015；Shih，1988；Xu，1999；Yang，2017）。音系焦点编码手段指的是通过离散性变化来凸显韵律并标记焦点（Chen，2009，2012；Yang，2017）。比如，在英语中，句中的焦点成分会被分配到一个音高重音（pitch accent），或者所有焦点后成分的音高重音都会被删除——也就是常说的对非焦点成分进行“降重音”（de-accenting），这些韵律变化都会让焦点成分更凸显（Beckman，1996；Beckman & Pierrehumbert，1986）。在瑞典语中，一个标记显著成分的 H（高 high）调会被分配到焦点成分的末尾来标记焦点，这就会导致两个词层面的音高重音分别从 HL^* 和 H^*L 变成了 HL^*H 和 H^*LH。在孟加拉语中，窄焦点和宽焦点的区分是通过采用不同类型的音高重音来实现的（Gussenhoven，2007）。在韩语中，焦点引领一个重音短语（accentual phrase，AP），并且倾向于（虽然不是所有情况下）将后接词语纳入同一个重音短语中（Jun & Lee，1998）。和一些主要依靠语音手段来编码焦点的语言（如汉语）不同的是，有些语言主要依靠音系手段来编码焦点，同时也使用语音手段，比如英语和荷兰语。在荷兰语中，虽然同样的 H^*L 音高重音都被分配到了句首的焦点和非焦点成分上，但是和非焦点成分相比，焦点成分的时长更长，音高最小值更小（Chen，2009）。

在不同语言中，用来编码焦点的不同语言手段之间并不互相排斥。比如，在雷凯蒂奥巴斯克语（Lekeitio Basque）中，焦点的编码综合了句法手段和韵律手段（Frota，2002；Gussenhoven，2007）；在爱尔兰语中，焦点的编码综合了词法手段和句法手段（Gussenhoven，2007）；在英语中，焦点的编码综合了句法手段和韵律手段。另外，有些语言并不使用韵律手段来标注焦点，如安汶马来语（Maskikit-Essed & Gussenhoven，2016），北索托语[①]（Zerbian，2007），和尤卡坦玛雅语（Gussenhoven & Teeuw，2008；Kügler & Skopeteas，2007）。值得一提的是，焦点的编码可以通过区别于无标记的韵律变化（如提高音高和延长时长）来实现。比如，Kügler & Genzel（2012）发现在加纳使用的契维语（尼日尔—刚果语族，克瓦语支，声调语言）中，焦点的编码是通过降低音域的韵律手段来实现的。类似的现象也在爱沙尼亚语中被发现（Asu & Nolan，2007）。

第三节 焦点韵律编码的跨语言差异

很多语言中都存在焦点韵律编码（Chen，2009；Cooper，Eady & Mueller，1985；Gussenhoven，2007；Hanssen，Peters & Gussenhoven，2008；Heldner，2003；Jannedy，2007；Wang et al.，2011；Xu，1999；Xu et al.，2012）。已有研究发现，焦点韵律的实现方式在不同语言中存在差异。比如，在汉语中，焦点通过时长和音高的变化来进行韵律编码（Chen，2010；Chen & Gussenhoven，2008；Ouyang & Kaiser，2015；Xu，1999；Yang，2017；Yang & Chen，2014）。具体来说，在汉语中，与焦

① 北索托语（Northern Sotho）是一种在南非使用的尼日尔—刚果语（Niger-Congo）。

点成分对应的非焦点成分相比，焦点成分的音域扩展、时长延长（Yang & Chen，2014）；另外，同一焦点成分在窄焦点条件下与其在宽焦点条件下相比，窄焦点成分音域压缩（Xu，1999）。就汉语中焦点域存在差异的不同焦点类型的韵律编码而言，朗读音中韵律编码的方式区别于半自然言语产出中韵律编码的方式。在朗读音中，同一焦点成分在窄焦点条件下与其在宽焦点条件下相比，焦点成分音域扩展、时长延长（Xu，1999）。然而，在半自然言语产出中，同一焦点成分在窄焦点条件下与其在宽焦点条件下相比，只有时长延长，而音域并未发生任何变化（Yang，2017；Yang & Chen，2014）。就汉语中对比度存在差异的不同焦点类型的韵律编码而言，在朗读音中，同一焦点成分在对比焦点条件下与其在非对比焦点条件下相比，对比焦点成分的音域扩展、时长延长（Chen & Gussenhoven，2008）；然而，在半自然言语产出中，同一焦点成分在对比焦点条件下与其在非对比焦点条件（即窄焦点条件）下相比，对比焦点成分的时长和音域均未发生任何变化（Yang，2017；Yang & Chen，2018）。

白语，主要为生活在中国云南省大理白族自治州的白族所使用，系汉藏语系中的一种声调语言。已有研究发现，在白语中，只有时长用于编码焦点（Liu et al.，2014；刘璐等，2020；刘增慧，2021）。具体来说，在白语中，焦点成分与其作为焦点后成分相比，只有时长延长了。但是，在白语中，无论是时长还是音高相关的韵律参数均未被用来区分不同的焦点类型，即窄焦点、宽焦点和对比焦点。

Chen（2018）回顾了针对不同语言中焦点韵律编码实现的研究，并总结认为焦点韵律编码的跨语言差异可以分为四种类型。一是，不同语言编码焦点所采用的具体韵律手段存在差异（Baumann & Kügler，2015）。二是，焦点韵律编码手段的透明度有差异；这里，焦点韵律编码手段的透明度指的是形式被映射到意义（即焦点）可能性的大小。三是，不同语言在用于焦点编码的韵律手段是否也在词汇层面得以使用上存在差异，比如，用于韵律编码的音高是否也在词汇层面用于区分词义。四是，编码焦点的韵律手段和其他语言手段（如语序、焦点标记词）的相对重要性存在差异。以下笔者依据 Chen（2018）及对不同语言中焦点韵律实现的相关研究对以上四种类型的差异进行梳理。

一　焦点韵律编码的语音手段和音系手段

不同语言编码焦点所采用的具体韵律手段存在差异（Baumann & Kügler, 2015）。如前所述，在自主音段—节律音系理论的框架下，韵律凸显的方式可分为音系焦点编码手段（phonological means）和语音焦点编码手段（phonetic means）（Chen, 2018）。

Chen（2018）将各语言中常见的音系焦点编码手段归纳为四种方式：（1）音高重音放置（pitch accent placement），即在一个词上放置音高重音（主要见于西日耳曼语支语言）；（2）音高重音类型的选择（pitch accent type），即在一个词上选择放置不同的音高重音类型，比如，在一个词上选择放置降调型音高重音（H*L）或者高平型音高重音（H*）（主要见于西日耳曼语支语言）；（3）叠加“焦点—H调”，即在一个词上叠加一个凸显标记的高调（H）[①]（主要见于瑞典语）；（4）韵律分隔（phrasing），即在一个词的前或后插入一个韵律边界（主要见于韩语）。

语音编码手段指的是采用韵律中较为细微的、无音位性变化的、连续的方式来凸显韵律变化以标记焦点。也就是音位内的语音表现（如音高重音或者声调的音域变化、韵律边界的实现）。比如，在汉语中，窄焦点主要是通过焦点成分的时长延长和音域扩展实现的；与此同时，窄焦点所辖音节的调位却并不受影响（Chen & Braun, 2006; Ouyang & Kaiser, 2015; Shih, 1988; Xu, 1999; Yang, 2017）。

和一些主要依靠语音手段来编码焦点韵律的语言（如汉语）不同

① 遵循 Gussenhoven & Bruce（1999）的处理，此后将此重音类型称为“焦点—H 调”（focal-H tone）。

的是，有些语言主要依靠音系手段来编码焦点，却也使用语音手段，比如英语和荷兰语。以荷兰语为例：荷兰语中的窄焦点通常会被放置一个降调型音高重音，而焦点后（即位于焦点成分后的句子成分）的音高重音通常会被删除（deaccented）。另外，荷兰语中焦点前（即位于焦点成分前的句子成分）的音系实现的方式和窄焦点基本一致（即被放置一个降调型音高重音），但是在语音实现上，焦点前和窄焦点的语音实现是存在差异的。Chen（2009）发现，当名词性主语是句子中的窄焦点成分与其是焦点前成分相比，此主语所负载的 H^*L 型音高重音的语音实现并不相同。具体来说，当名词性主语是窄焦点时与其是焦点前成分相比，音域扩展、音峰（peak）后的音高最小值更小、重音音峰分布（peak alignment）提前、时长延长。在荷兰语中，焦点类型的差异也同样是通过语音手段来实现的（Hanssen et al.，2008）。

二　焦点韵律编码手段的透明度差异

Chen（2018）认为语言在焦点韵律编码手段的透明度上也存在差异，尤其体现在音系焦点编码手段上。例如，在瑞典语中，只有一个词是焦点成分时，它才能携带一个焦点高调（focal-H tone）。因而，瑞典语中的焦点高调和焦点之间映射关系的透明度是很高的，尤其是对于窄焦点和对比焦点而言（参见 Bruce，1998；2007）。与瑞典语类似的是，韩语焦点韵律编码手段的透明度也很高。具体来说，在韩语中，涵盖一个或一个以上词的焦点成分能引领一个新的重音短语（accentual phrase）；焦点后成分通常会合并到焦点成分所引领的同一重音短语中（Jun，2005）。也就是说，在韩语中，韵律短语分隔（prosodic phrasing）和韵律分隔拆离（dephrasing）总是分别和窄焦点和焦点后相关。与瑞典语和韩语相反的是，荷兰语焦点韵律编码手段的透明度并不高，即音高重音放置（形式）和焦点（意义）之间映射关系的透明度并不高。具体来说，在荷兰语中，音高重音删除（deaccentuation）总是和非焦点相关，但是音高重音放置（accentuation）却既能使用在焦点中，又能使用在非焦点中。

三 焦点韵律编码手段的多层次使用差异

焦点编码的韵律参数是否也用于词汇层面在不同语言中是存在差异的。音高，作为编码焦点的重要韵律参数，在声调语言的词汇层面也扮演了重要的角色，即用来区分词义（如汉语）。但是，音高在词调语言（lexical pitch accent languages）的词汇层面，其使用程度要低一些（如瑞典语），而在语调语言（intonation languages）中，音高却并不用于词汇层面（Chen，2018）。正如在本章第二部分中所回顾的，焦点在声调语言（比如：汉语、越南语和粤语）和非声调语言（比如：英语、荷兰语、德语、芬兰语和德昂语）中都存在韵律编码。

在亚洲声调语言的研究中，排他性地使用语音手段来标注焦点的现象被广泛地观察到，比如，在汉语（Chen & Gussenhoven，2008；Xu，1999；Yang，2017）、越南语（Jannedy，2007）、粤语（Bauer，Cheung，Cheung & Ng，2001）和彝语（Wang，Wang & Qadir，2011）中。然而，在这些语言中，对于具体的韵律参数（如音高和时长）的使用却是具有语言特性的（language-specific）。一方面，在一些声调语言中，音高和时长都用于编码焦点，比如，在汉语（Chen & Gussenhoven，2008；Ouyang & Kaiser，2015；Xu，1999；Yang，2017）和越南语（Jannedy，2007，2008）中。就越南语而言，越南语拥有较为复杂的声调系统，即六个声调，且声调的差异不仅在于音高的变化，还在于发声态的不同（Yip，2002）。Jannedy（2007）的初步探索发现：在越南语中，焦点的编码在不改变语序的情况下可以通过音高和时长的变化来实现。Jannedy（2008）和 Michaud & Vu-Ngoc（2004）的研究也发现，在越南语中音高和时长的变化被用来编码焦点。不过值得一提的是，Michaud & Vu-Ngoc（2004）的研究表明，在越南语中使用时长来编码焦点韵律的情况存在发音人的个体差异。另一方面，在一些声调语言中，只用时长被用于编码焦点韵律，比如，在粤语（Bauer et al.，

2001；Wu & Xu，2010）、彝语（Wang et al.，2011）和回辉话（Wang et al.，2012）中。就粤语而言，粤语有四个平调（T55、T33、T21、T22）和两个曲折调（T25、T23）[①]。Bauer，K. Cheung，P. Cheung & Ng（2001）探索了粤语平调是焦点成分时的声学表现，并发现：时长是粤语焦点韵律实现最重要的声学参数，而音高的作用是微乎其微的。Wu & Xu（2010）将对粤语焦点韵律编码的考察范围扩展到了所有的粤语声调中，并发现焦点韵律的声学表现主要集中在四个声学参数上，即平均音高（mean pitch）、音域（pitch span）、时长（duration）和音强（intensity）。他们的研究结论和 Bauer 等（2001）基本一致。Bauer 等（2001）发现，在粤语中焦点韵律编码最主要的声学参数还是时长和音强。更确切地说，Bauer 等（2001）的结果表明在所有被考察的情况中，焦点成分的时长要比焦点前和焦点后成分长很多。与之相反的是，平均音高的变化在编码焦点方面并不起任何显著的作用。研究者总结道：粤语说话人似乎并不将音高变化作为一种编码焦点的方式，尤其是在平调中。但是，粤语说话人在曲折调中可能将音域变化作为一种编码焦点的方式。然而，研究者认为变化音域的方式似乎只不过是延长时长的一个伴随效应而已。他们的实验数据显示，粤语说话人并不是因为编码焦点的需求而去变化声调的音高，而是在非焦点的条件下保证声调音高的相对不变。这些实验结果和 Man（2002）以及 Gu & Lee（2007）研究结论基本一致，即在粤语中，焦点对声调几乎没有任何影响。对于彝语——拥有四个声调的一种藏缅声调语言——的研究同样表明：在编码焦点时音高的变化是不显著的（Wang et al.，2011）。

以上梳理可以表明：不同语言在编码焦点韵律时所使用的韵律特征存在差异，并且这些差异和特定语言中声调数量的多少不存在任何

---

① 在本书中，对于调值的标注使用的是五度标调法，即 1 表示的是最低的相对音高，5 表示的是最高的相对音高。比如：T55 在这里表示为调值为 55 的高平调。

关系。更具体地说，彝语和汉语在声调数量上来说是一致的（即都拥有四个声调），然而汉语区别于彝语的地方在于：两种语言使用音高和时长变化来编码焦点的具体方式不同。

然而，当前对于亚洲声调语言焦点韵律编码方式的考察在方法论上却存在一些值得商榷的地方，这些存在的问题在某种程度上也限制了已有研究结果的普遍性。第一，已有研究大多采用大声朗读法（read-aloud task）来收集在不同焦点条件下的句子产出（Wang et al.，2012，2011；Wu & Xu，2010；Xu，1999）。比如，在对回辉话和彝语的研究中用的就是一个简单的大声朗读法。在 Wang 等（2011）对于回辉话的研究中，目标句“不是爸爸。妈妈叫妹妹去外面买一些 areca catechu”[①] 中“妈妈”是焦点成分。“妈妈”被高亮出来方便发音人朗读。一位回辉话母语者在录音中为发音人提供帮助。当这位负责提供帮助的回辉话母语者发现发音人的语误或者是其认为发音人的语调不适宜时，会请发音人重新朗读一遍目标句。对于没有文字系统的语言，在针对其考察的大声朗读任务中，发音人会被要求记住句子，然后产出。因此，极有可能出现的情况是：采用大声朗读法所收集的产出是被严格控制的，而这样的产出在日常交流中极为罕见。已有研究表明，在朗读语音和（半）自然产出语音中的焦点韵律实现方式是有区别的（Bard & Aylett，1999；Chen & Gussenhoven，2008；De Ruiter，2010；O'Brien & Gut，2010；Xu，1999；Yang，2017）。比如，Chen & Gussenhoven（2008）发现在汉语朗读音中，音高和时长都被用于区分对比焦点和窄焦点。然而，Yang（2017）发现在汉语的自然产出中，无论是音高还是时长都未用于同一目的。第二，已有研究所使用的发音人数量相对较少，且所收集的样本量也偏小。比如，Jannedy（2007）对于越南语的研究中，只对两位发音人在每一个焦点条件和句型下产

① 在 Wang et al.（2011）中，原文是“It is not Daddy. Mom asked the younger sister to go out and buy some areca catechu”。

出的三个样本进行了观察。在 Wang 等（2012）对回辉话的研究中，也只有两个目标句被重复了三次。第三，已有研究多关注对不同焦点类型、焦点后成分的韵律编码中，不同语言在音高和时长使用上的差异（Shen & Xu，2016；Xu et al.，2012）。在已有研究的分析中，窄焦点条件下的焦点、焦点后和焦点前成分通常与其相对应宽焦点条件下的各成分进行比较。还有待考察的是：窄焦点和非焦点（焦点后和焦点前）相比、窄焦点和对比焦点相比，音高和时长是如何被用来编码焦点的。第四，已有研究较少地将所考察目标语言的所有声调纳入实验设计当中。比如，在对台湾闽南语的考察中，只有一个声调（高平调）被纳入实验设计中（Xu et al.，2012）。这样的处理必然引起的问题是：焦点韵律编码的方式是否会因为声调的不同而存在差异？第五，已有研究较少关注不同句子位置焦点韵律编码方式是否存在差异，而感知实验已证明听话人对不同句子位置的焦点解码是不同的（王蓓等，2013）。那么，值得考察的是句子位置是否对焦点韵律编码存在影响？

四　不同焦点编码手段的相对重要性差异

编码焦点的韵律手段和非韵律手段在不同语言中的重要性是存在差异的（Chen，2018）。比如，在荷兰语和德语中，焦点主要通过韵律手段来实现，但是在一些情况下也均能通过语序和韵律手段并用来实现。在荷兰语中，无论焦点成分是否是对比焦点，它均能被移动到限定动词之前的位置。因而，OVS 语序能够用于宾语是窄焦点或对比焦点。但是，前置宾语在荷兰语中并不常见（Bouma，2008）。在德语中，OVS 句中限定动词前的位置也能够放置对比焦点宾语或者宽焦点中的宾语。但是，在德语中将焦点成分移到限定动词前的位置是较为常见的（Frey，2006）。荷兰语和德语之间存在的这一差异可以表明的是：在德语中焦点的实现对于韵律的依赖程度要比在荷兰语中弱，因为德语还能依赖较为常见的语序来实现焦点的编码。与德语和荷兰语相比，在芬兰语中，语序在焦点编码中起到更为显著的作用（参见 Arnhold, Chen & Järvikivi, 2016 的综述）。在芬兰语中，无标记的 SVO 语序可以用于不同的焦点条件，但是有标记的语序（OVS, OSV, SOV, VSO, VOS）可以用来表达焦点的不同位置和不同类型的焦点。比如，OVS 表示主语的非对比窄焦点；VSO 表示动词的对比焦点。在芬兰语中，韵律也用于编码焦点。比如，在一个宽焦点的句子中，除了限定动词外，所有的实词都携带着降升型音高重音。但是，和宽焦点相比，同一句子成分是窄焦点成分时，其音域更宽、时长更长、音强更强。

语序和韵律在焦点编码中的差异可能导致儿童在有标记和无标记的语序中对于韵律的使用存在差异。已有针对非韵律层面的其他语言特性的习得研究表明，不同语言中的差异能够影响语言发展的速率（即形式—意义映射如何在早期就呈现和成人一致的方式）和路径（即特定语言形式的习得顺序）（Slobin, 1982; Guo et al., 2008）。具体来说，对承载复杂认知概念语言形式的习得比对承载简单认知概念语言形式的习得要晚。但是，如果同一认知概念的“形式—意义”映射关系在某一语言中透明度更高、更常见、更具有语用意义，那么，在这一语言中，对此认知概念的“形式—意义”映射关系的习得就要比在另一语言中的习得更早（参见 Slobin, 1982; Bavin, 1995）。那么，鉴于上文梳理的不同语言在焦点韵律编码方式的差异，在习得不同语言类型的儿童语言习得中，是否会出现同一焦点类型在韵律实现上的跨语言差异所导致的儿童语言发展速率和路径的差异呢？

第四节　焦点韵律编码的习得

鉴于不同语言之间存在韵律系统的差异，尤其是焦点韵律编码方式的差异，近年来，探究韵律系统的跨语言差异如何塑造不同母语背景儿童焦点韵律习得的发展路径成为学界的研究热点之一（Arnhold，2016；Chen，2011；Grigos & Patel，2010；Grünloh，Lieven & Tomasello，2015；Romøren，2016；Yang，2017；Yang & Chen，2014）。针对不同母语背景儿童的研究发现，焦点韵律编码习得的差异主要受到焦点韵律编码的跨语言差异和焦点成分所处句子位置的影响，以下笔者根据已有研究对这两个因素分别分析。

一 跨语言差异对焦点韵律编码习得的影响

Chen（2018）通过对汉语、荷兰语、瑞典语和韩语儿童焦点韵律习得的考察，综合针对其他语言儿童的研究，总结认为不同母语背景儿童焦点韵律编码的习得路径和速率与焦点韵律编码的跨语言差异有关。

第一，焦点韵律编码的语音手段和音系手段差异影响儿童焦点韵律编码的习得。基于对荷兰语和汉语儿童的比较，Chen（2018）认为习得编码焦点语音手段或音系手段不同的语言，儿童的焦点韵律编码发展路径和速率会受到影响。如前所述，在荷兰语中，窄焦点通常是通过一个降调型音高重音来实现的，而焦点后（即跟在焦点成分后的句子成分）通常会通过重音删除（deaccented）来实现。焦点前（即焦点成分前的句子成分）在音系实现手段上通常和窄焦点的实现方式类似——通过一个降调型音高重音实现，但是其语音实现手段和窄焦点存在差异。和焦点前相比，带 H*L 音高重音名词性主语是焦点成分时，其音域扩展、重音峰值后的音高最小值降低、重音音峰分布（peak alignment）提前、时长延长（Chen，2009）。Chen（2009）分析了 4 岁至 7 岁荷兰语儿童产出的带有 H*L 音高重音、作为焦点成分的名词性主语，以及同一名词性主语是焦点前成分的声学表现。她发现 4 至 5 岁荷兰语儿童既不通过变化时长也不通过变化音高相关的韵律参数来区分焦点和焦点前成分。但是，7 岁至 8 岁荷兰语儿童对音域及其他音高相关韵律参数（即音高最小值和最大值）来编码焦点的使用上和成人是一致的。具体来说，7 岁至 8 岁荷兰语儿童产出的名词性主语是焦点成分与其是焦点前成分相比，音域扩展，且此音域扩展仅通过降低音高最小值来实现。Yang & Chen（2018）采用了和 Chen（2009）同样的实验方法考察了汉语儿童的焦点韵律发展。她们发现 4 岁至 5 岁汉语儿童在使用时长来区分焦点和焦点前的表现和成人已经达到完全一致，且这一年龄段的汉语儿童在某些声调中通过降低焦点成分的音高最小值来编码焦点，这一表现和汉语成人也一致。另外，11 岁的汉语儿童不仅能够和成人一样在所有的声调中通过扩展焦点成分的音域来编码焦点，还能在某些声调中通过提高音高最大值、在大部分的声调中变化音高最小值来编码焦点。这些研究结果表明，尽管 11 岁的汉语儿童通过变化音高来编码焦点的能力仍处在发展之中，但是与荷兰语儿童相比，汉语儿童在习得使用语音手段编码窄焦点方面要更快一些。

不同母语背景的儿童习得韵律编码的差异还体现在对不同焦点类型的韵律编码上。就汉语儿童而言，Yang & Chen（2018）发现 4 岁至 5 岁汉语儿童通过变化时长来区分不同的焦点类型，这一表现和汉语成人是一致的。具体来说，4 岁至 5 岁汉语儿童通过延长位于 SVO 句中焦点位置动词的时长来区分窄焦点和宽焦点，但却对窄焦点和对比焦点不做任何区分。7 岁至 8 岁汉语儿童和汉语成人一致，均不通过变化音高相关韵律参数来区分不同的焦点类型。但是，和汉语成人在朗读音（如 Xu，1999）中表现一致的是，10 岁至 11 岁汉语儿童通过变化音域来区分窄焦点和宽焦点。这一实验结果表明：10 岁至 11 岁汉语儿童在话语产出中采取了和朗读音类似的、比较谨慎和认真的方式（Yang & Chen，2018）。就英语儿童而言，Hornby & Hass（1970）发现 3 岁至 4 岁英语儿童在对比焦点中常常使用“焦点重音”——约等同于较凸显的音高重音，而很少在宽焦点中使用。基于同一实验方法，MacWhinney & Bates（1978）考察了 3 岁至 6 岁英语儿童，并发现他们使用焦点重音来标记对比焦点的情况一直处于增长趋势。近年的若干研究提供了一些声学方面的证据表明：与宽焦点相比，英语儿童的对比焦点在韵律上更加凸显。Wonnacott & Watson（2008）发现，无论 SVO 句子的信息结构情况怎样，3 岁至 4 岁英语儿童均在 SVO 句的名词性主语上放置音高重音。但是，Wonnacott & Watson（2008）也发现其考察的 3 岁至 4 岁英语儿童和英语成人一致的是，儿童通过提高作为对比焦点句首名词的音高最大值和音强来区分对比焦点和宽焦点。和英语成人不一致的是，3 岁至 4 岁英语儿童并不通过变化时长来区分对比焦点和宽焦点（Wonnacott & Watson，2008）。鉴于针对汉语儿童和英语儿童的研究方法并不一致，因而两项研究无法进行严格意义上的比较。但是，仍可发现，在相似的年龄段（3 岁至 5 岁），汉语儿童在使用语音手段来区分不同焦点类型上要比英语儿童发展得更为靠前。汉语儿童不仅使用音高相关韵律参数来区分窄焦点、对比焦点和宽焦点，而且对时长的掌握也很好。英语儿童主要通过变化音高相关韵律参数来区分对比焦点和宽焦点。Chen（2018）总结认为，尽管英语和汉语均依赖于采用语音手段来区分不同焦点类型，但是更依赖于采用语音手段来编码焦点似乎有助于对语音编码焦点手段的习得。

第二，词汇层面音高使用对焦点韵律编码习得的影响。已有研究表明，习得在词汇层面使用音高语言（如声调语言：汉语）的焦点韵律编码和习得不在词汇层面使用音高语言（如语调语言：荷兰语）的焦点韵律编码是存在差异的。比如，荷兰语儿童对于使用音高相关韵律参数编码焦点的习得要早于其使用时长编码焦点的习得（Chen，2009），而汉语儿童对于使用时长编码焦点的习得要早于其对于使用音高相关韵律参数编码焦点的习得（Yang & Chen，2018）。这些研究结果支持了关于词汇层面音高使用对焦点韵律编码习得有影响的假设，即汉语在词汇层面使用音高来区别意义这一特点，使得汉语儿童对于在声调内通过变化音高来编码焦点的习得是比较困难的。

第三，韵律和语序的相对重要性对焦点韵律编码习得的影响。

Arnhold 等（2016）、Sauermann 等（2011）和 Chen & Höhle（2018）考察了 4 岁至 5 岁的芬兰语、德语和荷兰语儿童如何在 SVO 句子和 OVS 句子中使用韵律来实现的不同焦点类型（即宽焦点、窄焦点和对比焦点）。Arnhold 等（2016）发现芬兰语儿童在 SVO 句子和 OVS 句子中产出的名词性宾语在宾语窄焦点条件下，其平均音节时长要比其在主语窄焦点下长一些。另外，在 OVS 句子中，芬兰语儿童在对比焦点条件下产出名词的音域要比同一名词在窄焦点和宽焦点条件下所产出的要宽。这些研究结果表明，无论是在 SVO 句子还是 OVS 句子中，4 岁至 5 岁的芬兰语儿童已经能够掌握使用时长和音域来将对比焦点和窄焦点与非焦点或者宽焦点区分开来。和同年龄段的芬兰语儿童相比，德语儿童通过变化时长和音高来编码焦点的能力要差一些。Sauermann 等（2011）发现，德语儿童只在名词性主语上通过变化音高来区分不同的焦点类型。具体来说，当名词性主语是对比焦点或窄焦点与其是宽焦点成分相比，德语儿童提高 SVO 句中名词性主语的音高最大值、扩展名词性主语的音域来标记对比焦点和窄焦点，却在 OVS 句中通过扩展名词性主语的音域来标记窄焦点和对比焦点。和德语儿童相比，荷兰语儿童对于音高和时长的使用更为局限。Chen & Höhle（2018）指出，荷兰语儿童在 SVO 句产出中，只通过提高名词性主语的音高最大值、延长名词性主语的时长来标记主语对比焦点（和宽焦点相比），且通过提高名词性主语的音高最大值来标记主语对比焦点（和主语窄焦点相比）。这些研究结果表明，语序和韵律之间相对平等的关系更鼓励韵律在标记性强的语序中的使用。否则，韵律的作用更凸显反而会限制韵律在标记性弱的语序中使用。

总之，以上研究表明，不同母语背景儿童在焦点韵律编码的习得上是存在差异的，而这些差异可以归因于不同语言中焦点韵律编码的语音手段和音系手段、透明度、多层次使用和相对重要性的差异。另外，已有研究还发现，句子位置似乎在儿童焦点韵律习得上扮演了重要的角色。

二　句子位置在焦点韵律编码习得中的作用

近年来，学者对儿童焦点韵律编码习得的考察，不仅将不同母语背景的儿童进行比较和分析，还针对不同句子位置的影响进行了探究，为儿童焦点韵律编码的习得研究提供了新的视角。其中，Yang & Chen（2014）、Yang（2017）对汉语、韩语儿童，Romøren（2016）、Romøren & Chen（2022）对瑞典语儿童，Chen（2011）、Romøren（2016）对荷兰语儿童的研究基于同一实验方法，因而更具有可比性。这几项研究对句首、句中、句末位置均进行了考察。接下来，笔者将重点梳理这几项研究，并进一步讨论句子位置对儿童焦点韵律编码习得的影响。

在句首位置，Chen（2011a）发现4岁至5岁的荷兰语儿童在焦点和非焦点条件下，均通过放置 H*L 音高重音来强调名词性主语。这一表现和荷兰语成人一致。不过，4岁至5岁的荷兰语儿童和成人相比，在焦点条件下的名词性主语上放置音高重音的情况略微要少一些。Yang（2017）对韩语儿童的考察发现，4岁至5岁的韩语儿童在句首位置使用韵律分隔拆离（dephrasing）的情况和韩语成人是非常类似的，只不过其使用不及韩语成人频繁。

在句中位置，4岁至5岁的瑞典语儿童更常在处于焦点位置的动词上放置焦点高调（焦点—H调，focal-H），而不在焦点前和焦点后位置放置焦点高调，这一表现已经和瑞典语成人基本一致。然而，4岁至5岁的瑞典语儿童和成人相比，存在一些较小但仍然非常显著的差异——这一年龄段的瑞典语儿童在编码焦点时使用焦点高调的情况略微少于瑞典语成人。这一差异并不存在于7岁至8岁、10岁至11岁的瑞典语儿童中。4岁至5岁的韩语儿童在焦点前和焦点后条件下对句中名词性宾语进行韵律分隔拆离（dephrasing），但是他们却很少在焦点条件下采用韵律分隔拆离（dephrasing）的手段——这一表现已经和韩语成人基本一致。和韩语儿童不同的是，4岁至5岁的荷兰语儿童和荷兰语成人在使用音高重音编码焦点上却存在很大差异（Romøren，2016）。和焦点后条件相比，4 岁至 5 岁荷兰语儿童在焦点条件下并不能使用更多的音高重音。在焦点韵律编码方面，10 岁至 11 岁荷兰语儿童才开始和荷兰语成人类似。不过，和荷兰语成人的表现仍存在不完全一致的地方：10 岁至 11 岁荷兰语儿童在焦点成分上放置音高重音的情况更为常见，而在焦点前成分上放置音高重音的情况是比较少见的。Romøren（2016）认为这一年龄段荷兰语儿童的表现可归因于对产出的自我意识加强。另外，4 岁至 5 岁的荷兰语儿童在音高重音类型上的选择也和成人存在差异，即这一年龄段的儿童在焦点条件中更倾向于使用 H*L，而在焦点后条件中更倾向于使用！H*L 和！H*（Romøren，2016）。

在句末位置，4 岁至 5 岁瑞典语儿童主要通过在位于句末焦点位置的名词性宾语上放置焦点高调（焦点—H 调，focal-H）来区分焦点和焦点后，这一表现和瑞典语成人是一致的（Romøren，2016）。4 岁至 5 岁的荷兰语儿童在位于句末焦点位置的名词性宾语上放置音高重音的情况要比焦点后更多，这一表现也和荷兰语成人一致（Romøren，2016）。另外，4 岁至 5 岁荷兰语儿童和荷兰语成人一致的地方还表现在对音高重音类型选择的偏好上，即偏好在焦点成分上放置！H*L 音高重音，且对紧跟！H*L 重音的焦点后成分进行重音删除（deaccentuation）（Romøren，2016）。然而，Chen（2011a）的实验结果表明 7 岁至 8 岁的荷兰语儿童，仍未发展出和成人一致的、在焦点成分上放置 H*L 音高重音的能力。这里需要注意的是，这两项针对荷兰语儿童的考察结果存在一定差异，而这些差异可能与这两项研究所采取的研究方法有关（Romøren，2016）。具体来说，Chen（2011a）使用了图片配对游戏的“机器人”版，而 Romøren（2016）采用的是“无机器人”版的图片配对游戏。“无机器人”版的图片游戏可能有助于儿童和成人产出更多带有！H*L 音高重音的非正式语体，而非更多带有 H*L 的正式语体。

总的来说，以上实验结果表明：和音系焦点韵律编码手段透明度不太高的荷兰语相比，瑞典语和韩语的音系焦点韵律编码手段透明度要更高一些（即形式—意义映射关系更明晰），而音系焦点韵律编码手段的透明度影响了儿童的韵律发展。这一结论，本文已在前一部分中加以梳理，这里关键的是以上研究结果揭示出：荷兰语儿童在句中不同位置的表现存在差异，即和句中位置相比，荷兰语儿童在句首位置和句末位置对于使用不同类型音高重音的表现要更接近荷兰语成人一些。考虑到荷兰语成人在所有焦点条件中均在名词性主语上放置 H*L，很有可能出现的情况是，荷兰语儿童在早期就注意到荷兰语中存在这样的规律性。因而，句首位置是较早习得的。那么，接下来的问题是，如何解释音系韵律编码手段在句末位置而非句中位置较早习得呢？已有研究认为句末焦点的实现要比非句末焦点的实现低效，原因在于句末位置的焦点词对于区分陈述和疑问是非常重要的（Liu & Xu，2005）。这可能减缓了对于句末位置的习得。不过，动词可能是一种特殊的非句末成分。Röher，Baumann & Grice（2015）发现在德语的朗读音中，负载在名词上的已有信息（informational giveness）和重音删除（deaccentuation）的连接呈现非常清晰的增长关系，而如果此连接是负载在动词上的，增长关系明显就要弱很多。这一研究结论和 Romøren（2016）在荷兰语动词上的发现是一致的。Romøren（2016）发现在荷兰语中，尽管在焦点条件下音高重音被放置在动词上的情况要比在非焦点条件下多，但是无论在焦点还是非焦点条件下，音高重音总是被放置在动词上（>60%）。这样的趋势并不存在于句末名词性宾语上，即在焦点条件下，82%的音高重音放置在句末名词性宾语上；而在焦点后条件下，37%的音高重音放置在句末名词性宾语上。也就是说，和句末名词相比，在句中动词上音高重音和焦点映射关系的透明度要更低一些。正是这一映射关系透明度的差异可以解释荷兰语儿童在句中位置焦点韵律编码习得更为缓慢的现象。因而，句子位置的影响仍能归结于形式—功能映射关系的透明度，而形式—功能映射关系的透明度能够影响同一语言的不同句子位置焦点韵律编码的习得。

不过，已有研究多关注韵律手段较为丰富的语言（如汉语、英语、荷兰语等），对使用韵律手段较为局限的语言（如白语等）的关注较少。那么，习得焦点韵律编码手段较为局限语言的儿童是否受到其母语背景语言特异性（language specific）的影响呢？另外，已有研究忽视了对语言普遍性（language universal）的探究和讨论，语言普遍性又是否在儿童焦点韵律编码习得上存在一定的作用呢？本书关注的是白语儿童焦点韵律的习得和发展。白语，是一种主要在中国西南地区为白族（拥有约 100 万人口）所使用的声调语言，属汉藏语系，藏缅语族。已有研究发现（Liu et al.，2014；Liu，2017；刘璐等，2020），在白语中（主要是句中位置），只有时长用于编码焦点，即在白语中，焦点成分与其作为焦点后成分相比，只有时长延长了。

本书考察以白语作为第一语言的白语儿童焦点韵律编码的习得及发展路径，考察年龄范围从 4 岁至 7 岁，旨在探明白语韵律系统如何塑造以白语为母语的儿童焦点韵律习得的发展路径，揭示儿童韵律发展的阶段和规律。就笔者所知，学界对白语儿童焦点韵律编码的习得和发展仍较为空白。因此，当前研究将为白语儿童韵律发展提供第一手的研究资料。

第五节　研究问题和研究假设

一　研究问题

本书关注的核心问题是：白语儿童如何习得其母语中的焦点韵律编码？更确切地说，本书的具体研究目标关注以下两个重点：（1）白语儿童的焦点韵律习得和发展呈现怎样的发展路径？（2）语言普遍性（language universal）和语言特异性（language specific）如何塑造白语儿童的焦点韵律习得？（3）白语儿童的焦点韵律编码在不同句子位

置是否存在差异？为了探索这三个重点，笔者在本书的主体部分提出四个研究问题（分别在第三、四、五和六章中进行深入讨论）

研究问题 1：白语的焦点如何通过韵律实现？

研究问题 2：白语儿童句首焦点韵律编码是如何习得和发展的？

研究问题 3：白语儿童句中焦点韵律编码是如何习得和发展的？

研究问题 4：白语儿童句末焦点韵律编码是如何习得和发展的？

为了回答这些具体的研究问题，笔者考察了白语成人和不同年龄段白语儿童的半自然产出中韵律如何被用来编码窄焦点以及焦点域和对比度存在差异的不同焦点类型的。具体来说，通过考察白语成人所产出的白语来回答研究问题 1；考察 4 岁、5 岁、6 岁和 7 岁的白语儿童所产出的白语 SVO 句首位置来回答研究问题 2；考察 4 岁、5 岁、6 岁和 7 岁的白语儿童所产出的白语 SVO 句中位置来回答研究问题 3；考察 4 岁、5 岁、6 岁和 7 岁的白语儿童所产出的白语 SVO 句末位置来回答研究问题 4。本书对于研究问题 2、3 和研究问题 4 的回答及与白语成人（研究问题 1）的比较能使我们掌握白语儿童焦点韵律的发展路径，进而揭示语言普遍性（language universal）和语言特异性（language specific）对白语儿童的焦点韵律习得和发展的影响及作用。

二　研究假设

就研究问题 1 而言，笔者前期对白语句中位置的研究（Liu et al.，2014；Liu，2017；刘增慧，2021）表明，白语仅通过延长焦点后成分的时长来区分焦点和焦点后成分，而不是通过变化音高来编码焦点和焦点类型。已有对荷兰语等语言的研究表明，焦点韵律编码方式在不同句子位置是存在差异的。笔者假设，在白语的不同句子位置中（包括句首、句中和句末）焦点韵律编码的方式略有差异。也就是说，白语焦点韵律的编码方式在不同句子位置存在不一致性（研究假设 1a）。对于白语成人的研究预测是：相对于句首位置和句末位置的非焦点成分，白语说话人只通过延长焦点成分的时长来编码窄焦点，他们并不是通过改变时长和音高来区分焦点域和对比度存在差异的不同焦点类型。但是，白语说话人具体改变时长来编码焦点的方式略有差异。笔者提出的逆研究假设是：在白语的所有句子位置中（包括句首、句中和句末）时长是主要编码焦点的韵律参数。也就是说，白语焦点韵律的编码方式无论在句子的哪一位置均一致（研究假设1b）。对于白语成人的研究预测是：相对于所有句子位置的非焦点成分，白语说话人只通过延长焦点成分的时长来编码窄焦点，他们并不是通过改变时长和音高来区分焦点域和对比度存在差异的不同焦点类型。

就研究问题2而言，考虑到儿童的焦点韵律习得随着年龄和语言经验的增长而发展，且句首位置不承担较为复杂的韵律功能（如表达功能语调的边界调），笔者假设白语儿童在句首位置的焦点韵律编码习得随着年龄增长而向白语成人靠拢（研究假设2）。对于白语儿童句首位置焦点韵律编码的研究预测是：相对于非焦点成分，白语儿童逐渐掌握通过延长焦点成分的时长来编码窄焦点，但是无论是哪一个年龄段他们均不通过改变时长和音高来区分不同焦点类型，和白语成人类似。另外，已有研究发现，句首位置因其存在焦点后压缩实现的可能性，在产出中句首位置焦点识别是要比句末焦点更为容易（Chen et al.，2009；王蓓等，2013）。因而，笔者的研究预测是：白语儿童对于句首焦点韵律编码的习得要比句末焦点早。

就研究问题3而言，考虑到儿童的焦点韵律编码习得随着年龄和语言经验的增长而发展，且句中位置和句首位置类似，即不承担较为复杂的韵律功能（如表达功能语调的边界调），笔者假设白语儿童在句中位置的焦点韵律编码习得随着年龄增长而向白语成人靠拢（研究假设3）。对于白语儿童句中位置焦点韵律编码的研究预测是：相对于非焦点成分，白语儿童逐渐掌握通过延长焦点成分的时长来编码窄焦点，但是无论是哪一个年龄段他们均不通过改变时长和音高来区分焦点域和对比度存在差异的不同焦点类型，和白语成人类似。另外，和句首焦点的情况类似，句中焦点在产出中的识别要比句末焦点更为容易。因而，笔者的研究预测是：白语儿童对于句中焦点韵律编码的习得要比句末焦点早。

就研究问题 4 而言，考虑到儿童的焦点韵律习得随着年龄和语言经验的增长而发展，且句末位置同时承担了较为复杂的韵律功能（如表达功能语调的边界调），笔者假设白语儿童在句末位置的焦点韵律编码习得随着年龄增长而向白语成人靠拢（研究假设 4）。对于白语儿童句末位置焦点韵律编码的研究预测是：相对于非焦点成分，白语儿童逐渐掌握通过延长焦点成分的时长来编码窄焦点，但是无论是哪一个年龄段他们均不通过改变时长和音高来区分焦点域存在差异的不同焦点类型，和白语成人类似。另外，与句首焦点和句中焦点的情况不同的是，句末焦点因其未能提供焦点后压缩实现的可能性，其在产出中的识别要比句首焦点和句中焦点更为困难——识别率较低（Chen et al., 2009；王蓓等，2013）。因而，笔者的研究预测是：白语儿童对于句末焦点韵律编码的习得要比句首和句中焦点晚。

第六节　本书框架

第二章是对本书研究方法的描述，包括实验设计和统计分析方法两部分。其中，“实验设计”部分包括实验所采用的图片配对游戏、实验材料、实验对象和实验过程、语音标注的具体细节。另外，“统计分析方法”部分详细地说明了本书所采用的统计模型和分析方法。

第三章是对白语南部方言焦点韵律编码的考察，目的是为白语儿童不同句子位置焦点韵律的习得和发展提供成人参照（研究问题 1）。

第四章考察不同年龄段白语儿童所产出白语中的句首焦点韵律编

码，目的是揭示白语儿童焦点韵律习得的发展路径，并进一步探讨语言普遍性和特异性、句子位置对白语儿童焦点韵律发展的影响和作用（研究问题2）。

第五章探究不同年龄段白语儿童所产出的白语中的句中焦点韵律编码，目的是揭示白语儿童焦点韵律习得的发展路径，并进一步探讨语言普遍性和特异性、句子位置对白语儿童焦点韵律发展的影响和作用（研究问题3）。

第六章探究不同年龄段白语儿童所产出的白语中的句末焦点韵律编码，目的是揭示白语儿童焦点韵律习得的发展路径，并进一步探讨语言普遍性和特异性、句子位置对白语儿童焦点韵律发展的影响和作用（研究问题4）。

第七章总结第三、四、五和六章的主要研究结论，深入讨论白语儿童焦点韵律编码习得的发展路径和特点，分析语言普遍性、跨语言差异和句子位置在韵律发展中所扮演的角色及其影响。另外，就儿童语言发展研究而言，本书存在的不足以及对于未来研究的展望也将在第七章中进行论述。

本书采用并改进了笔者对白语研究的语料采集方法（参见刘增慧，2021）。但是，为了考察句子位置在白语儿童焦点韵律习得中的影响，本书的分析不再局限于句中位置，而是进一步将句首和句末位置的韵律表现考虑在内。

第二章　实验设计和统计分析方法

第一节　实验设计

一　图片配对游戏

本书采用并发展了 Chen（2011）所使用的图片配对游戏来引导白语母语者在半自然语境中产出 SVO 句，选择此完全基于图片的方法主要是以下两个原因：第一，实验对象还是学龄前儿童，且当前并没有为白语母语者广泛使用的白语文字系统①。第二，这一方法论也曾应用于对汉语儿童（Yang & Chen，2018）和白汉双语儿童汉语焦点韵律编码的考察（刘增慧，2021）。对这一方法论的采用使得当前针对白语儿童的研究能够和前人研究进行更为合理的比较。

图片配对游戏中，一共使用了三组图片。在实验过程中，实验员和发音儿童各手持一组已事先安排好顺序的图片，第三组图片散落在实验操作的桌子上。一位白语南部方言的母语者（年龄 =23 岁，女）作为本书的实验员。在实验员的图片中（第一组），总有一些信息是缺失的，比如：主语、动作、宾语，或者三者都缺失。发音儿童的图片（第二组）包含某个完整的事件。发音儿童的任务是帮助实验员将第一组（实验员的图片）和第三组（散落在桌子上的图片）挑选出来

① 尽管中国政府曾就推行白语拉丁文字系统做出过努力，但是缺乏长期效应（徐琳主编，2008）。

并配成一对（见图 2－1）。

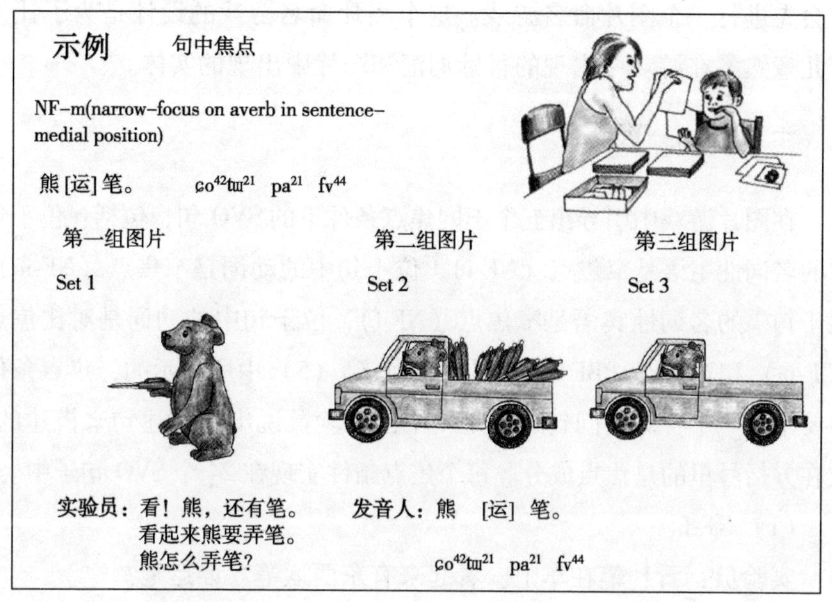

图 2－1 引导目标句“熊［运］笔”的实验流程示例

现以位于句中位置的谓语动词是窄焦点（NF-m）的焦点条件作为范例，来介绍实验过程。第一步，实验员从她手里的图片（第一组图片）里拿出一张，通过说——/nɔ^{33} xa^{33}！ɕo^{42}. tse^{55} fv^{44} a^{33}. sa^{42} ʑy^{35} o^{42} tɯ^{21} ȵo^{44}tɔ^{42}fv^{44}/。“看！熊，还有笔。看起来熊要弄笔。”——这一句子来将发音儿童的注意力集中到图片上，并同时描绘图片上的内容。在提出引导问题之前进行这样的操作，是为了保证图片上的实体对于发音儿童来说是已知信息（given）。第二步，实验员针对这张图片提问（比如：ɕo^{42}tɯ^{21}tsʅ^{55}mɯ^{55}tɔ^{42} fv^{44}/？“熊怎么弄笔？”）。第三步，发音儿童从他/她的图片（第二组）中翻开一张来，并仔细进行观察。第四步，实验员重复问题，发音儿童根据其图片回答问题（例如：ɕo^{42}tɯ^{21} pa^{21}fv^{44} “熊［运］笔。”）。最后，实验员从第三组图片中找出带有缺失信息的图片，并将图片配成对。游戏的规则要求发音儿童要产出完整的句子，并且不能将其手里的图片展示给实验员。

为了保证发音儿童对于词汇选择的一致性，图片配对游戏开始之前会先进行一个图片命名游戏。这个图片命名游戏的设计是为了让发音儿童熟悉在游戏中出现的目标词汇和图片中出现的实体。

二 实验材料

在图片游戏中引导出五个不同焦点条件下的SVO句，包括：位于句首的名词性主语是窄焦点（NF-i），位于句中的动词是窄焦点（NF-m），位于句末的名词性宾语是窄焦点（NF-f），位于句中的动词是对比焦点（CF-m）和宽焦点（BF）。如在例（1）到（5）中所表示的，焦点条件主要是由一个特殊疑问句或者是一个由实验员说出的陈述句来搭建的，放在方括号里的是焦点成分。每个焦点条件实现在24个SVO句子中。

（1）NF-i

实验员：看！笔在车上。看起来有东西运笔。谁运笔？

发音人：[猫] 运笔。

a⁵⁵ mi⁵⁵	tɯ²¹	pa²¹	fv⁴⁴.
猫	个（量词）	运	笔。

（2）NF-m

实验员：看！兔，还有笔。看起来兔在弄笔。兔怎么弄笔？

发音人：兔 [运] 笔。

tʰɔ⁵⁵ lɔ⁵⁵	tɯ²¹	pa²¹	fv⁴⁴.
兔	个（量词）	运	笔。

（3）NF-f

实验员：　看！熊。熊在开车。看起来熊在运东西。熊运什么？

发音人：　熊运 [笔]。

ɕo⁴²	tɯ²¹	pa²¹	fv⁴⁴.
熊	个（量词）	运	笔。

（4）BF

实验员：看！图片一片模糊。我什么也看不清。图片上画了什么？

发音人：［猫运树］。

$a^{55}mi^{55}$　　tɯ^{21}　　pa^{21}　　fv^{44}.

猫　　个（量词）　　运　　笔。

（5）CF-m

实验员：看！狗和笔。看起来狗在弄笔。我猜狗擦笔。

发音人：狗［运］笔。

$k^{h}ua^{33}$　　tɯ^{21}　　pa^{21}　　fv^{44}.

狗　　个（量词）　　运　　笔。

在白语中，当一个名词充当句子主语时，其后需伴随一个量词来组成名词短语；但是当名词充当句子宾语时，名词短语的量词可以被省略（赵燕珍，2009）。考虑到句义的可行性，同时也受限于图片内容的展示和儿童词汇的有限性，在句首位置，实验设计中的句首名词性主语，在所有的目标句中这些名词性主语后都跟着同一个低降调的量词，主语包括了三个声调：高平调（T55）、中平调（T33）和中高降调（T42）。句中位置的动词选取了白语中的三个调类（即高平调/T55、低降调/T21、中升调/T35）在动词位置都出现两次。句末位置的名词性宾语包括了三个声调：高平调（T55）、中高平调（T44）和中平调（T33）。六个单音节动词和四个名词性宾语组成 24 个动词性短语，每一个动词性短语都出现在所有的焦点条件中（n = 5）。这样的设计能够引导出 120 个动词短语。4 个名词性短语（总是以同一个量词“tɯ^{21}”结尾）分别与 120 个动词性短语组合，从而最终构成了 120 个唯一的目标句。这 120 个目标句被分为两个列表，每个列表包含实现在不同句子中的 5 个焦点条件、所有的 6 个声调代表，但是动词性短语被一分为二，分别在两个列表中。如此编排，就可以实现每一位发音人参与的是一个含有 60 个目标句的列表。表 2 - 1 展示了构成 SVO 句子的选词。当前的实验设计沿用了刘增慧（2021）中的白语实验设计。但与刘增慧（2021）不同的是，本书中对白语成人和儿童的产出实验均分别考察了句首、句中、句末位置的焦点韵律编码。

表 2－1　　SVO 目标句选词一览表（每个词均用 IPA 和汉译标示）

主语	谓语	宾语
a^{55}mi^{55}tɯ^{21} 猫（只）	ts^{h}u^{55}　闻 pɔ^{35}　包 kɯ^{21}　卖 xua^{55}　画 ma^{35}　抹 pa^{21}　搬	ɕui^{55}li^{55} 梨
ɕo^{42}tɯ^{21} 熊（只）		ts^{h}u^{33} 草
k^{h}ua^{33}tɯ^{21} 狗（只）		tsɯ^{33} 树
thɔ^{55}lɔ^{55}tɯ^{21} 兔（只）		fv^{44} 笔

三　实验对象和实验过程

来自 4 个年龄组，共 12 位白语儿童参与了本实验，包括：3 位 4 岁白语儿童（3 个女孩），3 位 5 岁白语儿童（1 个女孩和 2 个男孩），3 位 6 岁白语儿童（1 个女孩和 2 个男孩），3 位 7 岁白语儿童（3 个女孩）。在本书进行时，所有的儿童均为学龄前儿童，均未开始接受正式汉语教育，在以白语为主的语言环境中成长，但可以进行极简单的汉语沟通。

所有参与本书的发音儿童都在中国云南省大理白族自治州喜洲镇的金圭寺村长大。发音儿童在家里习得白语——第一语言，在 6 岁或者 7 岁时开始接受正式的汉语教育。他们在 6 岁之前主要是通过大众媒体接触到汉语。鉴于这些白语儿童在同一白语社区长大，来自具有相似社会、经济阶层的家庭，他们构成了一个相对同质的群体。

一位和发音儿童同村的女性白语母语者担任当前实验的实验员（年龄 =23 岁）。实验员对发音儿童进行单独测试，在测试中和测试外均只和发音儿童说白语。每个实验分为两个部分，每个部分包括 30 个实验测试段。为了避免发音儿童疲劳或是注意力涣散，每个部分的实验结束后会暂停，并让发音儿童适当休息。一位发音儿童完成一个部分的实验需 20—25 分钟。所有的实验都在喜洲镇金圭寺村某村民家中一个安静的房间内完成。实验采用便携式 ZOOM HI 录音机来进行录制工作，采样率为 44.1kHz，采样精度为 16 比特。为了将来的训练工作，实验全程也进行了影像记录。在正式实验结束之前或之后，一份语言背景和家庭语言使用问卷会发放给儿童的抚养人并请其完成。

四　语音标注

首先，采用音标和字符对实验所收集的语料进行转写和标注。如果发音人回答的句子符合下列筛选条件之一就将被排除在分析之外：(1) 并不是对目标问题的答案；(2) 包含自我纠正；(3) 回答显示出犹豫（定义为在发音人作出回答之前发出的长“嗯”声）；(4) 在回答句中，发音人就词或者语序的选择偏离目标句。

在所有获取的白语成人 SVO 句句首和句末位置语料中，81.9% 的回答句（n = 688，N = 14）纳入了下一步的语音分析中。

在所有获取的白语儿童语料中，56% 的回答句（n = 808，N = 12）纳入了下一步的语音分析中。具体来说，4 岁白语儿童产出的所有回答句中，55.8% 的回答句纳入下一步的分析中（n = 201）；5 岁白语儿童产出的所有回答句中，40.3% 的回答句纳入了下一步的分析中（n = 145）；6 岁白语儿童产出的所有回答句中，51.9% 的回答句纳入了下一步的分析中（n = 187）；7 岁白语儿童产出的所有回答句中，76.4% 的回答句纳入了下一步的分析中（n = 275）。

句首位置的名词性主语是句首位置的韵律分析目标，句中位置的单音节动词是句中位置的韵律分析目标，句末位置的名词性宾语是句末位置的韵律分析目标。就句首位置而言，在当前的实验设计中，名词性主语在句首窄焦点条件（NF-i）下是焦点成分，在句中窄焦点条件（NF-m）下是焦点前成分，在句末窄焦点条件（NF-f）下是焦点前前成分，在宽焦点（BF）条件和句首窄焦点（NF-i）条件下均是焦点成分；就句中位置而言，在当前的实验设计中，动词在句首窄焦点条件（NF-i）下是焦点后成分，在句中窄焦点条件（NF-m）下是焦点成分，在句末窄焦点条件（NF-f）下是焦点前成分，在宽焦点（BF）条件、句中窄焦点（NF-m）和对比焦点（CF-m）条件下均是焦点成分，但焦点类型不同；就句末位置而言，在当前的实验设计中，名词性宾语在句首窄焦点条件（NF-i）下是焦点后后成分，在句中窄焦点条件（NF-m）下是焦点后成分，在句末窄焦点条件（NF-f）下是焦点成分，在宽焦点（BF）条件和句末窄焦点（NF-f）条件下均是焦点成分。本书采用 Praat 语音分析软件（Boersma & Weenink，2006）进行分析，根据声波图、宽带频谱图、音高线和听觉感知（Turk，Nakai & Sugahara，2006）来对韵律分析目标（即句首名词性主语、句中动词、句末名词性宾语）一一进行声学标注。两个音高相关和两个音段相关的标注点插入每一个动词的标注中，包括：音高最大值、音高最小值、词起点、词终点。

根据前人研究，本书在插入音高最大值和音高最小值的标注时，将各声调不同的声调目标也考虑在内（Xu，1999；Xu & Wang，2001；Yang & Chen，2018；Liu，2017）。具体来说，T55 是高平调，在语流中出现时，其音高曲线呈现轻微上扬，音高最大值取值点在音高最小值取值点之后；其调头段不纳入音高相关取值点的选取范围。T44 是中高平调，其声调曲线在语流中出现时的情况和高平调 T55 类似，因而处理方式与 T55 一致。T33 是中平调，其声调曲线在语流中出现时的情况和高平调 T55、中高平调 T44 类似，因而处理方式与 T55、T44 一致。T42 是中高降调，鉴于 T42 的下降段才包含了 T42 的声调目标，故笔者在对 T42 进行声学标注时，主要在下降段中取值，且音高最大值的取值点取在音高最小值的取值点之前；其调头段不纳入音高相关取值点的选取范围。T21 是低降调，其声调曲线在语流中出现时的情况和中高降调 T42 类似，因而处理方式与 T42 一致。T35 是中升调，鉴于 T35 的上升段才包含了 T35 的声调目标，故笔者在对 T35 进行声学标注时，主要在上升降段中取值，且音高最大值的取值点取在音高最小值的取值点之后；其调头段不纳入音高相关取值点的选取范围。

本书采用自行编写的 Praat 脚本对音高相关取值点的音高值（Hz）

和音段相关取值点的时间值（秒）进行自动抽取。每一个动词的四个声学参数被抽取出来：音高最大值、音高最小值、音域（即音高最大值和音高最小值之间的差值）、词的时长。

第二节　统计分析方法

就句首位置而言，为了探究焦点的作用，笔者比较了句首名词性主语在焦点条件和非焦点条件下的测量数据。也就是 NF-i 条件（句首名词性主语是焦点成分）vs. NF-m 条件（句首名词性主语是焦点前成分，即 pre-focus），NF-i 条件（句首名词性主语是焦点成分）vs. NF-f（句首名词性主语是焦点前前成分，即 pre-pre-focus）；为了考察焦点域存在差异的不同焦点类型，笔者比较了句首名词性主语在句首窄焦点条件（NF-i）和宽焦点条件（BF）下的测量数据。

就句中位置而言，为了探究焦点的作用，笔者比较了句中动词在焦点条件和非焦点条件下的测量数据。也就是 NF-m 条件（句中动词是焦点成分）vs. NF-i 条件（句中动词是焦点后成分，即 post-focus），NF-m 条件（句中动词是焦点成分）vs. NF-f（句中动词是焦点前成分，即 pre-focus）；为了考察焦点域存在差异的不同焦点类型，笔者比较了句中动词在窄焦点条件（NF-m）和宽焦点条件（BF）下的测量数据；为了考察对比度存在差异的不同焦点类型，笔者比较了句中动词在句中窄焦点条件（NF-m）和对比焦点条件（CF-m）下的测量数据；就句末位置而言，为了探究焦点的作用，笔者比较了句末名词性宾语在焦点条件和非焦点条件下的测量数据。也就是 NF-f 条件（句末名词性宾语是焦点成分）vs. NF-m 条件（句末名词性宾语是焦点后成分，即 post-focus），NF-f 条件（句末名词性宾语是焦点成分）vs. NF-i 条件（句末名词性宾语是焦点后后成分，即 post-post-focus）；为了考察焦点域存在差异的不同焦点类型，笔者比较了句末名词性宾语在句末窄焦点条件（NF-f）和宽焦点条件（BF）下的测量数据。

笔者采用了 R 软件（R Core Team，2014）中的“Ime4”程序包（Bates，Mächler，Bolker & Walker，2015）和“ImerTest”程序包（Kuznetsova，Brockhoff & Christensen，2013）来运行线性混合效应模型。在所有搭建的统计模型中，纳入“声调”（tone）和“焦点条件”（focus condition）作为固定变量（fixed factors），“说话人”（即发音人）作为随机变量（random factors）。在上述列出的对比当中，“焦点条件”有两个层级（即研究问题中涉及的两种焦点条件），“声调”指的是句首名词性宾语、句中动词和句末名词性宾语的不同声调，分别包括三个层级（即句首高平调 T55、中平调 T33 和中高降调 T42；句中高平调 T55、中升调 T35、低降调 T21；句末高平调 T55、中高平调 T44、中平调 T33）。结果变量/因变量分别是句首名词性主语、句中动词和句末名词性宾语的时长、音域、音高最大值和音高最小值。

参考 Field，Miles & Field（2012）和 Magezi（2015），本书采用逐步构建和检验的多层级建模方式。具体来说，搭建模型从只含有截距的截距模型（Intercept-only model）出发，逐次添加新的变量构建数据模型。然后，通过似然比检验（Likelihood-ratio test）系统地将只区别于一个新增变量的不同模型进行比较。比较结果中反映出的新增变量的卡方值（χ^2）、自由度（Degrees of freedom）和 p 值（p-value）将会被汇报出来。如果 p 值小于 0.05，则说明新增变量在统计学意义上显著地提升了所构建模型的拟合度。

进行模型搭建时，只有在统计学意义上显著提高模型拟合度的变量和交互效应才能被逐层保留，直至达到拟合度最高的最佳模型①。当拟合度最高的最佳模型建立后②，本书只归纳和理解最佳模型。对于每一个分析过程，笔者将首先汇报模型比较的结果，然后汇报最佳模型

① 参考 Bates，Kliegl，Vasishth & Baayen（2015）对于最简模型（parsimonious models）重要性的解释。

② 本书中使用的是“anova”功能进行不同模型间的比较（Quené & Van den Bergh，2008），参考 Baayen et al.，（2008）对最大似然度（maximum likelihood）的解释。

的参数估计值。鉴于本书主要关注的是在结果变量/因变量中焦点的作用，在下文的分析中，涉及焦点的主效应和交互效应将作为重点进行阐释。但是，本书对其他因素所产生的主效应和交互效应的细节并不作深入讨论。

实验设计材料中句中位置的动词共有“tshu^{55}闻”“pɔ^{35}包”“kɯ^{21}卖”“xua^{55}画”“ma^{35}抹”和“pa^{21}搬”六个，均为单音节词，按照分析对象的差异（即单音节词或双音节词）模型搭建的具体步骤略有差异，单音节词分析的模型搭建请见表2－2。

表2－2　　　　模型搭建步骤一览表（单音节词）

模型	新增变量
模型0（Model 0）	仅纳入“说话人”作为随机截距
模型1（Model 1）	+声调
模型2（Model 2）	+焦点条件
模型3（Model 3）	+声调：焦点条件

实验设计材料中句首位置的名词性宾语共有“a^{55}mi^{55}tɯ^{21}猫（只）”“ɕo^{42}tɔ^{21}熊（只）”“k^{h}ua^{33}tɯ^{21}狗（只）”“t^{h}ɔ^{55}lɔ^{55}tɯ^{21}兔（只）”四个。其中，除了同一表示数量单位的“tɯ^{21}（只）”外，“ɕo^{42}tɯ^{21}熊（只）”和“k^{h}ua^{33}tɯ^{21}狗（只）”均为单音节词，而“a^{55}mi^{55}tɯ^{21}猫（只）”和“t^{h}ɔ^{55}lɔ^{55}tɯ^{21}兔（只）”均为双音节词。因而在下文的分析中，本书将单音节词和双音节词分开分析，先分析单音节词，再将双音节词进行拆分，以便进一步分析。在双音节词分析的过程中，首先分析首音节，然后再分析末音节。鉴于双音节词的声调均为高平调55，模型搭建过程进一步简化为：在所有搭建的统计模型中，纳入“焦点条件”（focus condition）作为固定变量（fixed factors），“说话人”（即发音人）作为随机变量（random factors）。在上述列出的四组对比当中，“焦点条件”有两个层级（即研究问题中涉及的两种焦点条件）。结果变量/因变量是句首名词性主语的时长、音域、音高最大值和音高最小值。

模型搭建的具体步骤请见表2－3。

表2－3　　模型搭建步骤一览表（双音节词）

模型	新增变量
模型0（Model 0）	仅纳入“说话人”作为随机截距
模型2（Model 2）	＋焦点条件

另外，句末位置的名词性宾语共有“ɕui^{55}li^{55}梨”“tsʰu^{33}草”“tsɯ^{33}树”“fv^{44}笔”四个。其中“ɕui^{55}li^{55}梨”为双音节词，“tsʰu^{33}草”“tsɯ^{33}树”“fv^{44}笔”均为单音节词。因而在下文的分析中，本书将单音节词和双音节词分开分析，先分析单音节词，再将双音节词进行拆分，以便进一步分析。与句首位置的名词性主语分析方法一致。

第三章　白语的焦点韵律编码

第一节　引言

白语，一种藏缅语族的声调语言，主要为生活在中国西南、人口超过一百万的白族所使用。白语的基本语序是 SVO（徐琳主编，2008；赵燕珍，2009）。白语有三个地域变体，包括：白语中部方言、白语北部方言和白语南部方言。本书选取白语南部方言作为考察对象，主要是由于白语南部方言和其他方言分支相比，在音段和词汇层面已有了较好的研究基础（Allen，2004；艾磊，苏玮雅 & 尹曼芬，1997；邓瑶 & 何稳菊，2012；何稳菊，2015；徐琳主编，2008；赵衍荪 & 徐琳，1996）。从此处开始，本书将主要关注白语南部方言，并统一指称为白语。

白语南部方言的声母系统包括二十七个辅音音位：/p，ph，m，f，v，t，th，n，l，k，kh，ŋ，x，ɣ，tɕ，tɕh，ɕ，ç，j，ts，tsh，s，z，tʂ，tʂh，ʂ，ʐ/。在这些辅音音位中，四个辅音音位，即/tʂ，tʂh，ʂ，ʐ/主要用于汉语借词。白语南部方言的韵母系统包括八个元音音位：/i，e，ɛ，ɑ，o，u，ɯ，v/，十二个复合元音音位：/iɛ，iɑ，iɑo，io，iou，iɯ，ui，uɛ，uɑ，uo，o，ou/。另外，在白语南部方言中，有一个元音和两个复合元音产出时带有卷舌色彩：/ɚ，iɚ，uɚ/（赵衍荪 & 徐琳，1996：480—487）。

在白语南部方言中，一共有来自三个调类的八个声调：平调（55、44、33）、升调（35）和降调（42、21、32、31）（Allen，2004；赵衍荪 & 徐琳，1996）。白语的声调系统见表3-1。白语的声调被认为是音高、发声态和松紧度都在综合起作用的系统。例如，Tone 21 通常被用来描写带有气嗓声特征的声调，Tone 42 通常被用来描写咽化音（Allen，2004；艾磊等，1997；赵衍荪 & 徐琳，1996）。然而，在白语南部方言中，无论是发声态还是松紧度都不是一个区别性特征（Allen，2004；艾磊等，1997）。因此，本章研究延用 Allen（2004）中所采用的赵元任五度标调法（Chao，1930，1968）来表示白语南部方言的八个声调，包括：三个平调（55/高平调、44/中高平调、33/中平调），一个升调（35/中升调），四个降调（42/高降调、32/中降调、21/低降调、31/中降调）。关于白语中连读变调的研究还较为空白。

表3-1　白语南部方言词语声调一览表（摘自赵衍荪 & 徐琳，1996：486）

调类	调型	调值	例子		
			IPA	英文	中文
Tone 55	高平	55	/tçi/	plow（the first syllable）	犁头
Tone 44	半高平	44	/tçi/	leech	水蛭
Tone 33	中平	33	/tçi/	pull	拉
Tone 42	高降	42	/tçi/	nephew	侄
Tone 21	低降	21	/tvi/	flag	旗子
Tone 32	中降	32	/tçi/	leak	渗出
Tone 31	中降	31	/tçi/	field	田
Tone 35	中升	35	/tçi/	positive（the first syllable）	积极

虽然当前学界对白语在汉藏语系中的亲属关系还有争论（Allen，2004），但是这样的发生学争论对于本书的主题并无影响。和本书相关的是，白语和汉语处在密切的语言接触中已达数个世纪，并延续至今（Wang，2004；Wiersma，2005）。随着中国唐代（618—907

AD）的国家融合，白语使用地区成为中国的一部分。白族和汉族在1949年中华人民共和国成立之后，也持续处在密切的接触中。中国政府在1956年正式识别白族为自治民族团体。然而，白语并非中国的官方语言，哪怕是在大理白族自治州也不是官方语言。最近，邓瑶、何稳菊（2012）调查了白语南部方言地区的语言使用和语言态度，他们发现：白语南部方言和汉语（汉语和大理方言）在功能上是互补的。在大理地区，汉语和大理方言（汉语的一种地域变体）主要是用于教育、媒体和其他正式的场合，而白语南部方言主要用于非正式场合和日常交流。然而，由于汉语所具有的社会、经济和政治重要性，汉语被认为是较为权威的语言。

汉语对于白语的影响很容易就能在词汇、语法和语音系统（辅音、元音和声调）上观察到（戴庆夏 & 李绍尼，1992）。在词汇方面，戴庆夏、李绍尼（1992）调查了1800个白语词，并发现其中超过86%的词汇是汉语借词。类似的是，很多白语中的语法结构能够追溯到其所受的汉语影响，比如，比较句、递进句中的连词使用，因果复句中的因果连词（戴庆夏 & 李绍尼，1992）。另外，白语的元音、辅音和声调都受到了汉语很深的影响。比如，汉语辅音/tʂ/、/tʂh/、/ʂ/和/ʐ/，复合元音/ia/、/io/和/iu/，声调Tone 42和声调Tone 35都融入了白语的语音系统中（戴庆夏 & 李绍尼，1992）。然而，汉语对白语句层面韵律的影响研究还相对较少。

就白语的焦点韵律编码而言，近年来有研究开始将白语作为考察对象，并得出了比较一致的结论。笔者通过图片配对游戏引导白语母语者产出处于不同焦点条件下的白语SVO句，并进一步通过比较位于句中位置的动词是焦点成分和非焦点成分时的声学表现。笔者发现，在白语中，只有时长用于编码焦点，即在白语中，焦点成分与其作为焦点后成分相比，只有时长延长了（Liu et al.，2014；Liu，2017；刘增慧，2021）。这一研究结论和刘璐等（2020）的研究结论一致。不过，已有针对白语焦点韵律编码的考察并未对不同句子位置的焦点效应进行深入考察，本章就此问题进行深入探讨，并进一步为白语儿童焦点韵律编码的习得和发展提供成人参照组数据。

第二节　白语句首焦点韵律的实现

一　时长

（一）单音节词

测试焦点（焦点 vs. 焦点前）在白语成人句首位置（T42、T33）时长上表现的模型搭建细节见表 2－2。模型的拟合度比较结果见表 3－2。如表所示，拟合度最高的最佳模型是模型 2（Model 2），这个模型包括声调的主效应，$\chi^2(1) = 53.62$，$p < 0.001$，焦点的主效应，$\chi^2(1) = 23.239$，$p < 0.001$。最佳模型的具体参数估计值见表 3－3。因而，结果表明白语成人既在其白语句首位置的中高降调（T42）中通过变化时长来区分焦点（252.2ms，SD＝45）和焦点前（227.6ms，SD＝34.9），也在中平调（T33）中通过变化时长来区分焦点（208.3ms，SD＝39.9）和焦点前（174.9ms，SD＝40.5）。如图 3－1 所示。

表 3－2　白语成人，句首位置（T42、T33），时长作为结果变量：焦点（NF-i）vs. 焦点前（NF-m）模型拟合度分析一览表

模型	N_{pars}	－2 LLR	比较			
			模型	$\Delta\chi^2$	Δdf	p
0（仅纳入“说话人”作为随机截距）	3	－764.89				
1＋声调	4	－738.08	0 vs 1	53.62	1	0.000 ***
2＋焦点条件	5	－726.46	1 vs 2	23.239	1	0.000 ***
3＋声调：焦点条件	6	－726.14	2 vs 3	0.631	1	0.427

注：“$\Delta\chi^2$”表示的是卡方值的变化，“Δdf”表示的是自由度的变化。

表 3－3　白语成人，句首位置（T42、T33），时长，焦点（NF-i）vs. 焦点前（NF-m），最佳模型的参数估计值一览表

	Estimate	Std. Error	*df*	*t* value	Pr（>|t|）
固定变量					
截距（Intercept）	204.802	7.563	26.012	27.078	0.000 ***
中高降调（T42）	48.589	5.588	131.538	8.695	0.000 ***
焦点前（NF-m）	－28.070	5.575	131.280	－5.035	0.000 ***
随机变量	名称	Variance	Std. Dev.		
发音人（Speaker）	Intercept	471.2	21.71		
余量（Residual）		1119.8	33.46		

测试焦点（焦点 vs. 焦点前前）在白语成人句首位置（T42、T33）时长上表现的模型搭建细节见表 2－2。模型的拟合度比较结果见表 3－4。如表所示，拟合度最高的最佳模型是模型 2（Model 2），这个模型包括声调的主效应，$\chi^2(1)=42.263$，$p<0.001$；焦点的主效应，$\chi^2(1)=29.303$，$p<0.001$。最佳模型的具体参数估计值见表 3－5。因而，结果表明白语成人既在其白语句首位置的中高降调（T42）中通过变化时长来区分焦点（252.2ms，SD＝45）和焦点前前（218.5ms，SD＝45.2），也在中平调（T33）中通过变化时长来区分焦点（208.3ms，SD＝39.9）和焦点前前（173.9ms，SD＝34）。如图 3－2 所示。

表 3－4　白语成人，句首位置（T42、T33），时长作为结果变量：焦点（NF-i）vs. 焦点前前（NF-f）模型拟合度分析一览表

模型	N_{pars}	－2 LLR	比较			
			模型	$\Delta\chi^2$	Δdf	*p*
0（仅纳入“说话人”作为随机截距）	3	－750.72				
1＋声调	4	－729.59	0 vs 1	42.263	1	0.000 ***
2＋焦点条件	5	－714.94	1 vs 2	29.303	1	0.000 ***
3＋声调：焦点条件	6	－714.93	2 vs 3	0.007	1	0.934

注：“$\Delta\chi^2$”表示的是卡方值的变化，“Δdf”表示的是自由度的变化。

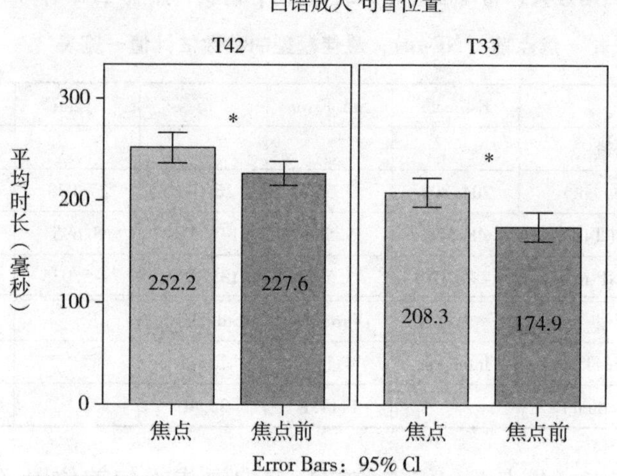

图 3 – 1　白语成人句首位置（T42、T33）中焦点的平均时长（毫秒）vs. 焦点前的平均时长（毫秒），n = 145，N = 14，显著性差异用 * 标示

表 3 – 5　白语成人，句首位置（T42、T33），时长，焦点（NF-i）vs. 焦点前前（NF-f），最佳模型的参数估计值一览表

	Estimate	Std. Error	*df*	*t* value	Pr（> | t |）
固定变量					
截距（Intercept）	173. 351	7. 736	26. 115	22. 409	0. 000 ***
中高降调（T42）	44. 954	5. 792	128. 632	7. 762	0. 000 ***
焦点（NF-i）	33. 220	5. 800	128. 777	5. 727	0. 000 ***
随机变量	名称	Variance	Std. Dev.		
发音人（Speaker）	Intercept	485. 1	22. 02		
余量（Residual）		1176. 7	34. 30		

测试焦点域（窄焦点 vs. 宽焦点）在白语成人句首位置（T42、T33）时长上表现的模型搭建细节见表 2 – 2。模型的拟合度比较结果见表 3 – 6。如表所示，拟合度最高的最佳模型是模型 1（Model 1），这个模型只包括声调的主效应，χ^2（1）= 38. 866，$p < 0.001$。因而，没有证据表明白语成人在句首位置的中高降调（T42）中通过变化时

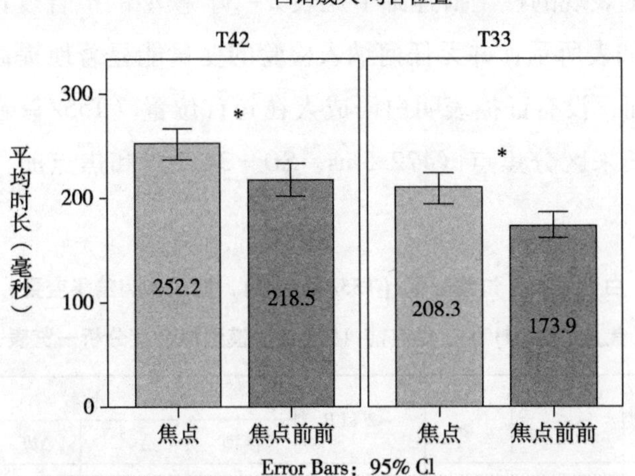

图3-2　白语成人句首位置（T42、T33）焦点的平均时长（毫秒）vs. 焦点前前的平均时长（毫秒），n=142，N=14，显著性差异用 * 标示

长来区分窄焦点（252.2ms，SD = 45）和宽焦点（256.5ms，SD = 60.2）；也没有证据表明白语成人在句首位置的中平调（T33）中通过变化时长来区分窄焦点（208.3ms，SD = 39.9）和宽焦点（206.5ms，SD = 41.6）。

表3-6　白语成人，句首位置（T42、T33），时长作为结果变量：窄焦点（NF-i）vs. 宽焦点（BF）模型拟合度分析一览表

模型	N_{pars}	-2 LLR	比较			
			模型	$\Delta\chi^2$	Δdf	p
0（仅纳入“说话人”作为随机截距）	3	-660.36				
1+声调	4	-640.93	0 vs 1	38.866	1	0.000 ***
2+焦点条件	5	-640.84	1 vs 2	0.183	1	0.669
3+声调：焦点条件	6	-640.84	2 vs 3	3e-04	1	0.986

注：“$\Delta\chi^2$”表示的是卡方值的变化，“Δdf”表示的是自由度的变化。

（二）双音节词

测试焦点（焦点 vs. 焦点前）在白语成人句首位置（T55/首音

节）时长上表现的模型搭建细节见表2-3。模型的拟合度比较结果见表3-7。如表所示，并无任何纳入检验的变量能显著地提高模型的拟合度。因而，没有证据表明白语成人在句首位置（T55/首音节）中通过变化时长来区分焦点（122.5ms，SD=34.2）和焦点前（123.9ms，SD=27.8）。

表3-7　白语成人，句首位置（T55/首音节），时长作为结果变量：焦点（NF-i）vs. 焦点前（NF-m）模型拟合度分析一览表

模型	N_{pars}	-2 LLR	比较			
			模型	$\Delta\chi^2$	Δdf	p
0（仅纳入“说话人”作为随机截距）	3	-702.62				
1+焦点条件	4	-702.57	1 vs 2	0.096	1	0.757

注：“$\Delta\chi^2$”表示的是卡方值的变化，“Δdf”表示的是自由度的变化。

测试焦点（焦点 vs. 焦点前）在白语成人句首位置（T55/末音节）时长上表现的模型搭建细节见表2-3。模型的拟合度比较结果见表3-8。如表所示，并无任何纳入检验的变量能显著地提高模型的拟合度。因而，没有证据表明白语成人在句首位置（T55/末音节）中通过变化时长来区分焦点（151.8ms，SD=38.1）和焦点前（144.1ms，SD=36.3）。

表3-8　白语成人，句首位置（T55/末音节），时长作为结果变量：焦点（NF-i）vs. 焦点前（NF-m）模型拟合度分析一览表

模型	N_{pars}	-2 LLR	比较			
			模型	$\Delta\chi^2$	Δdf	p
0（仅纳入“说话人”作为随机截距）	3	-717.86				
1+焦点条件	4	-716.69	1 vs 2	2.351	1	0.125

注：“$\Delta\chi^2$”表示的是卡方值的变化，“Δdf”表示的是自由度的变化。

测试焦点（焦点 vs. 焦点前前）在白语成人句首位置（T55/首音

节）时长上表现的模型搭建细节见表2－3。模型的拟合度比较结果见表3－9。如表所示，拟合度最高的最佳模型是模型1（Model 1），这个模型包括焦点的主效应，χ^2（1）=4.248，$p<0.05$。最佳模型的具体参数估计值见表3－10。这说明，白语成人在句首位置高平调（T55）的首音节中通过延长焦点成分的时长来区分焦点（122.5ms，SD=34.2）和焦点前前（111.5ms，SD=28.8）。如图3－3所示。

表3－9　白语成人，句首位置（T55/首音节），时长作为结果变量：焦点（NF-i）vs. 焦点前前（NF-f）模型拟合度分析一览表

模型	N_{pars}	－2 LLR	比较			
			模型	$\Delta\chi^2$	Δdf	p
0（仅纳入“说话人”作为随机截距）	3	－706.07				
1＋焦点条件	4	－703.95	1 vs 2	4.248	1	0.039 *

注：“$\Delta\chi^2$”表示的是卡方值的变化，“Δdf”表示的是自由度的变化。

表3－10　白语成人，句首位置（T55/首音节），时长，焦点（NF-i）vs. 焦点前前（NF-f），最佳模型的参数估计值一览表

	Estimate	Std. Error	*df*	*t* value	Pr（>|t|）
固定变量					
截距（Intercept）	112.636	5.018	21.759	22.447	0.000 ***
焦点（NF-i）	9.779	4.710	132.897	2.076	0.040 *
随机变量	名称	Variance	Std. Dev.		
发音人（Speaker）	Intercept	197.7	14.06		
余量（Residual）		798.9	28.26		

测试焦点（焦点 vs. 焦点前前）在白语成人句首位置（T55/末音节）时长上表现的模型搭建细节见表2－3。模型的拟合度比较结果见表3－11。如表所示，并无任何纳入检验的变量能显著地提高模型的拟合度。因而，没有证据表明白语成人在句首位置（T55/末音节）中通过变化时长来区分焦点（151.8ms，SD=38.1）和焦点前前（142.3ms，SD=34.2）。

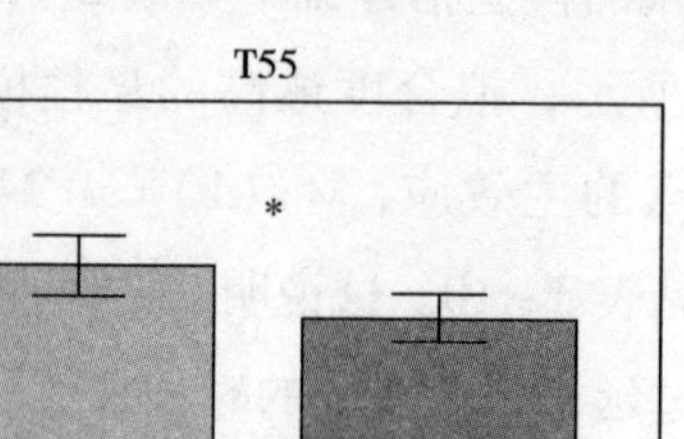

图 3－3　白语成人句首位置（T55/首音节）中焦点的平均时长（毫秒）vs. 焦点前前的平均时长（毫秒），n＝146，N＝14，显著性差异用＊标示

表 3－11　白语成人，句首位置（T55/末音节），时长作为结果变量：焦点（NF-i）vs. 焦点前前（NF-m）模型拟合度分析一览表

模型	N_{pars}	－2 LLR	比较			
			模型	$\Delta\chi^2$	Δdf	p
0（仅纳入“说话人”作为随机截距）	3	－714.95				
1＋焦点条件	4	－713.52	1 vs 2	2.863	1	0.091

注：“$\Delta\chi^2$”表示的是卡方值的变化，“Δdf”表示的是自由度的变化。

测试焦点域（窄焦点 vs. 宽焦点）在白语成人句首位置（T55/首音节）时长上表现的模型搭建细节见表 2－3。模型的拟合度比较结果见表 3－12。如表所示，并无任何纳入检验的变量能显著地提高模型的拟合度。因而，没有证据表明白语成人在句首位置（T55/首音节）中通过变化时长来区分窄焦点（122.5ms，SD＝34.2）和宽焦点（124.8ms，SD＝36）。

表 3-12 白语成人，句首位置（T55/首音节），时长作为结果变量：窄焦点（NF-i）vs. 宽焦点（BF）模型拟合度分析一览表

模型	N_{pars}	-2 LLR	比较			
			模型	$\Delta\chi^2$	Δdf	p
0（仅纳入“说话人”作为随机截距）	3	-656.97				
1+焦点条件	4	-656.71	1 vs 2	0.512	1	0.474

注：“$\Delta\chi^2$”表示的是卡方值的变化，“Δdf”表示的是自由度的变化。

测试焦点域（窄焦点 vs. 宽焦点）在白语成人句首位置（T55/末音节）时长上表现的模型搭建细节见表 2-3。模型的拟合度比较结果见表 3-13。如表所示，并无任何纳入检验的变量能显著地提高模型的拟合度。因而，没有证据表明白语成人在句首位置（T55/末音节）中通过变化时长来区分窄焦点（151.8ms，SD=38.1）和宽焦点（152.7ms，SD=36.8）。

表 3-13 白语成人，句首位置（T55/末音节），时长作为结果变量：窄焦点（NF-i）vs. 宽焦点（BF）模型拟合度分析一览表

模型	N_{pars}	-2 LLR	比较			
			模型	$\Delta\chi^2$	Δdf	p
0（仅纳入“说话人”作为随机截距）	3	-656.79				
1+焦点条件	4	-656.66	1 vs 2	0.248	1	0.619

注：“$\Delta\chi^2$”表示的是卡方值的变化，“Δdf”表示的是自由度的变化。

二 音域

（一）单音节词

测试焦点（焦点 vs. 焦点前）在白语成人句首位置（T42、T33）音域上表现的模型搭建细节见表 2-2。模型的拟合度比较结果见表 3-14。如表所示，拟合度最高的最佳模型是模型 1（Model 1），这个模型包括声调的主效应，χ^2（1）=35.142，$p<0.001$。因而，没有证

据表明此年龄组的白语成人在其白语句首位置的中高降调（T42）中通过变化音域来区分焦点（87.6Hz，SD = 74.6）和焦点前（61.2Hz，SD =56.1）；也没有证据表明此年龄组的白语成人在其白语句首位置的中平调（T33）中通过变化音域来区分焦点（24.9Hz，SD = 25.7）和焦点前（24.7Hz，SD =31.6）。

表3－14　白语成人，句首位置（T42、T33），音域作为结果变量：焦点（NF-i）vs. 焦点前（NF-m）模型拟合度分析一览表

模型	N_{pars}	－2 LLR	比较			
			模型	$\Delta\chi^2$	Δdf	p
0（仅纳入“说话人”作为随机截距）	3	－646.00				
1 + 声调	4	－628.43	0 vs 1	35.142	1	0.000 ***
2 + 焦点条件	5	－627.44	1 vs 2	1.981	1	0.159
3 + 声调：焦点条件	6	－626.40	2 vs 3	2.095	1	0.148

注：“$\Delta\chi^2$”表示的是卡方值的变化，“Δdf”表示的是自由度的变化。

测试焦点（焦点 vs. 焦点前前）在白语成人句首位置（T42、T33）音域上表现的模型搭建细节见表2－2。模型的拟合度比较结果见表3－15。如表所示，拟合度最高的最佳模型是模型3（Model 3），这个模型包括声调和焦点条件的交互效应，χ^2（1）=5.160，$p<0.05$。最佳模型的具体参数估计值见表3－16。笔者通过在每一个声调中检验焦点条件的作用来探索此交互效应的细节。在中高降调（T42）中，进一步的分析揭示出焦点条件的主效应（$p<0.01$）；这说明，白语成人在中高降调（T42）中通过扩展焦点成分的音域来区分焦点（87.6Hz，SD =74.6）和焦点前前（55.5Hz，SD = 48.3）。在中平调（T33）中，进一步的分析并未揭示出焦点条件的主效应（$p=0.863$）；这说明，白语成人在中平调（T33）中并未通过变化音域来区分焦点（24.9Hz，SD =25.7）和焦点前前（24.8Hz，SD =21.4）。如图3－4所示。

表 3-15　白语成人，句首位置（T42、T33），音域作为结果变量：焦点（NF-i）vs. 焦点前前（NF-f）模型拟合度分析一览表

模型	N_{pars}	-2 LLR	比较			
			模型	$\Delta\chi^2$	Δdf	p
0（仅纳入"说话人"作为随机截距）	3	-622.93				
1+声调	4	-606.83	0 vs 1	32.201	1	0.000***
2+焦点条件	5	-604.27	1 vs 2	5.114	1	0.024*
3+声调：焦点条件	6	-601.69	2 vs 3	5.160	1	0.023*

注："$\Delta\chi^2$"表示的是卡方值的变化，"Δdf"表示的是自由度的变化。

表 3-16　白语成人，句首位置（T42、T33），音域，焦点（NF-i）vs. 焦点前前（NF-f），最佳模型的参数估计值一览表

	Estimate	Std. Error	*df*	*t* value	Pr（>|t|）
固定变量					
截距（Intercept）	22.482	10.971	30.148	2.049	0.049*
中高降调（T42）	29.308	10.781	105.074	2.719	0.008**
焦点（NF-i）	-0.510	10.797	105.201	-0.047	0.962
中高降调（T42）：焦点（NF-i）	34.243	14.875	104.991	2.302	0.023*
随机变量	名称	Variance	Std. Dev.		
发音人（Speaker）	Intercept	731.3	27.04		
余量（Residual）		1573.8	39.67		

测试焦点域（窄焦点 vs. 宽焦点）在白语成人句首位置（T42、T33）音域上表现的模型搭建细节见表 2-2。模型的拟合度比较结果见表 3-17。如表所示，拟合度最高的最佳模型是模型 1（Model 1），这个模型包括声调的主效应，χ^2（1）=38.956，$p<0.001$。因而，没有证据表明白语成人在其白语句首位置的中高降调（T42）中通过变化音域来区分窄焦点（87.6Hz，SD=74.6）和宽焦点（80.8Hz，SD=63.1）；也没有证据表明白语成人在其白语句首位置的中平调（T33）中通过变化音域来区分窄焦点（24.9Hz，SD=25.7）和宽焦点（20.2Hz，SD=16.8）。

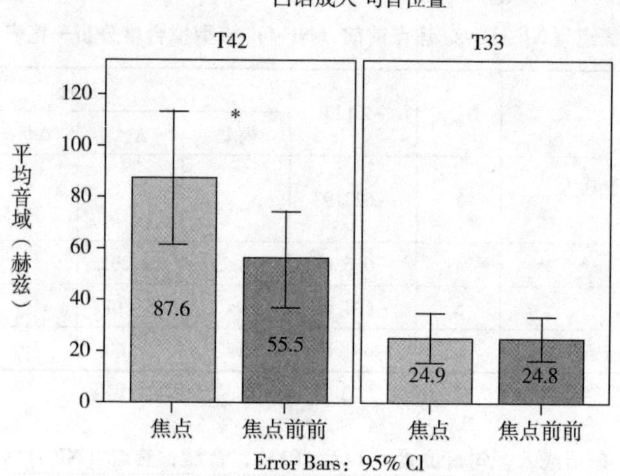

图 3-4 白语成人句首位置（T42、T33）中焦点的平均音域（赫兹）vs. 焦点前前的平均音域（赫兹），n=116，N=12，显著性差异用＊标示

表 3-17 白语成人，句首位置（T42、T33），音域作为结果变量：窄焦点（NF-i）vs. 宽焦点（BF）模型拟合度分析一览表

模型	N_{pars}	-2 LLR	比较			
			模型	$\Delta\chi^2$	Δdf	p
0（仅纳入“说话人”作为随机截距）	3	-568.67				
1+声调	4	-549.19	0 vs 1	38.956	1	0.000***
2+焦点条件	5	-548.98	1 vs 2	0.410	1	0.522
3+声调：焦点条件	6	-548.85	2 vs 3	0.266	1	0.606

注：“$\Delta\chi^2$”表示的是卡方值的变化，“Δdf”表示的是自由度的变化。

（二）双音节词

测试焦点（焦点 vs. 焦点前）在白语成人句首位置（T55/首音节）音域上表现的模型搭建细节见表 2-3。模型的拟合度比较结果见表 3-18。如表所示，并无任何纳入检验的变量能显著地提高模型的拟合度。因而，没有证据表明白语成人在句首位置（T55/首音节）中通过变化音域来区分焦点（16.8Hz，SD = 12.6）和焦点前（16.7Hz，SD = 21.3）。

表 3－18 白语成人，句首位置（T55/首音节），音域作为结果变量：焦点（NF-i）vs. 焦点前（NF-m）模型拟合度分析一览表

模型	N_{pars}	－2 LLR	比较			
			模型	$\Delta\chi^2$	Δdf	p
0（仅纳入“说话人”作为随机截距）	3	－544.3				
1＋焦点条件	4	－544.3	1 vs 2	9e－04	1	0.976

注：“$\Delta\chi^2$”表示的是卡方值的变化，“Δdf”表示的是自由度的变化。

测试焦点（焦点 vs. 焦点前）在白语成人句首位置（T55/末音节）音域上表现的模型搭建细节见表 2－3。模型的拟合度比较结果见表 3－19。如表所示，并无任何纳入检验的变量能显著地提高模型的拟合度。因而，没有证据表明白语成人在句首位置（T55/末音节）中通过变化音域来区分焦点（23.9Hz，SD = 18.6）和焦点前（22.8Hz，SD = 16.1）。

表 3－19 白语成人，句首位置（T55/末音节），音域作为结果变量：焦点（NF-i）vs. 焦点前（NF-m）模型拟合度分析一览表

模型	N_{pars}	－2 LLR	比较			
			模型	$\Delta\chi^2$	Δdf	p
0（仅纳入“说话人”作为随机截距）	3	－585.55				
1＋焦点条件	4	－585.54	1 vs 2	0.004	1	0.950

注：“$\Delta\chi^2$”表示的是卡方值的变化，“Δdf”表示的是自由度的变化。

测试焦点（焦点 vs. 焦点前前）在白语成人句首位置（T55/首音节）音域上表现的模型搭建细节见表 2－3。模型的拟合度比较结果见表 3－20。如表所示，并无任何纳入检验的变量能显著地提高模型的拟合度。因而，没有证据表明白语成人在句首位置（T55/首音节）中通过变化音域来区分焦点（16.8Hz，SD = 12.6）和焦点前前（14.3Hz，SD = 11.3）。

表 3-20 白语成人，句首位置（T55/首音节），音域作为结果变量：焦点（NF-i）vs. 焦点前前（NF-f）模型拟合度分析一览表

模型	N_{pars}	-2 LLR	比较			
			模型	$\Delta\chi^2$	Δdf	p
0（仅纳入“说话人”作为随机截距）	3	-522.47				
1 + 焦点条件	4	-521.25	1 vs 2	2.430	1	0.119

注：“$\Delta\chi^2$”表示的是卡方值的变化，“Δdf”表示的是自由度的变化。

测试焦点（焦点 vs. 焦点前前）在白语成人句首位置（T55/末音节）音域上表现的模型搭建细节见表 2-3。模型的拟合度比较结果见表 3-21。如表所示，并无任何纳入检验的变量能显著地提高模型的拟合度。因而，没有证据表明白语成人在句首位置（T55/末音节）中通过变化音域来区分焦点（23.9Hz，SD = 18.6）和焦点前前（20.6Hz，SD = 15.7）。

表 3-21 白语成人，句首位置（T55/末音节），音域作为结果变量：焦点（NF-i）vs. 焦点前前（NF-f）模型拟合度分析一览表

模型	N_{pars}	-2 LLR	比较			
			模型	$\Delta\chi^2$	Δdf	p
0（仅纳入“说话人”作为随机截距）	3	-568.87				
1 + 焦点条件	4	-567.24	1 vs 2	3.251	1	0.071

注：“$\Delta\chi^2$”表示的是卡方值的变化，“Δdf”表示的是自由度的变化。

测试焦点域（窄焦点 vs. 宽焦点）在白语成人句首位置（T55/首音节）音域上表现的模型搭建细节见表 2-3。模型的拟合度比较结果见表 3-22。如表所示，并无任何纳入检验的变量能显著地提高模型的拟合度。因而，没有证据表明白语成人在句首位置（T55/首音节）中通过变化音域来区分窄焦点（16.8Hz，SD = 12.6）和宽焦点（18.5Hz，SD = 15.9）。

表 3 - 22　白语成人，句首位置（T55/首音节），音域作为结果变量：
窄焦点（NF-i）vs. 宽焦点（BF）模型拟合度分析一览表

模型	N_{pars}	-2 LLR	比较			
			模型	$\Delta\chi^2$	Δdf	p
0（仅纳入“说话人”作为随机截距）	3	-495.17				
1 + 焦点条件	4	-494.73	1 vs 2	0.865	1	0.352

注：“$\Delta\chi^2$”表示的是卡方值的变化，“Δdf”表示的是自由度的变化。

测试焦点域（窄焦点 vs. 宽焦点）在白语成人句首位置（T55/末音节）音域上表现的模型搭建细节见表 2 - 3。模型的拟合度比较结果见表 3 - 23。如表所示，并无任何纳入检验的变量能显著地提高模型的拟合度。因而，没有证据表明白语成人在句首位置（T55/末音节）中通过变化音域来区分窄焦点（23.9Hz，SD = 18.6）和宽焦点（24.9Hz，SD = 19.6）。

表 3 - 23　白语成人，句首位置（T55/末音节），音域作为结果变量：
窄焦点（NF-i）vs. 宽焦点（BF）模型拟合度分析一览表

模型	N_{pars}	-2 LLR	比较			
			模型	$\Delta\chi^2$	Δdf	p
0（仅纳入“说话人”作为随机截距）	3	-541.69				
1 + 焦点条件	4	-541.51	1 vs 2	0.367	1	0.545

注：“$\Delta\chi^2$”表示的是卡方值的变化，“Δdf”表示的是自由度的变化。

三　音高最大值

（一）单音节词

测试焦点（焦点 vs. 焦点前）在白语成人句首位置（T42、T33）音高最大值上表现的模型搭建细节见表 2 - 2。模型的拟合度比较结果见表 3 - 24。如表所示，拟合度最高的最佳模型是模型 1（Model 1），这个模型包括声调的主效应，χ^2（1）=157.17，$p<0.001$。因而，没有证据表明白语成人在其白语句首位置的中高降调（T42）中通过变化音高最大值来区分焦点（294.9Hz，SD=93.8）和焦点前（271.2Hz，SD=94）；也没有证据表明白语成人在其白语句首位置的中平调（T33）中通过变化音高最大值来区分焦点（201.3Hz，SD=61.6）和焦点前（198.3Hz，SD=64.3）。

表3－24　白语成人，句首位置（T42、T33），音高最大值作为结果变量：焦点（NF-i）vs. 焦点前（NF-m）模型拟合度分析一览表

模型	N_{pars}	－2 LLR	比较			
			模型	$\Delta\chi^2$	Δdf	p
0（仅纳入“说话人”作为随机截距）	3	－726.87				
1＋声调	4	－648.29	0 vs 1	157.17	1	0.000***
2＋焦点条件	5	－646.89	1 vs 2	2.799	1	0.094
3＋声调：焦点条件	6	－645.78	2 vs 3	2.221	1	0.136

注：“$\Delta\chi^2$”表示的是卡方值的变化，“Δdf”表示的是自由度的变化。

测试焦点（焦点 vs. 焦点前前）在白语成人句首位置（T42、T33）音高最大值上表现的模型搭建细节见表2－2。模型的拟合度比较结果见表3－25。如表所示，拟合度最高的最佳模型是模型3（Model 3），这个模型包括声调和焦点条件的交互效应，χ^2（1）=5.226，$p<0.05$。最佳模型的具体参数估计值见表3－26。笔者通过在每一个声调中检验焦点条件的作用来探索此交互效应的细节。在中高降调（T42）中，进一步的分析揭示出焦点条件的主效应（$p<0.01$）；这说明，白语成人在中高降调（T42）中通过提高焦点成分的音高最大值来区分焦点（294.9Hz，SD=93.8）和焦点前前（262.6Hz，SD=99.7）。在中平调（T33）中，进一步的分析并未揭示出焦点条件的主效应（$p=0.824$）；这说明，白语成人在中平调（T33）中并未通过变化音高最大值来区分焦点（201.3Hz，SD=61.6）和焦点前前（195.3Hz，SD=61.8）。如图3－5所示。

表 3-25 白语成人，句首位置（T42、T33），音高最大值作为结果变量：焦点（NF-i）vs. 焦点前前（NF-f）模型拟合度分析一览表

模型	N_{pars}	-2 LLR	比较			
			模型	$\Delta\chi^2$	Δdf	p
0（仅纳入“说话人”作为随机截距）	3	-720.52				
1+声调	4	-681.09	0 vs 1	78.866	1	0.000***
2+焦点条件	5	-678.17	1 vs 2	5.845	1	0.016*
3+声调：焦点条件	6	-675.55	2 vs 3	5.226	1	0.022*

注：“$\Delta\chi^2$”表示的是卡方值的变化，“Δdf”表示的是自由度的变化。

表 3-26 白语成人，句首位置（T42、T33），音高最大值，焦点（NF-i）vs. 焦点前前（NF-f），最佳模型的参数估计值一览表

	Estimate	Std. Error	*df*	*t* value	Pr（>|t|）
固定变量					
截距（Intercept）	192.872	21.219	15.678	9.090	0.000***
中高降调（T42）	61.268	10.258	115.112	5.973	0.000***
焦点（NF-i）	0.602	10.274	115.134	0.059	0.953
中高降调（T42）：焦点（NF-i）	32.809	14.183	115.099	2.313	0.023*
随机变量	名称	Variance	Std. Dev.		
发音人（Speaker）	Intercept	5154	71.79		
余量（Residual）		1578	39.73		

测试焦点域（窄焦点 vs. 宽焦点）在白语成人句首位置（T42、T33）音高最大值上表现的模型搭建细节见表2-2。模型的拟合度比较结果见表3-27。如表所示，拟合度最高的最佳模型是模型1（Model 1），这个模型包括声调的主效应，χ^2（1）=83.336，$p<0.001$。因而，没有证据表明白语成人在其白语句首位置的中高降调（T42）中通过变化音高最大值来区分窄焦点（294.9Hz，SD=93.8）和宽焦点（292.3Hz，SD=107.1）；也没有证据表明白语成人在其白语句首位置的中平调（T33）

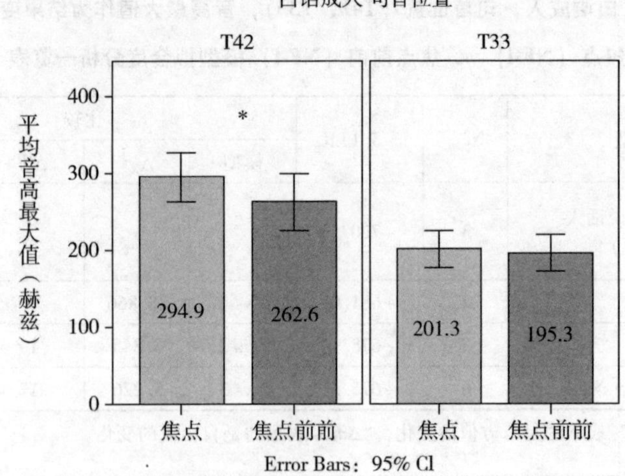

图 3-5　白语成人句首位置（T42、T33）中焦点的平均音高最大值（赫兹）vs. 焦点前前的平均音高最大值（赫兹），n=128，N=13，显著性差异用＊标示

中通过变化音高最大值来区分窄焦点（201.3Hz，SD=61.6）和宽焦点（188.9Hz，SD=64.3）。

表 3-27　白语成人，句首位置（T42、T33），音高最大值作为结果变量：窄焦点（NF-i）vs. 宽焦点（BF）模型拟合度分析一览表

模型	N_{pars}	−2 LLR	比较			
			模型	$\Delta\chi^2$	Δdf	p
0（仅纳入“说话人”作为随机截距）	3	−658.84				
1+声调	4	−617.17	0 vs 1	83.336	1	0.000***
2+焦点条件	5	−617.07	1 vs 2	0.195	1	0.659
3+声调：焦点条件	6	−616.51	2 vs 3	1.117	1	0.291

注：“$\Delta\chi^2$”表示的是卡方值的变化，“Δdf”表示的是自由度的变化。

（二）双音节词

测试焦点（焦点 vs. 焦点前）在白语成人句首位置（T55/首音节）音高最大值上表现的模型搭建细节见表 2-3。模型的拟合度比较结果见表3－28。如表所示，并无任何纳入检验的变量能显著地提高模型的拟合度。因而，没有证据表明白语成人在句首位置（T55/首音节）中通过变化音高最大值来区分焦点（238.1Hz，SD＝70.9）和焦点前（235Hz，SD＝70.7）。

表3－28　白语成人，句首位置（T55/首音节），音高最大值作为结果变量：焦点（NF-i）vs. 焦点前（NF-m）模型拟合度分析一览表

模型	N_{pars}	－2 LLR	比较			
			模型	$\Delta\chi^2$	Δdf	p
0（仅纳入“说话人”作为随机截距）	3	－564.30				
1＋焦点条件	4	－562.77	1 vs 2	3.058	1	0.080

注：“$\Delta\chi^2$”表示的是卡方值的变化，“Δdf”表示的是自由度的变化。

测试焦点（焦点 vs. 焦点前）在白语成人句首位置（T55/末音节）音高最大值上表现的模型搭建细节见表2－3。模型的拟合度比较结果见表3－29。如表所示，拟合度最高的最佳模型是模型1（Model 1），这个模型包括焦点的主效应，χ^2（1）＝7.464，$p<0.01$。最佳模型的具体参数估计值见表3－30。这说明，白语成人在其白语句首位置高平调（T55）的末音节中通过提高焦点成分的音高最大值来区分焦点（239.3Hz，SD＝73.4）和焦点前（230.6Hz，SD＝69.9）。如图3－6所示。

表3－29　白语成人，句首位置（T55/末音节），音高最大值作为结果变量：焦点（NF-i）vs. 焦点前（NF-m）模型拟合度分析一览表

模型	N_{pars}	－2 LLR	比较			
			模型	$\Delta\chi^2$	Δdf	p
0（仅纳入“说话人”作为随机截距）	3	－643.27				
1＋焦点条件	4	－639.54	1 vs 2	7.464	1	0.006**

注：“$\Delta\chi^2$”表示的是卡方值的变化，“Δdf”表示的是自由度的变化。

表 3-30　白语成人，句首位置（T55/末音节），音高最大值，焦点（NF-i）vs. 焦点前（NF-m），最佳模型的参数估计值一览表

	Estimate	Std. Error	*df*	*t* value	Pr（>|t|）
固定变量					
截距（Intercept）	235.908	18.821	14.137	12.534	0.000 ***
焦点前（NF-m）	-7.370	2.659	130.011	-2.771	0.006 **
随机变量	名称	Variance	Std. Dev.		
发音人（Speaker）	Intercept	4909.5	70.07		
余量（Residual）		252.2	15.88		

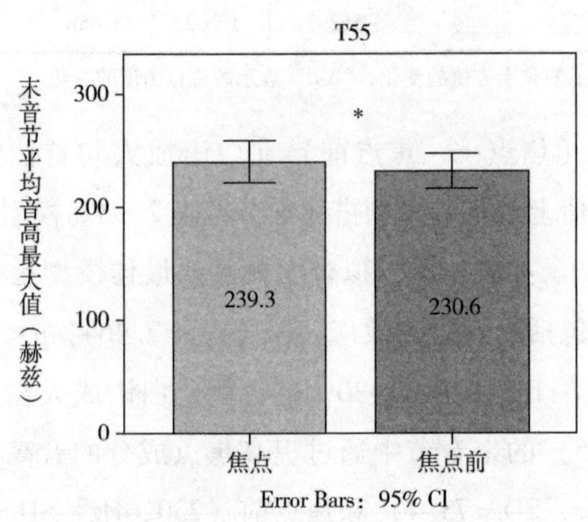

图 3-6　白语成人句首位置（T55/末音节）中焦点的平均音高最大值（赫兹）vs. 焦点前的平均音高最大值（赫兹），n=144，N=14，显著性差异用 * 标示

测试焦点（焦点 vs. 焦点前前）在白语成人句首位置（T55/首音节）音高最大值上表现的模型搭建细节见表 2-3。模型的拟合度比较结果见表 3-31。如表所示，拟合度最高的最佳模型是模型 1（Model 1），这个模型包括焦点的主效应，χ^2（1）= 10.837，$p < 0.001$。最佳模型的具体参数估计值见表 3-32。这说明，白语成人在其白语句首

位置高平调（T55）的首音节中通过提高焦点成分的音高最大值来区分焦点（238.1Hz，SD = 70.9）和焦点前前（228.3Hz，SD = 69.5）。如图 3 - 7 所示。

表 3 - 31　白语成人，句首位置（T55/首音节），音高最大值作为结果变量：焦点（NF-i）vs. 焦点前前（NF-f）模型拟合度分析一览表

模型	N_{pars}	-2 LLR	比较			
			模型	$\Delta\chi^2$	Δdf	p
0（仅纳入“说话人”作为随机截距）	3	-594.79				
1 + 焦点条件	4	-589.37	1 vs 2	10.837	1	0.000 ***

注：“$\Delta\chi^2$”表示的是卡方值的变化，“Δdf”表示的是自由度的变化。

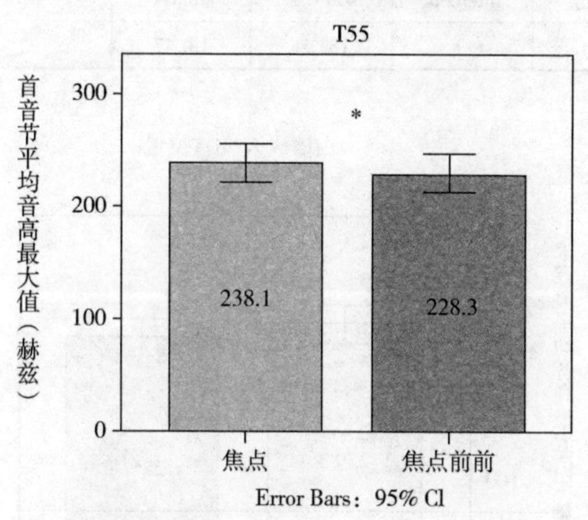

图 3 - 7　白语成人句首位置（T55/首音节）中焦点的平均音高最大值（赫兹）vs. 焦点前前的平均音高最大值（赫兹），n = 137，N = 14，显著性差异用 * 标示

测试焦点（焦点 vs. 焦点前前）在白语成人句首位置（T55/末音节）音高最大值上表现的模型搭建细节见表 2 - 3。模型的拟合度比较结果见表 3 - 33。如表所示，拟合度最高的最佳模型是模型 1（Model 1），这个模型包括焦点的主效应，χ^2（1）= 13.918，$p < 0.001$。最佳

模型的具体参数估计值见表 3 – 34。这说明，白语成人在其白语句首位置高平调（T55）的末音节中通过提高焦点成分的音高最大值来区分焦点（239. 3Hz，SD = 73. 4）和焦点前前（226. 4Hz，SD = 69. 6）。如图 3 – 8 所示。

表 3 – 32　白语成人，句首位置（T55/首音节），音高最大值，焦点（NF-i）vs. 焦点前前（NF-f），最佳模型的参数估计值一览表

	Estimate	Std. Error	*df*	*t* value	Pr（> | t |）
固定变量					
截距（Intercept）	225. 550	18. 417	14. 110	12. 247	0. 000 ***
焦点（NF-i）	7. 813	2. 322	123. 018	3. 365	0. 001 **
随机变量	名称	Variance	Std. Dev.		
发音人（Speaker）	Intercept	4711. 2	68. 64		
余量（Residual）		181. 4	13. 47		

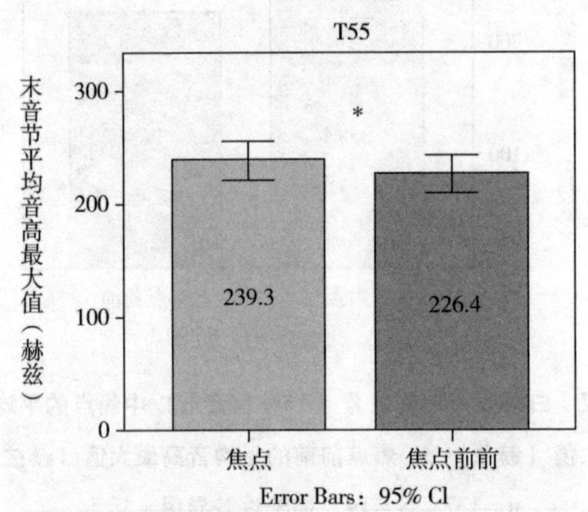

图 3 – 8　白语成人句首位置（T55/末音节）中焦点的平均音高最大值（赫兹）vs. 焦点前前的平均音高最大值（赫兹），n = 142，N = 14，显著性差异用 * 标示

表 3 – 33　白语成人，句首位置（T55/末音节），音高最大值作为结果变量：焦点（NF-i）vs. 焦点前前（NF-f）模型拟合度分析一览表

模型	N_{pars}	– 2 LLR	比较			
			模型	$\Delta\chi^2$	Δdf	p
0（仅纳入“说话人”作为随机截距）	3	– 624. 90				
1 + 焦点条件	4	– 617. 94	1 vs 2	13. 918	1	0. 000 ***

注：“$\Delta\chi^2$”表示的是卡方值的变化，“Δdf”表示的是自由度的变化。

表 3 – 34　白语成人，句首位置（T55/末音节），音高最大值，焦点（NF-i）vs. 焦点前前（NF-f），最佳模型的参数估计值一览表

	Estimate	Std. Error	*df*	*t* value	Pr（ > | t | ）
固定变量					
截距（Intercept）	226. 426	18. 837	14. 118	12. 020	0. 000 ***
焦点（NF-i）	9. 302	2. 426	128. 019	3. 834	0. 000 ***
随机变量	名称	Variance	Std. Dev.		
发音人（Speaker）	Intercept	4926. 3	70. 19		
余量（Residual）		205. 2	14. 33		

测试焦点域（窄焦点 vs. 宽焦点）在白语成人句首位置（T55/首音节）音高最大值上表现的模型搭建细节见表 2 – 3。模型的拟合度比较结果见表 3 – 35。如表所示，并无任何纳入检验的变量能显著地提高模型的拟合度。因而，没有证据表明白语成人在句首位置（T55/首音节）中通过变化音高最大值来区分窄焦点（238. 1Hz，SD = 70. 9）和宽焦点（233Hz，SD = 68. 3）。

表 3 – 35　白语成人，句首位置（T55/首音节），音高最大值作为结果变量：窄焦点（NF-i）vs. 宽焦点（BF）模型拟合度分析一览表

模型	N_{pars}	– 2 LLR	比较			
			模型	$\Delta\chi^2$	Δdf	p
0（仅纳入“说话人”作为随机截距）	3	– 540. 98				

续表

模型	N_{pars}	-2 LLR	比较			
			模型	$\Delta\chi^2$	Δdf	p
1+焦点条件	4	-540.98	1 vs 2	0.002	1	0.961

注："$\Delta\chi^2$" 表示的是卡方值的变化，"Δdf" 表示的是自由度的变化。

测试焦点域（窄焦点 vs. 宽焦点）在白语成人句首位置（T55/末音节）音高最大值上表现的模型搭建细节见表2-3。模型的拟合度比较结果见表3-36。如表所示，并无任何纳入检验的变量能显著地提高模型的拟合度。因而，没有证据表明白语成人在句首位置（T55/末音节）中通过变化音高最大值来区分窄焦点（239.3Hz，SD=73.4）和宽焦点（227.7Hz，SD=69.2）。

表3-36　白语成人，句首位置（T55/末音节），音高最大值作为结果变量：窄焦点（NF-i）vs. 宽焦点（BF）模型拟合度分析一览表

模型	N_{pars}	-2 LLR	比较			
			模型	$\Delta\chi^2$	Δdf	p
0（仅纳入"说话人"作为随机截距）	3	-575.27				
1+焦点条件	4	-575.08	1 vs 2	0.366	1	0.545

注："$\Delta\chi^2$" 表示的是卡方值的变化，"Δdf" 表示的是自由度的变化。

四　音高最小值

（一）单音节词

测试焦点（焦点 vs. 焦点前）在白语成人句首位置（T42、T33）音高最小值上表现的模型搭建细节见表2-2。模型的拟合度比较结果见表3-37。如表所示，拟合度最高的最佳模型是模型1（Model 1），这个模型包括声调的主效应，χ^2（1）=30.146，$p<0.001$。因而，没有证据表明白语成人在其白语句首位置的中高降调（T42）中通过变化音高最小值来区分焦点（206.6Hz，SD=75.4）和焦点前（209.2Hz，SD=65.6）；也没有证据表明白语成人在其白语句首位置的中平调

（T33）中通过变化音高最小值来区分焦点（177.6Hz，SD＝49.4）和焦点前（174.4Hz，SD＝49.1）。

表3－37　白语成人，句首位置（T42、T33），音高最小值作为结果变量：焦点（NF-i）vs. 焦点前（NF-m）模型拟合度分析一览表

模型	N_{pars}	－2 LLR	比较			
			模型	$\Delta\chi^2$	Δdf	p
0（仅纳入“说话人”作为随机截距）	3	－678.65				
1＋声调	4	－663.58	0 vs 1	30.146	1	0.000***
2＋焦点条件	5	－663.47	1 vs 2	0.210	1	0.647
3＋声调：焦点条件	6	－663.16	2 vs 3	0.612	1	0.434

注：“$\Delta\chi^2$”表示的是卡方值的变化，“Δdf”表示的是自由度的变化。

测试焦点（焦点 vs. 焦点前前）在白语成人句首位置（T42、T33）音高最小值上表现的模型搭建细节见表2－2。模型的拟合度比较结果见表3－38。如表所示，拟合度最高的最佳模型是模型1（Model 1），这个模型包括声调的主效应，χ^2（1）＝12.013，$p<0.001$。因而，没有证据表明白语成人在其白语句首位置的中高降调（T42）中通过变化音高最小值来区分焦点（206.6Hz，SD＝75.4）和焦点前前（200.8Hz，SD＝76.3）；也没有证据表明白语成人在其白语句首位置的中平调（T33）中通过变化音高最小值来区分焦点（177.6Hz，SD＝49.4）和焦点前前（172.1Hz，SD＝47.5）。

表3－38　白语成人，句首位置（T42、T33），音高最小值作为结果变量：焦点（NF-i）vs. 焦点前前（NF-f）模型拟合度分析一览表

模型	N_{pars}	－2 LLR	比较			
			模型	$\Delta\chi^2$	Δdf	p
0（仅纳入“说话人”作为随机截距）	3	－682.6				
1＋声调	4	－676.6	0 vs 1	12.013	1	0.000***

续表

模型	N_{pars}	-2 LLR	比较			
			模型	$\Delta\chi^2$	Δdf	p
2 + 焦点条件	5	-676.51	1 vs 2	0.180	1	0.672
3 + 声调：焦点条件	6	-676.47	2 vs 3	0.068	1	0.794

注："$\Delta\chi^2$" 表示的是卡方值的变化，"Δdf" 表示的是自由度的变化。

测试焦点域（窄焦点 vs. 宽焦点）在白语成人句首位置（T42、T33）音高最小值上表现的模型搭建细节见表 2-2。模型的拟合度比较结果见表 3-39。如表所示，拟合度最高的最佳模型是模型 1（Model 1），这个模型包括声调的主效应，χ^2（1）= 11.059，$p <$ 0.001。因而，没有证据表明白语成人在其白语句首位置的中高降调（T42）中通过变化音高最小值来区分窄焦点（206.6Hz，SD = 75.4）和宽焦点（209.4Hz，SD = 78.3）；也没有证据表明白语成人在其白语句首位置的中平调（T33）中通过变化音高最小值来区分窄焦点（177.6Hz，SD = 49.4）和宽焦点（166.4Hz，SD = 53.2）。

表 3-39　白语成人，句首位置（T42、T33），音高最小值作为结果变量：窄焦点（NF-i）vs. 宽焦点（BF）模型拟合度分析一览表

模型	N_{pars}	-2 LLR	比较			
			模型	$\Delta\chi^2$	Δdf	p
0（仅纳入"说话人"作为随机截距）	3	-619.26				
1 + 声调	4	-613.73	0 vs 1	11.059	1	0.000 ***
2 + 焦点条件	5	-613.73	1 vs 2	3e-04	1	0.987
3 + 声调：焦点条件	6	-613.70	2 vs 3	0.061	1	0.805

注："$\Delta\chi^2$" 表示的是卡方值的变化，"Δdf" 表示的是自由度的变化。

（二）双音节词

测试焦点（焦点 vs. 焦点前）在白语成人句首位置（T55/首音节）音高最小值上表现的模型搭建细节见表 2-3。模型的拟合度比较结果见表3－40。如表所示，并无任何纳入检验的变量能显著地提高模型的拟合度。因而，没有证据表明白语成人在句首位置（T55/首音节）中通过变化音高最小值来区分焦点（221.2Hz，SD＝65.8）和焦点前（217.8Hz，SD＝66.8）。

表3－40　白语成人，句首位置（T55/首音节），音高最小值作为结果变量：焦点（NF-i）vs. 焦点前（NF-m）模型拟合度分析一览表

模型	N_{pars}	－2 LLR	比较			
			模型	$\Delta\chi^2$	Δdf	p
0（仅纳入“说话人”作为随机截距）	3	－594.03				
1＋焦点条件	4	－593.21	1 vs 2	1.629	1	0.202

注：“$\Delta\chi^2$”表示的是卡方值的变化，“Δdf”表示的是自由度的变化。

测试焦点（焦点 vs. 焦点前）在白语成人组句首位置（T55/末音节）音高最小值上表现的模型搭建细节见表2－3。模型的拟合度比较结果见表3－41。如表所示，拟合度最高的最佳模型是模型1（Model 1），这个模型包括焦点的主效应，χ^2（1）＝6.652，$p<0.01$。最佳模型的具体参数估计值见表3－42。这说明，白语成人在其白语句首位置高平调（T55）的末音节中通过提高焦点成分的音高最小值来区分焦点（216.4Hz，SD＝65.5）和焦点前（207.8Hz，SD＝62.6）。如图3－9所示。

表3－41　白语成人，句首位置（T55/末音节），音高最小值作为结果变量：焦点（NF-i）vs. 焦点前（NF-m）模型拟合度分析一览表

模型	N_{pars}	－2 LLR	比较			
			模型	$\Delta\chi^2$	Δdf	p
0（仅纳入“说话人”作为随机截距）	3	－638.48				
1＋焦点条件	4	－635.16	1 vs 2	6.652	1	0.010**

注：“$\Delta\chi^2$”表示的是卡方值的变化，“Δdf”表示的是自由度的变化。

表 3-42　白语成人，句首位置（T55/末音节），音高最小值，焦点（NF-i）vs. 焦点前（NF-m），最佳模型的参数估计值一览表

	Estimate	Std. Error	*df*	*t* value	Pr（>|t|）
固定变量					
截距（Intercept）	211.658	16.672	14.187	12.696	0.000 ***
焦点前（NF-m）	-7.076	2.709	129.030	-2.612	0.010 *
随机变量	名称	Variance	Std. Dev.		
发音人（Speaker）	Intercept	3838.8	61.96		
余量（Residual）		258.5	16.08		

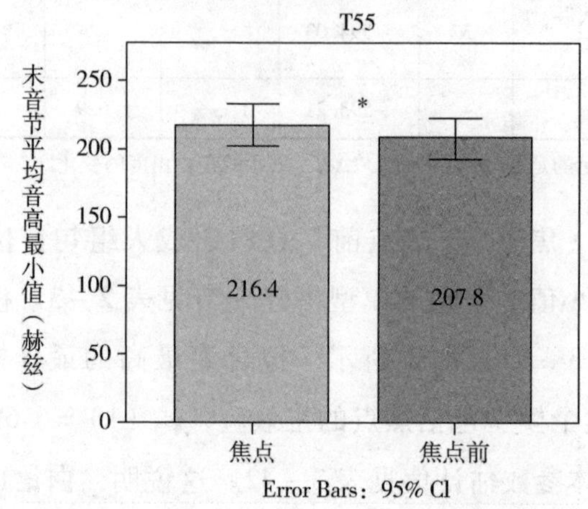

图 3-9　白语成人句首位置（T55/末音节）中焦点的平均音高最小值（赫兹）vs. 焦点前的平均音高最小值（赫兹），n=143，N=14，显著性差异用＊标示

测试焦点（焦点 vs. 焦点前前）在白语成人组句首位置（T55/首音节）音高最小值上表现的模型搭建细节见表 2-3。模型的拟合度比较结果见表 3-43。如表所示，拟合度最高的最佳模型是模型 1（Model 1），这个模型包括焦点的主效应，χ^2（1）= 5.089，$p < 0.05$。最佳模型的具体参数估计值见表 3-44。这说明，白语成人在其白语句首位置高平调（T55）的首音节中通过提高焦点成分的音高最小值来区分焦点（221.2Hz，SD = 65.8）和焦点前前（212.7Hz，SD =

64.5）。如图3-10所示。

表3-43 白语成人，句首位置（T55/首音节），音高最小值作为结果变量：焦点（NF-i）vs. 焦点前前（NF-f）模型拟合度分析一览表

模型	N_{pars}	-2 LLR	比较			
			模型	$\Delta\chi^2$	Δdf	p
0（仅纳入"说话人"作为随机截距）	3	-591.42				
1+焦点条件	4	-588.87	1 vs 2	5.089	1	0.024*

注："$\Delta\chi^2$"表示的是卡方值的变化，"Δdf"表示的是自由度的变化。

表3-44 白语成人，句首位置（T55/首音节），音高最小值，焦点（NF-i）vs. 焦点前前（NF-f），最佳模型的参数估计值一览表

	Estimate	Std. Error	*df*	*t* value	Pr（>|t|）
固定变量					
截距（Intercept）	211.656	17.070	14.119	12.400	0.000***
焦点（NF-i）	5.134	2.253	124.024	2.279	0.024*
随机变量	名称	Variance	Std. Dev.		
发音人（Speaker）	Intercept	4044.1	63.59		
余量（Residual）		171.4	13.09		

测试焦点（焦点 vs. 焦点前前）在白语成人句首位置（T55/末音节）音高最小值上表现的模型搭建细节见表2-3。模型的拟合度比较结果见表3-45。如表所示，并无任何纳入检验的变量能显著地提高模型的拟合度。因而，没有证据表明白语成人在句首位置（T55/末音节）中通过变化音高最小值来区分焦点（216.4Hz，SD=65.5）和焦点前前（205.8Hz，SD=62.3）。

测试焦点域（窄焦点 vs. 宽焦点）在白语成人句首位置（T55/首音节）音高最小值上表现的模型搭建细节见表2-3。模型的拟合度比较结果见表3-46。如表所示，并无任何纳入检验的变量能显著地提高

表 3 – 45 白语成人，句首位置（T55/末音节），音高最小值作为结果变量：焦点（NF-i）vs. 焦点前前（NF-f）模型拟合度分析一览表

模型	N_{pars}	–2 LLR	比较			
			模型	$\Delta\chi^2$	Δdf	p
0（仅纳入“说话人”作为随机截距）	3	–623.55				
1 + 焦点条件	4	–621.71	1 vs 2	3.686	1	0.055

注：“$\Delta\chi^2$”表示的是卡方值的变化，“Δdf”表示的是自由度的变化。

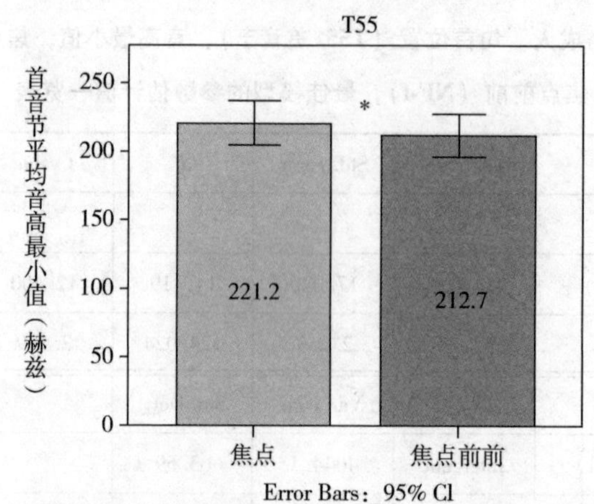

图 3 – 10 白语成人句首位置（T55/首音节）中焦点的平均音高最小值（赫兹）vs. 焦点前前的平均音高最小值（赫兹），n = 138，N = 14，显著性差异用 * 标示

模型的拟合度。因而，没有证据表明白语成人在句首位置（T55/首音节）中通过变化音高最小值来区分窄焦点（221.2Hz，SD = 65.8）和宽焦点（214.5Hz，SD = 59.7）。

测试焦点域（窄焦点 vs. 宽焦点）在白语成人句首位置（T55/末音节）音高最小值上表现的模型搭建细节见表 2 – 3。模型的拟合度比较结果见表 3 – 47。如表所示，并无任何纳入检验的变量能显著地提

高模型的拟合度。因而，没有证据表明白语成人在句首位置（T55/末音节）中通过变化音高最小值来区分窄焦点（216.4Hz，SD = 65.5）和宽焦点（202.7Hz，SD = 62）。

表 3-46 白语成人，句首位置（T55/首音节），音高最小值作为结果变量：窄焦点（NF-i）vs. 宽焦点（BF）模型拟合度分析一览表

模型	N_{pars}	-2 LLR	比较			
			模型	$\Delta\chi^2$	Δdf	p
0（仅纳入“说话人”作为随机截距）	3	-528.16				
1 + 焦点条件	4	-527.74	1 vs 2	0.835	1	0.361

注：“$\Delta\chi^2$”表示的是卡方值的变化，“Δdf”表示的是自由度的变化。

表 3-47 白语成人，句首位置（T55/末音节），音高最小值作为结果变量：窄焦点（NF-i）vs. 宽焦点（BF）模型拟合度分析一览表

模型	N_{pars}	-2 LLR	比较			
			模型	$\Delta\chi^2$	Δdf	p
0（仅纳入“说话人”作为随机截距）	3	-582.91				
1 + 焦点条件	4	-582.48	1 vs 2	0.850	1	0.357

注：“$\Delta\chi^2$”表示的是卡方值的变化，“Δdf”表示的是自由度的变化。

第三节 白语句中焦点韵律的实现

基于本书的实验设计，句中位置的动词是本部分的韵律分析目标。动词在窄焦点（NF-m）、宽焦点（BF）和对比焦点（CF-m）条件中均是焦点成分，在句首窄焦点（NF-i）条件中是焦点后成分，在句末窄焦点（NF-f）条件中是焦点前成分。因而，句中位置动词的分析既可揭示焦点效应（即焦点 vs. 焦点前、焦点 vs. 焦点后），又能揭示焦点域（即窄焦点 vs. 宽焦点）和焦点对比度（即对比焦点 vs. 窄焦点/非对比焦点）效应。如引言中所提及的，笔者已通过图片配对游戏引导白语母语者产出处于不同焦点条件下的白语 SVO 句，并进一步通过比较位于句中位置的动词是焦点成分和非焦点成分时的声学表现（Liu et al.，2014；Liu，2017；刘增慧，2021），现对句中位置白语焦点韵律的实现简要回顾如下：

（近乎）白语单语者在句中位置所有声调中只使用时长变化来区分窄焦点和非焦点。具体来说，在窄焦点中，无论是什么声调，作为焦点成分的时长比其在焦点后条件下的时长要长。然而，无论是什么声调，时长的变化并不用于区分焦点和焦点前。另外，研究结果表明：白语说话人在句中位置的所有声调中，都不通过变化时长来区分焦点域和对比度存在差异的不同焦点类型。就使用音高相关的韵律参数而言，白语者在句中位置的所有声调中，都不通过变化音高相关的韵律参数来区分窄焦点和非焦点（焦点前或焦点后），或区分焦点域和对比度存在差异的不同焦点类型。

第四节　白语句末焦点韵律的实现

一　时长

（一）单音节词

测试焦点（焦点 vs. 焦点后）在白语成人句末位置（T44、T33）时长上表现的模型搭建细节见表 2－2。模型的拟合度比较结果见表 3－48。如表所示，拟合度最高的最佳模型是模型 1（Model 1），这个模型包括声调的主效应，χ^2（1）= 25.833，$p < 0.001$。因而，没有证据表明白语成人在其白语句末位置的中高平调（T44）中通过变化时长来区分焦点（355.6ms，SD = 68）和焦点后（349.3ms，SD = 78.7），也未在中平调（T33）中通过变化时长来区分焦点（304.3ms，SD = 84）和焦点后（310ms，SD = 80.2）。

表3-48　白语成人，句末位置（T44、T33），时长作为结果变量：焦点（NF-f）vs. 焦点后（NF-m）模型拟合度分析一览表

模型	N_{pars}	-2 LLR	比较			
			模型	$\Delta\chi^2$	Δdf	p
0（仅纳入“说话人”作为随机截距）	3	-1211.9				
1+声调	4	-1199.0	0 vs 1	25.833	1	0.000***
2+焦点条件	5	-1198.8	1 vs 2	0.292	1	0.589
3+声调：焦点条件	6	-1198.6	2 vs 3	0.407	1	0.523

注：“$\Delta\chi^2$”表示的是卡方值的变化，“Δdf”表示的是自由度的变化。

测试焦点（焦点 vs. 焦点后后）在白语成人句末位置（T44、T33）时长上表现的模型搭建细节见表2-2。模型的拟合度比较结果见表3-49。如表所示，拟合度最高的最佳模型是模型（Model 2），这个模型包括声调的主效应，χ^2（1）=28.07，$p<0.001$；焦点的主效应，χ^2（1）=6.514，$p<0.05$。最佳模型的具体参数估计值见表3-50。因而，结果表明白语成人既在其白语句末位置的中高平调（T44）中通过变化时长来区分焦点（355.6ms，SD=68）和焦点后后（326.2ms，SD=82.5），也在中平调（T33）中通过变化时长来区分焦点（304.3ms，SD=84）和焦点后后（285.5ms，SD=75.9）。如图3-11所示。

表3-49　白语成人，句末位置（T44、T33），时长作为结果变量：焦点（NF-f）vs. 焦点后后（NF-i）模型拟合度分析一览表

模型	N_{pars}	-2 LLR	比较			
			模型	$\Delta\chi^2$	Δdf	p
0（仅纳入“说话人”作为随机截距）	3	-1214.4				
1+声调	4	-1200.4	0 vs 1	28.07	1	0.000***
2+焦点条件	5	-1197.1	1 vs 2	6.514	1	0.011*
3+声调：焦点条件	6	-1197.0	2 vs 3	0.172	1	0.679

注：“$\Delta\chi^2$”表示的是卡方值的变化，“Δdf”表示的是自由度的变化。

表 3－50　白语成人，句末位置（T44、T33），时长，焦点（NF-f）vs. 焦点后后（NF-i），最佳模型的参数估计值一览表

	Estimate	Std. Error	*df*	*t* value	Pr（>｜t｜）
固定变量					
截距（Intercept）	305.119	14.624	17.826	20.864	0.000 ***
中高平调（T44）	48.754	8.745	201.802	5.575	0.000 ***
焦点后后（NF-i）	－20.654	8.028	201.760	－2.573	0.011 *
随机变量	名称	Variance	Std. Dev.		
发音人（Speaker）	Intercept	2448	49.48		
余量（Residual）		3418	58.46		

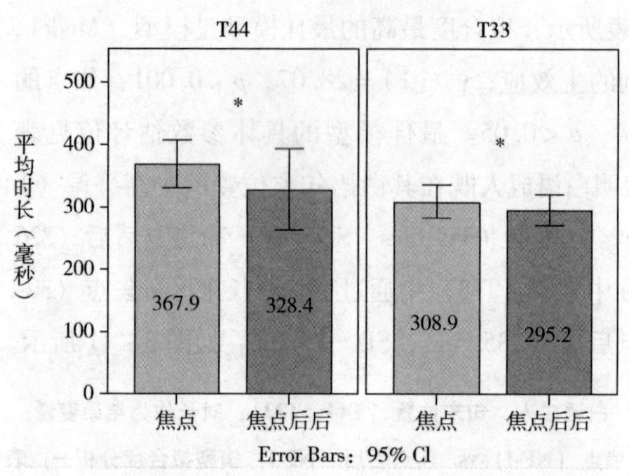

图 3－11　白语成人句末位置（T44、T33）中焦点的平均时长（毫秒）vs. 焦点后后的平均时长（毫秒），n＝215，N＝14，显著性差异用 * 标示

测试焦点域（窄焦点 vs. 宽焦点）在白语成人句末位置（T44、T33）时长上表现的模型搭建细节见表 2－2。模型的拟合度比较结果见表 3－51。如表所示，拟合度最高的最佳模型是模型 1（Model 1），这个模型只包括声调的主效应，χ^2（1）＝32.417，$p < 0.001$。因而，没有证据表明白语成人在其白语句末位置的中高平调（T44）中通过变化

时长来区分窄焦点（355.6ms，SD =68）和宽焦点（360.9ms，SD =80.9），也没有证据表明白语成人在其白语句末位置的中平调（T33）中通过变化时长来区分窄焦点（304.3ms，SD =84）和宽焦点（294ms，SD =70.6）。

表 3－51　白语成人，句末位置（T44、T33），时长作为结果变量：窄焦点（NF-f）vs. 宽焦点（BF）模型拟合度分析一览表

模型	N_{pars}	－2 LLR	比较			
			模型	$\Delta\chi^2$	Δdf	p
0（仅纳入“说话人”作为随机截距）	3	－1068.9				
1＋声调	4	－1052.7	0 vs 1	32.417	1	0.000***
2＋焦点条件	5	－1052.7	1 vs 2	0.06	1	0.807
3＋声调：焦点条件	6	－1052.6	2 vs 3	0.058	1	0.809

注：“$\Delta\chi^2$”表示的是卡方值的变化，“Δdf”表示的是自由度的变化。

（二）双音节词

测试焦点（焦点 vs. 焦点后）在白语成人句末位置（T55/首音节）时长上表现的模型搭建细节见表 2－3。模型的拟合度比较结果请见表 3－52。如表所示，并无任何纳入检验的变量能显著地提高模型的拟合度。因而，没有证据表明白语成人在其白语的句末位置（T55/首音节）中通过变化时长来区分焦点（183ms，SD =25.2）和焦点后（183.2ms，SD =28.5）。

测试焦点（焦点 vs. 焦点后）在白语成人句末位置（T55/末音节）时长上表现的模型搭建细节见表 2－3。模型的拟合度比较结果见表 3－53。如表所示，并无任何纳入检验的变量能显著地提高模型的拟合度。因而，没有证据表明白语成人在其白语的句末位置（T55/末音节）中通过变化时长来区分焦点（257.5ms，SD =44.7）和焦点后（256.2ms，SD =62.9）。

表3－52　白语成人，句末位置（T55/首音节），时长作为结果变量：焦点（NF-f）vs. 焦点后（NF-m）模型拟合度分析一览表

模型	N_{pars}	－2 LLR	比较			
			模型	$\Delta\chi^2$	Δdf	p
0（仅纳入“说话人”作为随机截距）	3	－333.47				
1＋焦点条件	4	－333.47	1 vs 2	4e－04	1	0.983

注：“$\Delta\chi^2$”表示的是卡方值的变化，“Δdf”表示的是自由度的变化。

表3－53　白语成人，句末位置（T55/末音节），时长作为结果变量：焦点（NF-f）vs. 焦点后（NF-m）模型拟合度分析一览表

模型	N_{pars}	－2 LLR	比较			
			模型	$\Delta\chi^2$	Δdf	p
0（仅纳入“说话人”作为随机截距）	3	－384.70				
1＋焦点条件	4	－384.69	1 vs 2	0.071	1	0.896

注：“$\Delta\chi^2$”表示的是卡方值的变化，“Δdf”表示的是自由度的变化。

测试焦点（焦点 vs. 焦点后后）在白语成人句末位置（T55/首音节）时长上表现的模型搭建细节见表2－3。模型的拟合度比较结果见表3－54。如表所示，并无任何纳入检验的变量能显著地提高模型的拟合度。因而，没有证据表明白语成人在其白语的句末位置（T55/首音节）中通过变化时长来区分焦点（183ms，SD＝25.2）和焦点后后（172.1ms，SD＝29.7）。

测试焦点（焦点 vs. 焦点后后）在白语成人句末位置（T55/末音节）时长上表现的模型搭建细节见表2－3。模型的拟合度比较结果见表3－55。如表所示，并无任何纳入检验的变量能显著地提高模型的拟合度。因而，没有证据表明白语成人在其白语的句末位置（T55/末音节）中通过变化时长来区分焦点（257.5ms，SD＝44.7）和焦点后后（240.7ms，SD＝64.1）。

表 3－54　白语成人，句末位置（T55/首音节），时长作为结果变量：焦点（NF-f）vs. 焦点后后（NF-i）模型拟合度分析一览表

模型	N_{pars}	－2 LLR	比较			
			模型	$\Delta\chi^2$	Δdf	p
0（仅纳入“说话人”作为随机截距）	3	－342.06				
1＋焦点条件	4	－340.49	1 vs 2	3.146	1	0.076

注：“$\Delta\chi^2$”表示的是卡方值的变化，“Δdf”表示的是自由度的变化。

表 3－55　白语成人，句末位置（T55/末音节），时长作为结果变量：焦点（NF-f）vs. 焦点后后（NF-i）模型拟合度分析一览表

模型	N_{pars}	－2 LLR	比较			
			模型	$\Delta\chi^2$	Δdf	p
0（仅纳入“说话人”作为随机截距）	3	－392.66				
1＋焦点条件	4	－391.70	1 vs 2	1.920	1	0.166

注：“$\Delta\chi^2$”表示的是卡方值的变化，“Δdf”表示的是自由度的变化。

测试焦点域（窄焦点 vs. 宽焦点）在白语成人句末位置（T55/首音节）时长上表现的模型搭建细节见表 2－3。模型的拟合度比较结果见表 3－56。如表所示，并无任何纳入检验的变量能显著地提高模型的拟合度。因而，没有证据表明白语成人在句末位置（T55/首音节）中通过变化时长来区分窄焦点（183ms，SD＝25.2）和宽焦点（183.5ms，SD＝32.9）。

测试焦点域（窄焦点 vs. 宽焦点）在白语成人句末位置（T55/末音节）时长上表现的模型搭建细节见表 2－3。模型的拟合度比较结果见表 3－57。如表所示，并无任何纳入检验的变量能显著地提高模型的拟合度。因而，没有证据表明白语成人在句末位置（T55/末音节）中通过变化时长来区分窄焦点（257.5ms，SD＝44.7）和宽焦点（253.5ms，SD＝67.7）。

表 3－56 白语成人，句末位置（T55/首音节），时长作为结果变量：窄焦点（NF-f）vs. 宽焦点（BF）模型拟合度分析一览表

模型	N_{pars}	－2 LLR	比较			
			模型	$\Delta\chi^2$	Δdf	p
0（仅纳入“说话人”作为随机截距）	3	－316.19				
1＋焦点条件	4	－316.10	1 vs 2	0.169	1	0.681

注：“$\Delta\chi^2$”表示的是卡方值的变化，“Δdf”表示的是自由度的变化。

表 3－57 白语成人，句末位置（T55/末音节），时长作为结果变量：窄焦点（NF-f）vs. 宽焦点（BF）模型拟合度分析一览表

模型	N_{pars}	－2 LLR	比较			
			模型	$\Delta\chi^2$	Δdf	p
0（仅纳入“说话人”作为随机截距）	3	－359.64				
1＋焦点条件	4	－359.63	1 vs 2	0.022	1	0.883

注：“$\Delta\chi^2$”表示的是卡方值的变化，“Δdf”表示的是自由度的变化。

二 音域

（一）单音节词

测试焦点（焦点 vs. 焦点后）在白语成人句末位置（T44、T33）音域上表现的模型搭建细节见表 2－2。模型的拟合度比较结果见表 3－58。如表所示，拟合度最高的最佳模型是模型 1（Model 1），这个模型包括声调的主效应，χ^2（1）＝34.148，$p < 0.001$。因而，没有证据表明白语成人在其白语句末位置的中高平调（T44）中通过变化音域来区分焦点（17.8Hz，SD＝14.2）和焦点后（11.9Hz，SD＝10.6），也没有证据表明白语成人在其白语句末位置的中平调（T33）中通过变化音域来区分焦点（34.7Hz，SD＝27.2）和焦点后（33.1Hz，SD＝26.3）。

表 3-58 白语成人，句末位置（T44、T33），音域作为结果变量：焦点（NF-f）vs. 焦点后（NF-m）模型拟合度分析一览表

模型	N_{pars}	-2 LLR	比较			
			模型	$\Delta\chi^2$	Δdf	p
0（仅纳入“说话人”作为随机截距）	3	-874.91				
1+声调	4	-857.84	0 vs 1	34.148	1	0.000***
2+焦点条件	5	-857.76	1 vs 2	0.157	1	0.692
3+声调：焦点条件	6	-856.94	2 vs 3	1.637	1	0.201

注：“$\Delta\chi^2$”表示的是卡方值的变化，“Δdf”表示的是自由度的变化。

测试焦点（焦点 vs. 焦点后后）在白语成人句末位置（T44、T33）音域上表现的模型搭建细节见表 2-2。模型的拟合度比较结果见表 3-59。如表所示，拟合度最高的最佳模型是模型 1（Model 1），这个模型包括声调的主效应，χ^2（1）=27.195，$p<0.001$。因而，没有证据表明白语成人在其白语句末位置的中高平调（T44）中通过变化音域来区分焦点（17.8Hz，SD=14.2）和焦点后后（18.1Hz，SD=14.9），也没有证据表明白语成人在其白语句末位置的中平调（T33）中通过变化音域来区分焦点（33.1Hz，SD=26.3）和焦点后后（34.4Hz，SD=26.3）。

表 3-59 白语成人，句末位置（T44、T33），音域作为结果变量：焦点（NF-f）vs. 焦点后后（NF-i）模型拟合度分析一览表

模型	N_{pars}	-2 LLR	比较			
			模型	$\Delta\chi^2$	Δdf	p
0（仅纳入“说话人”作为随机截距）	3	-851.96				
1+声调	4	-838.36	0 vs 1	27.195	1	0.000***
2+焦点条件	5	-838.36	1 vs 2	0.003	1	0.959
3+声调：焦点条件	6	-838.24	2 vs 3	0.239	1	0.625

注：“$\Delta\chi^2$”表示的是卡方值的变化，“Δdf”表示的是自由度的变化。

测试焦点域（窄焦点 vs. 宽焦点）在白语成人句末位置（T44、T33）音域上表现的模型搭建细节见表2－2。模型的拟合度比较结果见表3－60。如表所示，拟合度最高的最佳模型是模型1（Model 1），这个模型包括声调的主效应，χ^2（1）=20.781，$p<0.001$。因而，没有证据表明白语成人在其白语的中高平调（T44）中通过变化音域来区分窄焦点（17.8Hz，SD=14.2）和宽焦点（19.7Hz，SD=16.4），也没有证据表明白语成人在其白语的中平调（T33）中通过变化音域来区分窄焦点（33.1Hz，SD=26.3）和宽焦点（26.5Hz，SD=21.3）。

表3－60　白语成人，句末位置（T44、T33），音域作为结果变量：窄焦点（NF-f）vs. 宽焦点（BF）模型拟合度分析一览表

模型	N_{pars}	－2 LLR	比较			
			模型	$\Delta\chi^2$	Δdf	p
0（仅纳入“说话人”作为随机截距）	3	－759.78				
1＋声调	4	－749.39	0 vs 1	20.781	1	0.000***
2＋焦点条件	5	－748.78	1 vs 2	1.206	1	0.272
3＋声调：焦点条件	6	－748.74	2 vs 3	0.082	1	0.775

注：“$\Delta\chi^2$”表示的是卡方值的变化，“Δdf”表示的是自由度的变化。

（二）双音节词

测试焦点（焦点 vs. 焦点后）在白语成人句末位置（T55/首音节）音域上表现的模型搭建细节见表2－3。模型的拟合度比较结果见表3－61。如表所示，并无任何纳入检验的变量能显著地提高模型的拟合度。因而，没有证据表明白语成人在句末位置（T55/首音节）中通过变化音域来区分焦点（16.7Hz，SD=13.5）和焦点后（19.3Hz，SD=14.9）。

测试焦点（焦点 vs. 焦点后）在白语成人句末位置（T55/末音节）音域上表现的模型搭建细节见表2－3。模型的拟合度比较结果见表3－62。如表所示，并无任何纳入检验的变量能显著地提高模型的拟合度。因而，没有证据表明白语成人在句末位置（T55/末音节）中通过变化音域来区分焦点（14.3Hz，SD = 8）和焦点后（18Hz，SD = 12.7）。

表3-61　白语成人，句末位置（T55/首音节），音域作为结果变量：焦点（NF-f）vs. 焦点后（NF-m）模型拟合度分析一览表

模型	N_{pars}	-2 LLR	比较			
			模型	$\Delta\chi^2$	Δdf	p
0（仅纳入“说话人”作为随机截距）	3	-231.1				
1 + 焦点条件	4	-231.1	1 vs 2	0.011	1	0.917

注：“$\Delta\chi^2$”表示的是卡方值的变化，“Δdf”表示的是自由度的变化。

表3-62　白语成人，句末位置（T55/末音节），音域作为结果变量：焦点（NF-f）vs. 焦点后（NF-m）模型拟合度分析一览表

模型	N_{pars}	-2 LLR	比较			
			模型	$\Delta\chi^2$	Δdf	p
0（仅纳入“说话人”作为随机截距）	3	-244.03				
1 + 焦点条件	4	-243.22	1 vs 2	1.613	1	0.204

注：“$\Delta\chi^2$”表示的是卡方值的变化，“Δdf”表示的是自由度的变化。

测试焦点（焦点 vs. 焦点后后）在白语成人句末位置（T55/首音节）音域上表现的模型搭建细节见表2-3。模型的拟合度比较结果见表3-63。如表所示，并无任何纳入检验的变量能显著地提高模型的拟合度。因而，没有证据表明白语成人在句末位置（T55/首音节）中通过变化音域来区分焦点（16.7Hz，SD = 13.5）和焦点后后（17.8Hz，SD = 12.5）。

测试焦点（焦点 vs. 焦点后后）在白语成人句末位置（T55/末音节）音域上表现的模型搭建细节见表2-3。模型的拟合度比较结果见表3-64。如表所示，并无任何纳入检验的变量能显著地提高模型的拟合度。因而，没有证据表明白语成人在句末位置（T55/末音节）中通过变化音域来区分焦点（14.3Hz，SD = 8）和焦点后后（14Hz，SD = 8）。

表 3-63　白语成人，句末位置（T55/首音节），音域作为结果变量：焦点（NF-f）vs. 焦点后后（NF-i）模型拟合度分析一览表

模型	N_{pars}	-2 LLR	比较			
			模型	$\Delta\chi^2$	Δdf	p
0（仅纳入“说话人”作为随机截距）	3	-228.07				
1+焦点条件	4	-228.00	1 vs 2	0.160	1	0.689

注：“$\Delta\chi^2$”表示的是卡方值的变化，“Δdf”表示的是自由度的变化。

表 3-64　白语成人，句末位置（T55/末音节），音域作为结果变量：焦点（NF-f）vs. 焦点后后（NF-i）模型拟合度分析一览表

模型	N_{pars}	-2 LLR	比较			
			模型	$\Delta\chi^2$	Δdf	p
0（仅纳入“说话人”作为随机截距）	3	-227.94				
1+焦点条件	4	-227.90	1 vs 2	0.090	1	0.765

注：“$\Delta\chi^2$”表示的是卡方值的变化，“Δdf”表示的是自由度的变化。

测试焦点域（窄焦点 vs. 宽焦点）在白语成人句末位置（T55/首音节）音域上表现的模型搭建细节见表 2-3。模型的拟合度比较结果见表 3-65。如表所示，并无任何纳入检验的变量能显著地提高模型的拟合度。因而，没有证据表明白语成人在句末位置（T55/首音节）中通过变化音域来区分窄焦点（16.7Hz，SD=13.5）和宽焦点（18Hz，SD=13.7）。

测试焦点域（窄焦点 vs. 宽焦点）在白语成人句末位置（T55/末音节）音域上表现的模型搭建细节见表 2-3。模型的拟合度比较结果见表 3-66。如表所示，并无任何纳入检验的变量能显著地提高模型的拟合度。因而，没有证据表明白语成人在句末位置（T55/末音节）中通过变化音域来区分窄焦点（14.3Hz，SD=8）和宽焦点（17.5Hz，SD=14.9）。

表 3-65　白语成人，句末位置（T55/首音节），音域作为结果变量：窄焦点（NF-f）vs. 宽焦点（BF）模型拟合度分析一览表

模型	N_{pars}	-2 LLR	比较			
			模型	$\Delta\chi^2$	Δdf	p
0（仅纳入“说话人”作为随机截距）	3	-208.13				
1+焦点条件	4	-208.00	1 vs 2	0.255	1	0.614

注：“$\Delta\chi^2$”表示的是卡方值的变化，“Δdf”表示的是自由度的变化。

表 3-66　白语成人，句末位置（T55/末音节），音域作为结果变量：窄焦点（NF-f）vs. 宽焦点（BF）模型拟合度分析一览表

模型	N_{pars}	-2 LLR	比较			
			模型	$\Delta\chi^2$	Δdf	p
0（仅纳入“说话人”作为随机截距）	3	-241.08				
1+焦点条件	4	-240.25	1 vs 2	1.657	1	0.198

注：“$\Delta\chi^2$”表示的是卡方值的变化，“Δdf”表示的是自由度的变化。

三　音高最大值

（一）单音节词

测试焦点（焦点 vs. 焦点后）在白语成人句末位置（T44、T33）音高最大值上表现的模型搭建细节见表 2-2。模型的拟合度比较结果见表 3-67。如表所示，拟合度最高的最佳模型是模型 1（Model 1），这个模型包括声调的主效应，χ^2（1）=6.590，$p<0.05$。因而，没有证据表明白语成人在其白语句末位置的中高平调（T44）中通过变化音高最大值来区分焦点（199.7Hz，SD=60.7）和焦点后（193.4Hz，SD=56.1），也没有证据表明白语成人在其白语句末位置的中平调（T33）中通过变化音高最大值来区分焦点（190.1Hz，SD=61.6）和焦点后（190.4Hz，SD=62.8）。

表3-67　白语成人，句末位置（T44、T33），音高最大值作为结果变量：焦点（NF-f）vs. 焦点后（NF-m）模型拟合度分析一览表

模型	N_{pars}	-2 LLR	比较			
			模型	$\Delta\chi^2$	Δdf	p
0（仅纳入“说话人”作为随机截距）	3	-896.35				
1+声调	4	-893.06	0 vs 1	6.590	1	0.012*
2+焦点条件	5	-892.25	1 vs 2	1.623	1	0.203
3+声调：焦点条件	6	-891.75	1 vs 2	1.000	1	0.317

注：“$\Delta\chi^2$”表示的是卡方值的变化，“Δdf”表示的是自由度的变化。

测试焦点（焦点 vs. 焦点后后）在白语成人句末位置（T44、T33）音高最大值上表现的模型搭建细节见表2-2。模型的拟合度比较结果见表3-68。如表所示，拟合度最高的最佳模型是模型1（Model 1），这个模型包括声调的主效应，χ^2（1）=11.254，$p<0.001$。因而，没有证据表明白语成人在其白语句末位置的中高平调（T44）中通过变化音高最大值来区分焦点（199.7Hz，SD=60.7）和焦点后后（207.7Hz，SD=60.4），也没有证据表明白语成人在其白语句末位置的中平调（T33）中通过变化音高最大值来区分焦点（190.1Hz，SD=61.6）和焦点后后（184.3Hz，SD=69）。

表3-68　白语成人，句末位置（T44、T33），音高最大值作为结果变量：焦点（NF-f）vs. 焦点后后（NF-i）模型拟合度分析一览表

模型	N_{pars}	-2 LLR	比较			
			模型	$\Delta\chi^2$	Δdf	p
0（仅纳入“说话人”作为随机截距）	3	-941.94				
1+声调	4	-936.31	0 vs 1	11.254	1	0.000***
2+焦点条件	5	-934.71	1 vs 2	3.200	1	0.074
3+声调：焦点条件	68	-934.47	2 vs 3	0.470	1	0.493

注：“$\Delta\chi^2$”表示的是卡方值的变化，“Δdf”表示的是自由度的变化。

测试焦点（窄焦点 vs. 宽焦点）在白语成人句末位置（T44、T33）音高最大值上表现的模型搭建细节见表2－2。模型的拟合度比较结果见表3－69。如表所示，拟合度最高的最佳模型是模型1（Model 1），这个模型包括声调的主效应，χ^2（1）=11.588，$p<0.001$。因而，没有证据表明白语成人在其白语句末位置的中高平调（T44）中通过变化音高最大值来区分窄焦点（199.7Hz，SD=60.7）和宽焦点（218.3Hz，SD=51.9），也没有证据表明白语成人在其白语句末位置的中平调（T33）中通过变化音高最大值来区分窄焦点（190.1Hz，SD=61.6）和宽焦点（178.6Hz，SD=61.3）。

表3－69　白语成人，句末位置（T44、T33），音高最大值作为结果变量：窄焦点（NF-f）vs. 宽焦点（BF）模型拟合度分析一览表

模型	N_{pars}	－2 LLR	比较			
			模型	$\Delta\chi^2$	Δdf	p
0（仅纳入“说话人”作为随机截距）	3	－775.21				
1＋声调	4	－769.42	0 vs 1	11.588	1	0.000***
2＋焦点条件	5	－769.42	1 vs 2	0.001	1	0.970
3＋声调：焦点条件	6	－769.37	2 vs 3	0.092	2	0.761

注：“$\Delta\chi^2$”表示的是卡方值的变化，“Δdf”表示的是自由度的变化。

（二）双音节词

测试焦点（焦点 vs. 焦点后）在白语成人句末位置（T55/首音节）音高最大值上表现的模型搭建细节见表2－3。模型的拟合度比较结果见表3－70。如表所示，并无任何纳入检验的变量能显著地提高模型的拟合度。因而，没有证据表明白语成人在句末位置（T55/首音节）中通过变化音高最大值来区分焦点（221.2Hz，SD=76）和焦点后（230Hz，SD=76.5）。

测试焦点（焦点 vs. 焦点后）在白语成人句末位置（T55/末音节）音高最大值上表现的模型搭建细节见表2－3。模型的拟合度比较结果见表3－71。如表所示，并无任何纳入检验的变量能显著地提高模型的拟合度。因而，没有证据表明白语成人在句末位置高平调（T55）的末音节中通过变化音高最大值来区分焦点（227.7Hz，SD＝57.9）和焦点后（228.2Hz，SD＝67.1）。

表3－70　白语成人，句末位置（T55/首音节），音高最大值作为结果变量：焦点（NF-f）vs. 焦点后（NF-m）模型拟合度分析一览表

模型	N_{pars}	－2 LLR	比较			
			模型	$\Delta\chi^2$	Δdf	p
0（仅纳入“说话人”作为随机截距）	3	－317.35				
1＋焦点条件	4	－317.20	1 vs 2	0.298	1	0.585

注：“$\Delta\chi^2$”表示的是卡方值的变化，“Δdf”表示的是自由度的变化。

表3－71　白语成人，句末位置（T55/末音节），音高最大值作为结果变量：焦点（NF-f）vs. 焦点后（NF-m）模型拟合度分析一览表

模型	N_{pars}	－2 LLR	比较			
			模型	$\Delta\chi^2$	Δdf	p
0（仅纳入“说话人”作为随机截距）	3	－289.94				
1＋焦点条件	4	－289.39	1 vs 2	1.120	1	0.29

注：“$\Delta\chi^2$”表示的是卡方值的变化，“Δdf”表示的是自由度的变化。

测试焦点（焦点 vs. 焦点后后）在白语成人句末位置（T55/首音节）音高最大值上表现的模型搭建细节见表2－3。模型的拟合度比较结果见表3－72。如表所示，并无任何纳入检验的变量能显著地提高模型的拟合度。因而，没有证据表明白语成人在句末位置（T55/首音节）中通过变化音高最大值来区分焦点（221.2Hz，SD＝76）和焦点后后（221.6Hz，SD＝72.4）。

测试焦点（焦点 vs. 焦点后后）在白语成人句末位置（T55/末音节）音高最大值上表现的模型搭建细节见表2－3。模型的拟合度比较结果见表3－73。如表所示，并无任何纳入检验的变量能显著地提高模型的拟合度。因而，没有证据表明白语成人在句末位置（T55/末音节）中通过变化音高最大值来区分焦点（227.7Hz，SD＝57.9）和焦点后后（212Hz，SD＝64.6）。

表3－72 白语成人，句末位置（T55/首音节），音高最大值作为结果变量：焦点（NF-f）vs. 焦点后后（NF-i）模型拟合度分析一览表

模型	N_{pars}	－2 LLR	比较			
			模型	$\Delta\chi^2$	Δdf	p
0（仅纳入“说话人”作为随机截距）	3	－325.11				
1＋焦点条件	4	－324.94	1 vs 2	0	1	0.563

注：“$\Delta\chi^2$”表示的是卡方值的变化，“Δdf”表示的是自由度的变化。

表3－73 白语成人，句末位置（T55/末音节），音高最大值作为结果变量：焦点（NF-f）vs. 焦点后后（NF-i）模型拟合度分析一览表

模型	N_{pars}	－2 LLR	比较			
			模型	$\Delta\chi^2$	Δdf	p
0（仅纳入“说话人”作为随机截距）	3	－339.74				
1＋焦点条件	4	－338.91	1 vs 2	1.663	1	0.197

注：“$\Delta\chi^2$”表示的是卡方值的变化，“Δdf”表示的是自由度的变化。

测试焦点域（窄焦点 vs. 宽焦点）在白语成人句末位置（T55/首音节）音高最大值上表现的模型搭建细节见表2－3。模型的拟合度比较结果见表3－74。如表所示，并无任何纳入检验的变量能显著地提高模型的拟合度。因而，没有证据表明白语成人在句末位置高平调（T55）的首音节中通过变化音高最大值来区分窄焦点（221.2Hz，SD＝76）和宽焦点（220.5Hz，SD＝74.1）。

测试焦点域（窄焦点 vs. 宽焦点）在白语成人句末位置（T55/末音节）音高最大值上表现的模型搭建细节见表2－3。模型的拟合度比较结果见表3－75。如表所示，并无任何纳入检验的变量能显著地提高模型的拟合度。因而，没有证据表明白语成人在句末位置高平调（T55）

的末音节中通过变化音高最大值来区分窄焦点（227.7Hz，SD＝57.9）和宽焦点（224.2Hz，SD＝68）。

表3－74　白语成人，句末位置（T55/首音节），音高最大值作为结果变量：窄焦点（NF-f）vs. 宽焦点（BF）模型拟合度分析一览表

模型	N_{pars}	−2 LLR	比较			
			模型	$\Delta\chi^2$	Δdf	p
0（仅纳入“说话人”作为随机截距）	3	−310.24				
1＋焦点条件	4	−309.77	1 vs 2	0.948	1	0.330

注：“$\Delta\chi^2$”表示的是卡方值的变化，“Δdf”表示的是自由度的变化。

表3－75　白语成人，句末位置（T55/末音节），音高最大值作为结果变量：窄焦点（NF-f）vs. 宽焦点（BF）模型拟合度分析一览表

模型	N_{pars}	−2 LLR	比较			
			模型	$\Delta\chi^2$	Δdf	p
0（仅纳入“说话人”作为随机截距）	3	−308.73				
1＋焦点条件	4	−308.67	1 vs 2	0.107	1	0.744

注：“$\Delta\chi^2$”表示的是卡方值的变化，“Δdf”表示的是自由度的变化。

四　音高最小值

（一）单音节词

测试焦点（焦点 vs. 焦点后）在白语成人句末位置（T44、T33）音高最小值上表现的模型搭建细节见表2－2。模型的拟合度比较结果见表3－76。如表所示，拟合度最高的最佳模型是模型1（Model 1），这个模型包括声调的主效应，χ^2（1）＝107.19，$p<0.001$。因而，没有证据表明白语成人在其白语句末位置的中高平调（T44）中通过变化音高最小值来区分焦点（182.3Hz，SD＝50.1）和焦点后（181.7Hz，SD＝50.1），也没有证据表明白语成人在句末位置的中平调（T33）中通过变化音高最小值来区分焦点（182.3Hz，SD＝50.1）和焦点后

（181.7Hz，SD＝50.1）。

表3－76　白语成人，句末位置（T44、T33），音高最小值作为结果变量：焦点（NF-f）vs. 焦点后（NF-m）模型拟合度分析一览表

模型	N_{pars}	－2 LLR	比较			
			模型	$\Delta\chi^2$	Δdf	p
0（仅纳入“说话人”作为随机截距）	3	－903.41				
1＋声调	4	－849.81	0 vs 1	107.19	1	0.000***
2＋焦点条件	5	－849.29	1 vs 2	1.044	1	0.307
3＋声调：焦点条件	6	－849.21	2 vs 3	0.163	1	0.687

注：“$\Delta\chi^2$”表示的是卡方值的变化，“Δdf”表示的是自由度的变化。

测试焦点（焦点 vs. 焦点后后）在白语成人句末位置（T44、T33）音高最小值上表现的模型搭建细节见表2－2。模型的拟合度比较结果见表3－77。如表所示，拟合度最高的最佳模型是模型1（Model 1），这个模型只包括声调的主效应，χ^2（1）＝73.321，$p<0.001$。因而，没有证据表明白语成人在句末位置的中高平调（T44）中通过变化音高最小值来区分焦点（182.3Hz，SD＝50.1）和焦点后后（190.1Hz，SD＝48.9），也没有证据表明白语成人在句末位置的中平调（T33）中通过变化音高最小值来区分焦点（157.2Hz，SD＝47.3）和焦点后后（152.7Hz，SD＝51.2）。

表3－77　白语成人，句末位置（T44、T33），音高最小值作为结果变量：焦点（NF-f）vs. 焦点后后（NF-m）模型拟合度分析一览表

模型	N_{pars}	－2 LLR	比较			
			模型	$\Delta\chi^2$	Δdf	p
0（仅纳入“说话人”作为随机截距）	3	－926.06				
1＋声调	5	－889.40	0 vs 1	73.321	1	0.000***
2＋焦点条件	6	－888.01	1 vs 2	2.778	1	0.096
3＋声调：焦点条件	8	－887.62	2 vs 3	0.793	1	0.373

注：“$\Delta\chi^2$”表示的是卡方值的变化，“Δdf”表示的是自由度的变化。

测试焦点域（窄焦点 vs. 宽焦点）在白语成人句末位置（T44、T33）音高最小值上表现的模型搭建细节见表2-2。模型的拟合度比较结果见表3-78。如表所示，拟合度最高的最佳模型是模型1（Model 1），这个模型只包括声调的主效应，χ^2（1）=69.786，$p<0.001$。因而，没有证据表明白语成人在句末位置的中高平调（T44）中通过变化音高最小值来区分窄焦点（182.3Hz，SD=50.1）和宽焦点（198.6Hz，SD=42.1），也没有证据表明白语成人在句末位置的中平调（T33）中通过变化音高最小值来区分窄焦点（157.2Hz，SD=47.3）和宽焦点（152.9Hz，SD=48.5）。

表3-78　白语成人，句末位置（T44、T33），音高最小值作为结果变量：窄焦点（NF-f）vs. 宽焦点（BF）模型拟合度分析一览表

模型	N_{pars}	-2 LLR	比较			
			模型	$\Delta\chi^2$	Δdf	p
0（仅纳入“说话人”作为随机截距）	3	-801.63				
1+声调	4	-766.74	0 vs 1	69.786	1	0.000***
2+焦点条件	5	-765.81	1 vs 2	1.864	1	0.172
3+声调：焦点条件	6	-765.75	2 vs 3	0.113	1	0.737

注：“$\Delta\chi^2$”表示的是卡方值的变化，“Δdf”表示的是自由度的变化。

（二）双音节词

测试焦点（焦点 vs. 焦点后）在白语成人句末位置（T55/首音节）音高最小值上表现的模型搭建细节见表2-3。模型的拟合度比较结果见表3-79。如表所示，并无任何纳入检验的变量能显著地提高模型的拟合度。因而，没有证据表明白语成人在句末位置高平调（T55）的首音节中通过变化音高最小值来区分焦点（204.1Hz，SD=66.3）和焦点后（209.9Hz，SD=65.2）。

测试焦点（焦点 vs. 焦点后）在白语成人句末位置（T55/末音节）音高最小值上表现的模型搭建细节见表2-3。模型的拟合度比较结果见表3-80。如表所示，并无任何纳入检验的变量能显著地提高模型的拟合度。因而，没有证据表明白语成人在句末位置高平调（T55）的末音节中通过变化音高最小值来区分焦点（213.7Hz，SD=53.6）和焦点后（210.7Hz，SD=59.8）。

表3-79　白语成人，句末位置（T55/首音节），音高最小值作为结果变量：焦点（NF-f）vs. 焦点后（NF-m）模型拟合度分析一览表

模型	N_{pars}	-2 LLR	比较			
			模型	$\Delta\chi^2$	Δdf	p
0（仅纳入“说话人”作为随机截距）	3	-324.30				
1+焦点条件	4	-324.14	1 vs 2	0.327	1	0.567

注：“$\Delta\chi^2$”表示的是卡方值的变化，“Δdf”表示的是自由度的变化。

表3-80　白语成人，句末位置（T55/末音节），音高最小值作为结果变量：焦点（NF-f）vs. 焦点后（NF-m）模型拟合度分析一览表

模型	N_{pars}	-2 LLR	比较			
			模型	$\Delta\chi^2$	Δdf	p
0（仅纳入“说话人”作为随机截距）	3	-288.13				
1+焦点条件	4	-288.11	1 vs 2	0.057	1	0.811

注：“$\Delta\chi^2$”表示的是卡方值的变化，“Δdf”表示的是自由度的变化。

测试焦点（焦点 vs. 焦点后后）在白语成人句末位置（T55/首音节）音高最小值上表现的模型搭建细节见表2-3。模型的拟合度比较结果见表3-81。如表所示，并无任何纳入检验的变量能显著地提高模型的拟合度。因而，没有证据表明白语成人在句末位置高平调（T55）的首音节中通过变化音高最小值来区分焦点（204.1Hz，SD=66.3）和焦点后后（204.3Hz，SD=64.2）。

测试焦点（焦点 vs. 焦点后后）在白语成人句末位置（T55/末音节）音高最小值上表现的模型搭建细节见表2-3。模型的拟合度比较结果见表3-82。如表所示，并无任何纳入检验的变量能显著地提高模型的拟合度。因而，没有证据表明白语成人在句末位置高平调（T55）的末音节中通过变化音高最小值来区分焦点（213.7Hz，SD = 53.6）和焦点后后（198.5Hz，SD = 62.2）。

表 3－81　白语成人，句末位置（T55/首音节），音高最小值作为结果变量：焦点（NF-f）vs. 焦点后后（NF-i）模型拟合度分析一览表

模型	N_{pars}	－2 LLR	比较			
			模型	$\Delta\chi^2$	Δdf	p
0（仅纳入“说话人”作为随机截距）	3	－327.24				
1＋焦点条件	4	－327.24	1 vs 2	0.008	1	0.929

注：“$\Delta\chi^2$”表示的是卡方值的变化，“Δdf”表示的是自由度的变化。

表 3－82　白语成人，句末位置（T55/末音节），音高最小值作为结果变量：焦点（NF-f）vs. 焦点后后（NF-i）模型拟合度分析一览表

模型	N_{pars}	－2 LLR	比较			
			模型	$\Delta\chi^2$	Δdf	p
0（仅纳入“说话人”作为随机截距）	3	－339.36				
1＋焦点条件	4	－338.68	1 vs 2	1.359	1	0.244

注：“$\Delta\chi^2$”表示的是卡方值的变化，“Δdf”表示的是自由度的变化。

测试焦点域（窄焦点 vs. 宽焦点）在白语成人句末位置（T55/首音节）音高最小值上表现的模型搭建细节见表 2－3。模型的拟合度比较结果见表 3－83。如表所示，并无任何纳入检验的变量能显著地提高模型的拟合度。因而，没有证据表明白语成人在句末位置高平调（T55）的首音节中通过变化音高最小值来区分窄焦点（204.1Hz，SD = 66.3）和宽焦点（203Hz，SD = 64.8）。

测试焦点域（窄焦点 vs. 宽焦点）在白语成人句末位置（T55/末音节）音高最小值上表现的模型搭建细节见表 2－3。模型的拟合度比较结果见表 3－84。如表所示，并无任何纳入检验的变量能显著地提高模型的拟合度。因而，没有证据表明白语成人在句末位置高平调（T55）

的末音节中通过变化音高最小值来区分窄焦点（213.7Hz，SD = 53.6）和宽焦点（207.2Hz，SD = 60.7）。

表 3－83　白语成人，句末位置（T55/首音节），音高最小值作为结果变量：窄焦点（NF-f）vs. 宽焦点（BF）模型拟合度分析一览表

模型	N_{pars}	－2 LLR	比较			
			模型	$\Delta\chi^2$	Δdf	p
0（仅纳入“说话人”作为随机截距）	3	－314.15				
1＋焦点条件	4	－314.07	1 vs 2	0.161	1	0.689

注：“$\Delta\chi^2$”表示的是卡方值的变化，“Δdf”表示的是自由度的变化。

表 3－84　白语成人，句末位置（T55/末音节），音高最小值作为结果变量：窄焦点（NF-f）vs. 宽焦点（BF）模型拟合度分析一览表

模型	N_{pars}	－2 LLR	比较			
			模型	$\Delta\chi^2$	Δdf	p
0（仅纳入“说话人”作为随机截距）	3	－301.82				
1＋焦点条件	4	－301.70	1 vs 2	0.238	1	0.626

注：“$\Delta\chi^2$”表示的是卡方值的变化，“Δdf”表示的是自由度的变化。

第五节　白语的焦点韵律编码

本实验结果表明，白语成人在不同句子位置的焦点韵律编码表现并不一致。

在句首位置，白语成人通过变化焦点成分的时长和音高来区分焦点和非焦点（包括焦点前和焦点前前成分），而并不区分窄焦点和宽焦点。具体来说，在白语成人的产出中，除了双音节高平调（T55）的末音节外，和同一句子成分作为焦点前前成分相比，在所有声调中的焦点成分时长均延长；中高降调（T42）焦点成分的音域扩展；中高降调（T42）和高平调（T55）焦点成分的音高最大值升高；双音节高平调（T55）首音节焦点成分的音高最小值升高。同时，和同一句子成分作为焦点前成分相比，中高降调（T42）和中平调（T33）焦点成分的时长延长，双音节高平调（T55）末音节焦点成分的音高最大值和最小值升高。然而，白语成人并未通过变化时长和音高相关韵律参数来编码焦点域存在差异的不同焦点类型（即窄焦点 vs. 宽焦点）。

在句中位置，白语成人在所有声调中只使用时长变化来区分窄焦点和非焦点。具体来说，在窄焦点中，无论是什么声调，作为焦点成分的时长比其作为焦点后成分的时长要长。然而，无论是什么声调，时长的变化并不用于区分焦点和焦点前。另外，研究结果表明：白语说话人无论在什么声调中，都不通过变化时长来区分焦点域和对比度存在差异的不同焦点类型。就使用音高相关的韵律参数而言，白语者在句中位置的所有声调中，都不通过变化音高相关的韵律参数来区分窄焦点和非焦点（焦点前或焦点后），或区分焦点域和对比度存在差异的不同焦点类型。

在句末位置，白语成人通过变化焦点成分的时长来区分焦点和非焦点（主要是焦点后后），而并不区分窄焦点和宽焦点。具体来说，在白语成人的产出中，和同一句子成分作为焦点后成分相比，焦点成分的时长和音高相关韵律参数并无显著变化，而与焦点后后成分相比，中高平调（T44）和中平调（T33）的焦点成分时长延长。另外，白语成人并未通过变化时长和音高相关韵律参数在句末位置编码焦点域存在差异的不同焦点类型（即窄焦点 vs. 宽焦点）。

白语成人不同句子位置焦点韵律编码的实现如表 3 - 85 所示。在表 3 - 85 中，“—”表示并无任何证据表明相对应的韵律参数（如时长、音域、音高最大值和最小值）被用于区分不同的焦点条件。“T42”或“T33”表示在该声调中发现韵律参数用于区分不同的焦点条件。“T55”表示在双音节名词性主语的首音节（s1）和末音节（s2）该声调（T55）中均发现韵律参数用于区分不同的焦点条件。

"T55/s1"表示在双音节名词性主语的首音节（s1）该声调（T55）中发现韵律参数用于区分不同的焦点条件。"T55/s2"表示在双音节名词性主语的末音节（s2）该声调（T55）中发现韵律参数用于区分不同的焦点条件。另外，"<"或">"表示不同焦点条件差异的方向性。"○"表示该组对比不存在。同样的标示方式也运用在本书其他章节中。

表 3-85　　白语成人焦点韵律编码实现一览表

句子位置	韵律参数	焦点 vs. 焦点前前	焦点 vs. 焦点前	焦点 vs. 焦点后	焦点 vs. 焦点后后	窄焦点 vs. 宽焦点
句首	时长	T42，T33，T55/s1 >	T42，T33 >	○	○	—
	音域	T42 >	—	○	○	—
	音高最大值	T42，T55 >	T55/s2 >	○	○	—
	音高最小值	T55/s1 >	T55/s2 >	○	○	—
句中	时长	○	—	>	○	—
	音域	○	—	—	○	—
	音高最大值	○	—	—	○	—
	音高最小值	○	—	—	○	—
句末	时长	○	○	—	T44，T33 >	—
	音域	○	○	—	—	—
	音高最大值	○	○	—	—	—
	音高最小值	○	○	—	—	—

本实验结果和笔者前期研究的结论有一定出入（Liu et al.，2014；2017；刘增慧，2021），和已有研究也存在一定分歧（刘璐等，2020）。当前的分歧主要在于白语是否依靠音高变化来编码焦点，而这一分歧可归因于对不同句子位置的考察。笔者前期研究和刘璐等（2020）的研究均认为，白语的焦点在音高上没有显著变化，当前实验考察的句中和句末位置结果确也证实白语的焦点在音高上没有显著变化，主要是通过时长变化来编码焦点。然而，当前实验结果却表明，句首位置

的焦点韵律编码实现和句中、句末位置存在差异，白语句首位置的焦点韵律编码有通过音高变化来实现的迹象。具体来说，在句首位置，和同一句子成分作为焦点前前成分相比，中高降调（T42）焦点成分的音域扩展；中高降调（T42）和高平调（T55）焦点成分的音高最大值升高；双音节高平调（T55）首音节焦点成分的音高最小值升高。同时，和同一句子成分作为焦点前成分相比，双音节高平调（T55）末音节焦点成分的音高最大值和最小值升高。也就是说，白语焦点韵律编码的实现存在不同句子位置的不对称性。

笔者认为，当前实验结果与已有研究的差异可对焦点韵律编码研究提供两点启示：一是，焦点韵律编码的实现可能会因句子位置而存在差异，如前人对汉语、瑞典语、荷兰语的研究也发现了类似现象，即焦点韵律编码的实现在不同的句子位置中是存在差异的。比如，Romøren（2016）发现在荷兰语中，尽管在焦点条件下音高重音被放置在动词上的情况要比在非焦点条件下多，但是无论在焦点还是非焦点条件中，音高重音总是被放置在动词上（>60%）。这样的趋势并不存在于句末名词性宾语上，即在焦点条件下，82%的音高重音放置在句末名词性宾语上；而在焦点后条件下，37%的音高重音放置在句末名词性宾语上。也就是说，和句末名词相比，在句中动词上音高重音和焦点映射关系的透明度要更低一些。因而，对焦点韵律编码方式的考察应采取周遍式的态度，全面地考察不同句子位置焦点韵律编码的方式，才能对不同语言焦点韵律编码完整和准确地描写。二是，白语焦点韵律编码方式的不对称性极有可能对白语儿童焦点韵律编码的习得和发展路径起着重要的塑造作用，这一问题笔者将在本书的第四、五和第六章进行探讨。

另外，白语成人在不同声调中的表现也略有差异，而这一差异在句首位置格外明显。具体来说，白语成人句首位置焦点韵律编码的方式在不同声调中的表现并不相同，即时长的变化几乎遍及不同调域的平调和曲折调，但是音高的变化主要集中在高调域的平调和曲折调。

比如，白语成人通过延长中平调（T33）和中高降调（T42）焦点成分的时长来区分焦点和焦点前；通过延长高平调（T55）、中平调（T33）和中高降调（T42）焦点成分的时长来区分焦点和焦点前前；但是，白语成人只通过变化中高降调（T42）和高平调（T55）焦点成分的音高相关韵律参数来区分焦点和非焦点，并未通过变化中平调（T33）焦点成分的音高相关韵律参数来区分焦点和非焦点。笔者认为，白语焦点韵律编码在不同声调中的表现差异可归因于声调和焦点编码的平行编码，也就是说，白语通过变化音高和时长进行焦点韵律编码的同时，更要保证的是通过变化音高和时长来进行调位的区分，因为这一区分涉及了意义的表达。白语中共有三个平调，包括高平调（T55）、中高平调（T44）和中平调（T33）；四个降调，包括中高降调（T42）、中降调（T32）、中降调（T31）和低降调（T21）。在白语中通过提高音高最大值和最小值以编码焦点的方式极有可能造成中平调（T33）与中高平调（T44）和高平调（T55）相混。但是，通过扩展音域、提高音高最大值和最小值以编码焦点的方式却并不一定造成不同调域降调的相混，因为对于降调而言，其音位特征的凸显性不仅在于起点和落点还在于斜率。因而，白语焦点韵律的编码方式在不同声调中存在差异，而这一差异主要是为了保证调位的音系表达。

总的来说，本书结果显示：白语使用韵律来编码焦点，且其焦点韵律编码方式在不同的句子位置存在差异。不过，和汉语相比，白语使用韵律来编码焦点的程度较低，这一基本结论和 Liu 等（2014）、Liu（2017）、刘增慧（2021）、刘璐等（2020）一致。虽然白语在句首、句中和句末的韵律编码方式存在差异，但是可以看到的是，白语仍是一种主要依靠时长变化来编码焦点的语言。白语在句中、句末位置的绝大部分声调中较为稳定地使用时长来区分焦点和非焦点，仅在句首位置的某些声调中零星地通过变化音高来区分焦点和非焦点。

第四章　白语儿童句首焦点韵律编码的习得和发展

第一节　年龄:4 岁

一　时长

（一）单音节词

测试焦点（焦点 vs. 焦点前）在 4 岁组句首位置（T42、T33）时长上表现的模型搭建细节见表 2 - 2。模型的拟合度比较结果见表 4 - 1。如表所示，拟合度最高的最佳模型是模型 1（Model 1），这个模型包括声调的主效应，χ^2（1）= 60.618，$p < 0.001$。因而，没有证据表明此年龄组的白语儿童在其白语句首位置的中高降调（T42）中通过变化时长来区分焦点（285.1ms，SD = 57.3）和焦点前（251.7ms，SD = 26.2）；也没有证据表明此年龄组白语儿童在其白语句首位置的中平调（T33）中通过变化时长来区分焦点（166.2ms，SD = 37.7）和焦点前（158.7ms，SD = 36.1）。

表 4 - 1　年龄组 = 4 岁，句首位置（T42、T33），时长作为结果变量：焦点（NF-i）vs. 焦点前（NF-m）模型拟合度分析一览表

模型	N_{pars}	-2 LLR	比较			
			模型	$\Delta\chi^2$	Δdf	p
0（仅纳入"说话人"作为随机截距）	3	-271.69				

续表

模型	N_{pars}	-2 LLR	比较			
			模型	$\Delta\chi^2$	Δdf	p
1 + 声调	4	-241.38	0 vs 1	60.618	1	0.000***
2 + 焦点条件	5	-239.80	1 vs 2	3.166	1	0.075
3 + 声调：焦点条件	6	-239.8	2 vs 3	2e-04	1	0.99

注："$\Delta\chi^2$"表示的是卡方值的变化，"Δdf"表示的是自由度的变化。

测试焦点（焦点 vs. 焦点前前）在 4 岁组句首位置（T42、T33）时长上表现的模型搭建细节见表 2-2。模型的拟合度比较结果见表 4-2。如表所示，拟合度最高的最佳模型是模型 3（Model 3），这个模型包括声调和焦点条件的交互效应，χ^2（1）= 4.179，$p < 0.05$。最佳模型的具体参数估计值见表 4-3。笔者通过在每一个声调中检验焦点条件的作用来探索此交互效应的细节。在中高降调（T42）中，进一步的分析揭示出焦点条件的主效应（$p < 0.05$）；这说明，这一年龄组儿童在句首位置 T42 中通过延长焦点成分的时长来区分焦点（285.1ms，SD = 57.3）和焦点前前（224.4ms，SD = 13.6）。在中平调（T33）中，进一步的分析并未揭示出焦点条件的主效应（$p = 0.825$）；这说明，这一年龄组儿童在句首位置 T33 中并未通过变化时长来区分焦点（166.2ms，SD = 37.7）和焦点前前（162.0ms，SD = 22.9）。如图 4-1 所示。

表 4-2　年龄组 = 4 岁，句首位置（T42、T33），时长作为结果变量：焦点（NF-i）vs. 焦点前前（NF-f）模型拟合度分析一览表

模型	N_{pars}	-2 LLR	比较			
			模型	$\Delta\chi^2$	Δdf	p
0（仅纳入"说话人"作为随机截距）	3	-241.24				
1 + 声调	4	-220.63	0 vs 1	41.221	1	0.000***
2 + 焦点条件	5	-218.28	1 vs 2	4.699	1	0.030*
3 + 声调：焦点条件	6	-216.19	2 vs 3	4.179	1	0.041*

注："$\Delta\chi^2$"表示的是卡方值的变化，"Δdf"表示的是自由度的变化。

表 4-3　年龄组=4 岁，句首位置（T42、T33），时长，焦点（NF-i）vs. 焦点前前（NF-f），最佳模型的参数估计值一览表

	Estimate	Std. Error	*df*	*t* value	Pr（>|t|）
固定变量					
截距（Intercept）	174.281	18.609	5.181	9.365	0.000***
中高降调（T42）	66.427	17.433	39.729	3.810	0.000***
焦点（NF-i）	3.849	15.206	39.542	0.253	0.801
中高降调（T42）：焦点（NF-i）	46.436	22.137	40.067	2.098	0.042*
随机变量	名称	Variance	Std. Dev.		
发音人（Speaker）	Intercept	608.1	24.66		
余量（Residual）		1185.4	34.43		

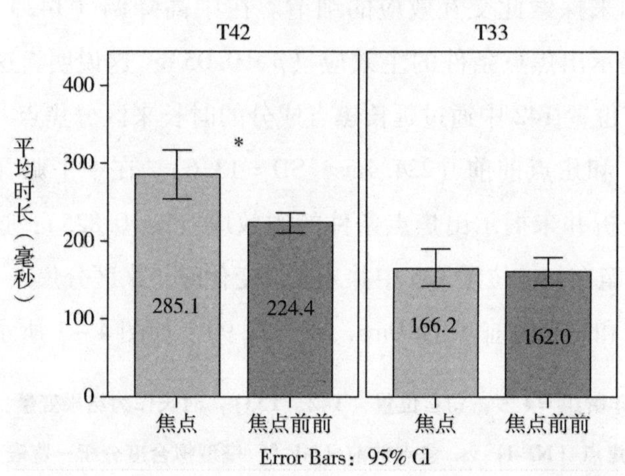

图 4-1　4 岁组中句首位置（T42、T33）焦点的平均时长（毫秒）vs. 焦点前前的平均时长（毫秒），n=43，N=3，显著性差异用*标示

测试焦点域（窄焦点 vs. 宽焦点）在 4 岁组句首位置（T42、T33）时长上表现的模型搭建细节见表 2-2。模型的拟合度比较结果见表 4-4。如表所示，拟合度最高的最佳模型是模型 1（Model 1），这个模型只包括声调的主效应，χ^2（1）=40.794，$p<0.001$。因而，没有证据表

明此年龄组白语儿童在句首位置的中高降调（T42）中通过变化时长来区分窄焦点（285.1ms，SD=57.3）和宽焦点（284.2.ms，SD=54.6）；也没有证据表明此年龄组白语儿童在句首位置的中平调（T33）中通过变化时长来区分窄焦点（166.2ms，SD=37.7）和宽焦点（182.7.ms，SD=45.1）。

表4-4　年龄组=4岁，句首位置（T42、T33），时长作为结果变量：窄焦点（NF-i）vs. 宽焦点（BF）模型拟合度分析一览表

模型	N_{pars}	-2 LLR	比较			
			模型	$\Delta\chi^2$	Δdf	p
0（仅纳入"说话人"作为随机截距）	3	-228.47				
1+声调	4	-208.07	0 vs 1	40.794	1	0.000***
2+焦点条件	5	-207.84	1 vs 2	0.448	1	0.503
3+声调：焦点条件	6	-207.84	2 vs 3	0.003	1	0.958

注："$\Delta\chi^2$"表示的是卡方值的变化，"Δdf"表示的是自由度的变化。

（二）双音节词

测试焦点（焦点 vs. 焦点前）在4岁组句首位置（T55/首音节）时长上表现的模型搭建细节见表2-3。模型的拟合度比较结果见表4-5。如表所示，并无任何纳入检验的变量能显著地提高模型的拟合度。因而，没有证据表明此年龄组白语儿童在句首位置（T55/首音节）中通过变化时长来区分焦点（141.5ms，SD=57.7）和焦点前（156.1ms，SD=37.6）。

表4-5　年龄组=4岁，句首位置（T55/首音节），时长作为结果变量：焦点（NF-i）vs. 焦点前（NF-m）模型拟合度分析一览表

模型	N_{pars}	-2 LLR	比较			
			模型	$\Delta\chi^2$	Δdf	p
0（仅纳入"说话人"作为随机截距）	3	-216.97				

续表

模型	N_{pars}	-2 LLR	比较			
			模型	$\Delta\chi^2$	Δdf	p
1+焦点条件	4	-216.43	1 vs 2	1.074	1	0.3

注："$\Delta\chi^2$" 表示的是卡方值的变化，"Δdf" 表示的是自由度的变化。

测试焦点（焦点 vs. 焦点前）在4岁组句首位置（T55/末音节）时长上表现的模型搭建细节见表2-3。模型的拟合度比较结果见表4-6。如表所示，并无任何纳入检验的变量能显著地提高模型的拟合度。因而，没有证据表明此年龄组白语儿童在句首位置（T55/末音节）中通过变化时长来区分焦点（195.2ms，SD=47.6）和焦点前（179.8ms，SD=29.7）。

表4-6　年龄组=4岁，句首位置（T55/末音节），时长作为结果变量：焦点（NF-i）vs. 焦点前（NF-m）模型拟合度分析一览表

模型	N_{pars}	-2 LLR	比较			
			模型	$\Delta\chi^2$	Δdf	p
0（仅纳入"说话人"作为随机截距）	3	-192.38				
1+焦点条件	4	-192.07	1 vs 2	0.626	1	0.429

注："$\Delta\chi^2$" 表示的是卡方值的变化，"Δdf" 表示的是自由度的变化。

测试焦点（焦点 vs. 焦点前前）在4岁组句首位置（T55/首音节）时长上表现的模型搭建细节见表2-3。模型的拟合度比较结果见表4-7。如表所示，并无任何纳入检验的变量能显著地提高模型的拟合度。因而，没有证据表明此年龄组白语儿童在句首位置（T55/首音节）中通过变化时长来区分焦点（141.5ms，SD=57.7）和焦点前前（143.7ms，SD=40.2）。

测试焦点（焦点 vs. 焦点前前）在4岁组句首位置（T55/末音节）时长上表现的模型搭建细节见表2-3。模型的拟合度比较结果见表4-8。如表所示，并无任何纳入检验的变量能显著地提高模型的拟合度。因而，没有证据表明此年龄组白语儿童在句首位置（T55/末音节）中通过变化时长来区分焦点（195. 2ms，SD =47. 6）和焦点前前（194. 4ms，SD =45. 5）。

表 4 –7　年龄组 =4 岁，句首位置（T55/首音节），时长作为结果变量：焦点（NF-i）vs. 焦点前前（NF-f）模型拟合度分析一览表

模型	N_{pars}	–2 LLR	比较			
			模型	$\Delta\chi^2$	Δdf	p
0（仅纳入“说话人”作为随机截距）	3	–206. 32				
1 + 焦点条件	4	–206. 21	1 vs 2	0. 217	1	0. 641

注：“$\Delta\chi^2$”表示的是卡方值的变化，“Δdf”表示的是自由度的变化。

表 4 –8　年龄组 =4 岁，句首位置（T55/末音节），时长作为结果变量：焦点（NF-i）vs. 焦点前前（NF-f）模型拟合度分析一览表

模型	N_{pars}	–2 LLR	比较			
			模型	$\Delta\chi^2$	Δdf	p
0（仅纳入“说话人”作为随机截距）	3	–199. 81				
1 + 焦点条件	4	–199. 72	1 vs 2	0. 186	1	0. 666

注：“$\Delta\chi^2$”表示的是卡方值的变化，“Δdf”表示的是自由度的变化。

测试焦点域（窄焦点 vs. 宽焦点）在 4 岁组句首位置（T55/首音节）时长上表现的模型搭建细节见表 2 – 3。模型的拟合度比较结果见表 4 – 9。如表所示，并无任何纳入检验的变量能显著地提高模型的拟合度。因而，没有证据表明此年龄组白语儿童在句首位置（T55/首音节）中通过变化时长来区分窄焦点（141. 5ms，SD =57. 7）和宽焦点（175. 5ms，SD =68. 6）。

测试焦点域（窄焦点 vs. 宽焦点）在 4 岁组句首位置（T55/末音节）时长上表现的模型搭建细节见表 2 – 3。模型的拟合度比较结果见表 4 – 10。如表所示，并无任何纳入检验的变量能显著地提高模型的拟合度。因而，没有证据表明此年龄组白语儿童在句首位置（T55/末音节）中通过变化时长来区分窄焦点（195. 2ms，SD =47. 6）和宽焦点（233.3ms，SD=57.8）。

表4-9　年龄组=4岁，句首位置（T55/首音节），时长作为结果变量：窄焦点（NF-i）vs. 宽焦点（BF）模型拟合度分析一览表

模型	N_{pars}	-2 LLR	比较			
			模型	$\Delta\chi^2$	Δdf	p
0（仅纳入“说话人”作为随机截距）	3	-184.33				
1+焦点条件	4	-183.13	1 vs 2	2.394	1	0.122

注：“$\Delta\chi^2$”表示的是卡方值的变化，“Δdf”表示的是自由度的变化。

表4-10　年龄组=4岁，句首位置（T55/末音节），时长作为结果变量：窄焦点（NF-i）vs. 宽焦点（BF）模型拟合度分析一览表

模型	N_{pars}	-2 LLR	比较			
			模型	$\Delta\chi^2$	Δdf	p
0（仅纳入“说话人”作为随机截距）	3	-172.33				
1+焦点条件	4	-170.55	1 vs 2	3.544	1	0.060

注：“$\Delta\chi^2$”表示的是卡方值的变化，“Δdf”表示的是自由度的变化。

二　音域

（一）单音节词

测试焦点（焦点 vs. 焦点前）在4岁组句首位置（T42、T33）音域上表现的模型搭建细节见表2-2。模型的拟合度比较结果见表4-11。如表所示，拟合度最高的最佳模型是模型1（Model 1），这个模型包括声调的主效应，χ^2（1）=21.575，$p<0.001$。因而，没有证据表明此年龄组白语儿童在句首位置的中高降调（T42）中通过变化音域来区分焦点（85.3Hz，SD=54.2）和焦点前（83Hz，SD=21.5）；也没有证据表明此年龄组白语儿童在句首位置的中平调（T33）中通过变化音域来区分焦点（36.9Hz，SD=20.5）和焦点前（41Hz，SD=14）。

表 4-11　年龄组 =4 岁，句首位置（T42、T33），音域作为结果变量：焦点（NF-i）vs. 焦点前（NF-m）模型拟合度分析一览表

模型	N_{pars}	-2 LLR	比较			
			模型	$\Delta\chi^2$	Δdf	p
0（仅纳入"说话人"作为随机截距）	3	-253.94				
1 + 声调	4	-243.15	0 vs 1	21.575	1	0.000 ***
2 + 焦点条件	5	-243.15	1 vs 2	0	1	0.996
3 + 声调：焦点条件	6	-243.15	2 vs 3	0.004	1	0.951

注："$\Delta\chi^2$"表示的是卡方值的变化，"Δdf"表示的是自由度的变化。

测试焦点（焦点 vs. 焦点前前）在 4 岁组句首位置（T42、T33）音域上表现的模型搭建细节见表 2-2。模型的拟合度比较结果见表 4-12。如表所示，拟合度最高的最佳模型是模型 1（Model 1），这个模型包括声调的主效应，χ^2（1）= 18.681，$p < 0.001$。因而，没有证据表明此年龄组白语儿童在句首位置的中高降调（T42）中通过变化音域来区分焦点（85.3Hz，SD = 54.2）和焦点前前（96.9Hz，SD = 46.5）；也没有证据表明此年龄组白语儿童在句首位置的中平调（T33）中通过变化音域来区分焦点（36.9Hz，SD = 20.5）和焦点前前（36.4Hz，SD = 17.2）。

表 4-12　年龄组 =4 岁，句首位置（T42、T33），音域作为结果变量：焦点（NF-i）vs. 焦点前前（NF-f）模型拟合度分析一览表

模型	N_{pars}	-2 LLR	比较			
			模型	$\Delta\chi^2$	Δdf	p
0（仅纳入"说话人"作为随机截距）	3	-230.86				
1 + 声调	4	-221.52	0 vs 1	18.681	1	0.000 ***
2 + 焦点条件	5	-221.34	1 vs 2	0.370	1	0.543
3 + 声调：焦点条件	6	-221.11	2 vs 3	0.451	1	0.502

注："$\Delta\chi^2$"表示的是卡方值的变化，"Δdf"表示的是自由度的变化。

测试焦点域（窄焦点 vs. 宽焦点）在4岁组句首位置（T42、T33）音域上表现的模型搭建细节见表2－2。模型的拟合度比较结果见表4－13。如表所示，拟合度最高的最佳模型是模型1（Model 1），这个模型包括声调的主效应，χ^2（1）=15.251，$p<0.001$。因而，没有证据表明此年龄组白语儿童在句首位置的中高降调（T42）中通过变化音域来区分窄焦点（85.3Hz，SD=54.2）和宽焦点（99.6Hz，SD=44.4）；也没有证据表明此年龄组的白语儿童在句首位置的中平调（T33）中通过变化音域来区分窄焦点（36.9Hz，SD=20.5）和宽焦点（48.1Hz，SD=28.6）。

表4－13　年龄组=4岁，句首位置（T42、T33），音域作为结果变量：窄焦点（NF-i）vs. 宽焦点（BF）模型拟合度分析一览表

模型	N_{pars}	−2 LLR	比较			
			模型	$\Delta\chi^2$	Δdf	p
0（仅纳入“说话人”作为随机截距）	3	−204.90				
1＋声调	4	−197.28	0 vs 1	15.251	1	0.000***
2＋焦点条件	5	−196.54	1 vs 2	1.474	1	0.225
3＋声调：焦点条件	6	−196.54	2 vs 3	0.399	1	0.527

注：“$\Delta\chi^2$”表示的是卡方值的变化，“Δdf”表示的是自由度的变化。

（二）双音节词

测试焦点（焦点 vs. 焦点前）在4岁组句首位置（T55/首音节）音域上表现的模型搭建细节见表2－3。模型的拟合度比较结果见表4－14。如表所示，拟合度最高的最佳模型是模型1（Model 1），这个模型包括焦点的主效应，χ^2（1）=4.399，$p<0.05$。最佳模型的具体参数估计值见表4－15。这说明，这一年龄组白语儿童在句首位置高平调（T55）的首音节中通过扩展焦点成分的音域来区分焦点（41.1Hz，SD=6.7）和焦点前（31.2Hz，SD=16.8）。如图4－2所示。

表 4－14　年龄组＝4 岁，句首位置（T55/首音节），音域作为结果变量：焦点（NF-i）vs. 焦点前（NF-m）模型拟合度分析一览表

模型	N_{pars}	－2 LLR	比较			
			模型	$\Delta\chi^2$	Δdf	p
0（仅纳入“说话人”作为随机截距）	3	－153.23				
1＋焦点条件	4	－150.51	1 vs 2	5.439	1	0.020 *

注：“$\Delta\chi^2$”表示的是卡方值的变化，“Δdf”表示的是自由度的变化。

表 4－15　年龄组＝4 岁，句首位置（T55/首音节），音域，焦点（NF-i）vs. 焦点前（NF-m），最佳模型的参数估计值一览表

	Estimate	Std. Error	*df*	*t* value	Pr（＞|t|）
固定变量					
截距（Intercept）	41.133	2.994	38.000	13.738	0.000 ***
焦点前（NF-m）	－9.980	4.127	38.000	－2.418	0.021 *
随机变量	名称	Variance	Std. Dev.		
发音人（Speaker）	Intercept	0	0		
余量（Residual）		161.4	12.7		

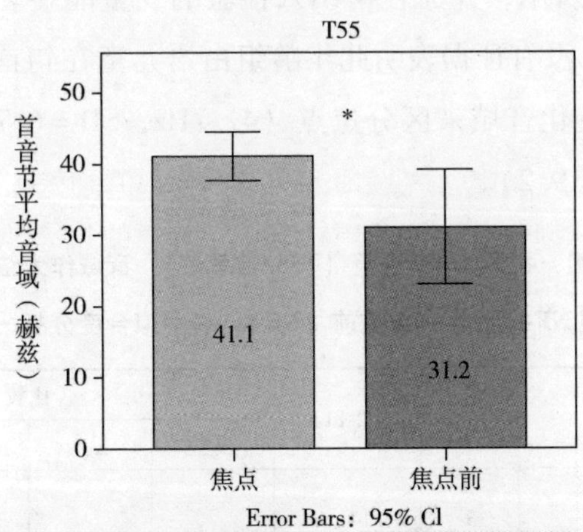

图 4－2　4 岁组句首位置（T55/首音节）中焦点的平均音域（赫兹）vs. 焦点前的平均音域（赫兹），n＝38，N＝3，显著性差异用＊标示

测试焦点（焦点 vs. 焦点前）在4岁组句首位置（T55/末音节）音域上表现的模型搭建细节见表2－3。模型的拟合度比较结果见表4－16。如表所示，并无任何纳入检验的变量能显著地提高模型的拟合度。因而，没有证据表明此年龄组白语儿童在句首位置（T55/末音节）中通过变化音域来区分焦点（52.5Hz，SD＝19.6）和焦点前（66.5Hz，SD＝39.9）。

表4－16　年龄组＝4岁，句首位置（T55/末音节），音域作为结果变量：焦点（NF-i）vs. 焦点前（NF-m）模型拟合度分析一览表

模型	N_{pars}	－2 LLR	比较			
			模型	$\Delta\chi^2$	Δdf	p
0（仅纳入“说话人”作为随机截距）	3	－406.64				
1＋焦点条件	4	－404.97	1 vs 2	1.675	1	0.196

注：“$\Delta\chi^2$”表示的是卡方值的变化，“Δdf”表示的是自由度的变化。

测试焦点（焦点 vs. 焦点前前）在4岁组句首位置（T55/首音节）音域上表现的模型搭建细节见表2－3。模型的拟合度比较结果见表4－17。如表所示，并无任何纳入检验的变量能显著地提高模型的拟合度。因而，没有证据表明此年龄组白语儿童在句首位置（T55/首音节）中通过变化音域来区分焦点（41.1Hz，SD＝6.7）和焦点前前（37.2Hz，SD＝19.2）。

表4－17　年龄组＝4岁，句首位置（T55/首音节），音域作为结果变量：焦点（NF-i）vs. 焦点前前（NF-f）模型拟合度分析一览表

模型	N_{pars}	－2 LLR	比较			
			模型	$\Delta\chi^2$	Δdf	p
0（仅纳入“说话人”作为随机截距）	3	－141.88				
1＋焦点条件	4	－141.53	1 vs 2	0.687	1	0.407

注：“$\Delta\chi^2$”表示的是卡方值的变化，“Δdf”表示的是自由度的变化。

测试焦点（焦点 vs. 焦点前前）在4岁组句首位置（T55/末音节）音域上表现的模型搭建细节见表2－3。模型的拟合度比较结果见表4－18。如表所示，并无任何纳入检验的变量能显著地提高模型的拟合度。因而，没有证据表明此年龄组白语儿童在句首位置（T55/末音节）中通过变化音域来区分焦点（52.5Hz，SD＝19.6）和焦点前前（47.5Hz，SD＝13.3）。

表4－18　年龄组＝4岁，句首位置（T55/末音节），音域作为结果变量：焦点（NF-i）vs. 焦点前前（NF-f）模型拟合度分析一览表

模型	N_{pars}	−2 LLR	比较			
			模型	$\Delta\chi^2$	Δdf	p
0（仅纳入“说话人”作为随机截距）	3	−169.65				
1＋焦点条件	4	−169.21	1 vs 2	0.869	1	0.351

注：“$\Delta\chi^2$”表示的是卡方值的变化，“Δdf”表示的是自由度的变化。

测试焦点域（窄焦点 vs. 宽焦点）在4岁组句首位置（T55/首音节）音域上表现的模型搭建细节见表2－3。模型的拟合度比较结果见表4－19。如表所示，并无任何纳入检验的变量能显著地提高模型的拟合度。因而，没有证据表明此年龄组白语儿童在句首位置（T55/首音节）中通过变化音域来区分窄焦点（41.1Hz，SD＝6.7）和宽焦点（37.7Hz，SD＝13.2）。

表4－19　年龄组＝4岁，句首位置（T55/首音节），音域作为结果变量：窄焦点（NF-i）vs. 宽焦点（BF）模型拟合度分析一览表

模型	N_{pars}	−2 LLR	比较			
			模型	$\Delta\chi^2$	Δdf	p
0（仅纳入“说话人”作为随机截距）	3	−106.29				
1＋焦点条件	4	−105.83	1 vs 2	0.917	1	0.338

注：“$\Delta\chi^2$”表示的是卡方值的变化，“Δdf”表示的是自由度的变化。

测试焦点域（窄焦点 vs. 宽焦点）在4岁组句首位置（T55/末音节）音域上表现的模型搭建细节见表2-3。模型的拟合度比较结果见表4-20。如表所示，并无任何纳入检验的变量能显著地提高模型的拟合度。因而，没有证据表明此年龄组白语儿童在句首位置（T55/末音节）中通过变化音域来区分窄焦点（52.5Hz，SD=19.6）和宽焦点（46Hz，SD=22）。

表4-20　年龄组=4岁，句首位置（T55/末音节），音域作为结果变量：窄焦点（NF-i）vs. 宽焦点（BF）模型拟合度分析一览表

模型	N_{pars}	-2 LLR	比较			
			模型	$\Delta\chi^2$	Δdf	p
0（仅纳入“说话人”作为随机截距）	3	-145.71				
1+焦点条件	4	-145.32	1 vs 2	0.781	1	0.377

注：“$\Delta\chi^2$”表示的是卡方值的变化，“Δdf”表示的是自由度的变化。

三　音高最大值

（一）单音节词

测试焦点（焦点 vs. 焦点前）在4岁组句首位置（T42、T33）音高最大值上表现的模型搭建细节见表2-2。模型的拟合度比较结果见表4-21。如表所示，拟合度最高的最佳模型是模型3（Model 3），这个模型包括声调和焦点条件的交互效应，χ^2（1）=8.994，$p<0.01$。最佳模型的具体参数估计值见表4-22。笔者通过在每一个声调中检验焦点条件的作用来探索此交互效应的细节。在中高降调（T42）中，进一步的分析揭示出焦点条件的主效应（$p<0.05$）；这说明，这一年龄组的儿童在中高降调（T42）中通过提高焦点成分的音高最大值来区分窄焦点（465.5Hz，SD=39.6）和焦点前（425.1Hz，SD=40.5）。在中平调（T33）中，进一步的分析并未揭示出焦点条件的主效应（$p=0.089$）；这说明，这一年龄组儿童在中平调（T33）中并未通过变化音

高最大值来区分窄焦点（316.8Hz，SD = 39.1）和焦点前（332.3Hz，SD = 28.9）。如图 4 - 3 所示。

表 4 - 21　年龄组 = 4 岁，句首位置（T42、T33），音高最大值作为结果变量：焦点（NF-i）vs. 焦点前（NF-m）模型拟合度分析一览表

模型	N_{pars}	- 2 LLR	比较			
			模型	$\Delta\chi^2$	Δdf	p
0（仅纳入“说话人”作为随机截距）	3	- 284.94				
1 + 声调	4	- 248.09	0 vs 1	73.706	1	0.000 ***
2 + 焦点条件	5	- 247.21	1 vs 2	1.766	1	0.184
3 + 声调：焦点条件	6	- 242.71	2 vs 3	8.994	1	0.003 **

注：“$\Delta\chi^2$”表示的是卡方值的变化，“Δdf”表示的是自由度的变化。

表 4 - 22　年龄组 = 4 岁，句首位置（T42、T33），音高最大值，焦点（NF-i）vs. 焦点前（NF-m），最佳模型的参数估计值一览表

	Estimate	Std. Error	*df*	*t* value	Pr（> | t |）
固定变量					
截距（Intercept）	319.236	13.982	6.376	22.833	0.000 ***
中高降调（T42）	148.100	11.585	47.559	12.783	0.000 ***
焦点前（NF-m）	14.742	11.943	48.050	1.234	0.223
中高降调（T42）：焦点前（NF-m）	- 54.158	17.241	48.615	- 3.141	0.003 **
随机变量	名称	Variance	Std. Dev.		
发音人（Speaker）	Intercept	351.6	18.75		
余量（Residual）		854.9	29.24		

测试焦点（焦点 vs. 焦点前前）在 4 岁组句首位置（T42、T33）音高最大值上表现的模型搭建细节见表 2 - 2。模型的拟合度比较结果见表 4 - 23。如表所示，拟合度最高的最佳模型是模型 1（Model 1），这个模型包括声调的主效应，χ^2（1）= 63.886，$p < 0.001$。因而，没有证据表明此年龄组白语儿童在句首位置的中高降调（T42）中通过变化音高最大值来区分窄焦点（465.5Hz，SD = 39.6）和焦点前前（434.9Hz，

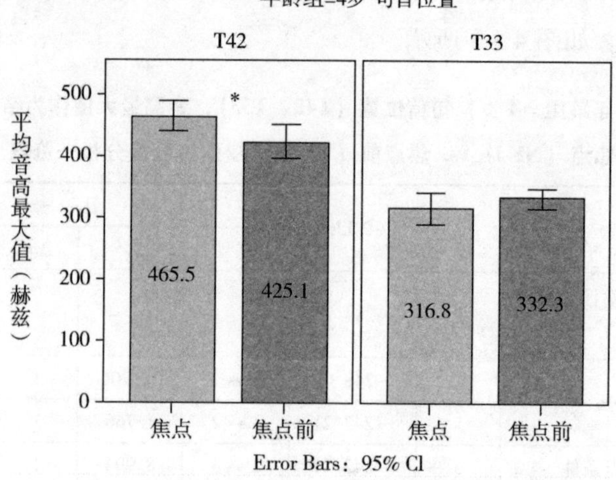

图4－3　4岁组句首位置（T42、T33）中焦点的平均音高最大值（赫兹）vs. 焦点前的平均音高最大值（赫兹），n＝50，N＝3，显著性差异用＊标示

SD＝54.1）；也没有证据表明此年龄组白语儿童在句首位置的中平调（T33）中通过变化音高最大值来区分窄焦点（316.8Hz，SD＝39.1）和焦点前前（289.4Hz，SD＝6.2）。

表4－23　年龄组＝4岁，句首位置（T42、T33），音高最大值作为结果变量：焦点（NF-i）vs. 焦点前前（NF-f）模型拟合度分析一览表

模型	N_{pars}	－2 LLR	比较			
			模型	$\Delta\chi^2$	Δdf	p
0（仅纳入“说话人”作为随机截距）	3	－239.00				
1＋声调	4	－207.06	0 vs 1	63.886	1	0.000 ***
2＋焦点条件	5	－205.21	1 vs 2	3.699	1	0.054
3＋声调：焦点条件	6	－204.93	2 vs 3	0.573	1	0.449

注：“$\Delta\chi^2$”表示的是卡方值的变化，“Δdf”表示的是自由度的变化。

测试焦点域（窄焦点 vs. 宽焦点）在4岁组句首位置（T42、T33）

音高最大值上表现的模型搭建细节见表 2-2。模型的拟合度比较结果见表 4-24。如表所示，拟合度最高的最佳模型是模型 1（Model 1），这个模型包括声调的主效应，χ^2（1）=60.114，$p<0.001$。因而，没有证据表明此年龄组白语儿童在句首位置的中高降调（T42）中通过变化音高最大值来区分窄焦点（465.5Hz，SD=39.6）和宽焦点（451.5Hz，SD=39.3）；也没有证据表明此年龄组白语儿童在句首位置的中平调（T33）中通过变化音高最大值来区分窄焦点（316.8Hz，SD=39.1）和宽焦点（341.6Hz，SD=25.4）。

表 4-24 年龄组=4 岁，句首位置（T42、T33），音高最大值作为结果变量：窄焦点（NF-i）vs. 宽焦点（BF）模型拟合度分析一览表

模型	N_{pars}	-2 LLR	比较			
			模型	$\Delta\chi^2$	Δdf	p
0（仅纳入“说话人”作为随机截距）	3	-224.79				
1+声调	4	-194.73	0 vs 1	60.114	1	0.000***
2+焦点条件	5	-194.73	1 vs 2	0.01	1	0.920
3+声调：焦点条件	6	-193.30	2 vs 3	2.846	1	0.092

注：“$\Delta\chi^2$”表示的是卡方值的变化，“Δdf”表示的是自由度的变化。

（二）双音节词

测试焦点（焦点 vs. 焦点前）在 4 岁组句首位置（T55/首音节）音高最大值上表现的模型搭建细节见表 2-3。模型的拟合度比较结果见表 4-25。如表所示，并无任何纳入检验的变量能显著地提高模型的拟合度。因而，没有证据表明此年龄组白语儿童在句首位置（T55/首音节）中通过变化音高最大值来区分焦点（376.1Hz，SD=44.1）和焦点前（362.8Hz，SD=32.8）。

测试焦点（焦点 vs. 焦点前）在 4 岁组句首位置（T55/末音节）音高最大值上表现的模型搭建细节见表 2-3。模型的拟合度比较结果见表 4-26。如表所示，并无任何纳入检验的变量能显著地提高模型的拟合度。因而，没有证据表明此年龄组白语儿童在句首位置（T55/末音节）中通过变化音高最大值来区分焦点（385.3Hz，SD=31.7）和焦点前（367Hz，SD=24.1）。

表4-25　年龄组=4岁，句首位置（T55/首音节），音高最大值作为结果变量：焦点（NF-i）vs. 焦点前（NF-m）模型拟合度分析一览表

模型	N_{pars}	-2 LLR	比较			
			模型	$\Delta\chi^2$	Δdf	p
0（仅纳入“说话人”作为随机截距）	3	-207.78				
1+焦点条件	4	-207.63	1 vs 2	0.304	1	0.581

注：“$\Delta\chi^2$”表示的是卡方值的变化，“Δdf”表示的是自由度的变化。

表4-26　年龄组=4岁，句首位置（T55/末音节），音高最大值作为结果变量：焦点（NF-i）vs. 焦点前（NF-m）模型拟合度分析一览表

模型	N_{pars}	-2 LLR	比较			
			模型	$\Delta\chi^2$	Δdf	p
0（仅纳入“说话人”作为随机截距）	3	-184.92				
1+焦点条件	4	-183.17	1 vs 2	3.501	1	0.061

注：“$\Delta\chi^2$”表示的是卡方值的变化，“Δdf”表示的是自由度的变化。

测试焦点（焦点 vs. 焦点前前）在4岁组句首位置（T55/首音节）音高最大值上表现的模型搭建细节见表2-3。模型的拟合度比较结果见表4-27。如表所示，并无任何纳入检验的变量能显著地提高模型的拟合度。因而，没有证据表明此年龄组白语儿童在句首位置（T55/首音节）中通过变化音高最大值来区分焦点（376.1Hz，SD=44.1）和焦点前前（360.4Hz，SD=37.3）。

测试焦点（焦点 vs. 焦点前前）在4岁组句首位置（T55/末音节）音高最大值上表现的模型搭建细节见表2-3。模型的拟合度比较结果见表4-28。如表所示，并无任何纳入检验的变量能显著地提高模型的拟合度。因而，没有证据表明此年龄组白语儿童在句首位置

(T55/末音节) 中通过变化音高最大值来区分焦点 (385.3Hz, SD = 31.7) 和焦点前前 (365.5Hz, SD = 33.9)。

表 4 – 27　年龄组 = 4 岁，句首位置 (T55/首音节)，音高最大值作为结果变量：焦点 (NF-i) vs. 焦点前前 (NF-f) 模型拟合度分析一览表

模型	N_{pars}	– 2 LLR	比较			
			模型	$\Delta\chi^2$	Δdf	p
0 (仅纳入“说话人”作为随机截距)	3	– 199.61				
1 + 焦点条件	4	– 198.99	1 vs 2	1.242	1	0.265

注：“$\Delta\chi^2$” 表示的是卡方值的变化，“Δdf” 表示的是自由度的变化。

表 4 – 28　年龄组 = 4 岁，句首位置 (T55/末音节)，音高最大值作为结果变量：焦点 (NF-i) vs. 焦点前前 (NF-f) 模型拟合度分析一览表

模型	N_{pars}	– 2 LLR	比较			
			模型	$\Delta\chi^2$	Δdf	p
0 (仅纳入“说话人”作为随机截距)	3	– 195.79				
1 + 焦点条件	4	– 194.12	1 vs 2	3.325	1	0.068

注：“$\Delta\chi^2$” 表示的是卡方值的变化，“Δdf” 表示的是自由度的变化。

测试焦点域 (窄焦点 vs. 宽焦点) 在 4 岁组句首位置 (T55/首音节) 音高最大值上表现的模型搭建细节见表 2 – 3。模型的拟合度比较结果见表 4 – 29。如表所示，并无任何纳入检验的变量能显著地提高模型的拟合度。因而，没有证据表明此年龄组白语儿童在句首位置 (T55/首音节) 中通过变化音高最大值来区分窄焦点 (376.1Hz, SD = 44.1) 和宽焦点 (371.4Hz, SD = 35.6)。

测试焦点域 (窄焦点 vs. 宽焦点) 在 4 岁组句首位置 (T55/末音节) 音高最大值上表现的模型搭建细节见表 2 – 3。模型的拟合度比较结果见表 4 – 30。如表所示，并无任何纳入检验的变量能显著地提高模型的拟合度。因而，没有证据表明此年龄组白语儿童在句首位置 (T55/末音节) 中通过变化音高最大值来区分窄焦点 (385.3Hz, SD =

31.7）和宽焦点（376.7Hz，SD = 23.7）。

表 4 – 29　年龄组 = 4 岁，句首位置（T55/首音节），音高最大值作为结果变量：窄焦点（NF-i）vs. 宽焦点（BF）模型拟合度分析一览表

模型	N_{pars}	–2 LLR	比较			
			模型	$\Delta\chi^2$	Δdf	p
0（仅纳入“说话人”作为随机截距）	3	–166.67				
1 + 焦点条件	4	–166.20	1 vs 2	0.930	1	0.335

注：“$\Delta\chi^2$”表示的是卡方值的变化，“Δdf”表示的是自由度的变化。

表 4 – 30　年龄组 = 4 岁，句首位置（T55/末音节），音高最大值作为结果变量：窄焦点（NF-i）vs. 宽焦点（BF）模型拟合度分析一览表

模型	N_{pars}	–2 LLR	比较			
			模型	$\Delta\chi^2$	Δdf	p
0（仅纳入“说话人”作为随机截距）	3	–151.27				
1 + 焦点条件	4	–150.01	1 vs 2	2.530	1	0.112

注：“$\Delta\chi^2$”表示的是卡方值的变化，“Δdf”表示的是自由度的变化。

四　音高最小值

（一）单音节词

测试焦点（焦点 vs. 焦点前）在 4 岁组句首位置（T42、T33）音高最小值上表现的模型搭建细节见表 2 – 2。模型的拟合度比较结果见表 4 – 31。如表所示，拟合度最高的最佳模型是模型 1（Model 1），这个模型包括声调的主效应，χ^2（1）= 20.254，$p < 0.001$。因而，没有证据表明此年龄组白语儿童在句首位置的中高降调（T42）中通过变化音高最小值来区分焦点（379.3Hz，SD = 85.9）和焦点前（342.1Hz，SD = 48.8）；也没有证据表明此年龄组白语儿童在句首位置的中平调（T33）中通过变化音高最小值来区分焦点（287.8Hz，SD = 41.8）和焦点前（291.2Hz，SD = 26.2）。

表4-31　年龄组=4岁，句首位置（T42、T33），音高最小值作为结果变量：焦点（NF-i）vs. 焦点前（NF-m）模型拟合度分析一览表

模型	N_{pars}	-2 LLR	比较			
			模型	$\Delta\chi^2$	Δdf	p
0（仅纳入"说话人"作为随机截距）	3	-290.51				
1+声调	4	-280.38	0 vs 1	20.254	1	0.000***
2+焦点条件	5	-279.74	1 vs 2	1.289	1	0.256
3+声调：焦点条件	6	-278.28	2 vs 3	2.910	1	0.088

注："$\Delta\chi^2$"表示的是卡方值的变化，"Δdf"表示的是自由度的变化。

测试焦点（焦点 vs. 焦点前前）在4岁组句首位置（T42、T33）音高最小值上表现的模型搭建细节见表2-2。模型的拟合度比较结果见表4-32。如表所示，拟合度最高的最佳模型是模型1（Model 1），这个模型包括声调的主效应，χ^2（1）=24.892，$p<0.001$。因而，没有证据表明此年龄组白语儿童在句首位置的中高降调（T42）中通过变化音高最小值来区分焦点（379.3Hz，SD=85.9）和焦点前前（350Hz，SD=32.3）；也没有证据表明此年龄组白语儿童在句首位置的中平调（T33）中通过变化音高最小值来区分焦点（287.8Hz，SD=41.8）和焦点前前（272.8Hz，SD=21.9）。

表4-32　年龄组=4岁，句首位置（T42、T33），音高最小值作为结果变量：焦点（NF-i）vs. 焦点前前（NF-f）模型拟合度分析一览表

模型	N_{pars}	-2 LLR	比较			
			模型	$\Delta\chi^2$	Δdf	p
0（仅纳入"说话人"作为随机截距）	3	-254.58				
1+声调	4	-242.13	0 vs 1	24.892	1	0.000***
2+焦点条件	5	-240.94	1 vs 2	2.380	1	0.123
3+声调：焦点条件	6	-240.72	2 vs 3	0.440	1	0.507

注："$\Delta\chi^2$"表示的是卡方值的变化，"Δdf"表示的是自由度的变化。

测试焦点域（窄焦点 vs. 宽焦点）在4岁组音高最小值上表现的模型搭建细节见表2－2。模型的拟合度比较结果见表4－33。如表所示，拟合度最高的最佳模型是模型1（Model 1），这个模型包括声调的主效应，χ^2（1）=19.352，$p<0.001$。因而，没有证据表明此年龄组白语儿童在句首位置的中高降调（T42）中通过变化音高最小值来区分窄焦点（379.3Hz，SD=85.9）和宽焦点（362.8Hz，SD=19.9）；也没有证据表明此年龄组白语儿童在句首位置的中平调（T33）中通过变化音高最小值来区分窄焦点（287.8Hz，SD=41.8）和宽焦点（293.5Hz，SD=23.4）。

表4－33　年龄组=4岁，句首位置（T42、T33），音高最小值作为结果变量：窄焦点（NF-i）vs. 宽焦点（BF）模型拟合度分析一览表

模型	N_{pars}	−2 LLR	比较			
			模型	$\Delta\chi^2$	Δdf	p
0（仅纳入“说话人”作为随机截距）	3	−226.71				
1+声调	4	−217.03	0 vs 1	19.352	1	0.000***
2+焦点条件	5	−216.73	1 vs 2	0.602	1	0.438
3+声调：焦点条件	6	−216.28	2 vs 3	0.901	1	0.342

注：“$\Delta\chi^2$”表示的是卡方值的变化，“Δdf”表示的是自由度的变化。

（二）双音节词

测试焦点（焦点 vs. 焦点前）在4岁组句首位置（T55/首音节）音高最小值上表现的模型搭建细节见表2－3。模型的拟合度比较结果见表4－34。如表所示，并无任何纳入检验的变量能显著地提高模型的拟合度。因而，没有证据表明此年龄组白语儿童在句首位置（T55/首音节）中通过变化音高最小值来区分焦点（328.9Hz，SD=47.3）和焦点前（331.7Hz，SD=38.9）。

测试焦点（焦点 vs. 焦点前）在4岁组句首位置（T55/末音节）音高最小值上表现的模型搭建细节见表2－3。模型的拟合度比较结果见表4－35。如表所示，拟合度最高的最佳模型是模型1（Model 1），这个模型包括焦点的主效应，χ^2（1）=4.968，$p<0.05$。最佳模型的具体参数估计值见表4－36。这说明，这一年龄组白语儿童在句首位置高平调（T55）的末音节中通过提高焦点成分的音高最小值来区分焦点（336.3Hz，SD=32.7）和焦点前（307.1Hz，SD=43.9）。如图4－4所示。

表4－34　年龄组=4岁，句首位置（T55/首音节），音高最小值作为结果变量：焦点（NF-i）vs. 焦点前（NF-m）模型拟合度分析一览表

模型	N_{pars}	－2 LLR	比较			
			模型	$\Delta\chi^2$	Δdf	p
0（仅纳入“说话人”作为随机截距）	3	－212.52				
1＋焦点条件	4	－211.53	1 vs 2	1.986	1	0.159

注：“$\Delta\chi^2$”表示的是卡方值的变化，“Δdf”表示的是自由度的变化。

表4－35　年龄组=4岁，句首位置（T55/末音节），音高最小值作为结果变量：焦点（NF-i）vs. 焦点前（NF-m）模型拟合度分析一览表

模型	N_{pars}	－2 LLR	比较			
			模型	$\Delta\chi^2$	Δdf	p
0（仅纳入“说话人”作为随机截距）	3	－205.72				
1＋焦点条件	4	－203.24	1 vs 2	4.968	1	0.026*

注：“$\Delta\chi^2$”表示的是卡方值的变化，“Δdf”表示的是自由度的变化。

表4－36　年龄组=4岁，句首位置（T55/末音节），音高最小值，焦点（NF-i）vs. 焦点前（NF-m），最佳模型的参数估计值一览表

	Estimate	Std. Error	df	t value	Pr（>|t|）
固定变量					
截距（Intercept）	333.80	12.32	4.6	27.085	0.000***
焦点前（NF-m）	－23.77	10.34	38.83	－2.299	0.027*

续表

	Estimate	Std. Error	*df*	*t* value	Pr（>｜t｜）
随机变量	名称	Variance	Std. Dev.		
发音人（Speaker）	Intercept	294.6	17.16		
余量（Residual）		1058.4	32.53		

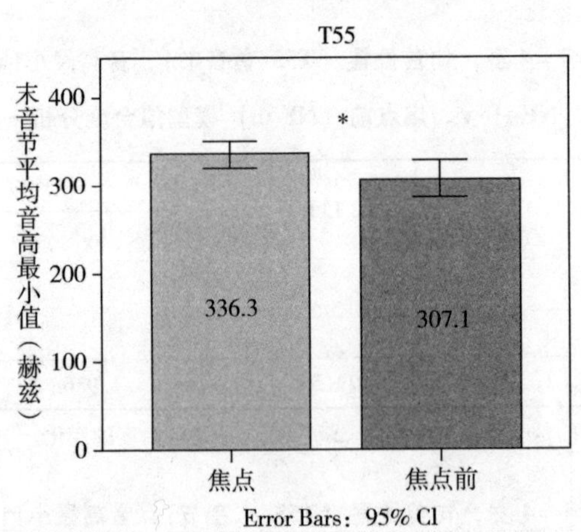

图4-4　4岁组句首位置（T55/末音节）中焦点的平均音高最小值（赫兹）vs. 焦点前的平均音高最小值（赫兹），n=41，N=3，显著性差异用＊标示

测试焦点（焦点 vs. 焦点前前）在4岁组句首位置（T55/首音节）音高最小值上表现的模型搭建细节见表2-3。模型的拟合度比较结果见表4-37。如表所示，并无任何纳入检验的变量能显著地提高模型的拟合度。因而，没有证据表明此年龄组白语儿童在句首位置（T55/首音节）中通过变化音高最小值来区分焦点（328.9Hz，SD=47.3）和焦点前前（317.8Hz，SD=46.4）。

测试焦点（焦点 vs. 焦点前前）在4岁组句首位置（T55/末音节）音高最小值上表现的模型搭建细节见表2-3。模型的拟合度比较结果见表4-38。如表所示，并无任何纳入检验的变量能显著地提高模型的拟合度。因而，没有证据表明此年龄组白语儿童在句首位置（T55/末音节）中通过变化音高最小值来区分焦点（336.3Hz，SD = 32.7）和焦点前前（315.9Hz，SD = 34.2）。

表 4-37　年龄组 = 4 岁，句首位置（T55/首音节），音高最小值作为结果变量：焦点（NF-i）vs. 焦点前前（NF-f）模型拟合度分析一览表

模型	N_{pars}	-2 LLR	比较			
			模型	$\Delta\chi^2$	Δdf	p
0（仅纳入“说话人”作为随机截距）	3	-209.22				
1 + 焦点条件	4	-209.14	1 vs 2	0.168	1	0.682

注：“$\Delta\chi^2$”表示的是卡方值的变化，“Δdf”表示的是自由度的变化。

表 4-38　年龄组 = 4 岁，句首位置（T55/末音节），音高最小值作为结果变量：焦点（NF-i）vs. 焦点前前（NF-f）模型拟合度分析一览表

模型	N_{pars}	-2 LLR	比较			
			模型	$\Delta\chi^2$	Δdf	p
0（仅纳入“说话人”作为随机截距）	3	-198.32				
1 + 焦点条件	4	-196.66	1 vs 2	3.331	1	0.068

注：“$\Delta\chi^2$”表示的是卡方值的变化，“Δdf”表示的是自由度的变化。

测试焦点域（窄焦点 vs. 宽焦点）在 4 岁组句首位置（T55/首音节）音高最小值上表现的模型搭建细节见表 2-3。模型的拟合度比较结果见表 4-39。如表所示，并无任何纳入检验的变量能显著地提高模型的拟合度。因而，没有证据表明此年龄组白语儿童在句首位置（T55/首音节）中通过变化音高最小值来区分窄焦点（328.9Hz，SD = 47.3）和宽焦点（333.8Hz，SD = 40.9）。

测试焦点域（窄焦点 vs. 宽焦点）在 4 岁组句首位置（T55/末音节）音高最小值上表现的模型搭建细节见表 2-3。模型的拟合度比较结果见表 4-40。如表所示，并无任何纳入检验的变量能显著地提高模型的拟合度。因而，没有证据表明此年龄组白语儿童在句首位置

(T55/末音节) 中通过变化音高最小值来区分窄焦点 (336.3Hz, SD = 32.7) 和宽焦点 (330.7Hz, SD = 24.2)。

表 4-39　年龄组 =4 岁，句首位置 (T55/首音节)，音高最小值作为结果变量：窄焦点 (NF-i) vs. 宽焦点 (BF) 模型拟合度分析一览表

模型	N_{pars}	-2 LLR	比较			
			模型	$\Delta\chi^2$	Δdf	p
0 (仅纳入"说话人"作为随机截距)	3	-170.68				
1 + 焦点条件	4	-170.68	1 vs 2	0.002	1	0.966

注："$\Delta\chi^2$"表示的是卡方值的变化，"Δdf"表示的是自由度的变化。

表 4-40　年龄组 =4 岁，句首位置 (T55/末音节)，音高最小值作为结果变量：窄焦点 (NF-i) vs. 宽焦点 (BF) 模型拟合度分析一览表

模型	N_{pars}	-2 LLR	比较			
			模型	$\Delta\chi^2$	Δdf	p
0 (仅纳入"说话人"作为随机截距)	3	-154.52				
1 + 焦点条件	4	-154.05	1 vs 2	0.948	1	0.330

注："$\Delta\chi^2$"表示的是卡方值的变化，"Δdf"表示的是自由度的变化。

第二节　年龄:5 岁

一　时长

(一) 单音节词

测试焦点 (焦点 vs. 焦点前) 在 5 岁组句首位置 (T42、T33) 时长上表现的模型搭建细节见表 2-2。模型的拟合度比较结果见表 4-41。如表所示，拟合度最高的最佳模型是模型 1 (Model 1)，这个模型包括声调的主效应，χ^2 (1) = 8.293, $p < 0.01$。因而，没有证据表明此年龄组白语儿童在句首位置的中高降调 (T42) 中通过变化时

长来区分焦点（368.8ms，SD＝46.4）和焦点前（379.1ms，SD＝152.2）；也没有证据表明此年龄组白语儿童在句首位置的中平调（T33）中通过变化时长来区分焦点（259.9ms，SD＝51.2）和焦点前（294.4ms，SD＝118.2）。

表4－41　年龄组＝5岁，句首位置（T42、T33），时长作为结果变量：焦点（NF-i）vs. 焦点前（NF-m）模型拟合度分析一览表

模型	N_{pars}	－2 LLR	比较			
			模型	$\Delta\chi^2$	Δdf	p
0（仅纳入"说话人"作为随机截距）	3	－189.07				
1＋声调	4	－184.93	0 vs 1	8.293	1	0.004*
2＋焦点条件	5	－184.11	1 vs 2	1.644	1	0.200
3＋声调：焦点条件	6	－184.08	2 vs 3	0.052	1	0.819

注："$\Delta\chi^2$"表示的是卡方值的变化，"Δdf"表示的是自由度的变化。

测试焦点（焦点 vs. 焦点前前）在5岁组句首位置（T42、T33）时长上表现的模型搭建细节见表2－2。模型的拟合度比较结果见表4－42。如表所示，拟合度最高的最佳模型是模型1（Model 1），这个模型包括声调的主效应，χ^2（1）＝9.714，$p<0.01$。因而，没有证据表明此年龄组白语儿童在句首位置的中高降调（T42）中通过变化时长来区分焦点（368.8ms，SD＝46.4）和焦点前前（350.7ms，SD＝103.3）；也没有证据表明此年龄组白语儿童在句首位置的中平调（T33）中通过变化时长来区分焦点（259.9ms，SD＝51.2）和焦点前前（279.4ms，SD＝67.3）。

表4－42　年龄组＝5岁，句首位置（T42、T33），时长作为结果变量：焦点（NF-i）vs. 焦点前前（NF-f）模型拟合度分析一览表

模型	N_{pars}	－2 LLR	比较			
			模型	$\Delta\chi^2$	Δdf	p
0（仅纳入"说话人"作为随机截距）	3	－136.52				

续表

模型	N_{pars}	-2 LLR	比较			
			模型	$\Delta\chi^2$	Δdf	p
1 + 声调	4	-131.67	0 vs 1	9.714	1	0.002 **
2 + 焦点条件	5	-133.66	1 vs 2	0.004	1	0.953
3 + 声调：焦点条件	6	-131.41	2 vs 3	0.509	1	0.476

注："$\Delta\chi^2$" 表示的是卡方值的变化，"Δdf" 表示的是自由度的变化。

测试焦点域（窄焦点 vs. 宽焦点）在 5 岁组句首位置（T42、T33）时长上表现的模型搭建细节见表 2 - 2。模型的拟合度比较结果见表 4 - 43。如表所示，拟合度最高的最佳模型是模型 2（Model 2），这个模型包括声调的主效应，χ^2（1）= 7.794，$p < 0.01$；焦点的主效应，$\chi^2(1) = 4.416$，$p < 0.05$。最佳模型的具体参数估计值见表 4 - 44。因而，结果表明此年龄组白语儿童既在句首位置的中高降调（T42）中通过变化时长来区分窄焦点（368.8ms，SD = 46.4）和宽焦点（444.1ms，SD = 184.2），也在句首位置的中平调（T33）中通过时长变化来区分窄焦点（259.9ms，SD = 51.2）和宽焦点（331.3ms，SD = 91.7）。如图 4 - 5 所示。

表 4 - 43　年龄组 = 5 岁，句首位置（T42、T33），时长作为结果变量：窄焦点（NF-i）vs. 宽焦点（BF）模型拟合度分析一览表

模型	N_{pars}	-2 LLR	比较			
			模型	$\Delta\chi^2$	Δdf	p
0（仅纳入"说话人"作为随机截距）	3	-177.41				
1 + 声调	4	-173.51	0 vs 1	7.794	1	0.005 **
2 + 焦点条件	5	-171.30	1 vs 2	4.416	1	0.036 *
3 + 声调：焦点条件	6	-171.30	2 vs 3	0.003	1	0.954

注："$\Delta\chi^2$" 表示的是卡方值的变化，"Δdf" 表示的是自由度的变化。

表 4－44　年龄组＝5 岁，句首位置（T42、T33），时长，窄焦点（NF-i）vs. 宽焦点（BF），最佳模型的参数估计值一览表

	Estimate	Std. Error	*df*	*t* value	Pr（>｜t｜）
固定变量					
截距（Intercept）	332.08	28.07	29.00	11.829	0.000 ***
中高降调（T42）	110.72	34.85	29.00	3.177	0.004 **
窄焦点（NF-i）	－72.74	33.31	29.00	－2.184	0.037 *
随机变量	名称	Variance	Std. Dev.		
发音人（Speaker）	Intercept	0	0		
余量（Residual）		7911	88.94		

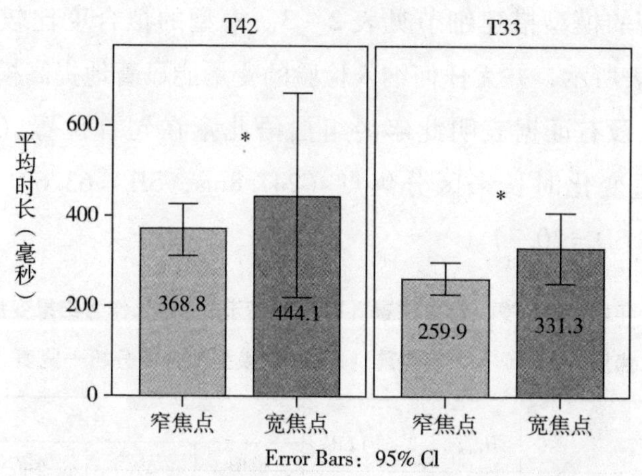

图 4－5　5 岁组中句首位置（T42、T33）窄焦点的平均时长（毫秒）vs. 宽焦点的平均时长（毫秒），n＝29，N＝3，显著性差异用＊标示

（二）双音节词

测试焦点（焦点 vs. 焦点前）在 5 岁组句首位置（T55/首音节）时长上表现的模型搭建细节见表 2－3。模型的拟合度比较结果见表 4－45。如表所示，并无任何纳入检验的变量能显著地提高模型的拟合度。因而，没有证据表明此年龄组白语儿童在句首位置（T55/首音节）中通过变化时长来区分焦点（197.1ms，SD＝86.3）和焦点前

(190.8ms，SD = 56.7)。

表 4-45　年龄组 = 5 岁，句首位置（T55/首音节），时长作为结果变量：焦点（NF-i）vs. 焦点前（NF-m）模型拟合度分析一览表

模型	N_{pars}	-2 LLR	比较			
			模型	$\Delta\chi^2$	Δdf	p
0（仅纳入“说话人”作为随机截距）	3	-179.52				
1 + 焦点条件	4	-179.39	1 vs 2	0.259	1	0.611

注：“$\Delta\chi^2$”表示的是卡方值的变化，“Δdf”表示的是自由度的变化。

测试焦点（焦点 vs. 焦点前）在 5 岁组句首位置（T55/末音节）时长上表现的模型搭建细节见表 2-3。模型的拟合度比较结果见表 4-46。如表所示，并无任何纳入检验的变量能显著地提高模型的拟合度。因而，没有证据表明此年龄组白语儿童在句首位置（T55/末音节）中通过变化时长来区分焦点（247.8ms，SD = 63.6）和焦点前（212.3ms，SD = 30.7）。

表 4-46　年龄组 = 5 岁，句首位置（T55/末音节），时长作为结果变量：焦点（NF-i）vs. 焦点前（NF-m）模型拟合度分析一览表

模型	N_{pars}	-2 LLR	比较			
			模型	$\Delta\chi^2$	Δdf	p
0（仅纳入“说话人”作为随机截距）	3	-170.10				
1 + 焦点条件	4	-168.81	1 vs 2	2.589	1	0.108

注：“$\Delta\chi^2$”表示的是卡方值的变化，“Δdf”表示的是自由度的变化。

测试焦点（焦点 vs. 焦点前前）在 5 岁组句首位置（T55/首音节）时长上表现的模型搭建细节见表 2-3。模型的拟合度比较结果见表 4-47。如表所示，并无任何纳入检验的变量能显著地提高模型的拟合度。因而，没有证据表明此年龄组白语儿童在句首位置（T55/首音节）中通过变化时长来区分焦点（197.1ms，SD = 86.3）和焦点前前（207.3ms，SD = 51.4）。

表4-47　年龄组 = 5岁，句首位置（T55/首音节），时长作为结果变量：焦点（NF-i）vs. 焦点前前（NF-f）模型拟合度分析一览表

模型	N_{pars}	-2 LLR	比较			
			模型	$\Delta\chi^2$	Δdf	p
0（仅纳入“说话人”作为随机截距）	3	-176.02				
1 + 焦点条件	4	-175.92	1 vs 2	0.209	1	0.648

注：“$\Delta\chi^2$”表示的是卡方值的变化，“Δdf”表示的是自由度的变化。

测试焦点（焦点 vs. 焦点前前）在5岁组句首位置（T55/末音节）时长上表现的模型搭建细节见表2-3。模型的拟合度比较结果见表4-48。如表所示，并无任何纳入检验的变量能显著地提高模型的拟合度。因而，没有证据表明此年龄组白语儿童在句首位置（T55/末音节）中通过变化时长来区分焦点（247.8ms，SD = 63.6）和焦点前前（276.7ms，SD = 35.8）。

表4-48　年龄组 = 5岁，句首位置（T55/末音节），时长作为结果变量：焦点（NF-i）vs. 焦点前前（NF-f）模型拟合度分析一览表

模型	N_{pars}	-2 LLR	比较			
			模型	$\Delta\chi^2$	Δdf	p
0（仅纳入“说话人”作为随机截距）	3	-163.99				
1 + 焦点条件	4	-163.41	1 vs 2	1.146	1	0.284

注：“$\Delta\chi^2$”表示的是卡方值的变化，“Δdf”表示的是自由度的变化。

测试焦点（窄焦点 vs. 宽焦点）在5岁组句首位置（T55/首音节）时长上表现的模型搭建细节见表2-3。模型的拟合度比较结果见表4-49。如表所示，并无任何纳入检验的变量能显著地提高模型的拟合度。因而，没有证据表明此年龄组白语儿童在句首位置（T55/首音节）中通过变化时长来区分窄焦点（197.1ms，SD = 86.3）和宽焦点（216ms，SD = 51.8）。

表 4 – 49　年龄组 =5 岁，句首位置（T55/首音节），时长作为结果变量：窄焦点（NF-i）vs. 宽焦点（BF）模型拟合度分析一览表

模型	N_{pars}	–2 LLR	比较			
			模型	$\Delta\chi^2$	Δdf	p
0（仅纳入“说话人”作为随机截距）	3	–162.95				
1 + 焦点条件	4	–162.14	1 vs 2	1.617	1	0.204

注：“$\Delta\chi^2$”表示的是卡方值的变化，“Δdf”表示的是自由度的变化。

测试焦点（窄焦点 vs. 宽焦点）在 5 岁组句首位置（T55/末音节）时长上表现的模型搭建细节见表 2 – 3。模型的拟合度比较结果见表 4 – 50。如表所示，拟合度最高的最佳模型是模型 1（Model 1），这个模型包括焦点的主效应，χ^2（1）= 9.414，$p < 0.05$。最佳模型的具体参数估计值见表 4 – 51。这说明，这一年龄组白语儿童在句首位置高平调（T55）的末音节中通过缩短焦点成分的时长来区分窄焦点（247.8ms，SD = 63.6）和宽焦点（342.8ms，SD = 116.7）。如图 4 – 6 所示。

表 4 – 50　年龄组 =5 岁，句首位置（T55/末音节），时长作为结果变量：窄焦点（NF-i）vs. 宽焦点（BF）模型拟合度分析一览表

模型	N_{pars}	–2 LLR	比较			
			模型	$\Delta\chi^2$	Δdf	p
0（仅纳入“说话人”作为随机截距）	3	–184.26				
1 + 焦点条件	4	–179.55	1 vs 2	9.414	1	0.002 **

注：“$\Delta\chi^2$”表示的是卡方值的变化，“Δdf”表示的是自由度的变化。

表 4 – 51　年龄组 =5 岁，句首位置（T55/末音节），时长，窄焦点（NF-i）vs. 宽焦点（BF），最佳模型的参数估计值一览表

	Estimate	Std. Error	df	t value	Pr（> | t |）
固定变量					
截距（Intercept）	345.226	30.221	7.234	11.423	0.000 ***
焦点前（NF-m）	–101.028	29.662	29.662	–3.406	0.002 **

续表

	Estimate	Std. Error	*df*	*t* value	Pr（>|t|）
随机变量	名称	Variance	Std. Dev.		
发音人（Speaker）	Intercept	673.3	25.95		
余量（Residual）		5872.3	76.63		

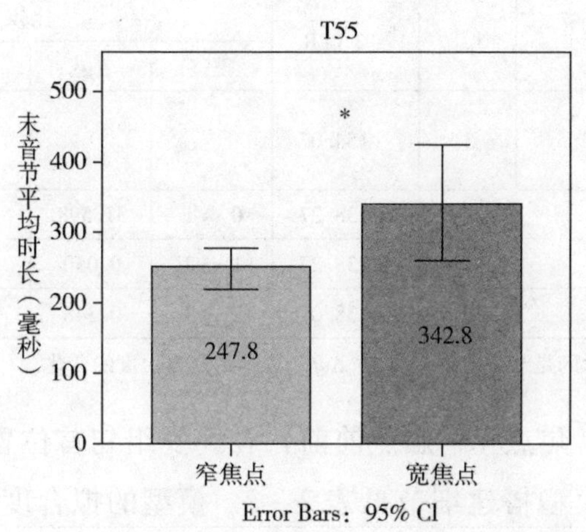

图4-6　5岁组句首位置（T55/末音节）中窄焦点的平均时长（毫秒）vs. 宽焦点的平均时长（毫秒），n=31，N=3，显著性差异用*标示

二　音域

（一）单音节词

测试焦点（焦点 vs. 焦点前）在5岁组句首位置（T42、T33）音域上表现的模型搭建细节见表2-2。模型的拟合度比较结果见表4-52。如表所示，拟合度最高的最佳模型是模型1（Model 1），这个模型包括声调的主效应，χ^2（1）=31.598，$p<0.001$。因而，没有证据表明此年龄组白语儿童在其白语句首位置的中高降调（T42）中通过变化音域来区分焦点（118.3Hz，SD=19.6）和焦点前（119.5Hz，

SD = 72）；也没有证据表明此年龄组白语儿童在其白语句首位置的中平调（T33）中通过变化音域来区分焦点（23.1Hz，SD = 10）和焦点前（20Hz，SD = 8.3）。

表 4－52　年龄组 = 5 岁，句首位置（T42、T33），音域作为结果变量：焦点（NF-i）vs. 焦点前（NF-m）模型拟合度分析一览表

模型	N_{pars}	−2 LLR	比较			
			模型	$\Delta\chi^2$	Δdf	p
0（仅纳入“说话人”作为随机截距）	3	−154.07				
1 + 声调	4	−138.27	0 vs 1	31.598	1	0.000 ***
2 + 焦点条件	5	−138.27	1 vs 2	0.050	1	0.824
3 + 声调：焦点条件	6	−138.07	2 vs 3	0.348	1	0.556

注：“$\Delta\chi^2$”表示的是卡方值的变化，“Δdf”表示的是自由度的变化。

测试焦点（焦点 vs. 焦点前前）在 5 岁组句首位置（T42、T33）音域上表现的模型搭建细节见表 2－2。模型的拟合度比较结果见表 4－53。如表所示，拟合度最高的最佳模型是模型 3（Model 3），这个模型包括声调和焦点条件的交互效应，χ^2（1）= 4.436，$p < 0.05$。最佳模型的具体参数估计值见表 4－54。笔者通过在每一个声调中检验焦点条件的作用来探索此交互效应的细节。在中高降调（T42）中，进

表 4－53　年龄组 = 5 岁，句首位置（T42、T33），音域作为结果变量：焦点（NF-i）vs. 焦点前前（NF-f）模型拟合度分析一览表

模型	N_{pars}	−2 LLR	比较			
			模型	$\Delta\chi^2$	Δdf	p
0（仅纳入“说话人”作为随机截距）	3	−122.25				
1 + 声调	4	−104.05	0 vs 1	36.391	1	0.000 ***
2 + 焦点条件	5	−102.18	1 vs 2	3.749	1	0.053
3 + 声调：焦点条件	6	−99.958	2 vs 3	4.436	1	0.036 *

注：“$\Delta\chi^2$”表示的是卡方值的变化，“Δdf”表示的是自由度的变化。

一步的分析也并未揭示出焦点条件的主效应（$p = 0.055$）；这说明，这一年龄组儿童在中高降调（T42）中未通过变化焦点成分的音域来区分焦点（118.3Hz，SD = 19.6）和焦点前前（166.3Hz，SD = 53.3）。在中平调（T33）中，进一步的分析并未揭示出焦点条件的主效应（$p = 0.675$）；这说明，这一年龄组儿童在中平调（T33）中也并未通过变化音域来区分焦点（23.1Hz，SD = 10）和焦点前前（25.6Hz，SD = 13.2）。如图 4 - 7 所示。

表 4 - 54　年龄组 = 5 岁，句首位置（T42、T33），音域，焦点（NF-i）vs. 焦点前前（NF-f），最佳模型的参数估计值一览表

	Estimate	Std. Error	*df*	*t* value	Pr（>|t|）
固定变量					
截距（Intercept）	25.649	11.376	22.000	2.255	0.034 *
中高降调（T42）	140.655	16.088	22.000	8.743	0.000 ***
焦点（NF-i）	−2.548	13.672	22.000	−0.186	0.854
中高降调（T42）：焦点（NF-i）	−45.426	20.490	22.000	−2.217	0.037 *
随机变量	名称	Variance	Std. Dev.		
发音人（Speaker）	Intercept	0	0		
余量（Residual）		517.6	22.75		

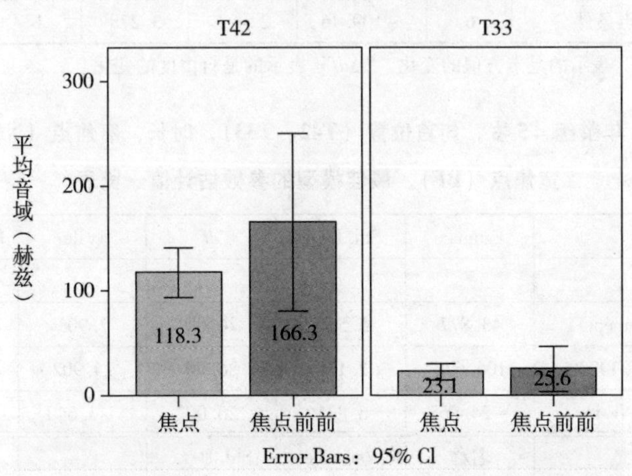

图 4 - 7　5 岁组句首位置（T42、T33）中焦点的平均音域（赫兹）vs. 焦点前前的平均音域（赫兹），n = 22，N = 3，显著性差异用 * 标示

测试焦点域（窄焦点 vs. 宽焦点）在5岁组句首位置（T42、T33）音域上表现的模型搭建细节见表2-2。模型的拟合度比较结果见表4-55。如表所示，拟合度最高的最佳模型是模型2（Model 2），这个模型包括声调的主效应，χ^2（1）=47.691，$p<0.001$；焦点的主效应，χ^2（1）=10.707，$p<0.01$。最佳模型的具体参数估计值见表4-56。因而，结果表明此年龄组白语儿童既在其白语句首位置的中高降调（T42）中通过变化时长来区分窄焦点（118.3Hz，SD=19.6）和宽焦点（159.7Hz，SD=33.5），也在中平调（T33）中通过变化音域来区分窄焦点（23.1Hz，SD=10）和宽焦点（39.3Hz，SD=13.1）。如图4-8所示。

表4-55　年龄组=5岁，句首位置（T42、T33），音域作为结果变量：窄焦点（NF-i）vs. 宽焦点（BF）模型拟合度分析一览表

模型	N_{pars}	-2 LLR	比较			
			模型	$\Delta\chi^2$	Δdf	p
0（仅纳入“说话人”作为随机截距）	3	-140.30				
1+声调	4	-116.45	0 vs 1	47.691	1	0.000***
2+焦点条件	5	-111.10	1 vs 2	10.707	1	0.001**
3+声调：焦点条件	6	-109.46	2 vs 3	3.278	1	0.070

注：“$\Delta\chi^2$”表示的是卡方值的变化，“Δdf”表示的是自由度的变化。

表4-56　年龄组=5岁，句首位置（T42、T33），时长，窄焦点（NF-i）vs. 宽焦点（BF），最佳模型的参数估计值一览表

	Estimate	Std. Error	*df*	*t* value	Pr（>|t|）
固定变量					
截距（Intercept）	43.877	5.550	26.00	7.906	0.000***
中高降调（T42）	106.670	7.158	26.00	14.902	0.000***
窄焦点（NF-i）	-24.863	6.831	26.00	-3.640	0.001**
随机变量	名称	Variance	Std. Dev.		
发音人（Speaker）	Intercept	0	0		
余量（Residual）		301.3	17.36		

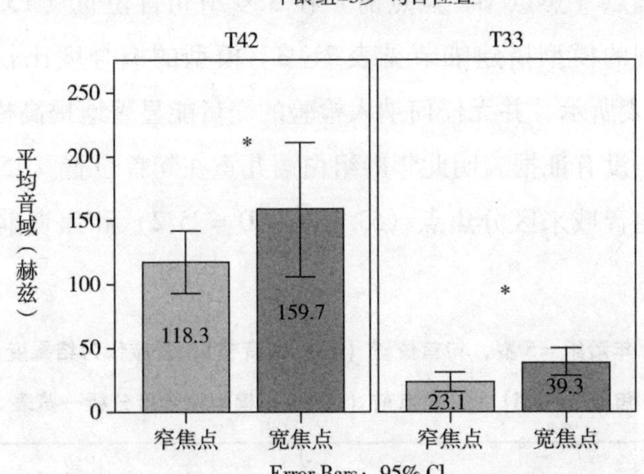

图4-8　5岁组句首位置（T42、T33）中窄焦点的平均音域（赫兹）vs. 宽焦点的平均音域（赫兹），n=26，N=3，显著性差异用＊标示

（二）双音节词

测试焦点（焦点 vs. 焦点前）在5岁组句首位置（T55/首音节）音域上表现的模型搭建细节见表2-3。模型的拟合度比较结果见表4-57。如表所示，并无任何纳入检验的变量能显著地提高模型的拟合度。因而，没有证据表明此年龄组白语儿童在句首位置（T55/首音节）中通过变化音域来区分焦点（53.7Hz，SD=25.2）和焦点前（45.2Hz，SD=25.2）。

表4-57　年龄组=5岁，句首位置（T55/首音节），音域作为结果变量：焦点（NF-i）vs. 焦点前（NF-m）模型拟合度分析一览表

模型	N_{pars}	-2 LLR	比较			
			模型	$\Delta\chi^2$	Δdf	p
0（仅纳入“说话人”作为随机截距）	3	-143.28				
1+焦点条件	4	-142.86	1 vs 2	0.824	1	0.364

注：“$\Delta\chi^2$”表示的是卡方值的变化，“Δdf”表示的是自由度的变化。

测试焦点（焦点 vs. 焦点前）在 5 岁组句首位置（T55/末音节）音域上表现的模型搭建细节见表 2－3。模型的拟合度比较结果见表 4－58。如表所示，并无任何纳入检验的变量能显著地提高模型的拟合度。因而，没有证据表明此年龄组白语儿童在句首位置（T55/末音节）中通过变化音域来区分焦点（53.7Hz，SD＝25.2）和焦点前（45.2Hz，SD＝25.2）。

表 4－58　年龄组＝5 岁，句首位置（T55/末音节），音域作为结果变量：焦点（NF-i）vs. 焦点前（NF-m）模型拟合度分析一览表

模型	N_{pars}	－2 LLR	比较			
			模型	$\Delta\chi^2$	Δdf	p
0（仅纳入“说话人”作为随机截距）	3	－143.28				
1＋焦点条件	4	－142.86	1 vs 2	0.824	1	0.364

注：“$\Delta\chi^2$”表示的是卡方值的变化，“Δdf”表示的是自由度的变化。

测试焦点（焦点 vs. 焦点前前）在 5 岁组句首位置（T55/首音节）音域上表现的模型搭建细节见表 2－3。模型的拟合度比较结果见表 4－59。如表所示，并无任何纳入检验的变量能显著地提高模型的拟合度。因而，没有证据表明此年龄组白语儿童在句首位置（T55/首音节）中通过变化音域来区分焦点（53.7Hz，SD＝25.2）和焦点前前（47.3Hz，SD＝31.6）。

表 4－59　年龄组＝5 岁，句首位置（T55/首音节），音域作为结果变量：焦点（NF-i）vs. 焦点前前（NF-f）模型拟合度分析一览表

模型	N_{pars}	－2 LLR	比较			
			模型	$\Delta\chi^2$	Δdf	p
0（仅纳入“说话人”作为随机截距）	3	－153.45				
1＋焦点条件	4	－153.19	1 vs 2	0.526	1	0.468

注：“$\Delta\chi^2$”表示的是卡方值的变化，“Δdf”表示的是自由度的变化。

测试焦点（焦点 vs. 焦点前前）在 5 岁组句首位置（T55/末音节）音域上表现的模型搭建细节见表 2－3。模型的拟合度比较结果见表 4－60。如表所示，并无任何纳入检验的变量能显著地提高模型的拟合度。因而，没有证据表明此年龄组白语儿童在句首位置（T55/末音节）中通过变化音域来区分焦点（69.4Hz，SD＝30.6）和焦点前前（58.1Hz，SD＝17.5）。

表 4－60　年龄组＝5 岁，句首位置（T55/末音节），音域作为结果变量：焦点（NF-i）vs. 焦点前前（NF-f）模型拟合度分析一览表

模型	N_{pars}	－2 LLR	比较			
			模型	$\Delta\chi^2$	Δdf	p
0（仅纳入“说话人”作为随机截距）	3	－154.45				
1＋焦点条件	4	－153.70	1 vs 2	1.491	1	0.222

注：“$\Delta\chi^2$”表示的是卡方值的变化，“Δdf”表示的是自由度的变化。

测试焦点（窄焦点 vs. 宽焦点）在 5 岁组句首位置（T55/首音节）音域上表现的模型搭建细节见表 2－3。模型的拟合度比较结果见表 4－61。如表所示，并无任何纳入检验的变量能显著地提高模型的拟合度。因而，没有证据表明此年龄组白语儿童在句首位置（T55/首音节）中通过变化音域来区分窄焦点（53.7Hz，SD＝25.2）和宽焦点（51.9Hz，SD＝19.8）。

表 4－61　年龄组＝5 岁，句首位置（T55/首音节），音域作为结果变量：窄焦点（NF-i）vs. 宽焦点（BF）模型拟合度分析一览表

模型	N_{pars}	－2 LLR	比较			
			模型	$\Delta\chi^2$	Δdf	p
0（仅纳入“说话人”作为随机截距）	3	－140.35				
1＋焦点条件	4	－140.22	1 vs 2	0.246	1	0.620

注：“$\Delta\chi^2$”表示的是卡方值的变化，“Δdf”表示的是自由度的变化。

测试焦点（窄焦点 vs. 宽焦点）在5岁组句首位置（T55/末音节）音域上表现的模型搭建细节见表2-3。模型的拟合度比较结果见表4-62。如表所示，拟合度最高的最佳模型是模型1（Model 1），这个模型包括焦点的主效应，χ^2（1）=6.573，$p<0.05$。最佳模型的具体参数估计值见表4-63。这说明，这一年龄组白语儿童在其白语句首位置高平调（T55）的末音节中通过扩展焦点成分的音域来区分窄焦点（69.4Hz，SD=30.6）和宽焦点（45.4Hz，SD=16.2）。如图4-9所示。

表4-62　年龄组=5岁，句首位置（T55/末音节），音域作为结果变量：窄焦点（NF-i）vs. 宽焦点（BF）模型拟合度分析一览表

模型	N_{pars}	-2 LLR	比较			
			模型	$\Delta\chi^2$	Δdf	p
0（仅纳入“说话人”作为随机截距）	3	-143.03				
1+焦点条件	4	-139.75	1 vs 2	6.573	1	0.010*

注：“$\Delta\chi^2$”表示的是卡方值的变化，“Δdf”表示的是自由度的变化。

表4-63　年龄组=5岁，句首位置（T55/末音节），音域，窄焦点（NF-i）vs. 宽焦点（BF），最佳模型的参数估计值一览表

	Estimate	Std. Error	*df*	*t* value	Pr（>|t|）
固定变量					
截距（Intercept）	39.726	11.037	4.892	3.599	0.016*
焦点（NF-i）	28.108	9.851	27.906	2.853	0.008**
随机变量	名称	Variance	Std. Dev.		
发音人（Speaker）	Intercept	117.2	10.83		
余量（Residual）		591.3	24.32		

三　音高最大值

（一）单音节词

测试焦点（焦点 vs. 焦点前）在5岁组句首位置（T42、T33）音高

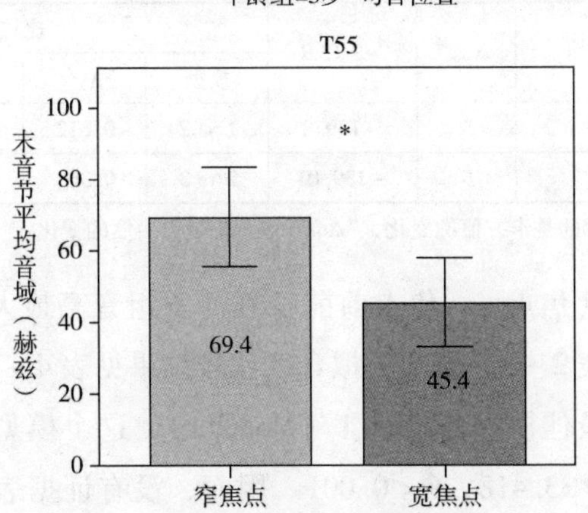

图4－9 5岁组句首位置（T55/末音节）中窄焦点的平均音域（赫兹）vs. 宽焦点的平均音域（赫兹），n＝30，N＝3，显著性差异用＊标示

最大值上表现的模型搭建细节见表2－2。模型的拟合度比较结果见表4－64。如表所示，拟合度最高的最佳模型是模型1（Model 1），这个模型包括声调的主效应，χ^2（1）＝52.002，$p<0.001$。因而，没有证据表明此年龄组白语儿童在其白语句首位置的中高降调（T42）中通过变化音高最大值来区分焦点（430.2Hz，SD＝56.3）和焦点前（454.7Hz，SD＝20.9）；也没有证据表明此年龄组白语儿童在其白语句首位置的中平调（T33）中通过变化音高最大值来区分焦点（306.3Hz，SD＝26.7）和焦点前（309.4Hz，SD＝24.7）。

表4－64 年龄组＝5岁，句首位置（T42、T33），音高最大值作为结果变量：焦点（NF-i）vs. 焦点前（NF-m）模型拟合度分析一览表

模型	N_{pars}	－2 LLR	比较			
			模型	$\Delta\chi^2$	Δdf	p
0（仅纳入“说话人”作为随机截距）	3	－165.5				
1＋声调	4	－139.5	0 vs 1	52.002	1	0.000***

续表

模型	N_{pars}	−2 LLR	比较			
			模型	$\Delta\chi^2$	Δdf	p
2+焦点条件	5	−139.2	1 vs 2	0.612	1	0.434
3+声调：焦点条件	6	−139.01	2 vs 3	0.362	1	0.547

注："$\Delta\chi^2$"表示的是卡方值的变化，"Δdf"表示的是自由度的变化。

测试焦点（焦点 vs. 焦点前前）在5岁组音高最大值上表现的模型搭建细节见表2－2。模型的拟合度比较结果见表4－65。如表所示，拟合度最高的最佳模型是模型1（Model 1），这个模型包括声调的主效应，χ^2（1）=33.418，$p<0.001$。因而，没有证据表明此年龄组白语儿童在其白语句首位置的中高降调（T42）中通过变化音高最大值来区分焦点（430.2Hz，SD=56.3）和焦点前前（428.8Hz，SD=49.7）；也没有证据表明此年龄组白语儿童在其白语句首位置的中平调（T33）中通过变化音高最大值来区分焦点（306.3Hz，SD=26.7）和焦点前前（305.3Hz，SD=24.3）。

表4－65　年龄组=5岁，句首位置（T42、T33），音高最大值作为结果变量：焦点（NF-i）vs. 焦点前前（NF-f）模型拟合度分析一览表

模型	N_{pars}	−2 LLR	比较			
			模型	$\Delta\chi^2$	Δdf	p
0（仅纳入"说话人"作为随机截距）	3	−135.74				
1+声调	4	−119.03	0 vs 1	33.418	1	0.000***
2+焦点条件	5	−119.02	1 vs 2	0.027	1	0.870
3+声调：焦点条件	6	−119.02	2 vs 3	0.001	1	0.974

注："$\Delta\chi^2$"表示的是卡方值的变化，"Δdf"表示的是自由度的变化。

测试焦点（窄焦点 vs. 宽焦点）在5岁组音高最大值上表现的模型搭建细节见表2－2。模型的拟合度比较结果见表4－66。如表所示，拟合度最高的最佳模型是模型1（Model 1），这个模型包括声调的主效应，χ^2（1）=39.626，$p<0.001$。因而，没有证据表明此年龄组白

语儿童在其白语句首位置的中高降调（T42）中通过变化音高最大值来区分窄焦点（430.2Hz，SD = 56.3）和宽焦点（410.2Hz，SD = 41.2）；也没有证据表明此年龄组白语儿童在其白语句首位置的中平调（T33）中通过变化音高最大值来区分窄焦点（306.3Hz，SD = 26.7）和宽焦点（306.5Hz，SD = 10.7）。

表4-66　年龄组=5岁，句首位置（T42、T33），音高最大值作为结果变量：窄焦点（NF-i）vs. 宽焦点（BF）模型拟合度分析一览表

模型	N_{pars}	-2 LLR	比较			
			模型	$\Delta\chi^2$	Δdf	p
1 + 声调	4	-135.43	0 vs 1	39.626	1	0.000 ***
2 + 焦点条件	5	-135.31	1 vs 2	0.239	1	0.625
3 + 声调：焦点条件	6	-135.04	2 vs 3	0.530	1	0.469

注："$\Delta\chi^2$"表示的是卡方值的变化，"Δdf"表示的是自由度的变化。

（二）双音节词

测试焦点（焦点 vs. 焦点前）在5岁组句首位置（T55/首音节）音高最大值上表现的模型搭建细节见表2-3。模型的拟合度比较结果见表4-67。如表所示，拟合度最高的最佳模型是模型1（Model 1），这个模型包括焦点的主效应，χ^2（1）= 5.381，$p < 0.05$。最佳模型的具体参数估计值见表4-68。这说明，这一年龄组白语儿童在其白语句首位置高平调（T55）的首音节中通过扩展焦点成分的音高最大值来区分焦点（391.8Hz，SD = 36.6）和焦点前（372.8Hz，SD = 36.7）。如图4-10所示。

测试焦点（焦点 vs. 焦点前）在5岁组句首位置（T55/末音节）音高最大值上表现的模型搭建细节见表2-3。模型的拟合度比较结果见表4-69。如表所示，拟合度最高的最佳模型是模型1（Model 1），这个模型包括焦点的主效应，χ^2（1）= 11.165，$p < 0.001$。最佳模型的具体参数估计值见表4-70。这说明，这一年龄组白语儿童在其白语句首

位置高平调（T55）的末音节中通过扩展焦点成分的音高最大值来区分焦点（413Hz，SD=63.2）和焦点前（366Hz，SD=42.4）。如图4-11所示。

表4-67 年龄组=5岁，句首位置（T55/首音节），音高最大值作为结果变量：焦点（NF-i）vs. 焦点前（NF-m）模型拟合度分析一览表

模型	N_{pars}	-2 LLR	比较			
			模型	$\Delta\chi^2$	Δdf	p
0（仅纳入“说话人”作为随机截距）	3	-140.70				
1+焦点条件	4	-138.01	1 vs 2	5.381	1	0.020 *

注：“$\Delta\chi^2$”表示的是卡方值的变化，“Δdf”表示的是自由度的变化。

表4-68 年龄组=5岁，句首位置（T55/首音节），音高最大值，焦点（NF-i）vs. 焦点前（NF-m），最佳模型的参数估计值一览表

	Estimate	Std. Error	*df*	*t* value	Pr（>|t|）
固定变量					
截距（Intercept）	395.88	14.85	3.84	26.66	0.000 ***
焦点前（NF-m）	-25.77	10.52	27.38	-2.45	0.021 *
随机变量	名称	Variance	Std. Dev.		
发音人（Speaker）	Intercept	517.4	22.75		
余量（Residual）		642.3	25.34		

表4-69 年龄组=5岁，句首位置（T55/末音节），音高最大值作为结果变量：焦点（NF-i）vs. 焦点前（NF-m）模型拟合度分析一览表

模型	N_{pars}	-2 LLR	比较			
			模型	$\Delta\chi^2$	Δdf	p
0（仅纳入“说话人”作为随机截距）	3	-163.04				
1+焦点条件	4	-157.46	1 vs 2	11.165	1	0.000 ***

注：“$\Delta\chi^2$”表示的是卡方值的变化，“Δdf”表示的是自由度的变化。

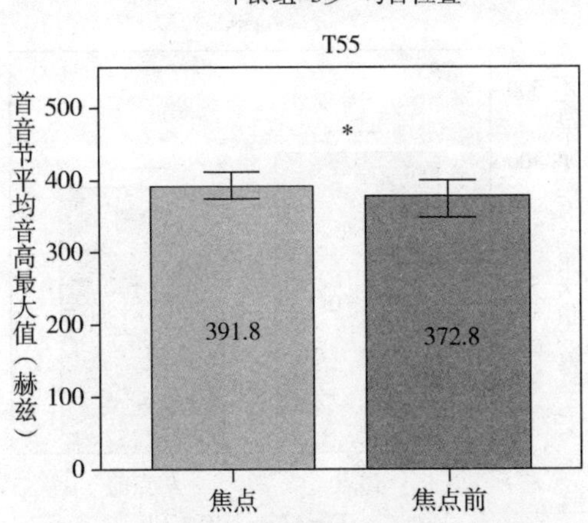

图 4－10　5 岁组句首位置（T55/首音节）中焦点的平均音高最大值（赫兹）vs. 焦点前的平均音高最大值（赫兹），n＝29，N＝3，显著性差异用＊标示

表 4－70　年龄组＝5 岁，句首位置（T55/末音节），音高最大值，焦点（NF-i）vs. 焦点前（NF-m），最佳模型的参数估计值一览表

	Estimate	Std. Error	*df*	*t* value	Pr（＞|t|）
固定变量					
截距（Intercept）	419.27	24.73	3.51	16.950	0.000 ***
焦点前（NF-m）	－53.72	14.53	29.36	－3.698	0.000 ***
随机变量	名称	Variance	Std. Dev.		
发音人（Speaker）	Intercept	1593	39.91		
余量（Residual）		1171	34.22		

测试焦点（焦点 vs. 焦点前前）在 5 岁组句首位置（T55/首音节）音高最大值上表现的模型搭建细节见表 2－3。模型的拟合度比较结果见表 4－71。如表所示，拟合度最高的最佳模型是模型1（Model 1），这个模型包括焦点的主效应，χ^2（1）＝12.229，$p<0.001$。最佳模型的具体参数估计值见表 4－72。这说明，这一年龄组白语儿童在其白

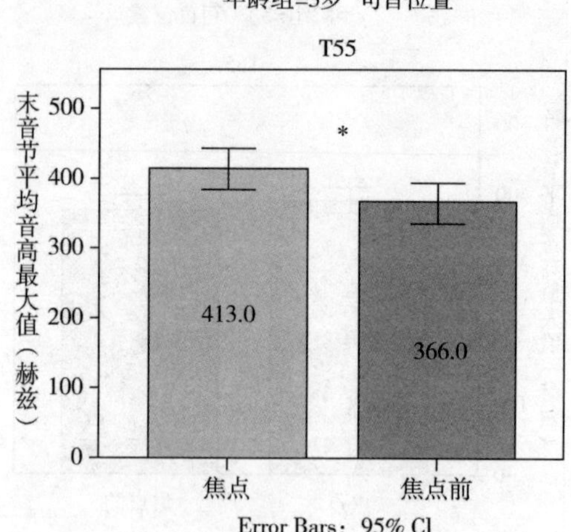

图 4－11 5 岁组句首位置（T55/末音节）中焦点的平均音高最大值（赫兹）vs. 焦点前的平均音高最大值（赫兹），n＝31，N＝3，显著性差异用 * 标示

语句首位置高平调（T55）的首音节中通过提高焦点成分的音高最大值来区分焦点（391. 8Hz，SD＝36. 6）和焦点前前（357. 6Hz，SD＝28. 9）。如图 4－12 所示。

表 4－71 年龄组＝5 岁，句首位置（T55/首音节），音高最大值作为结果变量：焦点（NF-i）vs. 焦点前前（NF-f）模型拟合度分析一览表

模型	N_{pars}	－2 LLR	比较			
			模型	$\Delta\chi^2$	Δdf	*p*
0（仅纳入“说话人”作为随机截距）	3	－151. 55				
1＋焦点条件	4	－145. 44	1 vs 2	12. 229	1	0. 000 ***

注：“$\Delta\chi^2$”表示的是卡方值的变化，“Δdf”表示的是自由度的变化。

表 4－72 年龄组＝5 岁，句首位置（T55/首音节），音高最大值，焦点（NF-i）vs. 焦点前前（NF-f），最佳模型的参数估计值一览表

	Estimate	Std. Error	*df*	*t* value	Pr（＞|t|）
固定变量					
截距（Intercept）	363. 228	15. 150	4. 415	23. 975	0. 000 ***

续表

	Estimate	Std. Error	*df*	*t* value	Pr（>|t|）
焦点（NF-i）	34.875	8.948	29.025	3.897	0.000 ***
随机变量	名称	Variance	Std. Dev.		
发音人（Speaker）	Intercept	436.5	20.89		
余量（Residual）		582.1	24.13		

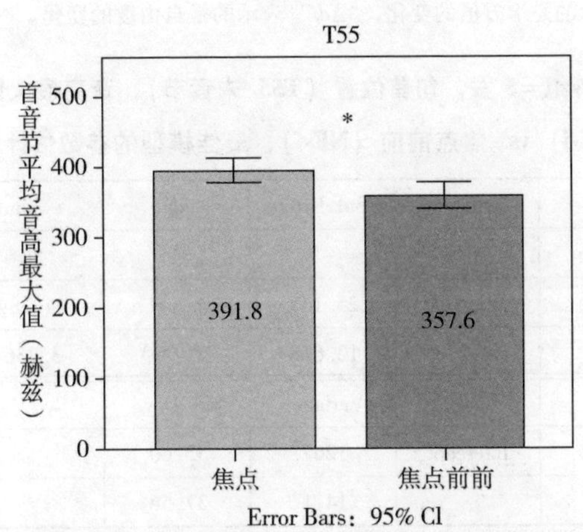

图 4-12　5 岁组句首位置（T55/首音节）中焦点的平均音高最大值（赫兹）vs. 焦点前前的平均音高最大值（赫兹），n=31，N=3，显著性差异用＊标示

测试焦点（焦点 vs. 焦点前前）在 5 岁组句首位置（T55/末音节）音高最大值上表现的模型搭建细节见表 2-3。模型的拟合度比较结果见表 4-73。如表所示，拟合度最高的最佳模型是模型1（Model 1），这个模型包括焦点的主效应，χ^2（1）=9.037，$p<0.01$。最佳模型的具体参数估计值见表 4-74。这说明，这一年龄组白语儿童在其白语句首位置高平调（T55）的末音节中通过提高焦点成分的音高最大值来区分焦点（413Hz，SD=63.2）和焦点前前（366.1Hz，SD=38.8）。如图 4-13 所示。

表4－73　年龄组＝5岁，句首位置（T55/末音节），音高最大值作为结果变量：焦点（NF-i）vs. 焦点前前（NF-f）模型拟合度分析一览表

模型	N_{pars}	－2 LLR	比较			
			模型	$\Delta\chi^2$	Δdf	p
0（仅纳入“说话人”作为随机截距）	3	－174.04				
1＋焦点条件	4	－169.53	1 vs 2	9.037	1	0.003 **

注：“$\Delta\chi^2$”表示的是卡方值的变化，“Δdf”表示的是自由度的变化。

表4－74　年龄组＝5岁，句首位置（T55/末音节），音高最大值，焦点（NF-i）vs. 焦点前前（NF-f），最佳模型的参数估计值一览表

	Estimate	Std. Error	*df*	*t* value	Pr（＞｜t｜）
固定变量					
截距（Intercept）	372.181	25.167	4.447	14.789	0.000 ***
焦点（NF-i）	44.228	13.668	30.980	3.236	0.003 **
随机变量	名称	Variance	Std. Dev.		
发音人（Speaker）	Intercept	1267	35.60		
余量（Residual）		1411	37.56		

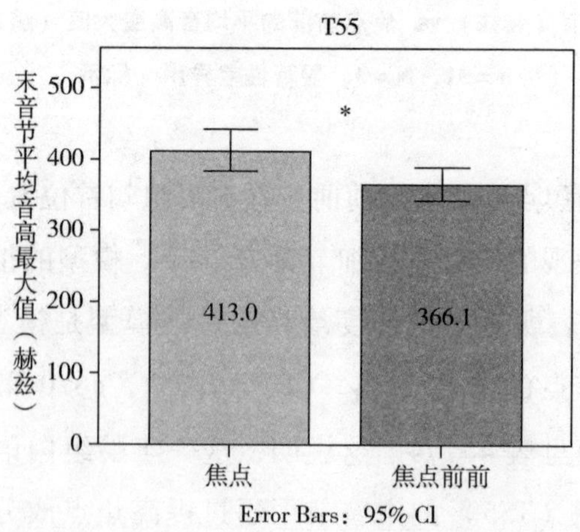

图4－13　5岁组句首位置（T55/末音节）中焦点的平均音高最大值（赫兹）vs. 焦点前前的平均音高最大值（赫兹），n＝33，N＝3，显著性差异用＊标示

测试焦点（窄焦点 vs. 宽焦点）在5岁组句首位置（T55/首音节）音高最大值上表现的模型搭建细节见表2-3。模型的拟合度比较结果见表4-75。如表所示，并无任何纳入检验的变量能显著地提高模型的拟合度。因而，没有证据表明此年龄组白语儿童在句首位置（T55/首音节）中通过变化音高最大值来区分窄焦点（391.8Hz，SD=36.6）和宽焦点（395.5Hz，SD=10.2）。

表4-75　年龄组=5岁，句首位置（T55/首音节），音高最大值作为结果变量：窄焦点（NF-i）vs. 宽焦点（BF）模型拟合度分析一览表

模型	N_{pars}	-2 LLR	比较			
			模型	$\Delta\chi^2$	Δdf	p
0（仅纳入“说话人”作为随机截距）	3	-127.61				
1+焦点条件	4	-127.56	1 vs 2	0.096	1	0.757

注：“$\Delta\chi^2$”表示的是卡方值的变化，“Δdf”表示的是自由度的变化。

测试焦点（窄焦点 vs. 宽焦点）在5岁组句首位置（T55/末音节）音高最大值上表现的模型搭建细节见表2-3。模型的拟合度比较结果见表4-76。如表所示，并无任何纳入检验的变量能显著地提高模型的拟合度。因而，没有证据表明此年龄组白语儿童在句首位置（T55/末音节）中通过变化音高最大值来区分窄焦点（399.8Hz，SD=42.9）和宽焦点（385.7Hz，SD=22.6）。

表4-76　年龄组=5岁，句首位置（T55/末音节），音高最大值作为结果变量：窄焦点（NF-i）vs. 宽焦点（BF）模型拟合度分析一览表

模型	N_{pars}	-2 LLR	比较			
			模型	$\Delta\chi^2$	Δdf	p
0（仅纳入“说话人”作为随机截距）	3	-153.15				
1+焦点条件	4	-151.82	1 vs 2	2.676	1	0.102

注：“$\Delta\chi^2$”表示的是卡方值的变化，“Δdf”表示的是自由度的变化。

四　音高最小值

（一）单音节词

测试焦点（焦点 vs. 焦点前）在 5 岁组句首位置（T42、T33）音高最小值上表现的模型搭建细节见表 2－2。模型的拟合度比较结果见表 4－77。如表所示，拟合度最高的最佳模型是模型 1（Model 1），这个模型包括声调的主效应，χ^2（1）＝8.817，$p<0.01$。因而，没有证据表明此年龄组白语儿童在句首位置的中高降调（T42）中通过变化音高最小值来区分焦点（311.8Hz，SD＝72.4）和焦点前（344.5Hz，SD＝81.5）；也没有证据表明此年龄组白语儿童在句首位置的中平调（T33）中通过变化音高最小值来区分焦点（265Hz，SD＝11.2）和焦点前（289.3Hz，SD＝26.8）。

表 4－77　年龄组＝5 岁，句首位置（T42、T33），音高最小值作为结果变量：焦点（NF-i）vs. 焦点前（NF-m）模型拟合度分析一览表

模型	N_{pars}	－2 LLR	比较			
			模型	$\Delta\chi^2$	Δdf	p
0（仅纳入"说话人"作为随机截距）	3	－151.88				
1＋声调	4	－147.47	0 vs 1	8.817	1	0.003**
2＋焦点条件	5	－146.98	1 vs 2	0.985	1	0.321
3＋声调：焦点条件	6	－146.97	2 vs 3	0.029	1	0.866

注："$\Delta\chi^2$"表示的是卡方值的变化，"Δdf"表示的是自由度的变化。

测试焦点（焦点 vs. 焦点前前）在 5 岁组音高最小值上表现的模型搭建细节见表 2－2。模型的拟合度比较结果见表 4－78。如表所示，拟合度最高的最佳模型是模型 3（Model 3），这个模型包括声调和焦点条件的交互效应，χ^2（1）＝4.858，$p<0.05$。最佳模型的具体参数估计值见表 4－79。笔者通过在每一个声调中检验焦点条件的作用来探索此交互效应的细节。在中高降调（T42）中，进一步的分析并未

揭示出焦点条件的主效应（$p = 0.243$）；这说明，这一年龄组儿童在中高降调（T42）中未通过变化焦点成分的音高最小值来区分焦点（311.8Hz，SD = 72.4）和焦点前前（262.5Hz，SD = 6.1）。在中平调（T33）中，进一步的分析也并未揭示出焦点条件的主效应（$p = 0.051$）；这说明，这一年龄组儿童在中平调（T33）中并未通过变化音高最小值来区分焦点（265Hz，SD = 11.2）和焦点前前（279.6Hz，SD = 18）。如图 4－14 所示。

表 4－78　年龄组 = 5 岁，句首位置（T42、T33），音高最小值作为结果变量：焦点（NF-i）vs. 焦点前前（NF-f）模型拟合度分析一览表

模型	N_{pars}	－2 LLR	比较			
			模型	$\Delta\chi^2$	Δdf	p
0（仅纳入“说话人”作为随机截距）	3	－110.98				
1 + 声调	4	－109.55	0 vs 1	2.848	1	0.091
2 + 焦点条件	5	－109.35	1 vs 2	0.405	1	0.524
3 + 声调：焦点条件	6	－106.92	2 vs 3	4.858	1	0.028 *

注：“$\Delta\chi^2$”表示的是卡方值的变化，“Δdf”表示的是自由度的变化。

表 4－79　年龄组 = 5 岁，句首位置（T42、T33），音高最小值，焦点（NF-i）vs. 焦点前前（NF-f），最佳模型的参数估计值一览表

	Estimate	Std. Error	*df*	*t* value	Pr（>|t|）
固定变量					
截距（Intercept）	285.203	18.459	8.989	15.451	0.000 ***
中高降调（T42）	－9.795	20.884	19.884	－0.469	0.644
焦点（NF-i）	－18.096	17.717	20.036	－1.021	0.319
中高降调（T42）：焦点（NF-i）	61.569	26.355	19.667	2.336	0.030 *
随机变量	名称	Variance	Std. Dev.		
发音人（Speaker）	Intercept	262.3	16.20		
余量（Residual）		851.2	29.18		

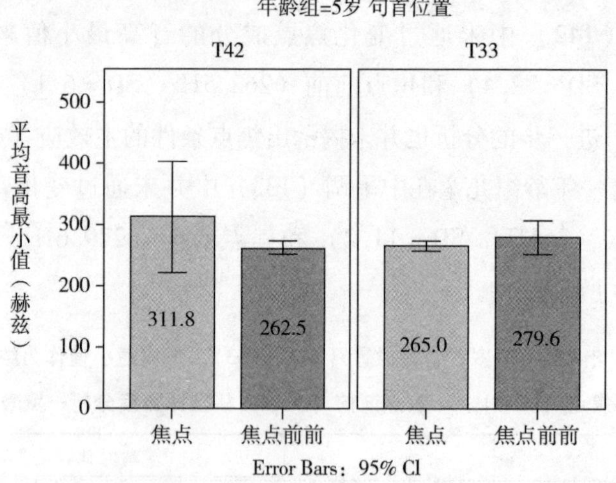

图4－14　5岁组句首位置（T42、T33）中焦点的平均音高最小值（赫兹）vs. 焦点前前的平均音高最小值（赫兹），n＝22，N＝3，显著性差异用＊标示

测试焦点域（窄焦点 vs. 宽焦点）在5岁组音高最小值上表现的模型搭建细节见表2－2。模型的拟合度比较结果见表4－80。如表所示，拟合度最高的最佳模型是模型3（Model 3），这个模型包括声调和焦点条件的交互效应，χ^2（1）＝5.159，$p<0.05$。最佳模型的具体参数估计值见表4－81。笔者通过在每一个声调中检验焦点条件的作用来探索此交互效应的细节。在中高降调（T42）中，进一步的分析并未揭示出焦点条件的主效应（$p=0.110$）；这说明，这一年龄组的儿童在中高降调（T42）中未通过变化焦点成分的音高最小值来区分窄焦点（311.8Hz，SD＝72.4）和宽焦点（250.5Hz，SD＝16.8）。在中平调（T33）中，进一步的分析也并未揭示出焦点条件的主效应（$p=0.707$）；这说明，这一年龄组的儿童在中平调（T33）中并未通过变化音高最小值来区分窄焦点（265Hz，SD＝11.2）和宽焦点（267.2Hz，SD＝14.2）。如图4－15所示。

表 4－80　年龄组＝5 岁，句首位置（T42、T33），音高最小值作为结果变量：窄焦点（NF-i）vs. 宽焦点（BF）模型拟合度分析一览表

模型	N_{pars}	－2 LLR	比较			
			模型	$\Delta\chi^2$	Δdf	p
0（仅纳入“说话人”作为随机截距）	3	－130.41				
1＋声调	4	－129.19	0 vs 1	2.437	1	0.119
2＋焦点条件	5	－127.97	1 vs 2	2.442	1	0.118
3＋声调：焦点条件	6	－125.39	2 vs 3	5.159	1	0.023 *

注：“$\Delta\chi^2$”表示的是卡方值的变化，“Δdf”表示的是自由度的变化。

表 4－81　年龄组＝5 岁，句首位置（T42、T33），音高最小值，窄焦点（NF-i）vs. 宽焦点（BF），最佳模型的参数估计值一览表

	Estimate	Std. Error	*df*	*t* value	Pr（>|t|）
固定变量					
截距（Intercept）	266.437	12.561	6.326	21.212	0.000 ***
中高降调（T42）	－8.247	18.400	25.624	－0.448	0.658
焦点（NF-i）	－0.082	14.162	24.294	－0.006	0.995
中高降调（T42）：焦点（NF-i）	58.043	24.198	24.268	2.399	0.025 *
随机变量	名称	Variance	Std. Dev.		
发音人（Speaker）	Intercept	112.1	10.59		
余量（Residual）		856.6	28.92		

（二）双音节词

测试焦点（焦点 vs. 焦点前）在 5 岁组句首位置（T55/首音节）音高最小值上表现的模型搭建细节见表 2－3。模型的拟合度比较结果见表 4－82。如表所示，拟合度最高的最佳模型是模型 1（Model 1），这个模型包括焦点的主效应，χ^2（1）＝5.963，$p<0.05$。最佳模型的具体参数估计值见表 4－83。这说明，这一年龄组白语儿童在其白语句首位置高平调（T55）的首音节中通过提高焦点成分的音高最小值来区分焦点（346.1Hz，SD＝39.8）和焦点前（319.4Hz，SD＝20.2）。

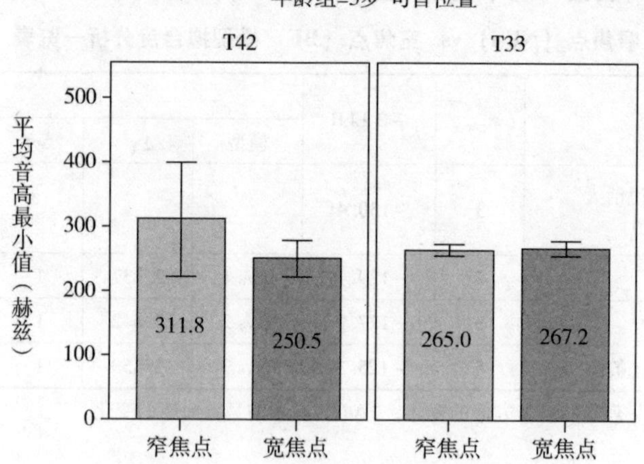

图 4-15　5 岁组句首位置（T42、T33）中窄焦点的平均音高最小值（赫兹）vs. 宽焦点的平均音高最小值（赫兹），n=26，N=3，显著性差异用＊标示

如图 4-16 所示。

表 4-82　年龄组=5 岁，句首位置（T55/首音节），音高最小值作为结果变量：焦点（NF-i）vs. 焦点前（NF-m）模型拟合度分析一览表

模型	N_{pars}	-2 LLR	比较			
			模型	$\Delta\chi^2$	Δdf	*p*
0（仅纳入“说话人”作为随机截距）	3	-148.08				
1+焦点条件	4	-145.10	1 vs 2	5.963	1	0.015 *

注：“$\Delta\chi^2$”表示的是卡方值的变化，“Δdf”表示的是自由度的变化。

表 4-83　年龄组=5 岁，句首位置（T55/首音节），音高最小值，焦点（NF-i）vs. 焦点前（NF-m），最佳模型的参数估计值一览表

	Estimate	Std. Error	*df*	*t* value	Pr（>|t|）
固定变量					
截距（Intercept）	350.250	12.646	4.026	27.697	0.000 ***

续表

	Estimate	Std. Error	*df*	*t* value	Pr（>|t|）
焦点前（NF-m）	-30.836	11.870	29.218	-2.598	0.015 *
随机变量	名称	Variance	Std. Dev.		
发音人（Speaker）	Intercept	322.8	17.97		
余量（Residual）		797.1	28.23		

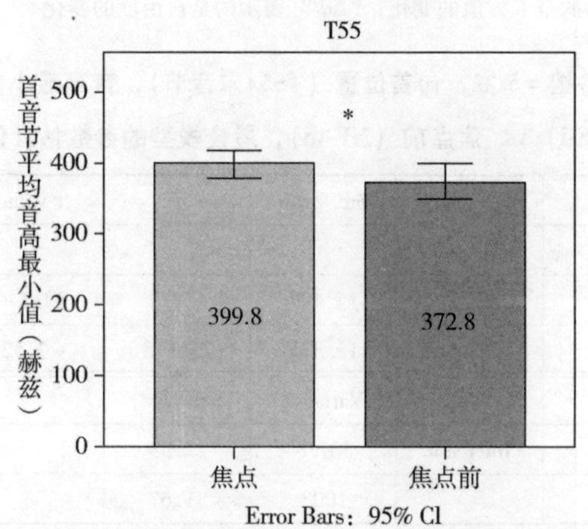

图4-16　5岁组句首位置（T55/首音节）中焦点的平均音高最小值（赫兹）vs. 焦点前的平均音高最小值（赫兹），n=30，N=3，显著性差异用 * 标示

测试焦点（焦点 vs. 焦点前）在5岁组句首位置（T55/末音节）音高最小值上表现的模型搭建细节见表2-3。模型的拟合度比较结果见表4-84。如表所示，拟合度最高的最佳模型是模型1（Model 1），这个模型包括焦点的主效应，χ^2（1）=5.648，$p<0.01$。最佳模型的具体参数估计值见表4-85。这说明，这一年龄组白语儿童在句首位置高平调（T55）的末音节中通过扩展焦点成分的音高最大值来区分焦点（336.3Hz，SD=46.3）和焦点前（309.7Hz，SD=27.2）。如图4-17所示。

表 4－84　年龄组＝5 岁，句首位置（T55/末音节），音高最小值作为结果变量：焦点（NF-i）vs. 焦点前（NF-m）模型拟合度分析一览表

模型	N_{pars}	－2 LLR	比较			
			模型	$\Delta\chi^2$	Δdf	p
0（仅纳入“说话人”作为随机截距）	3	－151.67				
1＋焦点条件	4	－148.85	1 vs 2	5.648	1	0.017 **

注：“$\Delta\chi^2$”表示的是卡方值的变化，“Δdf”表示的是自由度的变化。

表 4－85　年龄组＝5 岁，句首位置（T55/末音节），音高最小值，焦点（NF-i）vs. 焦点前（NF-m），最佳模型的参数估计值一览表

	Estimate	Std. Error	*df*	*t* value	Pr（>|t|）
固定变量					
截距（Intercept）	342.656	15.407	4.022	22.240	0.000 ***
焦点前（NF-m）	－33.602	13.321	29.318	－2.522	0.017 *
随机变量	名称	Variance	Std. Dev.		
发音人（Speaker）	Intercept	507.8	22.53		
余量（Residual）		1003	31.67		

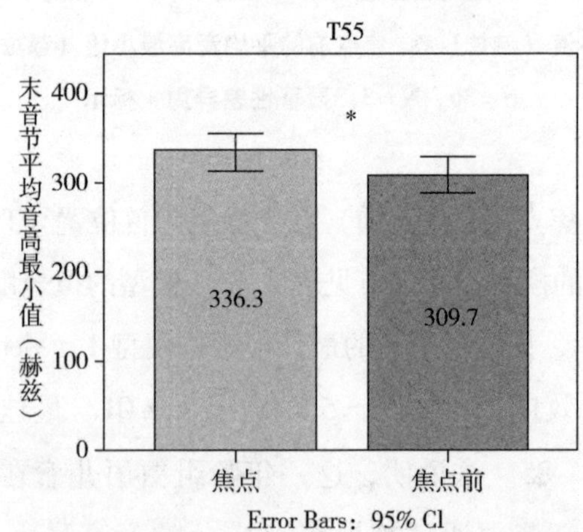

图 4－17　5 岁组句首位置（T55/末音节）中焦点的平均音高最小值（赫兹）vs. 焦点前的平均音高最大值（赫兹），n＝30，N＝3，显著性差异用＊标示

测试焦点（焦点 vs. 焦点前前）在 5 岁组句首位置（T55/首音节）音高最小值上表现的模型搭建细节见表 2－3。模型的拟合度比较结果见表 4－86。如表所示，拟合度最高的最佳模型是模型 1（Model 1），这个模型包括焦点的主效应，χ^2（1）=6.078，$p<0.05$。最佳模型的具体参数估计值见表 4－87。这说明，这一年龄组白语儿童在句首位置高平调（T55）的首音节中通过提高焦点成分的音高最小值来区分焦点（346.1Hz，SD =39.8）和焦点前前（315.8Hz，SD =12.5）。如图 4－18 所示。

表 4－86　年龄组 =5 岁，句首位置（T55/首音节），音高最小值作为结果变量：焦点（NF-i）vs. 焦点前前（NF-f）模型拟合度分析一览表

模型	N_{pars}	－2 LLR	比较			
			模型	$\Delta\chi^2$	Δdf	p
0（仅纳入"说话人"作为随机截距）	3	－156.83				
1＋焦点条件	4	－153.79	1 vs 2	6.078	1	0.014 *

注："$\Delta\chi^2$"表示的是卡方值的变化，"Δdf"表示的是自由度的变化。

表 4－87　年龄组 =5 岁，句首位置（T55/首音节），音高最小值，焦点（NF-i）vs. 焦点前前（NF-f），最佳模型的参数估计值一览表

	Estimate	Std. Error	*df*	*t* value	Pr（>|t|）
固定变量					
截距（Intercept）	325.630	14.588	3.651	22.321	0.000 ***
焦点（NF-i）	26.762	10.344	29.352	2.587	0.015 *
随机变量	名称	Variance	Std. Dev.		
发音人（Speaker）	Intercept	325.0	18.03		
余量（Residual）		762.5	27.61		

测试焦点（焦点 vs. 焦点前前）在 5 岁组句首位置（T55/末音节）音高最小值上表现的模型搭建细节见表 2－3。模型的拟合度比较结果见表 4－88。如表所示，并无任何纳入检验的变量能显著地提高模型的拟合度。因而，没有证据表明此年龄组白语儿童在句首位置（T55/末音

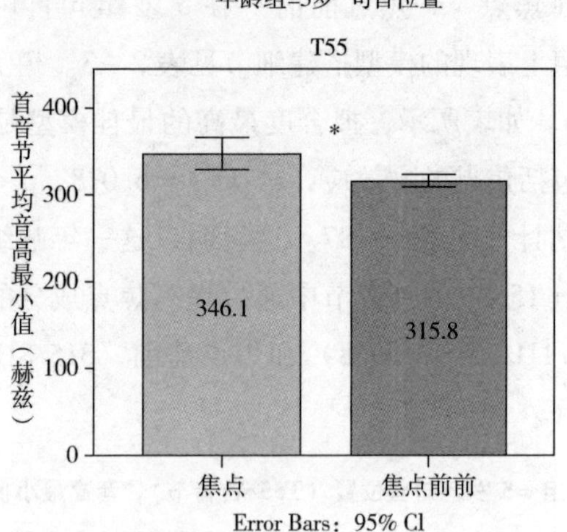

图4－18　5岁组句首位置（T55/首音节）中焦点的平均音高最小值（赫兹）vs. 焦点前前的平均音高最小值（赫兹），n＝32，N＝3，显著性差异用＊标示

节）中通过变化音高最小值来区分焦点（336.3Hz，SD＝46.3）和焦点前前（307.9Hz，SD＝46.7）。

表4－88　年龄组＝5岁，句首位置（T55/末音节），音高最小值作为结果变量：焦点（NF-i）vs. 焦点前前（NF-f）模型拟合度分析一览表

模型	N_{pars}	－2 LLR	比较			
			模型	$\Delta\chi^2$	Δdf	p
0（仅纳入“说话人”作为随机截距）	3	－165.15				
1＋焦点条件	4	－163.26	1 vs 2	3.768	1	0.052

注：“$\Delta\chi^2$”表示的是卡方值的变化，“Δdf”表示的是自由度的变化。

测试焦点（窄焦点 vs. 宽焦点）在5岁组句首位置（T55/首音节）音高最小值上表现的模型搭建细节见表2－3。模型的拟合度比较结果见表4－89。如表所示，并无任何纳入检验的变量能显著地提高模型的拟合度。因而，没有证据表明此年龄组白语儿童在句首位置（T55/首音节）中通过变化音高最小值来区分窄焦点（346.1Hz，SD＝

39.8）和宽焦点（333.7Hz，SD＝21.8）。

表4－89　年龄组＝5岁，句首位置（T55/首音节），音高最小值作为结果变量：窄焦点（NF-i）vs. 宽焦点（BF）模型拟合度分析一览表

模型	N_{pars}	－2 LLR	比较			
			模型	$\Delta\chi^2$	Δdf	p
0（仅纳入“说话人”作为随机截距）	3	－153.40				
1＋焦点条件	4	－152.74	1 vs 2	1.319	1	0.251

注：“$\Delta\chi^2$”表示的是卡方值的变化，“Δdf”表示的是自由度的变化。

测试焦点（窄焦点 vs. 宽焦点）在5岁组句首位置（T55/末音节）音高最小值上表现的模型搭建细节见表2－3。模型的拟合度比较结果见表4－90。如表所示，并无任何纳入检验的变量能显著地提高模型的拟合度。因而，没有证据表明此年龄组白语儿童在句首位置（T55/末音节）中通过变化音高最小值来区分窄焦点（336.3Hz，SD＝46.3）和宽焦点（347.4Hz，SD＝33.6）。

表4－90　年龄组＝5岁，句首位置（T55/末音节），音高最小值作为结果变量：窄焦点（NF-i）vs. 宽焦点（BF）模型拟合度分析一览表

模型	N_{pars}	－2 LLR	比较			
			模型	$\Delta\chi^2$	Δdf	p
0（仅纳入“说话人”作为随机截距）	3	－153.08				
1＋焦点条件	4	－152.92	1 vs 2	0.198	1	0.656

注：“$\Delta\chi^2$”表示的是卡方值的变化，“Δdf”表示的是自由度的变化。

第三节　年龄：6岁

一　时长

（一）单音节词

测试焦点（焦点 vs. 焦点前）在6岁组句首位置（T42、T33）时长上表现的模型搭建细节见表 2－2。模型的拟合度比较结果见表 4－91。如表所示，拟合度最高的最佳模型是模型 1（Model 1），这个模型包括声调的主效应，χ^2（1）=10.158，$p<0.01$。因而，没有证据表明此年龄组白语儿童在句首位置的中高降调（T42）中通过变化时长来区分焦点（341.3ms，SD = 100.7）和焦点前（323.2ms，SD = 82.2）；也没有证据表明此年龄组白语儿童在句首位置的中平调（T33）中通过变化时长来区分焦点（281.7ms，SD =102.6）和焦点前（230.7ms，SD =74.2）。

表 4－91 年龄组 =6 岁，句首位置（T42、T33），时长作为结果变量：焦点（NF-i）vs. 焦点前（NF-m）模型拟合度分析一览表

模型	N_{pars}	－2 LLR	比较			
			模型	$\Delta\chi^2$	Δdf	p
0（仅纳入“说话人”作为随机截距）	3	－269.77				
1＋声调	4	－264.69	0 vs 1	10.158	1	0.001**
2＋焦点条件	5	－264.01	1 vs 2	1.361	1	0.243
3＋声调：焦点条件	6	－263.42	2 vs 3	1.188	1	0.276

注：“$\Delta\chi^2$”表示的是卡方值的变化，“Δdf”表示的是自由度的变化。

测试焦点（焦点 vs. 焦点前前）在 6 岁组句首位置（T42、T33）时长上表现的模型搭建细节见表 2－2。模型的拟合度比较结果见表 4－92。如表所示，拟合度最高的最佳模型是模型 1（Model 1），这个模型包括声调的主效应，χ^2（1）=6.466，$p<0.05$。因而，没有证据表明此年龄组白语儿童在句首位置的中高降调（T42）中通过变化时长来区分焦点（341.3ms，SD =100.7）和焦点前前（347.3ms，SD = 125）；也没有证据表明此年龄组白语儿童在句首位置的中平调（T33）中通过变化时长来区分焦点（281.7ms，SD =102.6）和焦点前前（220.1ms，SD =48.5）。

表 4 – 92　年龄组 = 6 岁，句首位置（T42、T33），时长作为结果变量：焦点（NF-i）vs. 焦点前前（NF-f）模型拟合度分析一览表

模型	N_{pars}	–2 LLR	比较			
			模型	$\Delta\chi^2$	Δdf	p
0（仅纳入“说话人”作为随机截距）	3	–208.71				
1 + 声调	4	–205.47	0 vs 1	6.466	1	0.011*
2 + 焦点条件	5	–204.71	1 vs 2	1.535	1	0.215
3 + 声调：焦点条件	6	–204.06	2 vs 3	1.298	1	0.255

注：“$\Delta\chi^2$”表示的是卡方值的变化，“Δdf”表示的是自由度的变化。

测试焦点域（窄焦点 vs. 宽焦点）在 6 岁组句首位置（T42、T33）时长上表现的模型搭建细节见表 2 – 2。模型的拟合度比较结果见表 4 – 93。如表所示，拟合度最高的最佳模型是模型 1（Model 1），这个模型包括声调的主效应，χ^2（1）= 4.409，$p < 0.05$。因而，没有证据表明此年龄组白语儿童在句首位置的中高降调（T42）中通过变化时长来区分窄焦点（341.3ms，SD = 100.7）和宽焦点（426.6ms，SD = 118.5）；也没有证据表明此年龄组白语儿童在句首位置的中平调（T33）中通过变化时长来区分窄焦点（281.7ms，SD = 102.6）和宽焦点（307.7ms，SD = 5.7）。

表 4 – 93　年龄组 = 6 岁，句首位置（T42、T33），时长作为结果变量：窄焦点（NF-i）vs. 宽焦点（BF）模型拟合度分析一览表

模型	N_{pars}	–2 LLR	比较			
			模型	$\Delta\chi^2$	Δdf	p
0（仅纳入“说话人”作为随机截距）	3	–157.74				
1 + 声调	4	–157.54	0 vs 1	4.409	1	0.036*
2 + 焦点条件	5	–154.59	1 vs 2	1.893	1	0.169
3 + 声调：焦点条件	6	–154.21	2 vs 3	0.760	1	0.383

注：“$\Delta\chi^2$”表示的是卡方值的变化，“Δdf”表示的是自由度的变化。

（二）双音节词

测试焦点（焦点 vs. 焦点前）在 6 岁组句首位置（T55/首音节）时长上表现的模型搭建细节见表 2－3。模型的拟合度比较结果见表 4－94。如表所示，并无任何纳入检验的变量能显著地提高模型的拟合度。因而，没有证据表明此年龄组白语儿童在句首位置（T55/首音节）中通过变化时长来区分焦点（186.5ms，SD＝43.8）和焦点前（186.1ms，SD＝93.2）。

表 4－94　年龄组＝6 岁，句首位置（T55/首音节），时长作为结果变量：焦点（NF-i）vs. 焦点前（NF-m）模型拟合度分析一览表

模型	N_{pars}	−2 LLR	比较			
			模型	$\Delta\chi^2$	Δdf	p
0（仅纳入“说话人”作为随机截距）	3	−216.97				
1＋焦点条件	4	−216.43	1 vs 2	5e−04	1	0.982

注：“$\Delta\chi^2$”表示的是卡方值的变化，“Δdf”表示的是自由度的变化。

测试焦点（焦点 vs. 焦点前）在 6 岁组句首位置（T55/末音节）时长上表现的模型搭建细节见表 2－3。模型的拟合度比较结果见表 4－95。如表所示，并无任何纳入检验的变量能显著地提高模型的拟合度。因而，没有证据表明此年龄组白语儿童在句首位置（T55/末音节）中通过变化时长来区分焦点（234.4ms，SD＝107.1）和焦点前（226.9ms，SD＝113.1）。

表 4－95　年龄组＝6 岁，句首位置（T55/末音节），时长作为结果变量：焦点（NF-i）vs. 焦点前（NF-m）模型拟合度分析一览表

模型	N_{pars}	−2 LLR	比较			
			模型	$\Delta\chi^2$	Δdf	p
0（仅纳入“说话人”作为随机截距）	3	−237.69				
1＋焦点条件	4	−237.67	1 vs 2	0.025	1	0.876

注：“$\Delta\chi^2$”表示的是卡方值的变化，“Δdf”表示的是自由度的变化。

测试焦点（焦点 vs. 焦点前前）在6岁组句首位置（T55/首音节）时长上表现的模型搭建细节见表2-3。模型的拟合度比较结果见表4-96。如表所示，并无任何纳入检验的变量能显著地提高模型的拟合度。因而，没有证据表明此年龄组白语儿童在句首位置（T55/首音节）中通过变化时长来区分焦点（186.5ms，SD=43.8）和焦点前前（157.3.1ms，SD=50.6）。

表4-96　年龄组=6岁，句首位置（T55/首音节），时长作为结果变量：焦点（NF-i）vs. 焦点前前（NF-f）模型拟合度分析一览表

模型	N_{pars}	-2 LLR	比较			
			模型	$\Delta\chi^2$	Δdf	p
0（仅纳入"说话人"作为随机截距）	3	-190.43				
1+焦点条件	4	-188.66	1 vs 2	3.549	1	0.060

注："$\Delta\chi^2$"表示的是卡方值的变化，"Δdf"表示的是自由度的变化。

测试焦点（焦点 vs. 焦点前前）在6岁组句首位置（T55/末音节）时长上表现的模型搭建细节见表2-3。模型的拟合度比较结果见表4-97。如表所示，拟合度最高的最佳模型是模型1（Model 1），这个模型包括焦点的主效应，χ^2（1）=5.061，$p<0.05$。最佳模型的具体参数估计值见表4-98。这说明，这一年龄组白语儿童在句首位置高平调（T55）的末音节中通过缩短焦点成分的时长来区分焦点（234.4ms，SD=107.1）和焦点前前（192.4ms，SD=75.5）。如图4-19所示。

表4-97　年龄组=6岁，句首位置（T55/末音节），时长作为结果变量：焦点（NF-i）vs. 焦点前前（NF-f）模型拟合度分析一览表

模型	N_{pars}	-2 LLR	比较			
			模型	$\Delta\chi^2$	Δdf	p
0（仅纳入"说话人"作为随机截距）	3	-199.38				

续表

模型	N_{pars}	-2 LLR	比较			
			模型	$\Delta\chi^2$	Δdf	p
1 + 焦点条件	4	-196.85	1 vs 2	5.061	1	0.024 *

注："$\Delta\chi^2$" 表示的是卡方值的变化，"Δdf" 表示的是自由度的变化。

表 4-98 年龄组 =6 岁，句首位置（T55/末音节），时长，焦点（NF-i）vs. 焦点前前（NF-f），最佳模型的参数估计值一览表

	Estimate	Std. Error	*df*	*t* value	Pr（>|t|）
固定变量					
截距（Intercept）	199.66	45.80	3.126	4.359	0.021 *
焦点（NF-i）	32.79	14.05	34.008	2.334	0.026 *
随机变量	名称	Variance	Std. Dev.		
发音人（Speaker）	Intercept	6019	77.58		
余量（Residual）		1807	42.51		

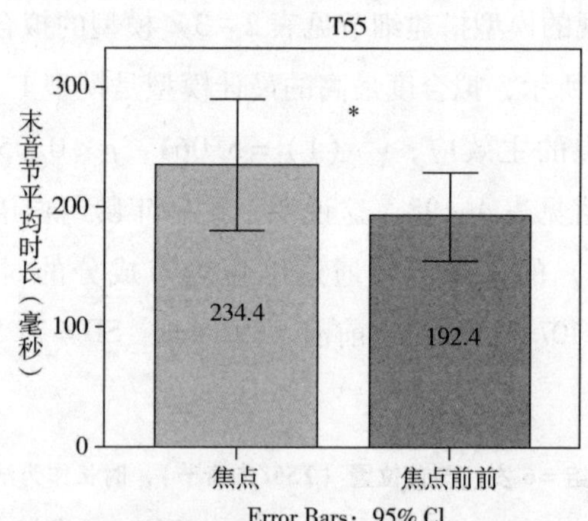

图 4-19 6 岁组句首位置（T55/末音节）中焦点的平均时长（毫秒）vs. 焦点前前的平均时长（毫秒），n=37，N=3，显著性差异用 * 标示

测试焦点域（窄焦点 vs. 宽焦点）在 6 岁组句首位置（T55/首音节）时长上表现的模型搭建细节见表 2－3。模型的拟合度比较结果见表 4－99。如表所示，并无任何纳入检验的变量能显著地提高模型的拟合度。因而，没有证据表明此年龄组白语儿童在句首位置（T55/首音节）中通过变化时长来区分窄焦点（186.5ms，SD＝43.8）和宽焦点（182.4ms，SD＝72.7）。

表 4－99　年龄组＝6 岁，句首位置（T55/首音节），时长作为结果变量：窄焦点（NF-i）vs. 宽焦点（BF）模型拟合度分析一览表

模型	N_{pars}	－2 LLR	比较			
			模型	$\Delta\chi^2$	Δdf	p
0（仅纳入"说话人"作为随机截距）	3	－152.32				
1＋焦点条件	4	－152.30	1 vs 2	0.037	1	0.847

注："$\Delta\chi^2$"表示的是卡方值的变化，"Δdf"表示的是自由度的变化。

测试焦点域（窄焦点 vs. 宽焦点）在 6 岁组句首位置（T55/末音节）时长上表现的模型搭建细节见表 2－3。模型的拟合度比较结果见表 4－100。如表所示，并无任何纳入检验的变量能显著地提高模型的拟合度。因而，没有证据表明此年龄组白语儿童在句首位置（T55/末音节）中通过变化时长来区分窄焦点（234.4ms，SD＝107.1）和宽焦点（262.1ms，SD＝94.3）。

表 4－100　年龄组＝6 岁，句首位置（T55/末音节），时长作为结果变量：窄焦点（NF-i）vs. 宽焦点（BF）模型拟合度分析一览表

模型	N_{pars}	－2 LLR	比较			
			模型	$\Delta\chi^2$	Δdf	p
0（仅纳入"说话人"作为随机截距）	3	－163.04				
1＋焦点条件	4	－161.88	1 vs 2	2.330	1	0.127

注："$\Delta\chi^2$"表示的是卡方值的变化，"Δdf"表示的是自由度的变化。

二　音域

（一）单音节词

测试焦点（焦点 vs. 焦点前）在 6 岁组音域上表现的模型搭建细节见表 2－2。模型的拟合度比较结果见表 4－101。如表所示，拟合度最高的最佳模型是模型 1（Model 1），这个模型包括声调的主效应，χ^2（1）＝84.731，$p<0.001$。因而，没有证据表明此年龄组白语儿童在句首位置的中高降调（T42）中通过变化音域来区分焦点（143.4Hz，SD＝22.8）和焦点前（147.8Hz，SD＝27.9）；也没有证据表明此年龄组白语儿童在句首位置的中平调（T33）中通过变化音域来区分焦点（37.9Hz，SD＝23.1）和焦点前（28.2Hz，SD＝11.3）。

表 4－101　年龄组＝6 岁，句首位置（T42、T33），音域作为结果变量：焦点（NF-i）vs. 焦点前（NF-m）模型拟合度分析一览表

模型	N_{pars}	－2 LLR	比较			
			模型	$\Delta\chi^2$	Δdf	p
0（仅纳入“说话人”作为随机截距）	3	－220.60				
1＋声调	4	－178.24	0 vs 1	84.731	1	0.000***
2＋焦点条件	5	－178.00	1 vs 2	0.476	1	0.490
3＋声调：焦点条件	6	－177.56	2 vs 3	0.883	1	0.347

注：“$\Delta\chi^2$”表示的是卡方值的变化，“Δdf”表示的是自由度的变化。

测试焦点（焦点 vs. 焦点前前）在 6 岁组中音域上表现的模型搭建细节见表 2－2。模型的拟合度比较结果见表 4－102。如表所示，拟合度最高的最佳模型是模型 1（Model 1），这个模型只包括声调的主效应，χ^2（1）＝68.656，$p<0.001$。因而，结果表明此年龄组白语儿童既未在其白语句首位置的中高降调（T42）中通过变化音域来区分焦点（143.4Hz，SD＝22.8）和焦点前前（137.7Hz，SD＝24.7），也未在中平调（T33）中均通过变化音域来区分焦点（37.9Hz，SD＝23.1）和

焦点前前（25.3Hz，SD=10.3）。

表4-102　年龄组=6岁，句首位置（T42、T33），音域作为结果变量：焦点（NF-i）vs. 焦点前前（NF-f）模型拟合度分析一览表

模型	N_{pars}	-2 LLR	比较			
			模型	$\Delta\chi^2$	Δdf	p
0（仅纳入“说话人”作为随机截距）	3	-180.07				
1+声调	4	-145.74	0 vs 1	68.656	1	0.000***
2+焦点条件	5	-144.71	1 vs 2	2.054	1	0.152
3+声调：焦点条件	6	-144.59	2 vs 3	0.243	1	0.622

注：“$\Delta\chi^2$”表示的是卡方值的变化，“Δdf”表示的是自由度的变化。

测试焦点域（窄焦点 vs. 宽焦点）在6岁组音域上表现的模型搭建细节见表2-2。模型的拟合度比较结果见表4-103。如表所示，拟合度最高的最佳模型是模型1（Model 1），这个模型只包括声调的主效应，$\chi^2(1)=48.115$，$p<0.001$。这说明，这一年龄组白语儿童既未在其白语句首位置的中高降调（T42）中通过变化音域来区分窄焦点（143.4Hz，SD=22.8）和宽焦点（145.3Hz，SD=49.3），也未在中平调（T33）中通过变化音域来区分窄焦点（37.9Hz，SD=23.1）和宽焦点（25.6Hz，SD=17.4）。

表4-103　年龄组=6岁，句首位置（T42、T33），音域作为结果变量：窄焦点（NF-i）vs. 宽焦点（BF）模型拟合度分析一览表

模型	N_{pars}	-2 LLR	比较			
			模型	$\Delta\chi^2$	Δdf	p
0（仅纳入“说话人”作为随机截距）	3	-154.19				
1+声调	4	-130.13	0 vs 1	48.115	1	0.000***
2+焦点条件	5	-129.92	1 vs 2	0.434	1	0.51
3+声调：焦点条件	6	-129.67	2 vs 3	0.493	2	0.483

注：“$\Delta\chi^2$”表示的是卡方值的变化，“Δdf”表示的是自由度的变化。

（二）双音节词

测试焦点（焦点 vs. 焦点前）在 6 岁组句首位置（T55/首音节）音域上表现的模型搭建细节见表 2－3。模型的拟合度比较结果见表 4－104。如表所示，并无任何纳入检验的变量能显著地提高模型的拟合度。因而，没有证据表明此年龄组白语儿童在句首位置（T55/首音节）中通过变化音域来区分焦点（42.3Hz，SD＝23.6）和焦点前（33.5ms，SD＝14.4）。

表 4－104　年龄组＝6 岁，句首位置（T55/首音节），音域作为结果变量：焦点（NF-i）vs. 焦点前（NF-m）模型拟合度分析一览表

模型	N_{pars}	－2 LLR	比较			
			模型	$\Delta\chi^2$	Δdf	p
0（仅纳入"说话人"作为随机截距）	3	－174.34				
1＋焦点条件	4	－173.24	1 vs 2	2.198	1	0.138

注："$\Delta\chi^2$"表示的是卡方值的变化，"Δdf"表示的是自由度的变化。

测试焦点（焦点 vs. 焦点前）在 6 岁组句首位置（T55/末音节）音域上表现的模型搭建细节见表 2－3。模型的拟合度比较结果见表 4－105。如表所示，并无任何纳入检验的变量能显著地提高模型的拟合度。因而，没有证据表明此年龄组白语儿童在句首位置（T55/末音节）中通过变化音域来区分焦点（42.3Hz，SD＝23.6）和焦点前（36.4Hz，SD＝19.9）。

表 4－105　年龄组＝6 岁，句首位置（T55/末音节），音域作为结果变量：焦点（NF-i）vs. 焦点前（NF-m）模型拟合度分析一览表

模型	N_{pars}	－2 LLR	比较			
			模型	$\Delta\chi^2$	Δdf	p
0（仅纳入"说话人"作为随机截距）	3	－183.41				
1＋焦点条件	4	－183.01	1 vs 2	0.797	1	0.372

注："$\Delta\chi^2$"表示的是卡方值的变化，"Δdf"表示的是自由度的变化。

测试焦点（焦点 vs. 焦点前前）在 6 岁组句首位置（T55/首音节）音域上表现的模型搭建细节见表 2－3。模型的拟合度比较结果见表 4－106。如表所示，并无任何纳入检验的变量能显著地提高模型的拟合度。因而，没有证据表明此年龄组白语儿童在句首位置（T55/首音节）中通过变化音域来区分焦点（42. 3Hz，SD＝23. 6）和焦点前前（39. 4Hz，SD＝20. 2）。

表 4－106　年龄组＝6 岁，句首位置（T55/首音节），音域作为结果变量：焦点（NF-i）vs. 焦点前前（NF-f）模型拟合度分析一览表

模型	N_{pars}	－2 LLR	比较			
			模型	$\Delta\chi^2$	Δdf	p
0（仅纳入“说话人”作为随机截距）	3	－165. 63				
1＋焦点条件	4	－165. 54	1 vs 2	0. 178	1	0. 673

注：“$\Delta\chi^2$”表示的是卡方值的变化，“Δdf”表示的是自由度的变化。

测试焦点（焦点 vs. 焦点前前）在 6 岁组句首位置（T55/末音节）音域上表现的模型搭建细节见表 2－3。模型的拟合度比较结果见表 4－107。如表所示，并无任何纳入检验的变量能显著地提高模型的拟合度。因而，没有证据表明此年龄组白语儿童在句首位置（T55/末音节）中通过变化音域来区分焦点（54. 2Hz，SD＝15. 6）和焦点前前（47. 5Hz，SD＝22. 5）。

表 4－107　年龄组＝6 岁，句首位置（T55/末音节），音域作为结果变量：焦点（NF-i）vs. 焦点前前（NF-f）模型拟合度分析一览表

模型	N_{pars}	－2 LLR	比较			
			模型	$\Delta\chi^2$	Δdf	p
0（仅纳入“说话人”作为随机截距）	3	－158. 47				
1＋焦点条件	4	－157. 73	1 vs 2	1. 476	1	0. 224

注：“$\Delta\chi^2$”表示的是卡方值的变化，“Δdf”表示的是自由度的变化。

测试焦点域（窄焦点 vs. 宽焦点）在 6 岁组句首位置（T55/首音节）音域上表现的模型搭建细节见表 2－3。模型的拟合度比较结果见表 4－108。如表所示，并无任何纳入检验的变量能显著地提高模型的拟合度。因而，没有证据表明此年龄组白语儿童在句首位置（T55/首音节）中通过变化音域来区分窄焦点（42.3Hz，SD＝23.6）和宽焦点（30.2Hz，SD＝10.8）。

表 4－108　年龄组＝6 岁，句首位置（T55/首音节），音域作为结果变量：窄焦点（NF-i）vs. 宽焦点（BF）模型拟合度分析一览表

模型	N_{pars}	－2 LLR	比较			
			模型	$\Delta\chi^2$	Δdf	p
0（仅纳入“说话人”作为随机截距）	3	－119.36				
1＋焦点条件	4	－118.15	1 vs 2	2.406	1	0.121

注：“$\Delta\chi^2$”表示的是卡方值的变化，“Δdf”表示的是自由度的变化。

测试焦点域（窄焦点 vs. 宽焦点）在 6 岁组句首位置（T55/末音节）音域上表现的模型搭建细节见表 2－3。模型的拟合度比较结果见表 4－109。如表所示，并无任何纳入检验的变量能显著地提高模型的拟合度。因而，没有证据表明此年龄组白语儿童在句首位置（T55/末音节）中通过变化音域来区分窄焦点（54.2Hz，SD＝15.6）和宽焦点（50.7Hz，SD＝15）。

表 4－109　年龄组＝6 岁，句首位置（T55/末音节），音域作为结果变量：窄焦点（NF-i）vs. 宽焦点（BF）模型拟合度分析一览表

模型	N_{pars}	－2 LLR	比较			
			模型	$\Delta\chi^2$	Δdf	p
0（仅纳入“说话人”作为随机截距）	3	－114.50				
1＋焦点条件	4	－114.33	1 vs 2	0.342	1	0.559

注：“$\Delta\chi^2$”表示的是卡方值的变化，“Δdf”表示的是自由度的变化。

三　音高最大值

（一）单音节词

测试焦点（焦点 vs. 焦点前）在6岁组句首位置（T42、T33）音高最大值上表现的模型搭建细节见表2-2。模型的拟合度比较结果见表4-110。如表所示，拟合度最高的最佳模型是模型1（Model 1），这个模型包括声调的主效应，χ^2（1）=64.014，$p<0.001$。因而，没有证据表明此年龄组白语儿童在句首位置的中高降调（T42）中通过变化音域来区分焦点（461.2Hz，SD=52.5）和焦点前（446Hz，SD=60.2）；也没有证据表明此年龄组白语儿童在句首位置的中平调（T33）中通过变化音域来区分焦点（289.2Hz，SD=15.3）和焦点前（298.4Hz，SD=20.9）。

表4-110　年龄组=6岁，句首位置（T42、T33），音高最大值作为结果变量：焦点（NF-i）vs. 焦点前（NF-m）模型拟合度分析一览表

模型	N_{pars}	-2 LLR	比较			
			模型	$\Delta\chi^2$	Δdf	p
0（仅纳入“说话人”作为随机截距）	3	-230.07				
1+声调	4	-198.57	0 vs 1	63.014	1	0.000***
2+焦点条件	5	-198.50	1 vs 2	0.139	1	0.709
3+声调：焦点条件	6	-198.09	2 vs 3	0.823	1	0.364

注：“$\Delta\chi^2$”表示的是卡方值的变化，“Δdf”表示的是自由度的变化。

测试焦点（焦点 vs. 焦点前前）在6岁组句首位置（T42、T33）音高最大值上表现的模型搭建细节见表2-2。模型的拟合度比较结果见表4-111。如表所示，拟合度最高的最佳模型是模型3（Model 3），这个模型包括声调和焦点条件的交互效应，χ^2（1）=5.06，$p<0.05$。笔者通过在每一个声调中检验焦点条件的作用来探索此交互效应的细节。最佳模型的具体参数估计值见表4-112。在中高降调（T42）中，进

一步的分析揭示出焦点条件的主效应（$p < 0.05$）；这说明，这一年龄组儿童在中高降调（T42）中通过提高焦点成分的音高最大值来区分焦点（461.2Hz，SD = 52.5）和焦点前前（411.2Hz，SD = 29.4）。在中平调（T33）中，进一步的分析并未揭示出焦点条件的主效应（$p = 0.916$）；这说明，这一年龄组儿童在中平调（T33）中并未通过变化音高最大值来区分焦点（289.2Hz，SD = 15.3）和焦点前前（288.7Hz，SD = 6.7）。如图 4 - 20 所示。

表 4 - 111　年龄组 = 6 岁，句首位置（T42、T33），音高最大值作为结果变量：焦点（NF-i）vs. 焦点前前（NF-f）模型拟合度分析一览表

模型	N_{pars}	-2 LLR	比较			
			模型	$\Delta\chi^2$	Δdf	p
0（仅纳入"说话人"作为随机截距）	3	-168.60				
1 + 声调	4	-142.18	0 vs 1	52.848	1	0.000***
2 + 焦点条件	5	-140.36	1 vs 2	3.634	1	0.057
3 + 声调：焦点条件	6	-137.83	2 vs 3	5.060	1	0.024*

注："$\Delta\chi^2$"表示的是卡方值的变化，"Δdf"表示的是自由度的变化。

表 4 - 112　年龄组 = 6 岁，句首位置（T42、T33），音高最大值，焦点（NF-i）vs. 焦点前前（NF-f），最佳模型的参数估计值一览表

	Estimate	Std. Error	*df*	*t* value	Pr（>|t|）
固定变量					
截距（Intercept）	288.683	9.915	24.090	29.116	0.000***
中高降调（T42）	122.497	15.145	28.359	8.088	0.000***
焦点（NF-i）	0.549	14.022	27.596	0.039	0.969
中高降调（T42）：焦点（NF-i）	49.435	20.977	28.145	2.357	0.026*
随机变量	名称	Variance	Std. Dev.		
发音人（Speaker）	Intercept	0.013	0.115		
余量（Residual）		786.407	28.043		

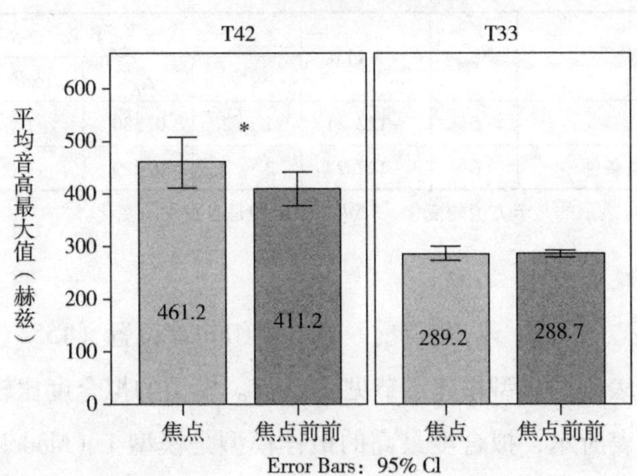

图 4－20　6 岁组句首位置（T42、T33）中焦点的平均音高最大值（赫兹）vs. 焦点前前的平均音高最大值（赫兹），n＝29，N＝3，显著性差异用＊标示

测试焦点域（窄焦点 vs. 宽焦点）在 6 岁组句首位置（T42、T33）音高最大值上表现的模型搭建细节见表 2－2。模型的拟合度比较结果见表 4－113。如表所示，拟合度最高的最佳模型是模型 1（Model 1），这个模型只包括声调的主效应，χ^2（1）＝50.505，$p<0.001$。这说明，这一年龄组白语儿童既未在其白语句首位置的中高降调（T42）中通过变化音高最大值来区分窄焦点（461.2Hz，SD＝52.5）和宽焦点（447Hz，SD＝47），也未在中平调（T33）中通过变化音高最大值来区分窄焦点（289.2Hz，SD＝15.3）和宽焦点（286.9Hz，SD＝18.9）。

表 4－113　年龄组＝6 岁，句首位置（T42、T33），音高最大值作为结果变量：窄焦点（NF-i）vs. 宽焦点（BF）模型拟合度分析一览表

模型	N_{pars}	－2 LLR	比较			
			模型	$\Delta\chi^2$	Δdf	p
0（仅纳入“说话人”作为随机截距）	3	－147.85				
1＋声调	4	－122.59	0 vs 1	50.505	1	0.000***

续表

模型	N_{pars}	−2 LLR	比较			
			模型	$\Delta\chi^2$	Δdf	p
2 + 焦点条件	5	−122.41	1 vs 2	0.380	1	0.538
3 + 声调：焦点条件	6	−122.24	2 vs 3	0.329	1	0.567

注："$\Delta\chi^2$"表示的是卡方值的变化，"Δdf"表示的是自由度的变化。

（二）双音节词

测试焦点（焦点 vs. 焦点前）在6岁组句首位置（T55/首音节）音高最大值上表现的模型搭建细节见表2－3。模型的拟合度比较结果见表4－114。如表所示，拟合度最高的最佳模型是模型1（Model 1），这个模型包括焦点的主效应，χ^2（1）= 8.752，$p < 0.05$。最佳模型的具体参数估计值见表4－115。这说明，这一年龄组白语儿童在其白语句首位置高平调（T55）的首音节中通过提高焦点成分的音高最大值来区分焦点（372.8Hz，SD = 22.2）和焦点前（352.7Hz，SD = 23.7）。如图4－21所示。

表4－114　年龄组 = 6岁，句首位置（T55/首音节），音高最大值作为结果变量：焦点（NF-i）vs. 焦点前（NF-m）模型拟合度分析一览表

模型	N_{pars}	−2 LLR	比较			
			模型	$\Delta\chi^2$	Δdf	p
0（仅纳入"说话人"作为随机截距）	3	−181.21				
1 + 焦点条件	4	−176.83	1 vs 2	8.752	1	0.003 *

注："$\Delta\chi^2$"表示的是卡方值的变化，"Δdf"表示的是自由度的变化。

表4－115　年龄组 = 6岁，句首位置（T55/首音节），音高最大值，焦点（NF-i）vs. 焦点前（NF-m），最佳模型的参数估计值一览表

	Estimate	Std. Error	*df*	*t* value	Pr（>｜t｜）
固定变量					
截距（Intercept）	373.725	8.702	4.114	42.946	0.000 ***
焦点前（NF-m）	−18.787	5.993	37.016	−3.135	0.003 **

续表

随机变量	名称	Variance	Std. Dev.		
发音人（Speaker）	Intercept	165.4	12.86		
余量（Residual）		349.0	18.68		

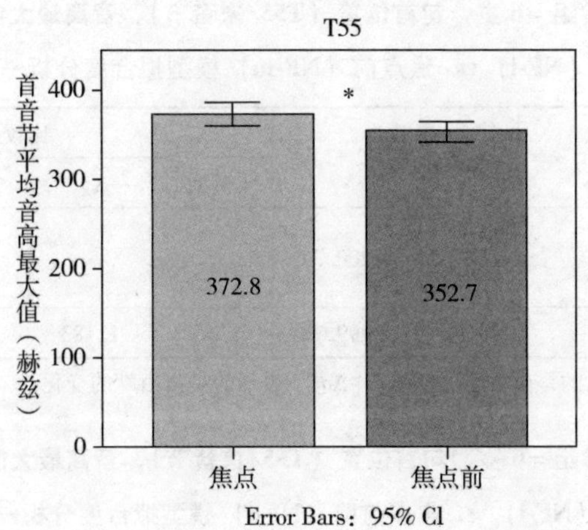

图4－21　6岁组句首位置（T55/首音节）中焦点的平均音高最大值（赫兹）vs. 焦点前的平均音高最大值（赫兹），n＝40，N＝3，显著性差异用＊标示

测试焦点（焦点 vs. 焦点前）在6岁组句首位置（T55/末音节）音高最大值上表现的模型搭建细节见表2－3。模型的拟合度比较结果见表4－116。如表所示，并无任何纳入检验的变量能显著地提高模型的拟合度。因而，没有证据表明此年龄组白语儿童在句首位置（T55/末音节）中通过变化音高最大值来区分焦点（374.4Hz，SD＝26.2）和焦点前（363Hz，SD＝36.5）。

测试焦点（焦点 vs. 焦点前前）在6岁组句首位置（T55/首音节）音高最大值上表现的模型搭建细节见表2－3。模型的拟合度比较结果见表4－117。如表所示，拟合度最高的最佳模型是模型1（Model 1），这个模型包括焦点的主效应，χ^2（1）＝6.761，$p<0.01$。最佳模

型的具体参数估计值见表4－118。这说明，这一年龄组白语儿童在其白语句首位置高平调（T55）的首音节中通过提高焦点成分的音高最大值来区分焦点（372.8Hz，SD＝22.2）和焦点前前（357.2Hz，SD＝34）。如图4－22所示。

表4－116　年龄组＝6岁，句首位置（T55/末音节），音高最大值作为结果变量：焦点（NF-i）vs. 焦点前（NF-m）模型拟合度分析一览表

模型	N_{pars}	－2 LLR	比较			
			模型	$\Delta\chi^2$	Δdf	p
0（仅纳入“说话人”作为随机截距）	3	－200.37				
1＋焦点条件	4	－199.78	1 vs 2	1.183	1	0.277

注：“$\Delta\chi^2$”表示的是卡方值的变化，“Δdf”表示的是自由度的变化。

表4－117　年龄组＝6岁，句首位置（T55/首音节），音高最大值作为结果变量：焦点（NF-i）vs. 焦点前前（NF-f）模型拟合度分析一览表

模型	N_{pars}	－2 LLR	比较			
			模型	$\Delta\chi^2$	Δdf	p
0（仅纳入“说话人”作为随机截距）	3	－166.55				
1＋焦点条件	4	－163.17	1 vs 2	6.761	1	0.009**

注：“$\Delta\chi^2$”表示的是卡方值的变化，“Δdf”表示的是自由度的变化。

表4－118　年龄组＝6岁，句首位置（T55/首音节），音高最大值，焦点（NF-i）vs. 焦点前前（NF-f），最佳模型的参数估计值一览表

	Estimate	Std. Error	*df*	*t* value	Pr（>|t|）
固定变量					
截距（Intercept）	358.757	13.854	3.219	25.895	0.000***
焦点（NF-i）	15.876	5.803	33.995	2.736	0.010**
随机变量	名称	Variance	Std. Dev.		
发音人（Speaker）	Intercept	529.1	23.00		
余量（Residual）		308.4	17.56		

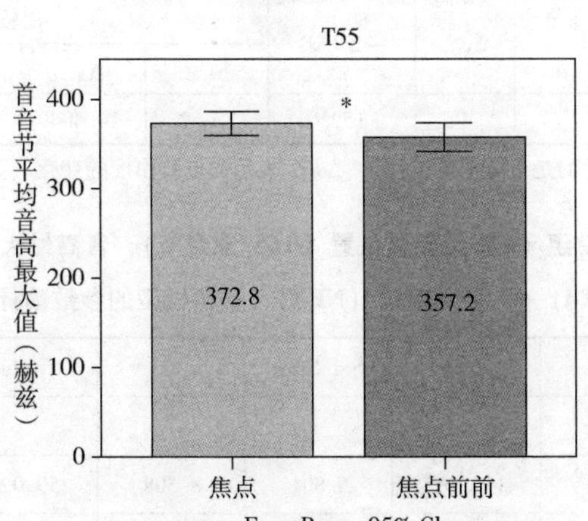

图 4－22　6 岁组句首位置（T55/首音节）中焦点的平均音高最大值（赫兹）vs. 焦点前前的平均音高最大值（赫兹），n＝37，N＝3，显著性差异用＊标示

测试焦点（焦点 vs. 焦点前前）在 6 岁组句首位置（T55/末音节）音高最大值上表现的模型搭建细节见表 2－3。模型的拟合度比较结果见表 4－119。如表所示，拟合度最高的最佳模型是模型 1（Model 1），这个模型包括焦点的主效应，χ^2（1）＝14. 404，$p<0.001$。最佳模型的具体参数估计值见表 4－120。这说明，这一年龄组白语儿童在其白语句首位置高平调（T55）的末音节中通过提高焦点成分的音高最大值来区分焦点（374. 4Hz，SD＝26. 2）和焦点前前（342Hz，SD＝20. 6）。如图 4－23 所示。

表 4－119　年龄组＝6 岁，句首位置（T55/末音节），音高最大值作为结果变量：焦点（NF-i）vs. 焦点前前（NF-f）模型拟合度分析一览表

模型	N_{pars}	－2 LLR	比较			
			模型	$\Delta\chi^2$	Δdf	p
0（仅纳入“说话人”作为随机截距）	3	－166. 22				

续表

模型	N_{pars}	−2 LLR	比较			
			模型	$\Delta\chi^2$	Δdf	p
1 + 焦点条件	4	−159.01	1 vs 2	14.404	1	0.000 ***

注："$\Delta\chi^2$"表示的是卡方值的变化，"Δdf"表示的是自由度的变化。

表4－120　年龄组＝6岁，句首位置（T55/末音节），音高最大值，焦点（NF-i）vs. 焦点前前（NF-f），最佳模型的参数估计值一览表

	Estimate	Std. Error	*df*	*t* value	Pr（＞|t|）
固定变量					
截距（Intercept）	342.385	5.801	8.508	59.024	0.000 ***
焦点（NF-i）	32.087	7.599	32.781	4.223	0.000 ***
随机变量	名称	Variance	Std. Dev.		
发音人（Speaker）	Intercept	16.16	4.02		
余量（Residual）		503.40	22.44		

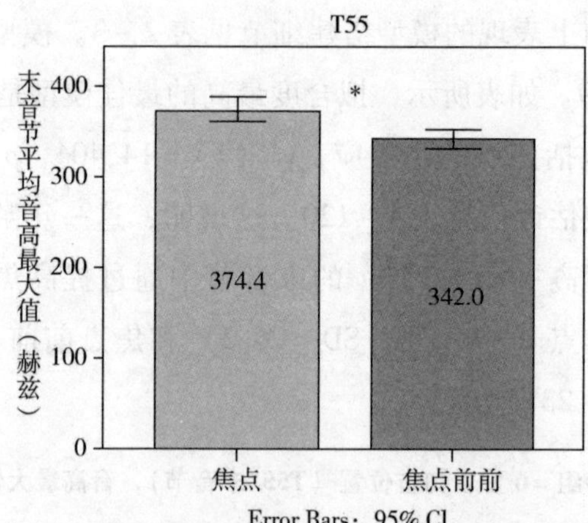

图4－23　6岁组句首位置（T55/末音节）中焦点的平均音高最大值（赫兹）vs. 焦点前前的平均音高最大值（赫兹），n＝35，N＝3，显著性差异用＊标示

测试焦点域（窄焦点 vs. 宽焦点）在 6 岁组句首位置（T55/首音节）音高最大值上表现的模型搭建细节见表 2－3。模型的拟合度比较结果见表 4－121。如表所示，并无任何纳入检验的变量能显著地提高模型的拟合度。因而，没有证据表明此年龄组白语儿童在句首位置（T55/首音节）中通过变化音高最大值来区分窄焦点（372.8Hz，SD = 22.2）和宽焦点（358.3Hz，SD = 24.9）。

表 4－121　年龄组 =6 岁，句首位置（T55/首音节），音高最大值作为结果变量：窄焦点（NF-i）vs. 宽焦点（BF）模型拟合度分析一览表

模型	N_{pars}	－2 LLR	比较			
			模型	$\Delta\chi^2$	Δdf	p
0（仅纳入“说话人”作为随机截距）	3	－131.23				
1＋焦点条件	4	－129.58	1 vs 2	3.303	1	0.069

注：“$\Delta\chi^2$”表示的是卡方值的变化，“Δdf”表示的是自由度的变化。

测试焦点域（窄焦点 vs. 宽焦点）在 6 岁组句首位置（T55/末音节）音高最大值上表现的模型搭建细节见表 2－3。模型的拟合度比较结果见表 4－122。如表所示，并无任何纳入检验的变量能显著地提高模型的拟合度。因而，没有证据表明此年龄组白语儿童在句首位置（T55/末音节）中通过变化音高最大值来区分窄焦点（372.8Hz，SD = 22.2）和宽焦点（358.3Hz，SD = 24.9）。

表 4－122　年龄组 =6 岁，句首位置（T55/末音节），音高最大值作为结果变量：窄焦点（NF-i）vs. 宽焦点（BF）模型拟合度分析一览表

模型	N_{pars}	－2 LLR	比较			
			模型	$\Delta\chi^2$	Δdf	p
0（仅纳入“说话人”作为随机截距）	3	－131.23				
1＋焦点条件	4	－129.58	1 vs 2	3.303	1	0.069

注：“$\Delta\chi^2$”表示的是卡方值的变化，“Δdf”表示的是自由度的变化。

四　音高最小值

（一）单音节词

测试焦点（焦点 vs. 焦点前）在6岁组音高最小值上表现的模型搭建细节见表2－2。模型的拟合度比较结果见表4－123。如表所示，拟合度最高的最佳模型是模型1（Model 1），这个模型包括声调的主效应，χ^2（1）$=14.759$，$p<0.001$。因而，没有证据表明此年龄组白语儿童在句首位置的中高降调（T42）中通过变化音高最小值来区分焦点（317.7Hz，SD＝57.7）和焦点前（306.5Hz，SD＝57.5）；也没有证据表明此年龄组白语儿童在句首位置的中平调（T33）中通过变化音高最小值来区分焦点（255.8Hz，SD＝26.1）和焦点前（266.9Hz，SD＝18.7）。

表4－123　年龄组＝6岁，句首位置（T42、T33），音高最小值作为结果变量：焦点（NF-i）vs. 焦点前（NF-m）模型拟合度分析一览表

模型	N_{pars}	－2 LLR	比较			
			模型	$\Delta\chi^2$	Δdf	p
0（仅纳入“说话人”作为随机截距）	3	－236.87				
1＋声调	4	－229.49	0 vs 1	14.759	1	0.000***
2＋焦点条件	5	－229.49	1 vs 2	0.003	1	0.954
3＋声调：焦点条件	6	－228.95	2 vs 3	1.078	1	0.299

注：“$\Delta\chi^2$”表示的是卡方值的变化，“Δdf”表示的是自由度的变化。

测试焦点（焦点 vs. 焦点前前）在6岁组音高最小值上表现的模型搭建细节见表2－2。模型的拟合度比较结果见表4－124。如表所示，拟合度最高的最佳模型是模型3（Model 3），这个模型包括声调和焦点条件的交互效应，χ^2（1）$=4.078$，$p<0.05$。最佳模型的具体参数估计值见表4－125。笔者通过在每一个声调中检验焦点条件的作用来探索此交互效应的细节。在中高降调（T42）中，进一步的分析并

未揭示出焦点条件的主效应（$p = 0.078$）；这说明，这一年龄组儿童在中高降调（T42）中并未通过变化焦点成分的音高最小值来区分焦点（317.7Hz，SD = 57.7）和焦点前前（273.5Hz，SD = 16.1）。在中平调（T33）中，进一步的分析也未揭示出焦点条件的主效应（$p = 0.986$）；这说明，这一年龄组儿童在中平调（T33）中也未通过变化音高最小值来区分焦点（255.8Hz，SD = 26.1）和焦点前前（256.5Hz，SD = 19.8）。如图 4 – 24 所示。

表 4 – 124　年龄组 = 6 岁，句首位置（T42、T33），音高最小值作为结果变量：焦点（NF-i）vs. 焦点前前（NF-f）模型拟合度分析一览表

模型	N_{pars}	–2 LLR	比较			
			模型	$\Delta\chi^2$	Δdf	p
0（仅纳入“说话人”作为随机截距）	3	–172.76				
1 + 声调	4	–167.54	0 vs 1	10.44	1	0.001**
2 + 焦点条件	5	–166.48	1 vs 2	2.120	1	0.145
3 + 声调：焦点条件	6	–164.44	2 vs 3	4.078	1	0.043*

注：“$\Delta\chi^2$”表示的是卡方值的变化，“Δdf”表示的是自由度的变化。

表 4 – 125　年龄组 = 6 岁，句首位置（T42、T33），音高最小值，焦点（NF-i）vs. 焦点前前（NF-f），最佳模型的参数估计值一览表

	Estimate	Std. Error	*df*	*t* value	Pr（>|t|）
固定变量					
截距（Intercept）	256.455	9.644	34.000	29.591	0.000***
中高降调（T42）	17.045	15.749	34.000	1.082	0.287
焦点（NF-i）	–0.675	13.352	34.000	–0.051	0.960
中高降调（T42）：焦点（NF-i）	44.906	21.575	34.000	2.081	0.045*
随机变量	名称	Variance	Std. Dev.		
发音人（Speaker）	Intercept	0	0		
余量（Residual）		930.1	30.5		

测试焦点域（窄焦点 vs. 宽焦点）在 6 岁组音高最小值上表现的

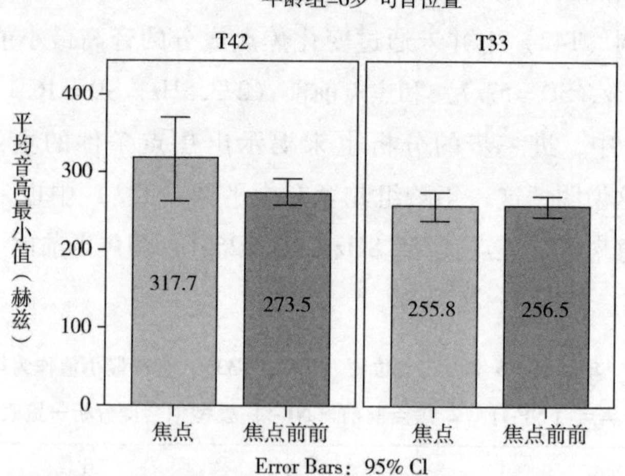

图 4-24　6 岁组句首位置（T42、T33）中焦点的平均音高最小值（赫兹）vs. 焦点前前的平均音高最小值（赫兹），n=34，N=3，显著性差异用 * 标示

模型搭建细节见表 2-2。模型的拟合度比较结果见表 4-126。如表所示，拟合度最高的最佳模型是模型 1（Model 1），这个模型只包括声调的主效应，χ^2（1）=10.683，$p<0.01$。这说明，这一年龄组白语儿童既未在句首位置的中高降调（T42）中通过变化焦点成分的音高最小值来区分窄焦点（317.7Hz，SD=57.7）和宽焦点（301.7Hz，SD=68.5），也未在中平调（T33）中通过变化焦点成分的音高最小值来区分窄焦点（255.8Hz，SD=26.1）和宽焦点（261.3Hz，SD=10.6）。

表 4-126　年龄组=6 岁，句首位置（T42、T33），音高最小值作为结果变量：窄焦点（NF-i）vs. 宽焦点（BF）模型拟合度分析一览表

模型	N_{pars}	-2 LLR	比较			
			模型	$\Delta\chi^2$	Δdf	p
0（仅纳入“说话人”作为随机截距）	3	-147.52				
1+声调	4	-142.18	0 vs 1	10.683	1	0.001 **

续表

模型	N_{pars}	−2 LLR	比较			
			模型	$\Delta\chi^2$	Δdf	p
2 + 焦点条件	5	−142.16	1 vs 2	0.040	1	0.842
3 + 声调：焦点条件	6	−141.92	2 vs 3	0.479	1	0.489

注："$\Delta\chi^2$" 表示的是卡方值的变化，"Δdf" 表示的是自由度的变化。

（二）双音节词

测试焦点（焦点 vs. 焦点前）在 6 岁组句首位置（T55/首音节）音高最小值上表现的模型搭建细节见表 2－3。模型的拟合度比较结果见表 4－127。如表所示，并无任何纳入检验的变量能显著地提高模型的拟合度。因而，没有证据表明此年龄组白语儿童在句首位置（T55/首音节）中通过变化音高最小值来区分焦点（330.4Hz，SD = 32.6）和焦点前（318.8Hz，SD = 26.7）。

表 4－127　年龄组 =6 岁，句首位置（T55/首音节），音高最小值作为结果变量：焦点（NF-i）vs. 焦点前（NF-m）模型拟合度分析一览表

模型	N_{pars}	−2 LLR	比较			
			模型	$\Delta\chi^2$	Δdf	p
0（仅纳入"说话人"作为随机截距）	3	−189.62				
1 + 焦点条件	4	−188.40	1 vs 2	2.458	1	0.117

注："$\Delta\chi^2$" 表示的是卡方值的变化，"Δdf" 表示的是自由度的变化。

测试焦点（焦点 vs. 焦点前）在 6 岁组句首位置（T55/末音节）音高最小值上表现的模型搭建细节见表 2－3。模型的拟合度比较结果见表 4－128。如表所示，并无任何纳入检验的变量能显著地提高模型的拟合度。因而，没有证据表明此年龄组白语儿童在句首位置（T55/末音节）中通过变化音高最小值来区分焦点（320.2Hz，SD = 29.8）和焦点前（311.2Hz，SD = 32.2）。

表 4－128　年龄组＝6 岁，句首位置（T55/末音节），音高最小值作为结果变量：焦点（NF-i）vs. 焦点前（NF-m）模型拟合度分析一览表

模型	N_{pars}	－2 LLR	比较			
			模型	$\Delta\chi^2$	Δdf	p
0（仅纳入“说话人”作为随机截距）	3	－198.72				
1＋焦点条件	4	－198.29	1 vs 2	0.865	1	0.352

注：“$\Delta\chi^2$”表示的是卡方值的变化，“Δdf”表示的是自由度的变化。

测试焦点（焦点 vs. 焦点前前）在 6 岁组句首位置（T55/首音节）音高最小值上表现的模型搭建细节见表 2－3。模型的拟合度比较结果见表 4－129。如表所示，并无任何纳入检验的变量能显著地提高模型的拟合度。因而，没有证据表明此年龄组白语儿童在句首位置（T55/首音节）中通过变化音高最小值来区分焦点（330.4Hz，SD＝32.6）和焦点前前（317.8Hz，SD＝34）。

表 4－129　年龄组＝6 岁，句首位置（T55/首音节），音高最小值作为结果变量：焦点（NF-i）vs. 焦点前前（NF-f）模型拟合度分析一览表

模型	N_{pars}	－2 LLR	比较			
			模型	$\Delta\chi^2$	Δdf	p
0（仅纳入“说话人”作为随机截距）	3	－175.63				
1＋焦点条件	4	－174.43	1 vs 2	2.393	1	0.122

注：“$\Delta\chi^2$”表示的是卡方值的变化，“Δdf”表示的是自由度的变化。

测试焦点（焦点 vs. 焦点前前）在 6 岁组句首位置（T55/末音节）音高最小值上表现的模型搭建细节见表 2－3。模型的拟合度比较结果见表 4－130。如表所示，并无任何纳入检验的变量能显著地提高模型的拟合度。因而，没有证据表明此年龄组白语儿童在句首位置（T55/末音节）中通过变化音高最小值来区分焦点（320.2Hz，SD＝29.8）和焦点前前（305Hz，SD＝31.1）。

表4-130　年龄组=6岁，句首位置（T55/末音节），音高最小值作为结果变量：焦点（NF-i）vs. 焦点前前（NF-f）模型拟合度分析一览表

模型	N_{pars}	-2 LLR	比较			
			模型	$\Delta\chi^2$	Δdf	p
0（仅纳入“说话人”作为随机截距）	3	-179.12				
1+焦点条件	4	-177.96	1 vs 2	2.324	1	0.127

注：“$\Delta\chi^2$”表示的是卡方值的变化，“Δdf”表示的是自由度的变化。

测试焦点域（窄焦点 vs. 宽焦点）在6岁组句首位置（T55/首音节）音高最小值上表现的模型搭建细节见表2-3。模型的拟合度比较结果见表4-131。如表所示，并无任何纳入检验的变量能显著地提高模型的拟合度。因而，没有证据表明此年龄组白语儿童在句首位置（T55/首音节）中通过变化音高最小值来区分窄焦点（330.4Hz，SD=32.6）和宽焦点（315.1Hz，SD=32.2）。

表4-131　年龄组=6岁，句首位置（T55/首音节），音高最小值作为结果变量：窄焦点（NF-i）vs. 宽焦点（BF）模型拟合度分析一览表

模型	N_{pars}	-2 LLR	比较			
			模型	$\Delta\chi^2$	Δdf	p
0（仅纳入“说话人”作为随机截距）	3	-138.38				
1+焦点条件	4	-137.40	1 vs 2	1.942	1	0.163

注：“$\Delta\chi^2$”表示的是卡方值的变化，“Δdf”表示的是自由度的变化。

测试焦点域（窄焦点 vs. 宽焦点）在6岁组句首位置（T55/末音节）音高最小值上表现的模型搭建细节见表2-3。模型的拟合度比较结果见表4-132。如表所示，并无任何纳入检验的变量能显著地提高模型的拟合度。因而，没有证据表明此年龄组白语儿童在句首位置（T55/末音节）中通过变化音高最小值来区分窄焦点（320.2Hz，SD=29.8）和宽焦点（317.4Hz，SD=39.5）。

表 4－132　年龄组＝6 岁，句首位置（T55/末音节），音高最小值作为结果变量：窄焦点（NF-i）vs. 宽焦点（BF）模型拟合度分析一览表

模型	N_{pars}	－2 LLR	比较			
			模型	$\Delta\chi^2$	Δdf	p
0（仅纳入“说话人”作为随机截距）	3	－142.49				
1＋焦点条件	4	－142.46	1 vs 2	0.05	1	0.823

注：“$\Delta\chi^2$”表示的是卡方值的变化，“Δdf”表示的是自由度的变化。

第四节　年龄：7 岁

一　时长

（一）单音节词

测试焦点（焦点 vs. 焦点前）在 7 岁组句首位置（T42、T33）时长上表现的模型搭建细节见表 2－2。模型的拟合度比较结果见表 4－133。如表所示，拟合度最高的最佳模型是模型 1（Model 1），这个模型包括声调的主效应，χ^2（1）＝48.31，$p<0.001$。因而，没有证据表明此年龄组白语儿童在句首位置的中高降调（T42）通过变化时长来区分焦点（298.5ms，SD＝57.6）和焦点前（310.1ms，SD＝86.2），也没有证据表明此年龄组白语儿童在句首位置的中平调（T33）中通过变化时长来区分焦点（200.2ms，SD＝36.5）和焦点前（190.8ms，SD＝29.6）。

表 4－133　年龄组＝7 岁，句首位置（T42、T33），时长作为结果变量：焦点（NF-i）vs. 焦点前（NF-m）模型拟合度分析一览表

模型	N_{pars}	－2 LLR	比较			
			模型	$\Delta\chi^2$	Δdf	p
0（仅纳入“说话人”作为随机截距）	3	－373.49				

续表

模型	N_{pars}	−2 LLR	比较			
			模型	$\Delta\chi^2$	Δdf	p
1 + 声调	4	−349.33	0 vs 1	48.31	1	0.000 ***
2 + 焦点条件	5	−349.32	1 vs 2	0.034	1	0.853
3 + 声调：焦点条件	6	−349.03	2 vs 3	0.574	1	0.449

注："$\Delta\chi^2$" 表示的是卡方值的变化，"Δdf" 表示的是自由度的变化。

测试焦点（焦点 vs. 焦点前前）在 7 岁组句首位置（T42、T33）时长上表现的模型搭建细节见表 2－2。模型的拟合度比较结果见表 4－134。如表所示，拟合度最高的最佳模型是模型 2（Model 2），这个模型包括声调的主效应，χ^2（1）= 48.88，$p < 0.001$；焦点的主效应，χ^2（1）= 5.165，$p < 0.05$。最佳模型的具体参数估计值见表 4－135。因而，结果表明此年龄组白语儿童既在其白语句首位置的中高降调（T42）中通过变化时长来区分焦点（298.5ms，SD = 57.6）和焦点前前（270.3ms，SD = 57.1），也在中平调（T33）中通过变化时长来区分焦点（200.2ms，SD = 36.5）和焦点前前（183.5Hz，SD = 39）。如图 4－25 所示。

表 4－134　年龄组 = 7 岁，句首位置（T42、T33），时长作为结果变量：焦点（NF-i）vs. 焦点前前（NF-f）模型拟合度分析一览表

模型	N_{pars}	−2 LLR	比较			
			模型	$\Delta\chi^2$	Δdf	p
0（仅纳入"说话人"作为随机截距）	3	−353.69				
1 + 声调	4	−329.25	0 vs 1	48.88	1	0.000 ***
2 + 焦点条件	5	−329.67	1 vs 2	5.165	1	0.023 *
3 + 声调：焦点条件	6	−326.40	2 vs 3	0.542	1	0.462

注："$\Delta\chi^2$" 表示的是卡方值的变化，"Δdf" 表示的是自由度的变化。

表 4－135　年龄组＝7 岁，句首位置（T42、T33），时长，焦点（NF-i）vs. 焦点前前（NF-f），最佳模型的参数估计值一览表

	Estimate	Std. Error	*df*	*t* value	Pr（＞｜t｜）
固定变量					
截距（Intercept）	178. 522	14. 859	5. 013	12. 014	0. 000 ***
中高降调（T42）	91. 871	10. 599	60. 025	8. 668	0. 000 ***
焦点（NF-i）	24. 873	10. 667	60. 133	2. 332	0. 023 *
随机变量	名称	Variance	Std. Dev.		
发音人（Speaker）	Intercept	424. 7	20. 61		
余量（Residual）		1712. 6	41. 38		

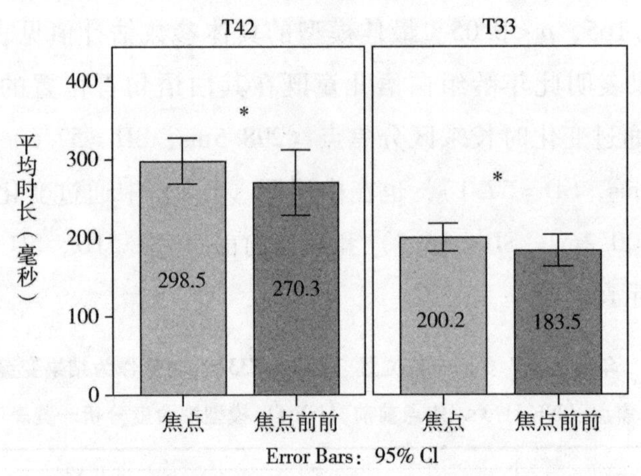

图 4－25　7 岁组句首位置（T42、T33）中焦点的平均时长（毫秒）vs. 焦点前前的平均时长（毫秒），n＝63，N＝3，显著性差异用＊标示

测试焦点域（窄焦点 vs. 宽焦点）在 7 岁组句首位置（T42、T33）时长上表现的模型搭建细节见表 2－2。模型的拟合度比较结果见表 4－136。如表所示，拟合度最高的最佳模型是模型 2（Model 2），这个模型包括声调的主效应，χ^2（1）＝12. 684，$p<0.001$；焦点条件的主效应，χ^2（1）＝26. 344，$p<0.001$。最佳模型的具体参数估计值见表

4－137。这说明，这一年龄组白语儿童既在句首位置的中高降调（T42）中通过缩短窄焦点的时长来区分窄焦点（298.5ms，SD = 57.6）和宽焦点（363.7ms，SD = 54.6），又在句首位置的中平调（T33）中通过缩短窄焦点的时长来区分窄焦点（200.2ms，SD = 36.5）和宽焦点（313.4ms，SD = 85.5）。如图4－26所示。

表4－136　年龄组 = 7岁，句首位置（T42、T33），时长作为结果变量：窄焦点（NF-i）vs. 宽焦点（BF）模型拟合度分析一览表

模型	N_{pars}	－2 LLR	比较			
			模型	$\Delta\chi^2$	Δdf	p
0（仅纳入“说话人”作为随机截距）	3	－337.82				
1 + 声调	4	－331.48	0 vs 1	12.684	1	0.000 ***
2 + 焦点条件	5	－318.31	1 vs 2	26.344	1	0.000 ***
3 + 声调：焦点条件	6	－317.15	2 vs 3	2.305	1	0.129

注：“$\Delta\chi^2$”表示的是卡方值的变化，“Δdf”表示的是自由度的变化。

表4－137　年龄组 = 7岁，句首位置（T42、T33），时长，窄焦点（NF-i）vs. 宽焦点（BF），最佳模型的参数估计值一览表

	Estimate	Std. Error	*df*	*t* value	Pr（>|t|）
固定变量					
截距（Intercept）	301.04	13.98	58.00	21.526	0.000 ***
中高降调（T42）	80.48	15.46	58.00	5.206	0.000 ***
窄焦点（NF-i）	－91.95	15.89	58.00	－5.785	0.000 ***
随机变量	名称	Variance	Std. Dev.		
发音人（Speaker）	Intercept	0	0		
余量（Residual）		3423	58.5		

（二）双音节词

测试焦点（焦点 vs. 焦点前）在7岁组句首位置（T55/首音节）时长上表现的模型搭建细节见表2－3。模型的拟合度比较结果见表4－138。如表所示，并无任何纳入检验的变量能显著地提高模型的拟

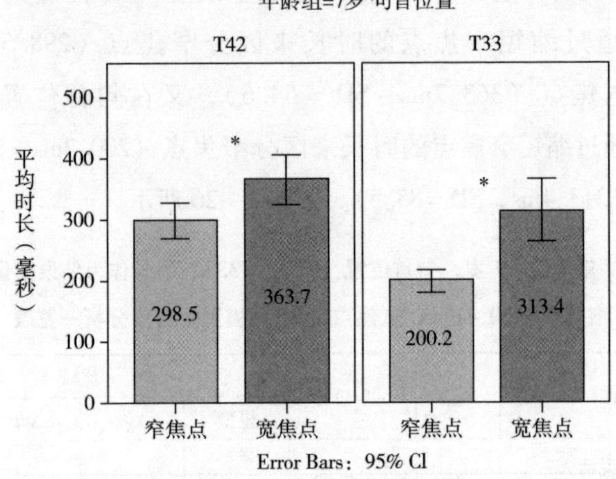

图 4-26　7 岁组句首位置（T42、T33）中窄焦点的平均时长（毫秒）vs. 宽焦点的平均时长（毫秒），n=58，N=3，显著性差异用 * 标示

合度。因而，没有证据表明此年龄组白语儿童在句首位置（T55/首音节）中通过变化时长来区分焦点（132.3ms，SD=54.5）和焦点前（155.2ms，SD=51.8）。

表 4-138　年龄组=7 岁，句首位置（T55/首音节），时长作为结果变量：焦点（NF-i）vs. 焦点前（NF-m）模型拟合度分析一览表

模型	N_{pars}	-2 LLR	比较			
			模型	$\Delta\chi^2$	Δdf	p
0（仅纳入“说话人”作为随机截距）	3	-328.11				
1+焦点条件	4	-326.98	1 vs 2	2.262	1	0.133

注：“$\Delta\chi^2$”表示的是卡方值的变化，“Δdf”表示的是自由度的变化。

测试焦点（焦点 vs. 焦点前）在 7 岁组句首位置（T55/末音节）时长上表现的模型搭建细节见表 2-3。模型的拟合度比较结果见表 4-139。如表所示，拟合度最高的最佳模型是模型 1（Model 1），这个模型包括焦点的主效应，χ^2（1）=4.399，$p<0.05$。最佳模型的具体参数估计值见表4－140。这说明，这一年龄组白语儿童在其白语句首位置高平调（T55）的末音节中通过缩短焦点成分的时长来区分焦点（200.4ms，SD=50.7）和焦点前（233ms，SD=63.8）。如图4－27所示。

表4－139　年龄组=7岁，句首位置（T55/末音节），时长作为结果变量：焦点（NF-i）vs. 焦点前（NF-m）模型拟合度分析一览表

模型	N_{pars}	−2 LLR	比较			
			模型	$\Delta\chi^2$	Δdf	p
0（仅纳入“说话人”作为随机截距）	3	−314.91				
1+焦点条件	4	−312.71	1 vs 2	4.399	1	0.036*

注：“$\Delta\chi^2$”表示的是卡方值的变化，“Δdf”表示的是自由度的变化。

表4－140　年龄组=7岁，句首位置（T55/末音节），时长，焦点（NF-i）vs. 焦点前（NF-m），最佳模型的参数估计值一览表

	Estimate	Std. Error	df	t value	Pr（>|t|）
固定变量					
截距（Intercept）	200.682	21.138	3.396	9.494	0.001**
焦点前（NF-m）	25.660	12.006	56.162	2.137	0.037*
随机变量	名称	Variance	Std. Dev.		
发音人（Speaker）	Intercept	1146	33.85		
余量（Residual）		2073	45.54		

测试焦点（焦点 vs. 焦点前前）在7岁组句首位置（T55/首音节）时长上表现的模型搭建细节见表2－3。模型的拟合度比较结果见表4－141。如表所示，并无任何纳入检验的变量能显著地提高模型的拟合度。因而，没有证据表明此年龄组白语儿童在句首位置（T55/首音节）中通过变化时长来区分焦点（132.3ms，SD=54.5）和焦点前前（129.6ms，SD=45.6）。

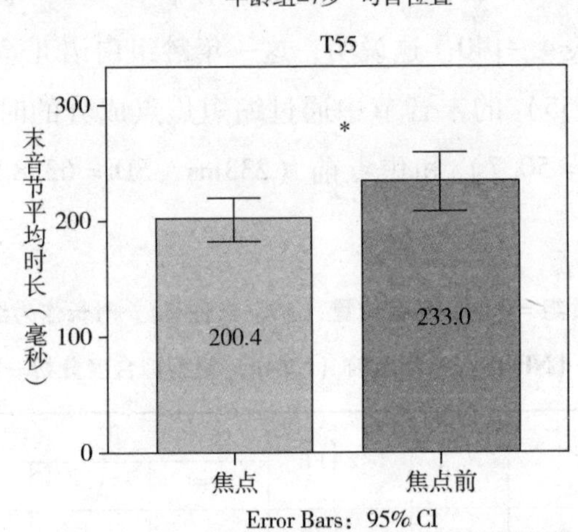

图 4-27　5 岁组句首焦点（T55/末音节）中焦点的平均时长（毫秒）vs. 焦点前的平均时长（毫秒），n=59，N=3，显著性差异用 * 标示

表 4-141　年龄组=7 岁，句首位置（T55/首音节），时长作为结果变量：焦点（NF-i）vs. 焦点前前（NF-f）模型拟合度分析一览表

模型	N_{pars}	-2 LLR	比较			
			模型	$\Delta\chi^2$	Δdf	p
0（仅纳入"说话人"作为随机截距）	3	-318.81				
1+焦点条件	4	-318.78	1 vs 2	0.073	1	0.787

注："$\Delta\chi^2$"表示的是卡方值的变化，"Δdf"表示的是自由度的变化。

测试焦点（焦点 vs. 焦点前前）在 7 岁组句首位置（T55/末音节）时长上表现的模型搭建细节见表 2-3。模型的拟合度比较结果见表 4-142。如表所示，并无任何纳入检验的变量能显著地提高模型的拟合度。因而，没有证据表明此年龄组白语儿童在句首位置（T55/末音节）中通过变化时长来区分焦点（132.3ms，SD=54.5）和焦点前前（129.6ms，SD=45.6）。

表 4－142　年龄组＝7 岁，句首位置（T55/末音节），时长作为结果变量：焦点（NF-i）vs. 焦点前前（NF-f）模型拟合度分析一览表

模型	N_{pars}	－2 LLR	比较			
			模型	$\Delta\chi^2$	Δdf	p
0（仅纳入“说话人”作为随机截距）	3	－318.81				
1＋焦点条件	4	－318.78	1 vs 2	0.073	1	0.787

注：“$\Delta\chi^2$”表示的是卡方值的变化，“Δdf”表示的是自由度的变化。

测试焦点域（窄焦点 vs. 宽焦点）在 7 岁组句首位置（T55/首音节）时长上表现的模型搭建细节见表 2－3。模型的拟合度比较结果见表 4－143。如表所示，拟合度最高的最佳模型是模型 1（Model 1），这个模型包括焦点的主效应，χ^2（1）＝7.687，$p<0.01$。最佳模型的具体参数估计值见表 4－144。这说明，这一年龄组白语儿童在其白语句首位置高平调（T55）的首音节中通过缩短焦点成分的时长来区分窄焦点（132.3ms，SD＝54.5）和宽焦点（182.6ms，SD＝66.8）。如图 4－28 所示。

表 4－143　年龄组＝7 岁，句首位置（T55/首音节），时长作为结果变量：窄焦点（NF-i）vs. 宽焦点（BF）模型拟合度分析一览表

模型	N_{pars}	－2 LLR	比较			
			模型	$\Delta\chi^2$	Δdf	p
0（仅纳入“说话人”作为随机截距）	3	－283.19				
1＋焦点条件	4	－279.34	1 vs 2	7.687	1	0.006**

注：“$\Delta\chi^2$”表示的是卡方值的变化，“Δdf”表示的是自由度的变化。

表 4－144　年龄组＝7 岁，句首位置（T55/首音节），时长，窄焦点（NF-i）vs. 宽焦点（BF），最佳模型的参数估计值一览表

	Estimate	Std. Error	df	t value	Pr（>|t|）
固定变量					
截距（Intercept）	182.344	13.817	9.817	13.197	0.000***

续表

	Estimate	Std. Error	*df*	*t* value	Pr（>｜t｜）
焦点前（NF-m）	-50.028	16.974	50.199	-2.947	0.005 **
随机变量	名称	Variance	Std. Dev.		
发音人（Speaker）	Intercept	11.92	3.453		
余量（Residual）		3338.43	57.779		

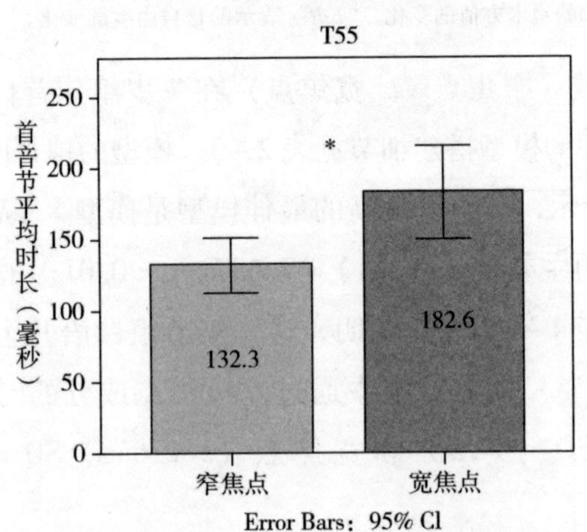

图 4-28 7岁组句首位置（T55/首音节）中窄焦点的平均时长（毫秒）vs. 宽焦点的平均时长（毫秒），n=51，N=3，显著性差异用*标示

测试焦点域（窄焦点 vs. 宽焦点）在7岁组句首位置（T55/末音节）时长上表现的模型搭建细节见表2-3。模型的拟合度比较结果见表4-145。如表所示，拟合度最高的最佳模型是模型1（Model 1），这个模型包括焦点的主效应，χ^2（1）=16.878，$p<0.001$。最佳模型的具体参数估计值见表4-146。这说明，这一年龄组白语儿童在其白语句首位置高平调（T55）的末音节中通过缩短焦点成分的时长来区分窄焦点（200.4ms，SD=50.7）和宽焦点（294.8ms，SD=81.4）。如图4-29所示。

表 4－145　年龄组 =7 岁，句首位置（T55/末音节），时长作为结果变量：窄焦点（NF-i）vs. 宽焦点（BF）模型拟合度分析一览表

模型	N_{pars}	－2 LLR	比较			
			模型	$\Delta\chi^2$	Δdf	p
0（仅纳入“说话人”作为随机截距）	3	－283.76				
1＋焦点条件	4	－275.32	1 vs 2	16.878	1	0.000 ***

注：“$\Delta\chi^2$” 表示的是卡方值的变化，“Δdf” 表示的是自由度的变化。

表 4－146　年龄组 =7 岁，句首位置（T55/末音节），时长，窄焦点（NF-i）vs. 宽焦点（BF），最佳模型的参数估计值一览表

	Estimate	Std. Error	df	t value	Pr（>|t|）
固定变量					
截距（Intercept）	279.766	21.232	5.259	13.177	0.000 ***
焦点（NF-i）	－79.107	17.495	48.948	－4.522	0.000 ***
随机变量	名称	Variance	Std. Dev.		
发音人（Speaker）	Intercept	740.7	27.22		
余量（Residual）		3234.6	56.87		

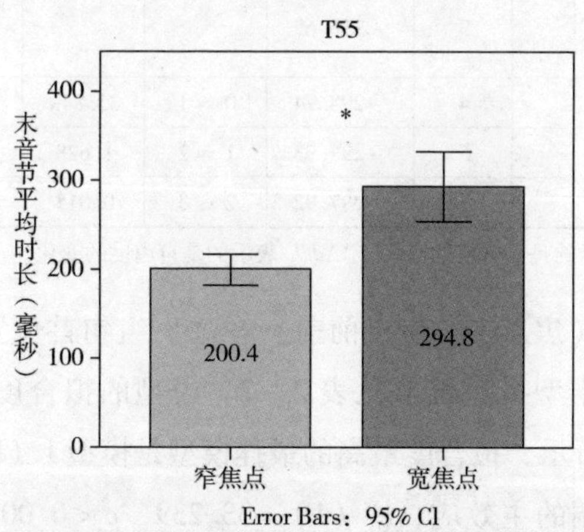

图 4－29　7 岁组句首位置（T55/末音节）中窄焦点的平均时长（毫秒）vs. 宽焦点的平均时长（毫秒），n =50，N =3，显著性差异用＊标示

二　音域

（一）单音节词

测试焦点（焦点 vs. 焦点前）在 7 岁组句首位置（T42、T33）中音域上表现的模型搭建细节见表 2－2。模型的拟合度比较结果见表 4－147。如表所示，拟合度最高的最佳模型是模型 1（Model 1），这个模型包括声调的主效应，χ^2（1）= 35.849，$p < 0.001$。因而，没有证据表明此年龄组白语儿童在句首位置的中高降调（T42）中通过变化音域来区分焦点（71.3Hz，SD = 42.3）和焦点前（78.6Hz，SD = 49.7）；也没有证据表明此年龄组白语儿童在句首位置的中平调（T33）中通过变化音域来区分焦点（19.8Hz，SD = 9）和焦点前（27.8Hz，SD = 16.1）。

表 4－147　年龄组 = 7 岁，句首位置（T42、T33），音域作为结果变量：焦点（NF-i）vs. 焦点前（NF-m）模型拟合度分析一览表

模型	N_{pars}	－2 LLR	比较			
			模型	$\Delta\chi^2$	Δdf	p
0（仅纳入“说话人”作为随机截距）	3	－316.67				
1 + 声调	4	－298.74	0 vs 1	35.849	1	0.000***
2 + 焦点条件	5	－297.93	1 vs 2	1.628	1	0.202
3 + 声调：焦点条件	6	－297.92	2 vs 3	0.015	1	0.904

注：“$\Delta\chi^2$”表示的是卡方值的变化，“Δdf”表示的是自由度的变化。

测试焦点（焦点 vs. 焦点前前）在 7 岁组句首位置（T42、T33）音域上表现的模型搭建细节见表 2－2。模型的拟合度比较结果见表 4－148。如表所示，拟合度最高的最佳模型是模型 1（Model 1），这个模型只包括声调的主效应，χ^2（1）= 33.239，$p < 0.001$。因而，没有证据表明此年龄组白语儿童在句首位置的中高降调（T42）中通过变化音域来区分焦点（71.3Hz，SD = 42.3）和焦点前前（66.8Hz，SD = 41.6），

也没有证据表明此年龄组白语儿童在句首位置的中平调（T33）中通过变化音域来区分焦点（19.8Hz，SD = 9）和焦点前前（24.7Hz，SD = 13.4）。

表 4 – 148　年龄组 = 7 岁，句首位置（T42、T33），音域作为结果变量：焦点（NF-i）vs. 焦点前前（NF-f）模型拟合度分析一览表

模型	N_{pars}	−2 LLR	比较			
			模型	$\Delta\chi^2$	Δdf	p
0（仅纳入“说话人”作为随机截距）	3	−295.57				
1 + 声调	4	−278.95	0 vs 1	33.239	1	0.000 ***
2 + 焦点条件	5	−278.95	1 vs 2	0.001	1	0.972
3 + 声调：焦点条件	6	−278.72	2 vs 3	0.463	1	0.496

注：“$\Delta\chi^2$” 表示的是卡方值的变化，“Δdf” 表示的是自由度的变化。

测试焦点域（窄焦点 vs. 宽焦点）在 7 岁组句首位置（T42、T33）音域上表现的模型搭建细节见表 2 – 2。模型的拟合度比较结果见表 4 – 149。如表所示，拟合度最高的最佳模型是模型 2（Model 2），这个模型包括声调的主效应，χ^2（1）= 33.095，$p < 0.001$；焦点的主效应，χ^2（1）= 4.228，$p < 0.05$。最佳模型的具体参数估计值见表 4 – 150。因而，结果表明此年龄组白语儿童既在其白语句首位置的中高降调（T42）中通过变化音域来区分窄焦点（71.3Hz，SD = 42.3）和宽焦点（91.8Hz，SD = 46.4），也在中平调（T33）中通过变化音域来区分窄焦点（19.8Hz，SD = 9）和宽焦点（30.3Hz，SD = 12）。如图 4 – 30 所示。

表 4 – 149　年龄组 = 7 岁，句首位置（T42、T33），音域作为结果变量：窄焦点（NF-i）vs. 宽焦点（BF）模型拟合度分析一览表

模型	N_{pars}	−2 LLR	比较			
			模型	$\Delta\chi^2$	Δdf	p
0（仅纳入“说话人”作为随机截距）	3	−273.99				

续表

模型	N_{pars}	−2 LLR	比较			
			模型	$\Delta\chi^2$	Δdf	*p*
1 + 声调	4	−257.44	0 vs 1	33.095	1	0.000***
2 + 焦点条件	5	−255.32	1 vs 2	4.228	1	0.040*
3 + 声调：焦点条件	6	−255.27	2 vs 3	0.115	1	0.735

注："$\Delta\chi^2$"表示的是卡方值的变化，"Δdf"表示的是自由度的变化。

表4－150　年龄组＝7岁，句首位置（T42、T33），音域，窄焦点（NF-i）vs. 宽焦点（BF），最佳模型的参数估计值一览表

	Estimate	Std. Error	*df*	*t* value	Pr（>|t|）
固定变量					
截距（Intercept）	36.132	11.054	4.971	3.269	0.022 *
中高降调（T42）	52.428	7.195	51.377	7.287	1.85e−09***
焦点（NF-i）	−15.578	7.412	51.858	−2.102	0.041*
随机变量	名称	Variance	Std. Dev.		
发音人（Speaker）	Intercept	244.1	15.62		
余量（Residual）		669.9	25.88		

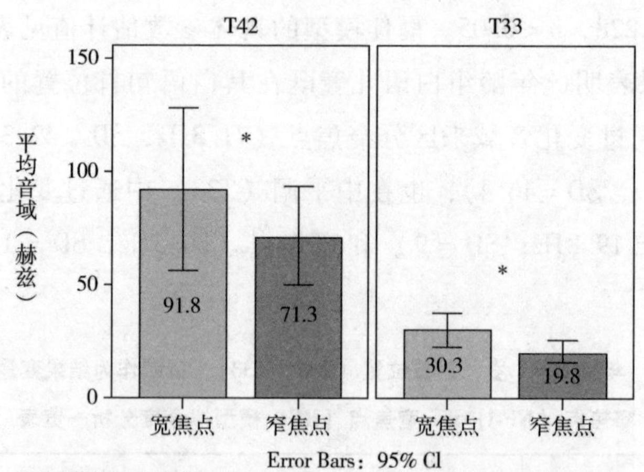

图4－30　7岁组句首位置（T42、T33）中窄焦点的平均音域（赫兹）vs. 宽焦点的平均音域（赫兹），n＝54，N＝3，显著性差异用＊标示

（二）双音节词

测试焦点（焦点 vs. 焦点前）在 7 岁组句首位置（T55/首音节）音域上表现的模型搭建细节见表 2－3。模型的拟合度比较结果见表 4－151。如表所示，并无任何纳入检验的变量能显著地提高模型的拟合度。因而，没有证据表明此年龄组白语儿童在句首位置（T55/首音节）中通过变化音域来区分焦点（26.3Hz，SD = 12.2）和焦点前（29.5Hz，SD = 14.4）。

表 4－151　年龄组 =7 岁，句首位置（T55/首音节），音域作为结果变量：焦点（NF-i）vs. 焦点前（NF-m）模型拟合度分析一览表

模型	N_{pars}	－2 LLR	比较			
			模型	$\Delta\chi^2$	Δdf	p
0（仅纳入“说话人”作为随机截距）	3	－231.83				
1＋焦点条件	4	－231.39	1 vs 2	0.884	1	0.347

注：“$\Delta\chi^2$”表示的是卡方值的变化，“Δdf”表示的是自由度的变化。

测试焦点（焦点 vs. 焦点前）在 7 岁组句首位置（T55/末音节）音域上表现的模型搭建细节见表 2－3。模型的拟合度比较结果见表 4－152。如表所示，并无任何纳入检验的变量能显著地提高模型的拟合度。因而，没有证据表明此年龄组白语儿童在句首位置（T55/末音节）中通过变化音域来区分焦点（30.5Hz，SD = 18.4）和焦点前（29.5Hz，SD = 14.4）。

表 4－152　年龄组 =7 岁，句首位置（T55/末音节），音域作为结果变量：焦点（NF-i）vs. 焦点前（NF-m）模型拟合度分析一览表

模型	N_{pars}	－2 LLR	比较			
			模型	$\Delta\chi^2$	Δdf	p
0（仅纳入“说话人”作为随机截距）	3	－257.21				
1＋焦点条件	4	－257.19	1 vs 2	0.041	1	0.840

注：“$\Delta\chi^2$”表示的是卡方值的变化，“Δdf”表示的是自由度的变化。

测试焦点（焦点 vs. 焦点前前）在 7 岁组句首位置（T55/首音节）音域上表现的模型搭建细节见表 2－3。模型的拟合度比较结果见表 4－153。如表所示，并无任何纳入检验的变量能显著地提高模型的拟合度。因而，没有证据表明此年龄组白语儿童在句首位置（T55/首音节）中通过变化音域来区分焦点（26. 3Hz，SD＝12. 2）和焦点前前（31. 8Hz，SD＝14. 5）。

表 4－153　年龄组＝7 岁，句首位置（T55/首音节），音域作为结果变量：焦点（NF-i）vs. 焦点前前（NF-f）模型拟合度分析一览表

模型	N_{pars}	－2 LLR	比较			
			模型	$\Delta\chi^2$	Δdf	p
0（仅纳入“说话人”作为随机截距）	3	－224. 55				
1＋焦点条件	4	－223. 36	1 vs 2	2. 382	1	0. 123

注：“$\Delta\chi^2$”表示的是卡方值的变化，“Δdf”表示的是自由度的变化。

测试焦点（焦点 vs. 焦点前前）在 7 岁组句首位置（T55/末音节）音域上表现的模型搭建细节见表 2－3。模型的拟合度比较结果见表 4－154。如表所示，拟合度最高的最佳模型是模型 1（Model 1），这个模型包括焦点的主效应，χ^2（1）＝12. 771，$p<0.001$。最佳模型的具体参数估计值见表 4－155。这说明，这一年龄组白语儿童在其白语句首位置高平调（T55）的末音节中通过扩展焦点成分的音域来区分焦点（63. 7Hz，SD＝16. 1）和焦点前前（47. 6Hz，SD＝13. 3）。如图 4－31 所示。

表 4－154　年龄组＝7 岁，句首位置（T55/末音节），音域作为结果变量：焦点（NF-i）vs. 焦点前前（NF-f）模型拟合度分析一览表

模型	N_{pars}	－2 LLR	比较			
			模型	$\Delta\chi^2$	Δdf	p
0（仅纳入“说话人”作为随机截距）	3	－254. 94				

续表

模型	N_{pars}	−2 LLR	比较			
			模型	$\Delta\chi^2$	Δdf	*p*
1 + 焦点条件	4	−248.55	1 vs 2	12.771	1	0.000 ***

注："$\Delta\chi^2$" 表示的是卡方值的变化，"Δdf" 表示的是自由度的变化。

表 4－155　年龄组＝7 岁，句首位置（T55/末音节），音域，焦点（NF-i）vs. 焦点前前（NF-f），最佳模型的参数估计值一览表

	Estimate	Std. Error	*df*	*t* value	Pr（>|t|）
固定变量					
截距（Intercept）	47.592	3.476	9.066	13.690	0.000 ***
焦点（NF-i）	15.991	4.226	56.189	3.784	0.000 ***
随机变量	名称	Variance	Std. Dev.		
发音人（Speaker）	Intercept	7.189	2.681		
余量（Residual）		261.267	16.164		

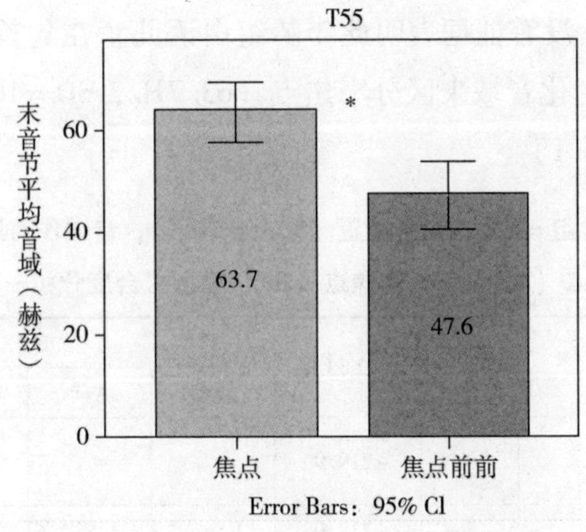

图 4－31　7 岁组句首位置（T55/末音节）中焦点的平均音域（赫兹）vs. 焦点前前的平均音域（赫兹），n＝59，N＝3，显著性差异用＊标示

测试焦点域（窄焦点 vs. 宽焦点）在 7 岁组句首位置（T55/首音节）音域上表现的模型搭建细节见表 2－3。模型的拟合度比较结果见

表4-156。如表所示，并无任何纳入检验的变量能显著地提高模型的拟合度。因而，没有证据表明此年龄组白语儿童在句首位置（T55/首音节）中通过变化音域来区分窄焦点（26.3Hz，SD=12.2）和宽焦点（32.3Hz，SD=9.2）。

表4-156　年龄组=7岁，句首位置（T55/首音节），音域作为结果变量：窄焦点（NF-i）vs. 宽焦点（BF）模型拟合度分析一览表

模型	N_{pars}	-2 LLR	比较			
			模型	$\Delta\chi^2$	Δdf	p
0（仅纳入"说话人"作为随机截距）	3	-169.54				
1+焦点条件	4	-168.19	1 vs 2	2.700	1	0.100

注："$\Delta\chi^2$"表示的是卡方值的变化，"Δdf"表示的是自由度的变化。

测试焦点域（窄焦点 vs. 宽焦点）在7岁组句首位置（T55/末音节）音域上表现的模型搭建细节见表2-3。模型的拟合度比较结果见表4-157。如表所示，并无任何纳入检验的变量能显著地提高模型的拟合度。因而，没有证据表明此年龄组白语儿童在句首位置（T55/末音节）中通过变化音域来区分窄焦点（63.7Hz，SD=16.1）和宽焦点（53Hz，SD=26.1）。

表4-157　年龄组=7岁，句首位置（T55/末音节），音域作为结果变量：窄焦点（NF-i）vs. 宽焦点（BF）模型拟合度分析一览表

模型	N_{pars}	-2 LLR	比较			
			模型	$\Delta\chi^2$	Δdf	p
0（仅纳入"说话人"作为随机截距）	3	-219.95				
1+焦点条件	4	-218.03	1 vs 2	3.839	1	0.050

注："$\Delta\chi^2$"表示的是卡方值的变化，"Δdf"表示的是自由度的变化。

三　音高最大值

（一）单音节词

测试焦点（焦点 vs. 焦点前）在7岁组音高最大值上表现的模型

搭建细节见表2-2。模型的拟合度比较结果见表4-158。如表所示，拟合度最高的最佳模型是模型2（Model 2），这个模型包括声调的主效应，χ^2（1）=122.45，$p<0.001$；焦点的主效应，χ^2（1）=5，$p<0.05$。最佳模型的具体参数估计值见表4-159。因而，结果表明此年龄组白语儿童既在其白语句首位置的中高降调（T42）中通过变化音高最大值来区分焦点（432.4Hz，SD=50.1）和焦点前（404.5Hz，SD=35.1），也在中平调（T33）中通过变化音高最大值来区分焦点（289.6Hz，SD=29.6）和焦点前（279.2Hz，SD=23.5）。如图4-32所示。

表4-158　年龄组=7岁，句首位置（T42、T33），音高最大值作为结果变量：焦点（NF-i）vs. 焦点前（NF-m）模型拟合度分析一览表

模型	N_{pars}	-2 LLR	比较			
			模型	$\Delta\chi^2$	Δdf	p
（仅纳入“说话人”作为随机截距）	3	-379.97				
1+声调	4	-318.74	0 vs 1	122.45	1	0.000***
2+焦点条件	5	-316.24	1 vs 2	5.000	1	0.025*
3+声调：焦点条件	6	-315.62	2 vs 3	1.247	1	0.264

注：“$\Delta\chi^2$”表示的是卡方值的变化，“Δdf”表示的是自由度的变化。

表4-159　年龄组=7岁，句首位置（T42、T33），音高最大值，焦点（NF-i）vs. 焦点前（NF-m），最佳模型的参数估计值一览表

	Estimate	Std. Error	*df*	*t* value	Pr（>|t|）
固定变量					
截距（Intercept）	292.999	14.07	3.756	20.824	0.000***
中高降调（T42）	136.030	6.753	63.017	20.144	0.000***
窄焦点（NF-i）	-15.535	6.816	63.120	-2.279	0.026*
随机变量	名称	Variance	Std. Dev.		
发音人（Speaker）	Intercept	497.2	22.30		
余量（Residual）		750.4	27.39		

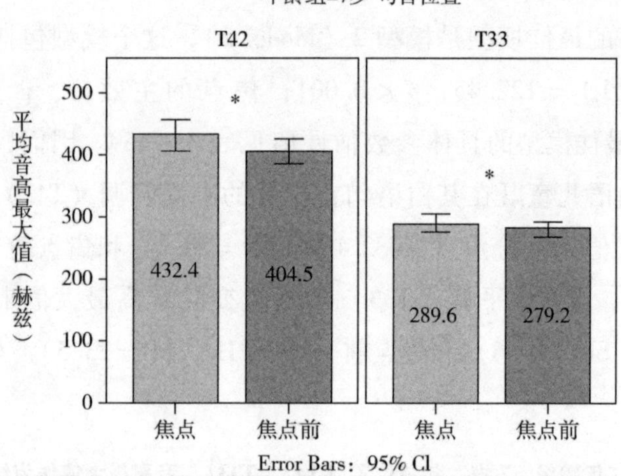

图 4－32　7 岁组句首位置（T42、T33）中焦点的平均音高最大值（赫兹）vs. 焦点前的平均音高最大值（赫兹），n＝66，N＝3，显著性差异用＊标示

测试焦点（焦点 vs. 焦点前前）在 7 岁组句首位置（T42、T33）音高最大值上表现的模型搭建细节见表 2－2。模型的拟合度比较结果见表 4－160。如表所示，拟合度最高的最佳模型是模型 2（Model 2），这个模型包括声调的主效应，χ^2（1）＝107.14，$p<0.001$；焦点的主效应，χ^2（1）＝8.581，$p<0.01$。最佳模型的具体参数估计值见表 4－161。

表 4－160　年龄组＝7 岁，句首位置（T42、T33），音高最大值作为结果变量：焦点（NF-i）vs. 焦点前前（NF-f）模型拟合度分析一览表

模型	N_{pars}	－2 LLR	比较			
			模型	$\Delta\chi^2$	Δdf	p
0（仅纳入“说话人”作为随机截距）	3	－351.96				
1＋声调	4	－298.39	0 vs 1	107.14	1	0.000***
2＋焦点条件	5	－294.10	1 vs 2	8.581	1	0.003**
3＋声调：焦点条件	6	－293.25	2 vs 3	1.714	1	0.191

注：“$\Delta\chi^2$”表示的是卡方值的变化，“Δdf”表示的是自由度的变化。

因而，结果表明此年龄组白语儿童既在其白语句首位置的中高降调（T42）中通过变化音高最大值来区分焦点（432.4Hz，SD = 50.1）和焦点前前（401Hz，SD = 32.7），也在中平调（T33）中通过变化音高最大值来区分焦点（289.6Hz，SD = 29.6）和焦点前前（273.1Hz，SD = 13.9）。如图 4－33 所示。

表 4－161　年龄组 = 7 岁，句首位置（T42、T33），音高最大值，焦点（NF-i）vs. 焦点前前（NF-f），最佳模型的参数估计值一览表

	Estimate	Std. Error	*df*	*t* value	Pr（>|t|）
固定变量					
截距（Intercept）	270.752	12.487	4.468	21.68	0.000 ***
中高降调（T42）	135.112	7.351	58.075	18.38	0.000 ***
焦点（NF-i）	22.707	7.470	58.161	3.04	0.004 **
随机变量	名称	Variance	Std. Dev.		
发音人（Speaker）	Intercept	343.9	18.55		
余量（Residual）		807.0	28.41		

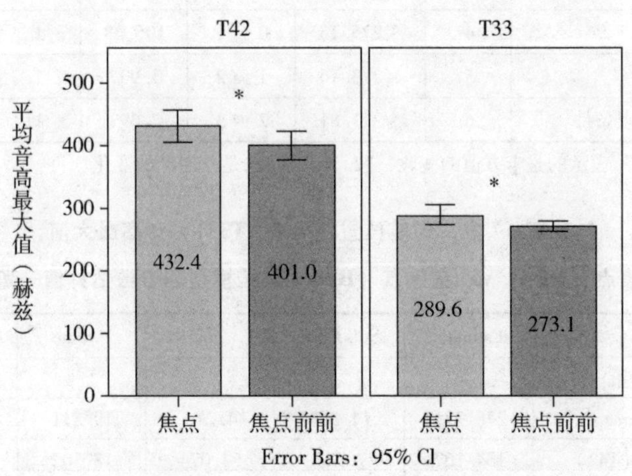

图 4－33　7 岁组句首位置（T42、T33）中焦点的平均音高最大值（赫兹）vs. 焦点前前的平均音高最大值（赫兹），n = 61，N = 3，显著性差异用 * 标示

测试焦点域（窄焦点 vs. 宽焦点）在7岁组音高最大值上表现的模型搭建细节见表2-2。模型的拟合度比较结果见表4-162。如表所示，拟合度最高的最佳模型是模型2（Model 2），这个模型包括声调的主效应，$\chi^2(1) = 106.28$，$p < 0.001$；焦点的主效应，$\chi^2(1) = 3.937$，$p < 0.05$。最佳模型的具体参数估计值见表4-163。因而，结果表明此年龄组白语儿童既在其白语句首位置的中高降调（T42）中通过变化音高最大值来区分窄焦点（432.4Hz，SD = 50.1）和宽焦点（406Hz，SD = 13.5），也在中平调（T33）中通过变化音高最大值来区分窄焦点（289.6Hz，SD = 29.6）和宽焦点（278.5Hz，SD = 28.8）。如图4-34所示。

表4-162　年龄组=7岁，句首位置（T42、T33），音高最大值作为结果变量：窄焦点（NF-i）vs. 宽焦点（BF）模型拟合度分析一览表

模型	N_{pars}	-2 LLR	比较			
			模型	$\Delta\chi^2$	Δdf	p
0（仅纳入“说话人”作为随机截距）	3	-328.27				
1+声调	4	-275.13	0 vs 1	106.28	1	0.000***
2+焦点条件	5	-273.16	1 vs 2	3.937	1	0.047*
3+声调：焦点条件	6	-271.81	2 vs 3	2.693	1	0.101

注：“$\Delta\chi^2$”表示的是卡方值的变化，“Δdf”表示的是自由度的变化。

表4-163　年龄组=7岁，句首位置（T42、T33），音高最大值，窄焦点（NF-i）vs. 宽焦点（BF），最佳模型的参数估计值一览表

	Estimate	Std. Error	df	t value	Pr（>|t|）
固定变量					
截距（Intercept）	278.371	14.268	4.216	19.511	0.000***
中高降调（T42）	134.167	7.331	54.074	18.302	0.000***
焦点（NF-i）	15.560	7.706	54.435	2.019	0.048*
随机变量	名称	Variance	Std. Dev.		
发音人（Speaker）	Intercept	474.5	21.78		
余量（Residual）		743.8	27.27		

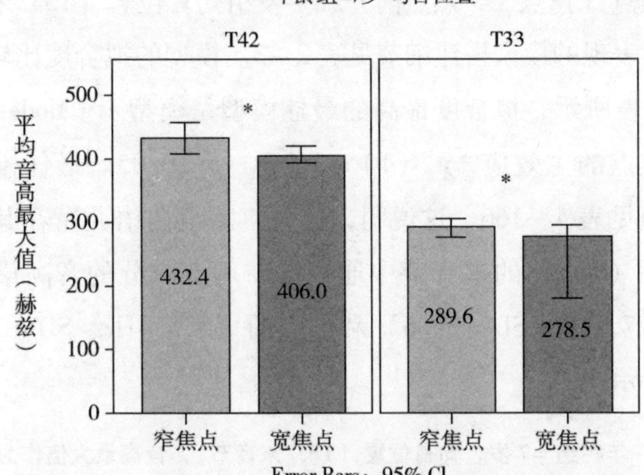

图 4－34　7 岁组句首位置（T42、T33）中窄焦点的平均音高最大值（赫兹）vs. 宽焦点的平均音高最大值（赫兹），n＝57，N＝3，显著性差异用＊标示

（二）双音节词

测试焦点（焦点 vs. 焦点前）在 7 岁组句首位置（T55/首音节）音高最大值上表现的模型搭建细节见表 2－3。模型的拟合度比较结果见表 4－164。如表所示，并无任何纳入检验的变量能显著地提高模型的拟合度。因而，没有证据表明此年龄组白语儿童在句首位置（T55/首音节）中通过变化音高最大值来区分焦点（349.5Hz，SD＝36.6）和焦点前（336.7Hz，SD＝29.3）。

表 4－164　年龄组＝7 岁，句首位置（T55/首音节），音高最大值作为结果变量：焦点（NF-i）vs. 焦点前（NF-m）模型拟合度分析一览表

模型	N_{pars}	－2 LLR	比较			
			模型	$\Delta\chi^2$	Δdf	p
0（仅纳入“说话人”作为随机截距）	3	－273.87				
1＋焦点条件	4	－272.92	1 vs 2	1.911	1	0.167

注：“$\Delta\chi^2$”表示的是卡方值的变化，“Δdf”表示的是自由度的变化。

测试焦点（焦点 vs. 焦点前）在7岁组句首位置（T55/末音节）音高最大值上表现的模型搭建细节见表2－3。模型的拟合度比较结果见表4－165。如表所示，拟合度最高的最佳模型是模型1（Model 1），这个模型包括焦点的主效应，χ^2（1）＝3.995，$p<0.05$。最佳模型的具体参数估计值见表4－166。这说明，这一年龄组白语儿童在其白语句首位置高平调（T55）的末音节中通过提高焦点成分的音高最大值来区分焦点（377.3Hz，SD＝36.6）和焦点前（355.4Hz，SD＝34.2）。如图4－35所示。

表4－165　年龄组＝7岁，句首位置（T55/末音节），音高最大值作为结果变量：焦点（NF-i）vs. 焦点前（NF-m）模型拟合度分析一览表

模型	N_{pars}	－2 LLR	比较			
			模型	$\Delta\chi^2$	Δdf	p
0（仅纳入“说话人”作为随机截距）	3	－305.2				
1＋焦点条件	4	－303.2	1 vs 2	3.995	1	0.046 *

注：“$\Delta\chi^2$”表示的是卡方值的变化，“Δdf”表示的是自由度的变化。

表4－166　年龄组＝7岁，句首位置（T55/末音节），音高最大值，焦点（NF-i）vs. 焦点前（NF-m），最佳模型的参数估计值一览表

	Estimate	Std. Error	*df*	*t* value	Pr（＞|t|）
固定变量					
截距（Intercept）	377.250	15.482	3.437	24.367	0.000 ***
焦点前（NF-m）	－17.252	8.491	58.212	－2.032	0.047 *
随机变量	名称	Variance	Std. Dev.		
发音人（Speaker）	Intercept	621.5	24.93		
余量（Residual）		1073.0	32.76		

测试焦点（焦点 vs. 焦点前前）在7岁组句首位置（T55/首音节）音高最大值上表现的模型搭建细节见表2－3。模型的拟合度比较结果见表4－167。如表所示，拟合度最高的最佳模型是模型1（Model

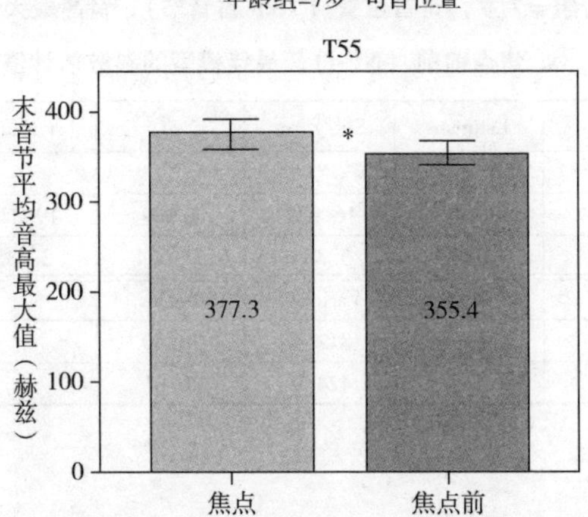

图4－35　7岁组句首位置（T55/末音节）中焦点的平均音高最大值（赫兹）vs. 焦点前的平均音高最大值（赫兹），n＝61，N＝3，显著性差异用＊标示

1），这个模型包括焦点的主效应，χ^2（1）＝5.642，$p<0.05$。最佳模型的具体参数估计值见表4－168。这说明，这一年龄组白语儿童在其白语句首位置高平调（T55）的首音节中通过提高焦点成分的音高最大值来区分焦点（349.5Hz，SD＝36.6）和焦点前前（335.9Hz，SD＝34.4）。如图4－36所示。

表4－167　年龄组＝7岁，句首位置（T55/首音节），音高最大值作为结果变量：焦点（NF-i）vs. 焦点前前（NF-f）模型拟合度分析一览表

模型	N_{pars}	－2 LLR	比较			
			模型	$\Delta\chi^2$	Δdf	p
0（仅纳入“说话人”作为随机截距）	3	－275.02				
1＋焦点条件	4	－272.20	1 vs 2	5.642	1	0.018＊

注：“$\Delta\chi^2$”表示的是卡方值的变化，“Δdf”表示的是自由度的变化。

表 4 – 168 年龄组 =7 岁，句首位置（T55/首音节），音高最大值，焦点（NF-i）vs. 焦点前前（NF-f），最佳模型的参数估计值一览表

	Estimate	Std. Error	*df*	*t* value	Pr（>|t|）
固定变量					
截距（Intercept）	336.477	16.929	3.189	19.875	0.000 ***
焦点（NF-i）	13.039	5.355	57.004	2.435	0.018 *
随机变量	名称	Variance	Std. Dev.		
发音人（Speaker）	Intercept	812.4	28.50		
余量（Residual）		424.9	20.61		

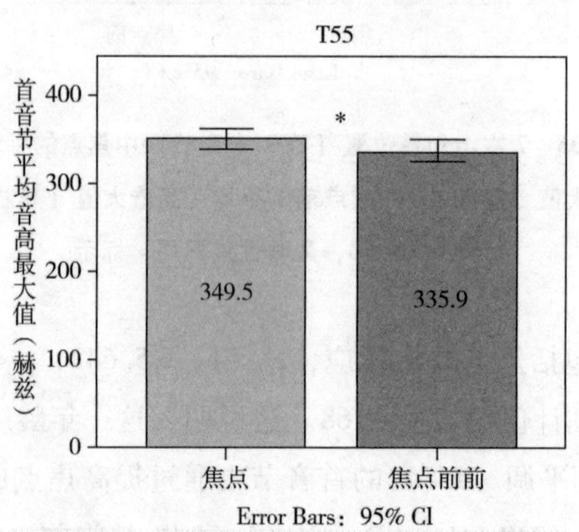

图 4 – 36 7 岁组句首位置（T55/首音节）中焦点的平均音高最大值（赫兹）vs. 焦点前前的平均音高最大值（赫兹），n = 60，N = 3，显著性差异用 * 标示

测试焦点（焦点 vs. 焦点前前）在 7 岁组句首位置（T55/末音节）音高最大值上表现的模型搭建细节见表 2 – 3。模型的拟合度比较结果见表 4 – 169。如表所示，拟合度最高的最佳模型是模型 1（Model 1），这个模型包括焦点的主效应，χ^2（1）= 5.647，$p < 0.05$。最佳模型的具体参数估计值见表 4 – 170。这说明，这一年龄组白语儿童在其白语句首位置高平调（T55）的末音节中通过提高焦点成分的音高最大值来区分焦点（377.3Hz，SD = 48）和焦点前前（357.2Hz，

SD = 36.2）。如图 4－37 所示。

表 4－169 年龄组 =7 岁，句首位置（T55/末音节），音高最大值作为结果变量：焦点（NF-i）vs. 焦点前前（NF-f）模型拟合度分析一览表

模型	N_{pars}	－2 LLR	比较			
			模型	$\Delta\chi^2$	Δdf	p
0（仅纳入“说话人”作为随机截距）	3	－299.02				
1 + 焦点条件	4	－296.19	1 vs 2	5.647	1	0.017 *

注：“$\Delta\chi^2$”表示的是卡方值的变化，“Δdf”表示的是自由度的变化。

表 4－170 年龄组 =7 岁，句首位置（T55/末音节），音高最大值，焦点（NF-i）vs. 焦点前前（NF-f），最佳模型的参数估计值一览表

	Estimate	Std. Error	*df*	*t* value	Pr（>|t|）
固定变量					
截距（Intercept）	357.396	17.562	3.431	20.351	0.000 ***
焦点（NF-i）	19.854	8.149	57.012	2.436	0.018 *
随机变量	名称	Variance	Std. Dev.		
发音人（Speaker）	Intercept	815.5	28.56		
余量（Residual）		984.3	31.37		

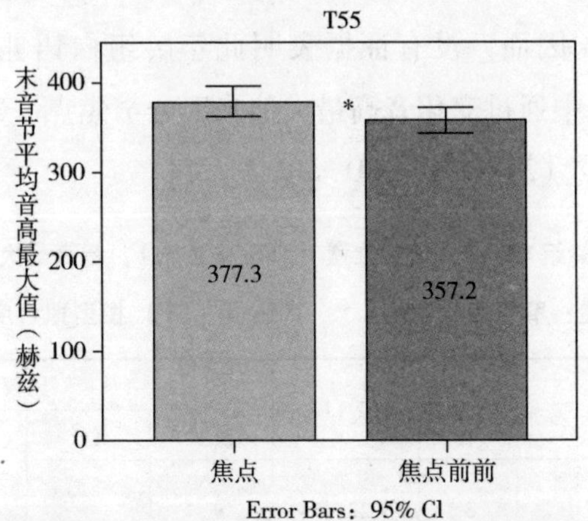

图 4－37 7 岁组句首位置（T55/末音节）中焦点的平均音高最大值（赫兹）vs. 焦点前前的平均音高最大值（赫兹），n = 60，N = 3，显著性差异用 * 标示

测试焦点域（窄焦点 vs. 宽焦点）在 7 岁组句首位置（T55/首音节）音高最大值上表现的模型搭建细节见表 2－3。模型的拟合度比较结果见表 4－171。如表所示，并无任何纳入检验的变量能显著地提高模型的拟合度。因而，没有证据表明此年龄组白语儿童在句首位置（T55/首音节）中通过变化音高最大值来区分窄焦点（349. 5Hz，SD = 36. 6）和宽焦点（347. 7Hz，SD = 39. 3）。

表 4－171　年龄组 =7 岁，句首位置（T55/首音节），音高最大值作为结果变量：窄焦点（NF-i）vs. 宽焦点（BF）模型拟合度分析一览表

模型	N_{pars}	－2 LLR	比较			
			模型	$\Delta\chi^2$	Δdf	p
0（仅纳入“说话人”作为随机截距）	3	－221. 55				
1 + 焦点条件	4	－221. 41	1 vs 2	0. 282	1	0. 596

注：“$\Delta\chi^2$”表示的是卡方值的变化，“Δdf”表示的是自由度的变化。

测试焦点域（窄焦点 vs. 宽焦点）在 7 岁组句首位置（T55/末音节）音高最大值上表现的模型搭建细节见表 2－3。模型的拟合度比较结果见表 4－172。如表所示，并无任何纳入检验的变量能显著地提高模型的拟合度。因而，没有证据表明此年龄组白语儿童在句首位置（T55/末音节）中通过变化音高最大值来区分窄焦点（349. 5Hz，SD = 36. 6）和宽焦点（347. 7Hz，SD = 39. 3）。

表 4－172　年龄组 =7 岁，句首位置（T55/末音节），音高最大值作为结果变量：窄焦点（NF-i）vs. 宽焦点（BF）模型拟合度分析一览表

模型	N_{pars}	－2 LLR	比较			
			模型	$\Delta\chi^2$	Δdf	p
0（仅纳入“说话人”作为随机截距）	3	－221. 55				
1 + 焦点条件	4	－221. 41	1 vs 2	0. 282	1	0. 596

注：“$\Delta\chi^2$”表示的是卡方值的变化，“Δdf”表示的是自由度的变化。

四　音高最小值

（一）单音节词

测试焦点（焦点 vs. 焦点前）在7岁组句首位置（T42、T33）音高最小值上表现的模型搭建细节见表2-2。模型的拟合度比较结果见表4-173。如表所示，拟合度最高的最佳模型是模型2（Model 2），这个模型包括声调的主效应，χ^2（1）=57.536，$p<0.001$；焦点的主效应，χ^2（1）=4.428，$p<0.05$。最佳模型的具体参数估计值见表4-174。因而，结果表明此年龄组白语儿童既在其白语句首位置的中高降调（T42）中通过变化音高最小值来区分焦点（351.6Hz，SD=48.8）和焦点前（325.9Hz，SD=23.6），也在中平调（T33）中通过变化音高最小值来区分焦点（262.3Hz，SD=30.5）和焦点前（251.3Hz，SD=28.7）。如图4-38所示。

表4-173　年龄组=7岁，句首位置（T42、T33），音高最小值作为结果变量：焦点（NF-i）vs. 焦点前（NF-m）模型拟合度分析一览表

模型	N_{pars}	-2 LLR	比较			
			模型	$\Delta\chi^2$	Δdf	p
0（仅纳入“说话人”作为随机截距）	3	-357.55				
1+声调	4	-328.78	0 vs 1	57.536	1	0.000 ***
2+焦点条件	5	-326.57	1 vs 2	4.428	1	0.035 *
3+声调：焦点条件	6	-326.19	2 vs 3	0.760	1	0.384

注：“$\Delta\chi^2$”表示的是卡方值的变化，“Δdf”表示的是自由度的变化。

表4-174　年龄组=7岁，句首位置（T42、T33），音高最小值，焦点（NF-i）vs. 焦点前（NF-m），最佳模型的参数估计值一览表

	Estimate	Std. Error	*df*	*t* value	Pr（>|t|）
固定变量					
截距（Intercept）	265.638	7.066	48.274	37.593	0.000 ***
中高降调（T42）	82.602	8.401	65.494	9.832	0.000 ***

续表

	Estimate	Std. Error	*df*	*t* value	Pr（>|t|）
焦点前（NF-m）	-18.046	8.432	65.712	-2.140	0.036*
随机变量	名称	Variance	Std. Dev.		
发音人（Speaker）	Intercept	0.015	0.123		
余量（Residual）		1163.16	34.091		

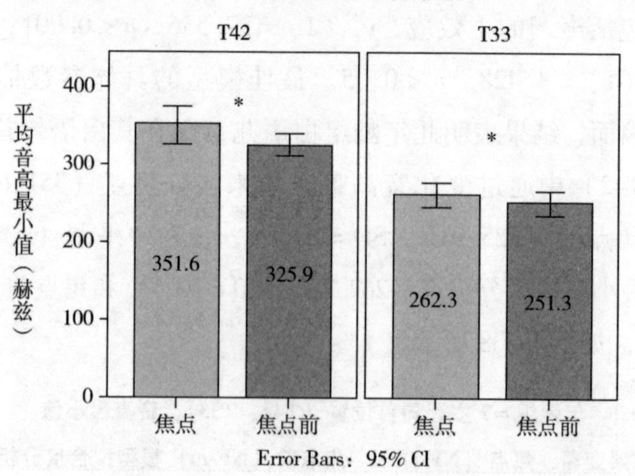

图4-38 7岁组句首位置（T42、T33）中焦点的平均音高最小值（赫兹）vs. 焦点前的平均音高最小值（赫兹），n=66，N=3，显著性差异用*标示

测试焦点（焦点 vs. 焦点前前）在7岁组句首位置（T42、T33）音高最小值上表现的模型搭建细节见表2-2。模型的拟合度比较结果见表4-175。如表所示，拟合度最高的最佳模型是模型1（Model 1），这个模型只包括声调的主效应，χ^2（1）=62.65，$p<0.001$。因而，没有证据表明此年龄组白语儿童在其白语句首位置的中高降调（T42）中通过变化音高最小值来区分焦点（351.6Hz，SD=48.8）和焦点前前（334.1Hz，SD=24.7）；也没有证据表明此年龄组白语儿童在其白语句首位置的中平调（T33）中通过变化音高最小值来区分焦点（262.3Hz，SD=30.5）和焦点前前（251.4Hz，SD=15.5）。

表 4－175　　年龄组＝7 岁，句首位置（T42、T33），音高最小值
作为结果变量：焦点（NF-i）vs. 焦点前前（NF-f）模型拟合度分析一览表

模型	N_{pars}	－2 LLR	比较			
			模型	$\Delta\chi^2$	Δdf	p
0（仅纳入“说话人”作为随机截距）	3	－336.45				
1＋声调	4	－305.13	0 vs 1	62.65	1	0.000 ***
2＋焦点条件	5	－303.81	1 vs 2	2.633	1	0.105
3＋声调：焦点条件	6	－303.73	2 vs 3	0.159	1	0.690

注：“$\Delta\chi^2$”表示的是卡方值的变化，“Δdf”表示的是自由度的变化。

测试焦点域（窄焦点 vs. 宽焦点）在 7 岁组句首位置（T42、T33）音高最小值上表现的模型搭建细节见表 2－2。模型的拟合度比较结果见表 4－176。如表所示，拟合度最高的最佳模型是模型 2（Model 2），这个模型包括声调的主效应，χ^2（1）＝48.469，$p<0.001$；焦点的主效应，χ^2（1）＝5.020，$p<0.05$。最佳模型的具体参数估计值见表 4－177。因而，结果表明此年龄组白语儿童既在其白语句首位置的中高降调（T42）中通过变化音高最小值来区分窄焦点（351.6Hz，SD＝48.8）和宽焦点（319.7Hz，SD＝35.1），也在中平调（T33）中通过变化音高最小值来区分窄焦点（262.3Hz，SD＝30.5）和宽焦点（248.2Hz，SD＝20.9）。如图 4－39 所示。

表 4－176　　年龄组＝7 岁，句首位置（T42、T33），音高最小值
作为结果变量：窄焦点（NF-i）vs. 宽焦点（BF）模型拟合度分析一览表

模型	N_{pars}	－2 LLR	比较			
			模型	$\Delta\chi^2$	Δdf	p
0（仅纳入“说话人”作为随机截距）	3	－315.81				
1＋声调	4	－291.58	0 vs 1	48.469	1	0.000 ***
2＋焦点条件	5	－289.07	1 vs 2	5.020	1	0.025 *
3＋声调：焦点条件	6	－288.64	2 vs 3	0.848	1	0.357

注：“$\Delta\chi^2$”表示的是卡方值的变化，“Δdf”表示的是自由度的变化。

表4-177 年龄组=7岁，句首位置（T42、T33），音高最小值，窄焦点（NF-i）vs. 宽焦点（BF），最佳模型的参数估计值一览表

	Estimate	Std. Error	*df*	*t* value	Pr（>丨t丨）
固定变量					
截距（Intercept）	243.620	8.448	58.000	28.838	0.000 ***
中高降调（T42）	82.666	9.339	58.000	8.851	0.000 ***
窄焦点（NF-i）	21.986	9.601	58.000	2.290	0.026 *
随机变量	名称	Variance	Std. Dev.		
发音人（Speaker）	Intercept	0	0		
余量（Residual）		1249	35.34		

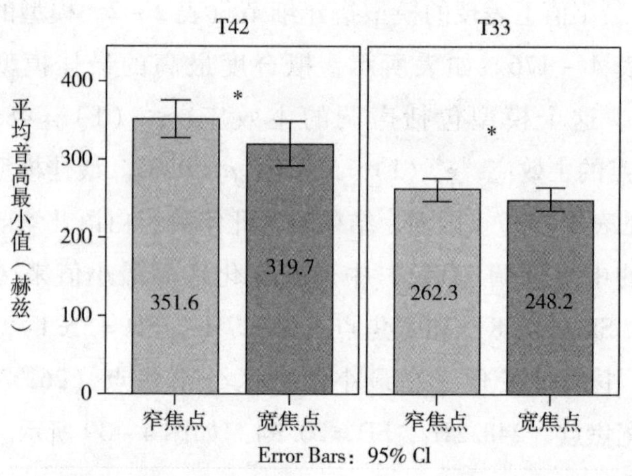

图4-39 7岁组句首位置（T42、T33）中窄焦点的平均音高最小值（赫兹）vs. 宽焦点的平均音高最小值（赫兹），n=58，N=3，显著性差异用*标示

（二）双音节词

测试焦点（焦点 vs. 焦点前）在7岁组句首位置（T55/首音节）音高最小值上表现的模型搭建细节见表2-3。模型的拟合度比较结果见表4-178。如表所示，并无任何纳入检验的变量能显著地提高模型的拟合度。因而，没有证据表明此年龄组白语儿童在句首位置（T55/

首音节）中通过变化音高最小值来区分焦点（319.1Hz，SD = 38.6）和焦点前（307.2Hz，SD = 28.3）。

表 4 – 178　年龄组 = 7 岁，句首位置（T55/首音节），音高最小值作为结果变量：焦点（NF-i）vs. 焦点前（NF-m）模型拟合度分析一览表

模型	N_{pars}	–2 LLR	比较			
			模型	$\Delta\chi^2$	Δdf	p
0（仅纳入"说话人"作为随机截距）	3	–286.69				
1 + 焦点条件	4	–286.16	1 vs 2	1.065	1	0.302

注："$\Delta\chi^2$"表示的是卡方值的变化，"Δdf"表示的是自由度的变化。

测试焦点（焦点 vs. 焦点前）在 7 岁组句首位置（T55/末音节）音高最小值上表现的模型搭建细节见表 2 – 3。模型的拟合度比较结果见表 4 – 179。如表所示，并无任何纳入检验的变量能显著地提高模型的拟合度。因而，没有证据表明此年龄组白语儿童在句首位置（T55/末音节）中通过变化音高最小值来区分焦点（309.9Hz，SD = 52.8）和焦点前（292.3Hz，SD = 30.6）。

表 4 – 179　年龄组 = 7 岁，句首位置（T55/末音节），音高最小值作为结果变量：焦点（NF-i）vs. 焦点前（NF-m）模型拟合度分析一览表

模型	N_{pars}	–2 LLR	比较			
			模型	$\Delta\chi^2$	Δdf	p
0（仅纳入"说话人"作为随机截距）	3	–303.54				
1 + 焦点条件	4	–302.78	1 vs 2	1.521	1	0.218

注："$\Delta\chi^2$"表示的是卡方值的变化，"Δdf"表示的是自由度的变化。

测试焦点（焦点 vs. 焦点前前）在 7 岁组句首位置（T55/首音节）音高最小值上表现的模型搭建细节见表 2 – 3。模型的拟合度比较结果见表 4 – 180。如表所示，拟合度最高的最佳模型是模型 1（Model 1），这个模型包括焦点的主效应，χ^2（1）= 5.574，$p < 0.05$。最佳

模型的具体参数估计值见表4－181。这说明，这一年龄组白语儿童在其白语句首位置高平调（T55）的首音节中通过提高焦点成分的音高最小值来区分焦点（319.1Hz，SD＝38.6）和焦点前前（302.3Hz，SD＝31.9）。如图4－40所示。

表4－180　年龄组＝7岁，句首位置（T55/首音节），音高最小值作为结果变量：焦点（NF-i）vs. 焦点前前（NF-f）模型拟合度分析一览表

模型	N_{pars}	－2 LLR	比较			
			模型	$\Delta\chi^2$	Δdf	p
0（仅纳入"说话人"作为随机截距）	3	－286.08				
1＋焦点条件	4	－283.29	1 vs 2	5.574	1	0.018*

注："$\Delta\chi^2$"表示的是卡方值的变化，"Δdf"表示的是自由度的变化。

表4－181　年龄组＝7岁，句首位置（T55/首音节），音高最小值，焦点（NF-i）vs. 焦点前前（NF-f），最佳模型的参数估计值一览表

	Estimate	Std. Error	*df*	*t* value	Pr（>｜t｜）
固定变量					
截距（Intercept）	303.208	15.082	3.367	20.104	0.000***
焦点（NF-i）	15.844	6.550	57.005	2.419	0.019*
随机变量	名称	Variance	Std. Dev.		
发音人（Speaker）	Intercept	611.5	24.73		
余量（Residual）		635.8	25.21		

测试焦点域（焦点 vs. 焦点前前）在7岁组句首位置（T55/末音节）音高最小值上表现的模型搭建细节见表2－3。模型的拟合度比较结果见表4－182。如表所示，并无任何纳入检验的变量能显著地提高模型的拟合度。因而，没有证据表明此年龄组白语儿童在句首位置（T55/末音节）中通过变化音高最小值来区分焦点（309.9Hz，SD＝52.8）和焦点前前（309.5Hz，SD＝36.3）。

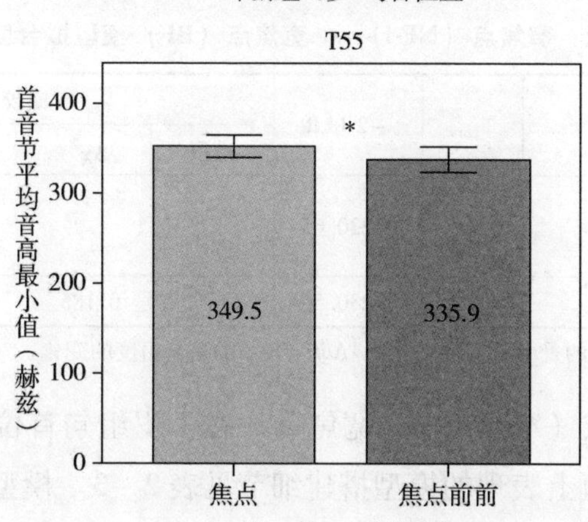

图4－40　5岁组句首位置（T55/首音节）中焦点的平均音高最小值（赫兹）vs. 焦点前前的平均音高最小值（赫兹），n＝60，N＝3，显著性差异用＊标示

表4－182　年龄组＝7岁，句首位置（T55/末音节），音高最小值作为结果变量：焦点（NF-i）vs. 焦点前前（NF-f）模型拟合度分析一览表

模型	N_{pars}	－2 LLR	比较			
			模型	$\Delta\chi^2$	Δdf	p
0（仅纳入“说话人”作为随机截距）	3	－304.74				
1＋焦点条件	4	－304.74	1 vs 2	1e－04	1	0.994

注：“$\Delta\chi^2$”表示的是卡方值的变化，“Δdf”表示的是自由度的变化。

测试焦点域（窄焦点 vs. 宽焦点）在7岁组句首位置（T55/首音节）音高最小值上表现的模型搭建细节见表2－3。模型的拟合度比较结果见表4－183。如表所示，并无任何纳入检验的变量能显著地提高模型的拟合度。因而，没有证据表明此年龄组白语儿童在句首位置（T55/首音节）中通过变化音高最小值来区分窄焦点（319.1Hz，SD＝38.6）和宽焦点（307.7Hz，SD＝36）。

表4-183　年龄组=7岁，句首位置（T55/首音节），音高最小值

作为结果变量：窄焦点（NF-i）vs. 宽焦点（BF）模型拟合度分析一览表

模型	N_{pars}	-2 LLR	比较			
			模型	$\Delta\chi^2$	Δdf	p
0（仅纳入“说话人”作为随机截距）	3	-230.65				
1+焦点条件	4	-230.56	1 vs 2	0.185	1	0.667

注：“$\Delta\chi^2$”表示的是卡方值的变化，“Δdf”表示的是自由度的变化。

测试焦点域（窄焦点 vs. 宽焦点）在7岁组句首位置（T55/末音节）音高最小值上表现的模型搭建细节见表2-3。模型的拟合度比较结果见表4-184。如表所示，并无任何纳入检验的变量能显著地提高模型的拟合度。因而，没有证据表明此年龄组白语儿童在句首位置（T55/末音节）中通过变化音高最小值来区分窄焦点（309.9Hz，SD=52.8）和宽焦点（305.6Hz，SD=39.4）。

表4-184　年龄组=7岁，句首位置（T55/末音节），音高最小值

作为结果变量：窄焦点（NF-i）vs. 宽焦点（BF）模型拟合度分析一览表

模型	N_{pars}	-2 LLR	比较			
			模型	$\Delta\chi^2$	Δdf	p
0（仅纳入“说话人”作为随机截距）	3	-265.01				
1+焦点条件	4	-265.01	1 vs 2	0.001	1	0.970

注：“$\Delta\chi^2$”表示的是卡方值的变化，“Δdf”表示的是自由度的变化。

第五节　小结

本实验结果表明，白语儿童在句首位置焦点韵律编码的习得和发展过程较为曲折。4岁时，白语儿童通过变化句首位置的时长和音高相关韵律参数来区分焦点和非焦点。具体来说，在4岁白语儿童的产出中，和同一句子成分作为焦点前成分相比，高平调（T55）焦点成分首音节的音域扩展、中高降调（T42）焦点成分的音高最大值升高、双音节高平调（T55）焦点成分末音节的音高最小值升高；和焦点前前成分相比，中高降调（T42）焦点成分的时长延长。5 岁时，白语儿童通过变化时长和音高相关韵律参数来编码焦点和焦点类型。具体说来，在 5 岁白语儿童的产出中，和同一句子成分作为焦点前成分相比，高平调（T55）焦点成分的音高最大值和最小值均升高；和焦点前前成分相比，高平调（T55）焦点成分的音高最大值升高、双音节高平调（T55）焦点成分首音节的音高最小值升高；和宽焦点成分相比，窄焦点成分双音节高平调（T55）末音节音域扩展、中高降调（T42）和中平调（T33）焦点成分的音域压缩。6 岁时，白语儿童通过变化时长、音高最大值和最小值区分焦点和非焦点。具体来说，在 6 岁白语儿童的产出中，和同一句子成分作为焦点前成分相比，双音节高平调（T55）焦点成分首音节的音高最大值升高；和焦点前前成分相比，双音节高平调（T55）焦点成分末音节的时长延长、中高降调（T42）和高平调（T55）焦点成分的音高最大值升高。7 岁时，白语儿童通过变化时长和音高相关韵律参数来编码焦点和焦点类型。具体来说，在 7 岁白语儿童的产出中，和同一句子成分作为焦点前成分相比，双音节高平调（T55）焦点成分末音节的时长缩短，且除双音节高平调（T55）焦点成分首音节外，所有声调音高最大值和最小值均升高；和焦点前前成分相比，中高降调（T42）和中平调（T33）焦点成分时长延长、所有声调音高最大值均升高、双音节高平调（T55）焦点成分末音节的音域扩展（且这一音域扩展体现在其音高最小值的升高上）；和宽焦点成分相比，所有声调焦点成分时长均缩短，且除双音节高平调（T55）外，所有声调（即 T42 和 T33）焦点成分音域压缩、音高最大值和最小值均升高。白语儿童句首位置焦点韵律编码发展阶段如表 4 – 185 所示。

表 4 – 185　　白语儿童句首位置焦点韵律编码发展一览表①

年龄	韵律参数	焦点 vs. 焦点前	焦点 vs. 焦点前前	窄焦点 vs. 宽焦点
4 岁	时长	—	T42 >	—
	音域	T55/s1 >	—	—
	音高最大值	T42 >	—	—
	音高最小值	T55/s2 >	—	—
5 岁	时长	—	—	T42，T33，T55/s2 <
	音域	—	—	T55/s2 >，T42，T33 <
	音高最大值	T55 >	T55 >	—
	音高最小值	T55 >	T55/s1 >	—
6 岁	时长	—	T55/s2 >	—
	音域	—	—	—
	音高最大值	T55/s1 >	T55，T42 >	—
	音高最小值	—	—	—
7 岁	时长	T55/s2 <	T42，T33 >	<
	音域	—	T55/s2 >	T42，T33 <
	音高最大值	T42，T33，T55/s2 >	>	T42，T33 >
	音高最小值	T42，T33 >	T55/s1 >	T42，T33 >
成人	时长	> T42，T33	> T42，T33，T55/s1	—
	音域	—	T42 >	—
	音高最大值	T55/s2 >	T42，T55 >	—
	音高最小值	T55/s2 >	T55/s1 >	—

第六节　结论与讨论

本书采用实验法，探索了母语为白语——一种在中国西南使用的声调语言——儿童焦点韵律编码的发展，并重点考察了句首位置焦点

① 在表 4 – 185 中，"—"表示并无任何证据表明相对应的韵律参数（如时长、音域、音高最大值和最小值）被用于区分不同的焦点条件。"T42"或"T33"表示在该声调中发现韵律参数用于区分不同的焦点条件。"T55"表示在双音节名词性主语的首音节（s1）和末音节（s2）该声调（T55）中均发现韵律参数用于区分不同的焦点条件。"T55/s1"表示在双音节名词性主语的首音节（s1）该声调（T55）中发现韵律参数用于区分不同的焦点条件。"T55/s2"表示在双音节名词性主语的末音节（s2）该声调（T55）中发现韵律参数用于区分不同的焦点条件。另外，"<"或">"表示不同焦点条件差异的方向性。同样的标示方式也运用在本书其他章节中。

韵律编码的习得。前人研究已发现（Liu et al.，2014；Liu，2017；刘璐等，2020；本书第三章），白语主要依靠时长编码焦点，且不同句子位置焦点韵律编码的方式存在差异。在句首位置，白语成人通过变化焦点成分的时长和音高来区分焦点和非焦点（包括焦点前和焦点前前成分），而并不区分窄焦点和宽焦点。

就时长变化而言，在白语成人句首位置产出中，除双音节高平调（T55）的末音节外，白语成人通过延长所有声调焦点成分的时长来区分焦点和焦点前前，并通过延长中高降调（T42）和中平调（T33）焦点成分的时长来区分焦点和焦点前。以白语成人的焦点韵律编码方式为参照，可以发现：4 岁的白语儿童已在中高降调（T42）中初步显示出能够通过变化时长来区分焦点和焦点前前的能力，但是这一能力在 5 岁至 6 岁阶段并未呈现稳定的发展；直至 7 岁，白语儿童开始与白语成人的表现较为一致，即 7 岁的白语儿童通过延长中高降调（T42）和中平调（T33）焦点成分的时长来区分焦点和焦点前前。但值得一提的是，7 岁的白语儿童通过变化时长来编码焦点的能力仍未能和白语成人完全一致，即 7 岁的白语儿童通过缩短双音节高平调（T55）焦点成分末音节的时长来区分焦点和焦点前，而这一表现与白语成人并不一致。另外，7 岁的白语儿童还未能掌握变化双音节高平调（T55）焦点成分的时长来区分焦点和焦点前前。

就音域变化而言，在白语成人句首位置产出中，白语成人通过扩展中高降调（T42）焦点成分的音域来区分焦点和焦点前前。以白语成人的焦点韵律编码方式为参照，可以发现：4 岁至 7 岁的白语儿童均未能展现出与白语成人一致的、通过变化音域来区分焦点和焦点前前的能力。

就音高最大值变化而言，白语成人通过提高双音节高平调（T55）焦点成分末音节的音高最大值来区分焦点和焦点前。同时，白语成人通过提高高平调（T55）和中高降调（T42）焦点成分的音高最大值来区分焦点和焦点前前。以白语成人的焦点韵律编码方式为参照，可以发现：4 岁的白语儿童开始显示出提高中高降调（T42）焦点成分的音高最大值来区分焦点和焦点前的能力，但是和白语成人的表现并不一致；5 岁至 6 岁的白语儿童进一步向白语成人靠拢，尝试在不同声调中提高焦点成分的音高最大值以区分焦点和焦点前；相对而言，7 岁白语儿童的表现最靠近白语成人，这一年龄段儿童通过提高近乎所有声调焦点成分的音高最大值来区分焦点和焦点前。另外，4 岁至 7 岁的白语儿童从不能通过变化音高最大值来区分焦点和焦点前前，逐步过渡到 7 岁时能够在所有声调中提高音高最大值以区分焦点和焦点前前，即和白语成人的表现较为一致。

就音高最小值变化而言，白语成人通过提高双音节高平调（T55）焦点成分末音节的音高最小值来区分焦点和焦点前。同时，白语成人通过提高高平调（T55）焦点成分末音节的音高最小值来区分焦点和焦点前前。以白语成人的焦点韵律编码方式为参照，可以发现：4 岁的白语儿童就已经能够和白语成人一样通过提高双音节高平调（T55）焦点成分末音节的音高最小值来区分焦点和焦点前。然而，这一能力并未在 5 岁至 7 岁年龄段得以稳定保持。到了 5 岁，白语儿童也开始展现出其与白语成人一致的、通过提高双音节高平调（T55）焦点成分首音节的音高最小值来区分焦点和焦点前前的能力。但是，6 岁的白语儿童呈现“短暂丢失”这一能力的现象，而到了 7 岁，白语儿童再度“拾起”这一能力，呈现 U 型发展的趋势。

另外，和白语成人类似的是，白语儿童在句首位置焦点韵律编码的方式在不同声调中的表现也略有差异。具体来说，白语成人的焦点韵律编码中时长的变化几乎遍及不同调域的平调和曲折调，但是音高的变化主要集中在高调域的平调和曲折调[①]。比如，白语成人通过延长中平调（T33）和中高降调（T42）焦点成分的时长来区分焦点和焦

① 关于白语成人句首位置焦点韵律编码方式在不同声调中表现的不均衡性已在第三章中加以阐述。为与白语儿童比较，在此简要复述。

点前；通过延长高平调（T55）、中平调（T33）和中高降调（T42）焦点成分的时长来区分焦点和焦点前前；但是，白语成人只通过变化中高降调（T42）和高平调（T55）的音高相关韵律参数来区分焦点和非焦点，并未通过变化中平调（T33）的音高相关韵律参数来区分焦点和非焦点。笔者认为白语焦点韵律编码在不同声调中的表现差异可归因于声调和焦点编码的平行编码，也就是说，白语通过变化音高和时长进行焦点韵律编码的同时，更要保证的是通过变化音高和时长来进行调位的区分，因为这一区分涉及了意义的表达。白语中共有三个平调，包括高平调（T55）、中高平调（T44）和中平调（T33）；四个降调，包括中高降调（T42）、中降调（T32）、中降调（T31）和低降调（T21）。在白语中通过提高音高最大值和最小值以编码焦点的方式极有可能造成中平调（T33）与中高平调（T44）和高平调（T55）相混。但是，通过扩展音域、提高音高最大值和最小值以编码焦点的方式却并不一定造成不同调域降调的相混，因为对于降调而言，其音位特征的凸显性不仅在于起点和落点，还在于斜率。因而，白语焦点韵律的编码方式在不同声调中存在差异，而这一差异主要是为了保证调位的音系表达。以白语成人的焦点韵律编码方式为参照，可以发现：白语儿童对时长的使用在较早的发展阶段（4 岁）业已出现。但是，白语儿童对音高的使用在较早发展阶段（4 岁至 6 岁）主要体现在高平调（T55）和中高降调（T42）中，而对中平调（T33）音高的控制在较晚发展阶段（7 岁）才较多地出现。这一发展趋势可以说明，对于白语儿童来说，通过变化不同调域的平调和曲折调的时长来编码焦点是较为容易的，因而较早习得；另外，通过变化音高来编码高平调（T55）和中高降调（T42）也是较为容易的，因而较早习得。但是通过变化中平调（T33）的音高相关韵律参数来编码焦点是较为困难的，因而较晚习得。这一习得顺序也验证了笔者对于白语成人焦点韵律编码方式中声调不均衡性的解释。

总的来说，白语儿童对句首位置焦点韵律编码的习得在曲折中前进。主要特点如下：(1) 时长的习得较为稳定，逐步推进；(2) 音高的习得呈现 U 型趋势，4 岁阶段出现较早掌握的能力，在 5 岁至 6 岁阶段呈现“短暂丢失”的情况，并在 7 岁阶段再次出现；(3) 7 岁仍未能和白语成人完全一致，但相对而言，时长的掌握更好；(4) 白语儿童对于不同声调中焦点韵律编码的习得顺序有别。

第五章　白语儿童句中焦点韵律编码的习得和发展

第一节　年龄:4 岁

一　时长

测试焦点（焦点 vs. 焦点后）在 4 岁组句中位置时长上表现的模型搭建细节见表 2 - 2。模型的拟合度比较结果见表 5 - 1。如表所示，拟合度最高的最佳模型是模型 3（Model 3），这个模型包括声调和焦点条件的交互效应，χ^2（2）=6.193，$p<0.05$。最佳模型的具体参数估计值见表 5 - 2。笔者通过在每一个声调中检验焦点条件的作用来探索此交互效应的细节。在低降调（T21）中，进一步的分析揭示出焦点条件的主效应（$p<0.05$）；这说明，这一年龄组儿童在句中位置的低降调（T21）中通过延长焦点成分的时长来区分焦点（175.8ms，SD=48.8）和焦点后（129.4ms，SD=35.8）。但是，在中升调（T35）中，进一步的分析并未揭示出焦点条件的主效应（$p=0.219$）；这说明，这一年龄组儿童在句中位置的中升调（T35）中并未通过变化时长来区分焦点（187.3ms，SD=37.9）和焦点后（212.2ms，SD=60.9）。在高平调（T55）中，进一步的分析也并未揭示出焦点条件的主效应（$p=0.949$）。这说明，这一年龄组儿童在句中位置的高平调（T55）中并未通过变化时长来区分焦点（232.4ms，SD=45.3）和焦点后（231.5ms，SD=31.9）。如图 5 - 1 所示。

表 5 - 1　　年龄组 =4 岁，句中位置，时长作为结果变量：焦点（NF-m）vs. 焦点后（NF-i）模型拟合度分析一览表

模型	N_{pars}	-2 LLR	比较			
			模型	$\Delta\chi^2$	Δdf	p
0（仅纳入“说话人”作为随机截距）	3	-492.35				
1 + 声调	5	-474.80	0 vs 1	41.114	2	0.000 ***
2 + 焦点条件	6	-474.38	1 vs 2	0.823	1	0.364
3 + 声调：焦点条件	8	-470.42	2 vs 3	7.936	2	0.019 *

注：“$\Delta\chi^2$”表示的是卡方值的变化，“Δdf”表示的是自由度的变化。

表 5 - 2　　年龄组 =4 岁，句中位置，时长，焦点（NF-m）vs. 焦点后（NF-i），最佳模型的参数估计值一览表

	Estimate	Std. Error	*df*	*t* value	Pr（>|t|）
固定变量					
截距（Intercept）	135.519	14.092	9.917	9.616	0.000 ***
中升调（T35）	79.929	14.538	88.068	5.498	0.000 ***
高平调（T55）	100.718	14.917	87.778	6.752	0.000 ***
焦点（NF-m）	41.301	15.131	89.674	2.730	0.008 **
中升调（T35）：焦点（NF-m）	-61.481	21.311	89.640	-2.885	0.005 **
高平调（T55）：焦点（NF-m）	-37.077	21.971	89.073	-1.688	0.094
随机变量	名称	Variance	Std. Dev.		
发音人（Speaker）	Intercept	228.1	15.10		
余量（Residual）		1719.8	41.47		

测试焦点（焦点 vs. 焦点前）在 4 岁组句中位置时长上表现的模型搭建细节见表 2 - 2。模型的拟合度比较结果见表 5 - 3。如表所示，拟合度最高的最佳模型是模型 1（Model 1），这个模型只包括声调的主效应，χ^2（2）= 20.098，$p < 0.001$。因而，没有证据表明此年龄组白语儿童在句中位置的低降调（T21）中通过变化时长来区分焦点

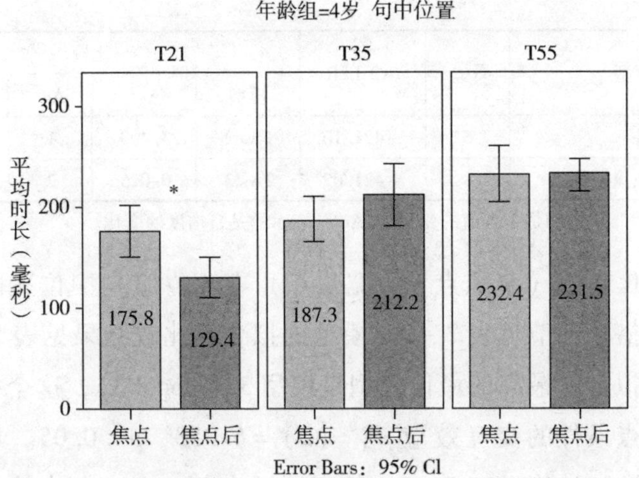

图 5－1　4 岁组句中位置焦点成分的平均时长（毫秒）vs. 焦点后成分的平均时长（毫秒），n＝91，N＝3，显著性差异用＊标示

（175. 8ms，SD＝48. 8）和焦点前（188. 1ms，SD＝87. 5），也没有证据表明此年龄组白语儿童在句中位置的中升调（T35）中通过变化时长来区分焦点（187. 3ms，SD＝37. 9）和焦点前（213. 3ms，SD＝64. 3）。另外，没有证据表明此年龄组白语儿童在句中位置的低降调（T21）中通过变化时长来区分焦点（175. 8ms，SD＝48. 8）和焦点前（188. 1ms，SD＝87. 5），也没有证据表明此年龄组白语儿童在句中位置的高平调（T55）中通过变化时长来区分焦点（232. 4ms，SD＝45. 3）和焦点前（247. 2ms，SD＝47. 2）。

表 5－3　　年龄组＝4 岁，句中位置，时长作为结果变量：焦点（NF-m）vs. 焦点前（NF-f）模型拟合度分析一览表

模型	N_{pars}	－2 LLR	比较			
			模型	$\Delta\chi^2$	Δdf	p
0（仅纳入“说话人”作为随机截距）	3	－432. 90				
1＋声调	5	－422. 85	0 vs 1	20. 098	2	0. 000＊＊＊

续表

模型	N_{pars}	−2 LLR	比较			
			模型	$\Delta\chi^2$	Δdf	p
2 + 焦点条件	6	−421.10	1 vs 2	3.499	1	0.061
3 + 声调：焦点条件	8	−421.09	2 vs 3	0.025	2	0.988

注："$\Delta\chi^2$"表示的是卡方值的变化，"Δdf"表示的是自由度的变化。

测试焦点域（窄焦点 vs. 宽焦点）在4岁组句中位置时长上表现的模型搭建细节见表2－2。模型的拟合度比较结果见表5－4。如表所示，拟合度最高的最佳模型是模型3（Model 3），这个模型包括声调和焦点条件的交互效应，χ^2（2）=6.353，$p<0.05$。最佳模型的具体参数估计值见表5－5。笔者通过在每一个声调中检验焦点条件的作用来探索此交互效应的细节。在低降调（T21）中，进一步的分析揭示出焦点条件的主效应（$p<0.05$）；这说明，这一年龄组儿童在句中位置的低降调（T21）中通过延长焦点成分的时长来区分窄焦点（175.8ms，SD=48.8）和宽焦点（131.9ms，SD=32.6）。但是，在中升调（T35）中，进一步的分析并未揭示出焦点条件的主效应（$p=0.212$）；这说明，这一年龄组儿童在句中位置的中升调（T35）中并未通过变化时长来区分窄焦点（187.3ms，SD=37.9）和宽焦点（215.7ms，SD=71）。在高平调（T55）中，进一步的分析也并未揭示出焦点条件的主效应（$p=0.844$）。这说明，这一年龄组儿童在句中位置的高平调（T55）中并不通过变化时长来区分窄焦点（232.4ms，SD=45.3）和宽焦点（229.9ms，SD=35.3）。如图5－2所示。

表5－4　年龄组=4岁，句中位置，时长作为结果变量：窄焦点（NF-m）vs. 宽焦点（BF）模型拟合度分析一览表

模型	N_{pars}	−2 LLR	比较			
			模型	$\Delta\chi^2$	Δdf	p
0（仅纳入"说话人"作为随机截距）	3	−340.27				

续表

模型	N_{pars}	-2 LLR	比较			
			模型	$\Delta\chi^2$	Δdf	p
1+声调	5	-330.22	0 vs 1	20.096	2	0.000***
2+焦点条件	6	-330.06	1 vs 2	0.324	1	0.569
3+声调：焦点条件	8	-326.88	2 vs 3	6.353	2	0.042*

注："$\Delta\chi^2$"表示的是卡方值的变化，"Δdf"表示的是自由度的变化。

表5-5　年龄组=4岁，句中位置，时长，窄焦点（NF-m）vs. 宽焦点（BF），最佳模型的参数估计值一览表

	Estimate	Std. Error	*df*	*t* value	Pr（>|t|）
固定变量					
截距（Intercept）	129.65	18.79	34.56	6.900	0.000***
中升调（T35）	88.59	23.75	60.81	3.731	0.000***
高平调（T55）	103.66	23.13	61.04	4.482	0.000***
焦点（NF-m）	46.85	20.56	61.60	2.279	0.026*
中升调（T35）：焦点（NF-m）	-73.07	28.30	60.02	-2.582	0.012*
高平调（T55）：焦点（NF-m）	-42.86	28.23	60.82	-1.518	0.134
随机变量	名称	Variance	Std. Dev.		
发音人（Speaker）	Intercept	131.1	11.45		
余量（Residual）		1802.4	42.45		

测试对比度（窄焦点 vs. 对比焦点）在4岁组句中位置时长上表现的模型搭建细节见表2-2。模型的拟合度比较结果见表5-6。如表所示，拟合度最高的最佳模型是模型1（Model 1），这个模型只包括声调的主效应，χ^2（2）=29.165，$p<0.001$。因而，没有证据表明此年龄组白语儿童在其白语句中位置的低降调（T21）中通过变化时长来区分窄焦点（175.8ms，SD=48.8）和对比焦点（154.3ms，SD=36），也没有证据表明此年龄组白语儿童在其白语句中位置的中升调（T35）中通过变化时长来区分窄焦点（187.3ms，SD=37.9）和对比

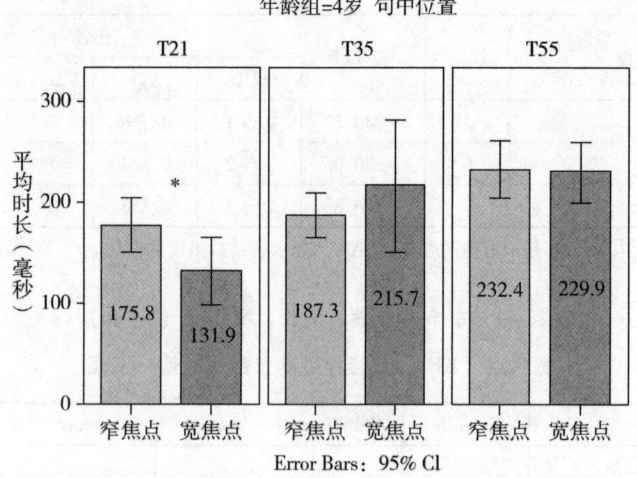

图 5－2　4 岁组句中位置窄焦点成分的平均时长（毫秒）vs. 宽焦点后成分的平均时长（毫秒），n＝63，N＝3，显著性差异用＊标示

焦点（209.9ms，SD＝52.4）。另外，没有证据表明此年龄组白语儿童在其白语句中位置的高平调（T55）中通过变化时长来区分窄焦点（232.4ms，SD＝45.3）和对比焦点（232.7ms，SD＝40.7）。

表 5－6　年龄组＝4 岁，句中位置，时长作为结果变量：对比焦点（CF-m）vs. 窄焦点（NF-m）模型拟合度分析一览表

模型	N_{pars}	－2 LLR	比较			
			模型	$\Delta\chi^2$	Δdf	p
0（仅纳入“说话人”作为随机截距）	3	－427.44				
1＋声调	5	－412.86	0 vs 1	29.165	2	0.000***
2＋焦点条件	6	－412.82	1 vs 2	0.076	1	0.783
3＋声调：焦点条件	8	－411.37	2 vs 3	2.906	2	0.234

注：“$\Delta\chi^2$”表示的是卡方值的变化，“Δdf”表示的是自由度的变化。

二　音域

测试焦点（焦点 vs. 焦点后）在 4 岁组句中位置音域上表现的模

型搭建细节见表2－2。模型的拟合度比较结果见表5－7。如表所示，拟合度最高的最佳模型是模型1（Model 1），这个模型包括声调的主效应，χ^2（2）=35.757，$p<0.001$。因而，没有证据表明此年龄组白语儿童在其白语句中位置的低降调（T21）中通过变化音域来区分焦点（37.6Hz，SD=9.3）和焦点后（36Hz，SD=19.7），也没有证据表明此年龄组白语儿童在其白语句中位置的中升调（T35）中通过变化音域来区分焦点（58.6Hz，SD=29）和焦点后（72.8Hz，SD=33.1）。另外，没有证据表明此年龄组白语儿童在其白语句中位置的高平调（T55）中通过变化音域来区分焦点（32.5Hz，SD=16.1）和焦点后（31Hz，SD=16.1）。

表5－7　　　年龄组=4岁，句中位置，音域作为结果变量：

焦点（NF-m）vs. 焦点后（NF-i）模型拟合度分析一览表

模型	N_{pars}	−2 LLR	比较			
			模型	$\Delta\chi^2$	Δdf	p
0（仅纳入“说话人”作为随机截距）	3	−384.06				
1+声调	5	−367.68	0 vs 1	32.757	2	0.000***
2+焦点条件	6	−367.29	1 vs 2	0.777	1	0.378
3+声调：焦点条件	8	−366.12	2 vs 3	2.350	2	0.309

注：“$\Delta\chi^2$”表示的是卡方值的变化，“Δdf”表示的是自由度的变化。

测试焦点（焦点 vs. 焦点前）在4岁组句中位置音域上表现的模型搭建细节见表2－2。模型的拟合度比较结果见表5－8。如表所示，拟合度最高的最佳模型是模型1（Model 1），这个模型只包括声调的主效应，χ^2（2）=29.26，$p<0.001$。因而，没有证据表明此年龄组白语儿童在句中位置的低降调（T21）中通过变化音域来区分焦点（37.6Hz，SD=9.3）和焦点前（41.9Hz，SD=24.3），也没有证据表明此年龄组白语儿童在句中位置的中升调（T35）中通过变化音域来区分焦点（58.6Hz，SD=29）和焦点前（64.9Hz，SD=14.4）。另外，没有证据表明此年龄

组白语儿童在句中位置的高平调（T55）中通过变化音域来区分焦点（32.5Hz，SD = 16.1）和焦点前（24.4Hz，SD = 13.5）。

表 5 – 8　　年龄组 = 4 岁，句中位置，音域作为结果变量：焦点（NF-m）vs. 焦点前（NF-f）模型拟合度分析一览表

模型	N_{pars}	–2 LLR	比较			
			模型	$\Delta\chi^2$	Δdf	p
0（仅纳入“说话人”作为随机截距）	3	–306.69				
1 + 声调	5	–292.06	0 vs 1	29.26	2	0.000 ***
2 + 焦点条件	6	–292.03	1 vs 2	0.055	1	0.815
3 + 声调：焦点条件	8	–291.07	2 vs 3	1.934	2	0.380

注：“$\Delta\chi^2$”表示的是卡方值的变化，“Δdf”表示的是自由度的变化。

测试焦点域（窄焦点 vs. 宽焦点）在 4 岁组句中位置音域上表现的模型搭建细节见表 2 – 2。模型的拟合度比较结果见表 5 – 9。如表所示，拟合度最高的最佳模型是模型 3（Model 3），这个模型包括声调和焦点条件的交互效应，χ^2（2）= 14.364，$p < 0.001$。最佳模型的具体参数估计值见表 5 – 10。笔者通过在每一个声调中检验焦点条件的作用来探索此交互效应的细节。在低降调（T21）中，进一步的分析揭示出焦点条件的主效应（$p < 0.01$）；这说明，这一年龄组儿童在句中位置的低降调（T21）中通过缩短焦点成分的音域来区分窄焦点（37.6Hz，SD = 9.3）和宽焦点（88.3Hz，SD = 47）。但是，在中升调（T35）中，进一步的分析并未揭示出焦点条件的主效应（$p = 0.651$）；这说明，这一年龄组儿童在句中位置的中升调（T35）中并未通过变化音域来区分窄焦点（58.6Hz，SD = 29）和宽焦点（52.7Hz，SD = 15.3）。在高平调（T55）中，进一步的分析也并未揭示出焦点条件的主效应（$p = 0.717$）。这说明，这一年龄组儿童在句中位置的高平调（T55）中并未通过变化音域来区分窄焦点（32.5Hz，SD = 16.1）和宽焦点（30.8Hz，SD = 8.6）。如图 5 – 3 所示。

表 5 - 9　年龄组 = 4 岁，句中位置，音域作为结果变量：窄焦点（NF-m）vs. 宽焦点（BF）模型拟合度分析一览表

模型	N_{pars}	-2 LLR	比较			
			模型	$\Delta\chi^2$	Δdf	p
0（仅纳入“说话人”作为随机截距）	3	-277.77				
1 + 声调	5	-272.01	0 vs 1	11.527	2	0.003 **
2 + 焦点条件	6	-270.29	1 vs 2	3.436	1	0.064
3 + 声调：焦点条件	8	-263.11	2 vs 3	14.364	2	0.001 ***

注：“$\Delta\chi^2$”表示的是卡方值的变化，“Δdf”表示的是自由度的变化。

表 5 - 10　年龄组 = 4 岁，句中位置，音域，窄焦点（NF-m）vs. 宽焦点（BF），最佳模型的参数估计值一览表

	Estimate	Std. Error	*df*	*t* value	Pr（> | t |）
固定变量					
截距（Intercept）	88.325	8.538	58.000	10345	0.000 ***
中升调（T35）	-35.654	13.226	58.000	-2.696	0.009 **
高平调（T55）	-57.514	11.383	58.000	-5.052	0.000 ***
窄焦点（NF-m）	-50.706	11.132	58.000	-4.555	0.000 ***
中升调（T35）：窄焦点（NF-m）	56.610	16.199	58.000	3.495	0.000 ***
高平调（T55）：窄焦点（NF-m）	52.409	14.827	89.073	3.535	0.000 ***
随机变量	名称	Variance	Std. Dev.		
发音人（Speaker）	Intercept	0.0	0.00		
余量（Residual）		510.2	22.59		

测试对比度（窄焦点 vs. 对比焦点）在 4 岁组句中位置音域上表现的模型搭建细节见表 2 - 2。模型的拟合度比较结果见表 5 - 11。如表所示，拟合度最高的最佳模型是模型 1（Model 1），这个模型只包括声调的主效应，χ^2（2）= 21.863，$p < 0.001$。因而，没有证据表明此年龄组白语儿童在句中位置的低降调（T21）中通过变化音域来区分

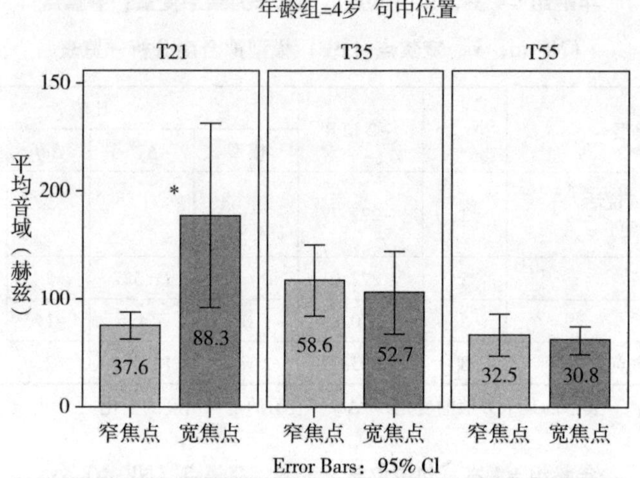

图5－3　4岁组句中位置窄焦点成分的平均时长（毫秒）vs. 宽焦点后成分的平均时长（毫秒），n＝58，N＝3，显著性差异用＊标示

窄焦点（37.6Hz，SD＝9.3）和对比焦点（49.4Hz，SD＝31.4），也没有证据表明此年龄组白语儿童在句中位置的中升调（T35）中通过变化音域来区分窄焦点（58.6Hz，SD＝29）和对比焦点（61.4Hz，SD＝2.2）。另外，没有证据表明此年龄组白语儿童在句中位置的高平调（T55）中通过变化音域来区分窄焦点（32.5Hz，SD＝16.1）和对比焦点（28.1Hz，SD＝11.9）。

表5－11　年龄组＝4岁，句中位置，音域作为结果变量：对比焦点（CF-m）vs. 窄焦点（NF-m）模型拟合度分析一览表

模型	N_{pars}	−2 LLR	比较			
			模型	$\Delta\chi^2$	Δdf	p
0（仅纳入“说话人”作为随机截距）	3	−319.58				
1＋声调	5	−308.65	0 vs 1	21.863	2	0.000***
2＋焦点条件	6	−308.52	1 vs 2	0.262	1	0.609
3＋声调：焦点条件	8	−307.45	2 vs 3	2.137	2	0.344

注：“$\Delta\chi^2$”表示的是卡方值的变化，“Δdf”表示的是自由度的变化。

三　音高最大值

测试焦点（焦点 vs. 焦点后）在 4 岁组句中位置音高最大值上表现的模型搭建细节见表 2－2。模型的拟合度比较结果见表 5－12。如表所示，拟合度最高的最佳模型是模型 1（Model 1），这个模型包括声调的主效应，χ^2（2）= 56.124，$p < 0.001$。因而，没有证据表明此年龄组儿童在其白语句中位置的低降调（T21）中通过变化音高最大值来区分焦点（259.5Hz，SD = 54.2）和焦点后（259.5Hz，SD = 54.2），也没有证据表明此年龄组儿童在其白语句中位置的中升调（T35）中通过变化音高最大值来区分焦点（267.9Hz，SD = 29.7）和焦点后（273.5Hz，SD = 38.5）。另外，没有证据表明此年龄组儿童在其白语句中位置的高平调（T55）中通过变化音高最大值来区分焦点（319.8Hz，SD = 52）和焦点后（347Hz，SD = 52.9）。

表 5－12　年龄组 = 4 岁，句中位置，音高最大值作为结果变量：焦点（NF-m）vs. 焦点后（NF-i）模型拟合度分析一览表

模型	N_{pars}	－2 LLR	比较			
			模型	$\Delta\chi^2$	Δdf	p
0（仅纳入“说话人”作为随机截距）	3	－462.58				
1 + 声调	5	－434.52	0 vs 1	56.124	2	0.000***
2 + 焦点条件	6	－433.63	1 vs 2	1.772	1	0.183
3 + 声调：焦点条件	8	－433.31	2 vs 3	0.647	2	0.724

注：“$\Delta\chi^2$”表示的是卡方值的变化，“Δdf”表示的是自由度的变化。

测试焦点（焦点 vs. 焦点前）在 4 岁组句中位置音高最大值上表现的模型搭建细节见表 2－2。模型的拟合度比较结果见表 5－13。如表所示，拟合度最高的最佳模型是模型 1（Model 1），这个模型只包括声调的主效应，χ^2（2）= 54.466，$p < 0.001$。因而，没有证据表明此年龄组儿童在其白语句中位置的低降调（T21）中通过变化音高最大

值来区分焦点（254.1Hz，SD = 54.6）和焦点前（256.1Hz，SD = 49.2），也没有证据表明此年龄组儿童在其白语句中位置的中升调（T35）中通过变化音高最大值来区分焦点（267.9Hz，SD = 29.7）和焦点前（265Hz，SD = 34.4）。另外，没有证据表明此年龄组儿童在其白语句中位置的高平调（T55）中通过变化音高最大值来区分焦点（319.8Hz，SD = 52）和焦点前（350.2Hz，SD = 32.5）。

表 5 – 13　年龄组 =4 岁，句中位置，音高最大值作为结果变量：焦点（NF-m）vs. 焦点前（NF-f）模型拟合度分析一览表

模型	N_{pars}	–2 LLR	比较			
			模型	$\Delta\chi^2$	Δdf	p
0（仅纳入“说话人”作为随机截距）	3	–372.91				
1 + 声调	5	–345.68	0 vs 1	54.466	2	0.000 ***
2 + 焦点条件	6	–345.17	1 vs 2	1.011	1	0.315
3 + 声调：焦点条件	8	–343.79	2 vs 3	2.767	2	0.251

注：“$\Delta\chi^2$”表示的是卡方值的变化，“Δdf”表示的是自由度的变化。

测试焦点域（窄焦点 vs. 宽焦点）在 4 岁组句中位置音高最大值上表现的模型搭建细节见表 2 – 2。模型的拟合度比较结果见表 5 – 14。如表所示，拟合度最高的最佳模型是模型 1（Model 1），这个模型只包括声调的主效应，χ^2（2）= 26.751，$p < 0.001$。因而，没有证据表明此年龄组儿童在其白语句中位置的低降调（T21）中通过变化音高最大值来区分窄焦点（254.1Hz，SD = 54.6）和宽焦点（292.9Hz，SD = 58.8），也没有证据表明此年龄组儿童在其白语句中位置的中升调（T35）中通过变化音高最大值来区分窄焦点（267.9Hz，SD = 29.7）和宽焦点（277.8Hz，SD = 23.5）。另外，没有证据表明此年龄组儿童在其白语句中位置的高平调（T55）中通过变化音高最大值来区分窄焦点（319.8Hz，SD = 52）和宽焦点（319.9Hz，SD = 44.5）。

测试对比度（窄焦点 vs. 对比焦点）在 4 岁组句中位置音高最大

值上表现的模型搭建细节见表 2 - 2。模型的拟合度比较结果见表 5 - 15。如表所示，拟合度最高的最佳模型是模型 1（Model 1），这个模型只包括声调的主效应，χ^2（2）= 43.796，$p < 0.001$。因而，没有证据表明此年龄组白语儿童在句中位置的低降调（T21）中通过变化音高最大值来区分窄焦点（254.1Hz，SD = 54.6）和对比焦点（246.2Hz，SD = 56.5），也没有证据表明此年龄组白语儿童在句中位置的中升调（T35）中通过变化音高最大值来区分窄焦点（267.9Hz，SD = 29.7）和对比焦点（260.8Hz，SD = 26.5）。另外，没有证据表明此年龄组白语儿童在句中位置的高平调（T55）中通过变化音高最大值来区分窄焦点（319.8Hz，SD = 52）和对比焦点（303.9Hz，SD = 38.1）。

表 5 - 14 年龄组 = 4 岁，句中位置，音高最大值作为结果变量：窄焦点（NF-m）vs. 宽焦点（BF）模型拟合度分析一览表

模型	N_{pars}	−2 LLR	比较			
			模型	$\Delta\chi^2$	Δdf	p
0（仅纳入“说话人”作为随机截距）	3	−317.91				
1 + 声调	5	−304.53	0 vs 1	26.751	2	0.000***
2 + 焦点条件	6	−304.33	1 vs 2	0.415	1	0.519
3 + 声调：焦点条件	8	−303.45	2 vs 3	1.756	2	0.415

注：“$\Delta\chi^2$”表示的是卡方值的变化，“Δdf”表示的是自由度的变化。

表 5 - 15 年龄组 = 4 岁，句中位置，音高最大值作为结果变量：对比焦点（CF-m）vs. 窄焦点（NF-m）模型拟合度分析一览表

模型	N_{pars}	−2 LLR	比较			
			模型	$\Delta\chi^2$	Δdf	p
0（仅纳入“说话人”作为随机截距）	3	−401.09				
1 + 声调	5	−379.20	0 vs 1	43.796	2	0.000***
2 + 焦点条件	6	−378.84	1 vs 2	0.707	1	0.400
3 + 声调：焦点条件	8	−378.61	2 vs 3	0.475	2	0.789

注：“$\Delta\chi^2$”表示的是卡方值的变化，“Δdf”表示的是自由度的变化。

四　音高最小值

测试焦点（焦点 vs. 焦点后）在 4 岁组句中位置音高最小值上表现的模型搭建细节见表 2－2。模型的拟合度比较结果见表 5－16。如表所示，拟合度最高的最佳模型是模型 1（Model 1），这个模型只包括声调的主效应，χ^2（2）＝70.439，$p<0.001$。因而，没有证据表明此年龄组白语儿童在句中位置的低降调（T21）中通过变化音高最小值来区分窄焦点（210.4Hz，SD＝22.2）和焦点后（216.4Hz，SD＝54.2），也没有证据表明此年龄组白语儿童在句中位置的中升调（T35）中通过变化音高最小值来区分焦点（222.1Hz，SD＝25.6）和焦点后（200.7Hz，SD＝47.6）。另外，没有证据表明此年龄组白语儿童在句中位置的高平调（T55）中通过变化音高最小值来区分焦点（280Hz，SD＝30.3）和焦点后（312.8Hz，SD＝43.4）。

表 5－16　　年龄组＝4 岁，句中位置，音高最小值作为结果变量：焦点（NF-m）vs. 焦点后（NF-i）模型拟合度分析一览表

模型	N_{pars}	－2 LLR	比较			
			模型	$\Delta\chi^2$	Δdf	p
0（仅纳入“说话人”作为随机截距）	3	－434.31				
1＋声调	5	－399.09	0 vs 1	70.439	2	0.000***
2＋焦点条件	6	－398.85	1 vs 2	0.493	1	0.483
3＋声调：焦点条件	8	－395.96	2 vs 3	5.769	2	0.056

注：“$\Delta\chi^2$”表示的是卡方值的变化，“Δdf”表示的是自由度的变化。

测试焦点（焦点 vs. 焦点前）在 4 岁组句中位置音高最小值上表现的模型搭建细节见表 2－2。模型的拟合度比较结果见表 5－17。如表所示，拟合度最高的最佳模型是模型 1（Model 1），这个模型只包括声调的主效应，χ^2（2）＝55.154，$p<0.001$。因而，没有证据表明此年龄组白语儿童在句中位置的低降调（T21）中通过变化音高最小值来区分焦

点（210.4Hz，SD=22.2）和焦点前（210.4Hz，SD=22.2），也没有证据表明此年龄组白语儿童在句中位置的中升调（T35）中通过变化音高最小值来区分焦点（222.1Hz，SD=25.6）和焦点前（207.7Hz，SD=33.1）。另外，没有证据表明此年龄组白语儿童在句中位置的高平调（T55）中通过变化音高最小值来区分焦点（280Hz，SD=30.3）和焦点前（285Hz，SD=25）。

表5-17　年龄组=4岁，句中位置，音高最小值作为结果变量：焦点（NF-m）vs. 焦点前（NF-f）模型拟合度分析一览表

模型	N_{pars}	-2 LLR	比较			
			模型	$\Delta\chi^2$	Δdf	p
0（仅纳入"说话人"作为随机截距）	3	-334.12				
1+声调	5	-306.55	0 vs 1	55.154	2	0.000***
2+焦点条件	6	-306.38	1 vs 2	0.345	1	0.557
3+声调：焦点条件	8	-305.59	2 vs 3	1.570	2	0.456

注："$\Delta\chi^2$"表示的是卡方值的变化，"Δdf"表示的是自由度的变化。

测试焦点域（窄焦点 vs. 宽焦点）在4岁组句中位置音高最小值上表现的模型搭建细节见表2-2。模型的拟合度比较结果见表5-18。如表所示，拟合度最高的最佳模型是模型1（Model 1），这个模型只包括声调的主效应，χ^2（2）=46.669，$p<0.001$。因而，没有证据表明此年龄组白语儿童在句中位置的低降调（T21）中通过变化音高最小值来区分窄焦点（210.4Hz，SD=22.2）和宽焦点（204.6Hz，SD=34），也没有证据表明此年龄组白语儿童在句中位置的中升调（T35）中通过变化音高最小值来区分窄焦点（222.1Hz，SD=25.6）和宽焦点（208.8Hz，SD=33.2）。另外，没有证据表明此年龄组白语儿童在句中位置的高平调（T55）中通过变化音高最小值来区分窄焦点（280Hz，SD=30.3）和宽焦点（301.4Hz，SD=55.8）。

表 5-18　年龄组 =4 岁，句中位置，音高最小值作为结果变量：窄焦点（NF-m）vs. 宽焦点（BF）模型拟合度分析一览表

模型	N_{pars}	-2 LLR	比较			
			模型	$\Delta\chi^2$	Δdf	p
0（仅纳入“说话人”作为随机截距）	3	-293.28				
1 + 声调	5	-269.94	0 vs 1	46.669	2	0.000***
2 + 焦点条件	6	-269.92	1 vs 2	0.044	1	0.834
3 + 声调：焦点条件	8	-268.19	2 vs 3	3.461	2	0.177

注：“$\Delta\chi^2$”表示的是卡方值的变化，“Δdf”表示的是自由度的变化。

测试对比度（窄焦点 vs. 对比焦点）在 4 岁组句中位置音高最小值上表现的模型搭建细节见表 2-2。模型的拟合度比较结果见表 5-19。如表所示，拟合度最高的最佳模型是模型 1（Model 1），这个模型只包括声调的主效应，χ^2（2）= 55.195，$p < 0.001$。因而，没有证据表明此年龄组白语儿童在句中位置的低降调（T21）中通过变化音高最小值来区分窄焦点（210.4Hz，SD = 22.2）和对比焦点（196.8Hz，SD = 50.9），也没有证据表明此年龄组白语儿童在句中位置的中升调（T35）中通过变化音高最小值来区分窄焦点（222.1Hz，SD = 25.6）和对比焦点（205.3Hz，SD = 41.5）。另外，没有证据表明此年龄组白语儿童在句中位置的高平调（T55）中通过变化音高最小值来区分窄焦点（280Hz，SD = 30.3）和对比焦点（275.6Hz，SD = 37.1）。

表 5-19　年龄组 =4 岁，句中位置，音高最小值作为结果变量：对比焦点（CF-m）vs. 窄焦点（NF-m）模型拟合度分析一览表

模型	N_{pars}	-2 LLR	比较			
			模型	$\Delta\chi^2$	Δdf	p
0（仅纳入“说话人”作为随机截距）	3	-376.54				
1 + 声调	5	-348.95	0 vs 1	55.195	2	0.000***

续表

模型	N_{pars}	-2 LLR	比较			
			模型	$\Delta\chi^2$	Δdf	p
2+焦点条件	6	-348.02	1 vs 2	1.854	1	0.173
3+声调：焦点条件	8	-347.77	2 vs 3	0.495	2	0.781

注："$\Delta\chi^2$"表示的是卡方值的变化，"Δdf"表示的是自由度的变化。

第二节 年龄:5岁

一 时长

测试焦点（焦点 vs. 焦点后）在5岁组句中位置时长上表现的模型搭建细节见表2-2。模型的拟合度比较结果见表5-20。如表所示，拟合度最高的最佳模型是模型1（Model 1），这个模型包括声调的主效应，χ^2（2）=33.605，$p<0.001$。因而，没有证据表明此年龄组白语儿童在句中位置的任一声调中通过变化时长来区分焦点（241.1ms，SD=75.7）和焦点后（228.6ms，SD=59.2）。

表5-20 年龄组=5岁，句中位置，时长作为结果变量：焦点（NF-m）vs. 焦点后（NF-i）模型拟合度分析一览表

模型	N_{pars}	-2 LLR	比较			
			模型	$\Delta\chi^2$	Δdf	p
0（仅纳入"说话人"作为随机截距）	3	-353.00				
1+声调	5	-336.20	0 vs 1	33.605	2	0.000***
2+焦点条件	6	-335.97	1 vs 2	0.452	1	0.502
3+声调：焦点条件	8	-334.87	2 vs 3	2.199	2	0.333

注："$\Delta\chi^2$"表示的是卡方值的变化，"Δdf"表示的是自由度的变化。

测试焦点（焦点 vs. 焦点前）在5岁组句中位置时长上表现的模型搭建细节见表2-2。模型的拟合度比较结果见表5-21。如表所示，拟合度最高的最佳模型是模型 1（Model 1），这个模型只包括声调的主效应，χ^2（2）= 19.475，$p < 0.001$。因而，没有证据表明此年龄组儿童在其白语句中位置的低降调（T21）中通过变化时长来区分焦点（181.7ms，SD = 66.8）和焦点前（232.1ms，SD = 48.7），也没有证据表明此年龄组儿童在其白语句中位置的中升调（T35）中通过变化时长来区分焦点（236.6ms，SD = 44.9）和焦点前（237.2ms，SD = 40.2）。另外，没有证据表明此年龄组儿童在其白语句中位置的高平调（T55）中通过变化时长来区分焦点（310.9ms，SD = 93.9）和焦点前（263.2ms，SD = 14.4）。

表 5－21　年龄组 =5 岁，句中位置，时长作为结果变量：焦点（NF-m）vs. 焦点前（NF-f）模型拟合度分析一览表

模型	N_{pars}	－2 LLR	比较			
			模型	$\Delta\chi^2$	Δdf	p
0（仅纳入“说话人”作为随机截距）	3	－244.95				
1 + 声调	5	－235.07	0 vs 1	19.753	2	0.000 ***
2 + 焦点条件	6	－234.83	1 vs 2	0.483	1	0.487
3 + 声调：焦点条件	8	－233.48	2 vs 3	2.702	2	0.259

注：“$\Delta\chi^2$” 表示的是卡方值的变化，“Δdf” 表示的是自由度的变化。

测试焦点域（窄焦点 vs. 宽焦点）在 5 岁组句中位置时长上表现的模型搭建细节见表 2－2。模型的拟合度比较结果见表 5－22。如表所示，拟合度最高的最佳模型是模型 1（Model 1），这个模型只包括声调的主效应，χ^2（2）= 12.199，$p < 0.01$。因而，没有证据表明此年龄组儿童在其白语句中位置的低降调（T21）中通过变化时长来区分窄焦点（181.7ms，SD = 66.8）和宽焦点（224.4ms，SD = 43.8）；也没有证据表明此年龄组儿童在其白语句中位置的中升调（T35）中通过变化时长来区分窄焦点（236.6ms，SD = 44.9）和宽焦点（289.4ms，SD = 62.7）。另外，没有证据表明此年龄组儿童在其白语句中位置的高平调

（T55）中通过变化时长来区分窄焦点（310.9ms，SD = 93.9）和宽焦点（297.9ms，SD = 76.8）。

表 5－22 年龄组 = 5 岁，句中位置，时长作为结果变量：窄焦点（NF-m）vs. 宽焦点（BF）模型拟合度分析一览表

模型	N_{pars}	－2 LLR	比较			
			模型	$\Delta\chi^2$	Δdf	p
0（仅纳入"说话人"作为随机截距）	3	－273.85				
1＋声调	5	－265.57	0 vs 1	16.565	2	0.000***
2＋焦点条件	6	－264.52	1 vs 2	2.109	1	0.146
3＋声调：焦点条件	8	－263.24	2 vs 3	2.547	2	0.280

注："$\Delta\chi^2$"表示的是卡方值的变化，"Δdf"表示的是自由度的变化。

测试对比度（窄焦点 vs. 对比焦点）在 5 岁组句中位置时长上表现的模型搭建细节见表 2－2。模型的拟合度比较结果见表 5－23。如表所示，拟合度最高的最佳模型是模型 3（Model 3），这个模型包括声调和焦点条件的交互效应，χ^2（2）= 8.363，$p < 0.05$。最佳模型的具体参数估计值见表 5－24。笔者通过在每一个声调中检验焦点条件的作用来探索此交互效应的细节。在低降调（T21）中，进一步的分析并未揭示出焦点条件的主效应（$p = 0.539$）；这说明，这一年龄组儿童在句中位置的低降调（T21）中并未通过变化焦点成分的时长来区分窄焦点（181.7ms，SD = 66.8）和对比焦点（195.8ms，SD = 49.4）。但是，在中升调（T35）中，进一步的分析揭示出焦点条件的主效应（$p < 0.05$）；这说明，这一年龄组儿童在句中位置的中升调（T35）中通过变化延长对比焦点成分的时长来区分窄焦点（236.6ms，SD = 44.9）和对比焦点（275.6ms，SD = 53）。在高平调（T55）中，进一步的分析也并未揭示出焦点条件的主效应（$p = 0.103$）。这说明，这一年龄组儿童在句中位置的高平调（T55）中并未通过变化时长来区分窄焦点（310.9ms，SD = 93.9）和对比焦点（256.1ms，SD = 53.5）。

如图 5－4 所示。

表 5－23　年龄组＝5 岁，句中位置，时长作为结果变量：窄焦点（NF-m）vs. 对比焦点（CF-m）模型拟合度分析一览表

模型	N_{pars}	－2 LLR	比较			
			模型	$\Delta\chi^2$	Δdf	p
0（仅纳入"说话人"作为随机截距）	3	－341.87				
1＋声调	5	－331.87	0 vs 1	20.014	2	0.000 ***
2＋焦点条件	6	－331.72	1 vs 2	0.291	1	0.590
3＋声调：焦点条件	8	－327.54	2 vs 3	8.363	2	0.015 *

注："$\Delta\chi^2$" 表示的是卡方值的变化，"Δdf" 表示的是自由度的变化。

表 5－24　年龄组＝5 岁，句中位置，时长，窄焦点（NF-m）vs. 对比焦点（CF-m），最佳模型的参数估计值一览表

	Estimate	Std. Error	df	t value	Pr（＞|t|）
固定变量					
截距（Intercept）	197.61	19.22	12.28	10.284	0.000 ***
中升调（T35）	83.31	20.99	58.32	3.970	0.002 **
高平调（T55）	63.77	20.99	58.32	3.039	0.004 **
窄焦点（NF-m）	－12.43	25.46	58.16	－0.488	0.627
中升调（T35）：窄焦点（NF-m）	－30.33	32.28	58.30	－0.940	0.351
高平调（T55）：窄焦点（NF-m）	65.43	35.76	58.21	1.830	0.072
随机变量	名称	Variance	Std. Dev.		
发音人（Speaker）	Intercept	409.6	20.24		
余量（Residual）		2515.6	50.16		

二　音域

测试焦点（焦点 vs. 焦点后）在 5 岁组句中位置音域上表现的模型搭建细节见表 2－2。模型的拟合度比较结果见表 5－25。如表

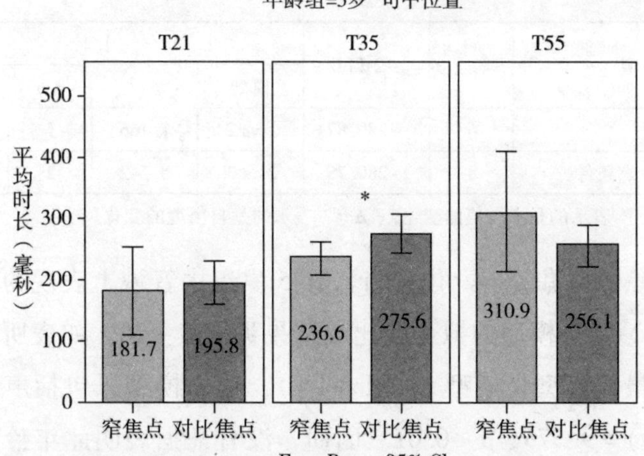

图5－4　5岁组句中位置窄焦点成分的平均时长（毫秒）vs. 对比焦点成分的平均时长（毫秒），n＝61，N＝3，显著性差异用＊标示

所示，拟合度最高的最佳模型是模型1（Model 1），这个模型包括声调的主效应，χ^2（2）＝13.608，$p<0.01$。因而，没有证据表明此年龄组儿童在其白语句中位置的低降调（T21）中通过变化音域来区分焦点（58.5Hz，SD＝44.9）和焦点后（45.4Hz，SD＝41.4），也没有证据表明此年龄组儿童在其白语句中位置的中升调（T35）中通过变化音域来区分焦点（77.1Hz，SD＝30.8）和焦点后（66.6Hz，SD＝20.7）。另外，没有证据表明此年龄组儿童在其白语句中位置的高平调（T55）中通过变化音域来区分焦点（39.9Hz，SD＝16.5）和焦点后（36.7Hz，SD＝12.3）。

表5－25　年龄组＝5岁，句中位置，音域作为结果变量：焦点（NF-m）vs. 焦点后（NF-i）模型拟合度分析一览表

模型	N_{pars}	－2 LLR	比较			
			模型	$\Delta\chi^2$	Δdf	p
0（仅纳入“说话人”作为随机截距）	3	－288.41				
1＋声调	5	－281.61	0 vs 1	13.608	2	0.001**

续表

模型	N_{pars}	−2 LLR	比较			
			模型	$\Delta\chi^2$	Δdf	p
2 + 焦点条件	6	−280.87	1 vs 2	1.466	1	0.226
3 + 声调：焦点条件	8	−280.75	2 vs 3	0.242	2	0.886

注："$\Delta\chi^2$"表示的是卡方值的变化，"Δdf"表示的是自由度的变化。

测试焦点（焦点 vs. 焦点前）在 5 岁组中音域上表现的模型搭建细节见表 2－2。模型的拟合度比较结果见表 5－26。如表所示，拟合度最高的最佳模型是模型 1（Model 1），这个模型只包括声调的主效应，χ^2（2）=9.576，$p<0.01$。因而，没有证据表明此年龄组儿童在其白语句中位置的低降调（T21）中通过变化音域来区分焦点（58.5Hz，SD = 44.9）和焦点前（35.2Hz，SD = 18.2），也没有证据表明此年龄组儿童在其白语句中位置的中升调（T35）中通过变化音域来区分焦点（77.1Hz，SD = 30.8）和焦点前（67.3Hz，SD = 26.5）。另外，没有证据表明此年龄组儿童在其白语句中位置的高平调（T55）中通过变化音域来区分焦点（39.9Hz，SD = 16.5）和焦点前（54.2Hz，SD = 7.1）。

表 5－26　年龄组 = 5 岁，句中位置，音域作为结果变量：焦点（NF-m）vs. 焦点前（NF-f）模型拟合度分析一览表

模型	N_{pars}	−2 LLR	比较			
			模型	$\Delta\chi^2$	Δdf	p
0（仅纳入"说话人"作为随机截距）	3	−202.71				
1 + 声调	5	−197.92	0 vs 1	9.576	2	0.008 **
2 + 焦点条件	6	−197.54	1 vs 2	0.761	1	0.383
3 + 声调：焦点条件	8	−196.24	2 vs 3	2.591	2	0.274

注："$\Delta\chi^2$"表示的是卡方值的变化，"Δdf"表示的是自由度的变化。

测试焦点域（窄焦点 vs. 宽焦点）在 5 岁组句中位置音域上表现的模型搭建细节见表 2－2。模型的拟合度比较结果见表 5－27。如表所示，拟合度最高的最佳模型是模型 1（Model 1），这个模型只包括声调的主效应，χ^2（2）=18.428，$p<0.001$。因而，没有证据表明此年龄组儿童在其白语句中位置的低降调（T21）中通过变化音域来区分窄焦点（58.5Hz，SD=44.9）和宽焦点（50.7Hz，SD=34.6），也没有证据表明此年龄组儿童在其白语句中位置的中升调（T35）中通过变化音域来区分窄焦点（77.1Hz，SD=30.8）和宽焦点（92.6Hz，SD=31.3）。另外，没有证据表明此年龄组儿童在其白语句中位置的高平调（T55）中通过变化音域来区分窄焦点（39.9Hz，SD=16.5）和宽焦点（38.1Hz，SD=14.8）。

表5－27　年龄组=5岁，音域作为结果变量：窄焦点（NF-m）vs. 宽焦点（BF）模型拟合度分析一览表

模型	N_{pars}	－2 LLR	比较			
			模型	$\Delta\chi^2$	Δdf	p
0（仅纳入“说话人”作为随机截距）	3	－236.76				
1＋声调	5	－227.55	0 vs 1	18.428	2	0.000***
2＋焦点条件	6	－227.52	1 vs 2	0.055	1	0.814
3＋声调：焦点条件	8	－226.82	2 vs 3	1.403	2	0.496

注：“$\Delta\chi^2$”表示的是卡方值的变化，“Δdf”表示的是自由度的变化。

测试对比度（窄焦点 vs. 对比焦点）在5岁组句中位置音域上表现的模型搭建细节见表2－2。模型的拟合度比较结果见表5－28。如表所示，拟合度最高的最佳模型是模型1（Model 1），这个模型只包括声调的主效应，χ^2（2）=17.277，$p<0.001$。因而，没有证据表明此年龄组儿童在其白语句中位置的低降调（T21）中通过变化音域来区分窄焦点（58.5Hz，SD=44.9）和对比焦点（69.1Hz，SD=33.5），也没有证据表明此年龄组儿童在其白语句中位置的中升调（T35）中通过变化音域来区分窄焦点（77.1Hz，SD=30.8）和对比焦点（73.3Hz，SD=28.6）。另外，没有证据表明此年龄组儿童在其白语句中位置的高平调（T55）中通过变化音域来区分窄焦点（39.9Hz，SD=16.5）和

对比焦点（37Hz，SD = 18.1）。

表 5 – 28　年龄组 = 5 岁，音域作为结果变量：窄焦点（NF-m）vs. 对比焦点（CF-m）模型拟合度分析一览表

模型	N_{pars}	–2 LLR	比较			
			模型	$\Delta\chi^2$	Δdf	p
0（仅纳入"说话人"作为随机截距）	3	–302.83				
1 + 声调	5	–294.19	0 vs 1	17.277	2	0.000***
2 + 焦点条件	6	–294.19	1 vs 2	0	1	0.996
3 + 声调：焦点条件	8	–293.85	2 vs 3	0.683	2	0.711

注："$\Delta\chi^2$"表示的是卡方值的变化，"Δdf"表示的是自由度的变化。

三　音高最大值

测试焦点（焦点 vs. 焦点后）在 5 岁组句中位置音高最大值上表现的模型搭建细节见表 2 – 2。模型的拟合度比较结果见表 5 – 29。如表所示，拟合度最高的最佳模型是模型 1（Model 1），这个模型包括声调的主效应，χ^2（2）= 54.613，$p < 0.001$。因而，没有证据表明此年龄组儿童在其白语句中位置的低降调（T21）中通过变化音高最大值来区分焦点（253.8Hz，SD = 28.4）和焦点后（238.2Hz，SD = 29.8），也没有证据表明此年龄组儿童在其白语句中位置的中升调（T35）中通过变化音高最大值来区分焦点（276.3Hz，SD = 22.8）和焦点后（266.7Hz，SD = 16.4）。另外，没有证据表明此年龄组儿童在其白语句中位置的高平调（T55）中通过变化音高最大值来区分焦点（345.1Hz，SD = 61.6）和焦点后（357.1Hz，SD = 55.9）。

表 5 – 29　年龄组 = 5 岁，句中位置，音高最大值作为结果变量：焦点（NF-m）vs. 焦点后（NF-i）模型拟合度分析一览表

模型	N_{pars}	–2 LLR	比较			
			模型	$\Delta\chi^2$	Δdf	p
0（仅纳入"说话人"作为随机截距）	3	–314.89				

续表

模型	N_{pars}	−2 LLR	比较			
			模型	$\Delta\chi^2$	Δdf	p
1 + 声调	5	−287.58	0 vs 1	54.613	2	0.000 ***
2 + 焦点条件	6	−287.54	1 vs 2	0.096	1	0.757
3 + 声调：焦点条件	8	−286.97	2 vs 3	1.129	2	0.569

注："$\Delta\chi^2$"表示的是卡方值的变化，"Δdf"表示的是自由度的变化。

测试焦点（焦点 vs. 焦点前）在5岁组句中位置音高最大值上表现的模型搭建细节见表2－2。模型的拟合度比较结果见表5－30。如表所示，拟合度最高的最佳模型是模型1（Model 1），这个模型只包括声调的主效应，χ^2（2）= 25.343，$p < 0.001$。因而，没有证据表明此年龄组儿童在其白语句中位置的低降调（T21）中通过变化音高最大值来区分焦点（253.8Hz，SD = 28.4）和焦点前（226.6Hz，SD = 38.7），也没有证据表明此年龄组儿童在其白语句中位置的中升调（T35）中通过变化音高最大值来区分焦点（276.3Hz，SD = 22.8）和焦点前（262.7Hz，SD = 14.1）。另外，没有证据表明此年龄组儿童在其白语句中位置的高平调（T55）中通过变化音高最大值来区分焦点（345.1Hz，SD = 61.6）和焦点前（325.4Hz，SD = 75.3）。

表5－30　年龄组 =5岁，音高最大值作为结果变量：焦点（NF-m）vs. 焦点前（NF-f）模型拟合度分析一览表

模型	N_{pars}	−2 LLR	比较			
			模型	$\Delta\chi^2$	Δdf	p
0（仅纳入"说话人"作为随机截距）	3	−231.96				
1 + 声调	5	−219.28	0 vs 1	25.343	2	0.000 ***
2 + 焦点条件	6	−218.26	1 vs 2	2.055	1	0.152
3 + 声调：焦点条件	8	−218.20	2 vs 3	0.123	2	0.941

注："$\Delta\chi^2$"表示的是卡方值的变化，"Δdf"表示的是自由度的变化。

测试焦点域（窄焦点 vs. 宽焦点）在5岁组句中位置音高最大值

上表现的模型搭建细节见表 2－2。模型的拟合度比较结果见表 5－31。如表所示，拟合度最高的最佳模型是模型 1（Model 1），这个模型只包括声调的主效应，χ^2（2）= 45.934，$p < 0.001$。因而，没有证据表明此年龄组儿童在其白语句中位置的低降调（T21）中通过变化音高最大值来区分窄焦点（253.8Hz，SD = 28.4）和宽焦点（241.4Hz，SD = 26.9），也没有证据表明此年龄组儿童在其白语句中位置的中升调（T35）中通过变化音高最大值来区分窄焦点（276.3Hz，SD = 22.8）和宽焦点（271.9Hz，SD = 14）。另外，没有证据表明此年龄组儿童在其白语句中位置的高平调（T55）中通过变化音高最大值来区分窄焦点（345.1Hz，SD = 61.6）和宽焦点（343.2Hz，SD = 40.2）。

表 5－31　年龄组 = 5 岁，句中位置，音高最大值作为结果变量：窄焦点（NF-m）vs. 宽焦点（BF）模型拟合度分析一览表

模型	N_{pars}	−2 LLR	比较			
			模型	$\Delta\chi^2$	Δdf	p
0（仅纳入“说话人”作为随机截距）	3	−256.35				
1 + 声调	5	−233.38	0 vs 1	45.934	2	0.000 ***
2 + 焦点条件	6	−233.26	1 vs 2	0.246	1	0.620
3 + 声调：焦点条件	8	−233.20	2 vs 3	0.113	2	0.945

注：“$\Delta\chi^2$”表示的是卡方值的变化，“Δdf”表示的是自由度的变化。

测试对比度（窄焦点 vs. 对比焦点）在 5 岁组句中位置音高最大值上表现的模型搭建细节见表 2－2。模型的拟合度比较结果见表 5－32。如表所示，拟合度最高的最佳模型是模型 1（Model 1），这个模型只包括声调的主效应，χ^2（2）= 67.188，$p < 0.001$。因而，没有证据表明此年龄组儿童在其白语句中位置的低降调（T21）中通过变化音高最大值来区分窄焦点（253.8Hz，SD = 28.4）和对比焦点（251Hz，SD = 12.4），也没有证据表明此年龄组儿童在其白语句中位置的中升调（T35）中通过变化音高最大值来区分窄焦点（276.3Hz，

SD = 22. 8）和对比焦点（258. 3Hz，SD = 18. 6）。另外，没有证据表明此年龄组儿童在其白语句中位置的高平调（T55）中通过变化音高最大值来区分窄焦点（345. 1Hz，SD = 61. 6）和对比焦点（339. 8Hz，SD = 24. 4）。

表 5 - 32　年龄组 =5 岁，句中位置，音高最大值作为结果变量：窄焦点（NF-m）vs. 对比焦点（CF-m）模型拟合度分析一览表

模型	N_{pars}	-2 LLR	比较			
			模型	$\Delta\chi^2$	Δdf	p
0（仅纳入“说话人”作为随机截距）	3	-325. 12				
1 + 声调	5	-291. 53	0 vs 1	67. 188	2	0. 000***
2 + 焦点条件	6	-290. 36	1 vs 2	2. 342	1	0. 126
3 + 声调：焦点条件	8	-289. 85	2 vs 3	1. 020	2	0. 600

注：“$\Delta\chi^2$”表示的是卡方值的变化，“Δdf”表示的是自由度的变化。

四　音高最小值

测试焦点（焦点 vs. 焦点后）在 5 岁组句中位置音高最小值上表现的模型搭建细节见表 2 - 2。模型的拟合度比较结果见表 5 - 33。如表所示，拟合度最高的最佳模型是模型 1（Model 1），这个模型包括声调的主效应，χ^2（2）= 65. 172，p < 0. 001。因而，没有证据表明此年龄组儿童在其白语句中位置的低降调（T21）中通过变化音高最小值来区分焦点（203. 3Hz，SD = 8. 4）和焦点后（192. 7Hz，SD = 31. 6），也没有证据表明此年龄组儿童在其白语句中位置的中升调（T35）中通过变化音高最小值来区分焦点（204. 8Hz，SD = 12. 7）和焦点后（200. 4Hz，SD = 20. 9）。另外，没有证据表明此年龄组儿童在其白语句中位置的高平调（T55）中通过变化音高最小值来区分焦点（305. 2Hz，SD = 66. 1）和焦点后（302. 7Hz，SD = 49）。

测试焦点（焦点 vs. 焦点前）在 5 岁组句中位置音高最小值上表

现的模型搭建细节见表2－2。模型的拟合度比较结果见表5－34。如表所示，拟合度最高的最佳模型是模型1（Model 1），这个模型只包括声调的主效应，χ^2（2）＝41.984，$p<0.001$。因而，没有证据表明此年龄组儿童在其白语句中位置的低降调（T21）中通过变化音高最小值来区分焦点（203.3Hz，SD＝8.4）和焦点前（191.4Hz，SD＝35.5），也没有证据表明此年龄组儿童在其白语句中位置的中升调（T35）中通过变化音高最小值来区分焦点（204.8Hz，SD＝12.7）和焦点前（201.6Hz，SD＝31.4）。另外，没有证据表明此年龄组儿童在其白语句中位置的高平调（T55）中通过变化音高最小值来区分焦点（305.2Hz，SD＝66.1）和焦点前（290.2Hz，SD＝12.4）。

表5－33　　年龄组＝5岁，句中位置，音高最小值作为结果变量：焦点（NF-m）vs. 焦点后（NF-i）模型拟合度分析一览表

模型	N_{pars}	−2 LLR	比较			
			模型	$\Delta\chi^2$	Δdf	p
0（仅纳入“说话人”作为随机截距）	3	−311.16				
1＋声调	5	−278.57	0 vs 1	65.172	2	0.000 ***
2＋焦点条件	6	−278.56	1 vs 2	0.024	1	0.877
3＋声调：焦点条件	8	−278.56	2 vs 3	0.014	2	0.993

注：“$\Delta\chi^2$”表示的是卡方值的变化，“Δdf”表示的是自由度的变化。

表5－34　　年龄组＝5岁，句中位置，音高最小值作为结果变量：焦点（NF-m）vs. 焦点前（NF-f）模型拟合度分析一览表

模型	N_{pars}	−2 LLR	比较			
			模型	$\Delta\chi^2$	Δdf	p
0（仅纳入“说话人”作为随机截距）	3	−209.99				
1＋声调	5	−189.00	0 vs 1	41.984	2	0.000 ***
2＋焦点条件	6	−188.72	1 vs 2	0.561	1	0.454
3＋声调：焦点条件	8	−188.58	2 vs 3	0.277	2	0.871

注：“$\Delta\chi^2$”表示的是卡方值的变化，“Δdf”表示的是自由度的变化。

测试焦点域（窄焦点 vs. 宽焦点）在5岁组句中位置音高最小值上表现的模型搭建细节见表2-2。模型的拟合度比较结果见表5-35。如表所示，拟合度最高的最佳模型是模型1（Model 1），这个模型只包括声调的主效应，χ^2（2）=12.173，$p<0.01$。因而，没有证据表明此年龄组儿童在其白语句中位置的低降调（T21）中通过变化音高最小值来区分窄焦点（203.3Hz，SD=8.4）和宽焦点（190.3Hz，SD=1.5），也没有证据表明此年龄组儿童在其白语句中位置的中升调（T35）中通过变化音高最小值来区分窄焦点（204.8Hz，SD=12.7）和宽焦点（179.3Hz，SD=21.5）。另外，没有证据表明此年龄组儿童在其白语句中位置的高平调（T55）中通过变化音高最小值来区分窄焦点（305.2Hz，SD=66.1）和宽焦点（305.1Hz，SD=43.3）。

表5-35　年龄组=5岁，句中位置，音高最小值作为结果变量：窄焦点（NF-m）vs. 宽焦点（BF）模型拟合度分析一览表

模型	N_{pars}	-2 LLR	比较			
			模型	$\Delta\chi^2$	Δdf	p
0（仅纳入“说话人”作为随机截距）	3	-227.62				
1+声调	5	-197.63	0 vs 1	59.962	2	0.000***
2+焦点条件	6	-197.16	1 vs 2	0.954	1	0.329
3+声调：焦点条件	8	-196.44	2 vs 3	1.433	2	0.489

注：“$\Delta\chi^2$”表示的是卡方值的变化，“Δdf”表示的是自由度的变化。

测试对比度（窄焦点 vs. 对比焦点）在5岁组句中位置音高最小值上表现的模型搭建细节见表2-2。模型的拟合度比较结果见表5-36。如表所示，拟合度最高的最佳模型是模型1（Model 1），这个模型只包括声调的主效应，χ^2（2）=72.623，$p<0.001$。因而，没有证据表明此年龄组儿童在其白语句中位置的低降调（T21）中通过变化音高最小值来区分窄焦点（203.3Hz，SD=8.4）和对比焦点（177.1Hz，SD=41.9），也没有证据表明此年龄组儿童在其白语句中

位置的中升调（T35）中通过变化音高最小值来区分窄焦点（204.8Hz，SD=12.7）和对比焦点（184.9Hz，SD=22.8）。另外，没有证据表明此年龄组儿童在其白语句中位置的高平调（T55）中通过变化音高最小值来区分窄焦点（305.2Hz，SD=66.1）和对比焦点（298.3Hz，SD=34.2）。

表5-36　年龄组=5岁，句中位置，音高最小值作为结果变量：窄焦点（NF-m）vs. 对比焦点（CF-m）模型拟合度分析一览表

模型	N_{pars}	-2 LLR	比较			
			模型	$\Delta\chi^2$	Δdf	p
0（仅纳入"说话人"作为随机截距）	3	-332.28				
1+声调	5	-295.97	0 vs 1	72.623	2	0.000***
2+焦点条件	6	-294.07	1 vs 2	3.792	1	0.051
3+声调：焦点条件	8	-293.78	2 vs 3	0.587	2	0.746

注："$\Delta\chi^2$"表示的是卡方值的变化，"Δdf"表示的是自由度的变化。

第三节　年龄:6岁

一　时长

测试焦点（焦点 vs. 焦点后）在6岁组句中位置时长上表现的模型搭建细节见表2-2。模型的拟合度比较结果见表5-37。如表所示，拟合度最高的最佳模型是模型1（Model 1），这个模型包括声调的主效应，χ^2（2）=23.631，$p<0.001$。因而，没有证据表明此年龄组儿童在其白语句中位置的任一声调中通过变化时长来区分焦点（230.2ms，SD=110.4）和焦点后（202.3ms，SD=70.4）。

测试焦点（焦点 vs. 焦点前）在6岁组句中位置时长上表现的模型搭建细节见表2-2。模型的拟合度比较结果见表5-38。如表所示，拟合度最高的最佳模型是模型1（Model 1），这个模型只包括声调的主效应，χ^2（2）= 32.254，$p < 0.001$。因而，没有证据表明此年龄组儿童在其白语句中位置的低降调（T21）中通过变化时长来区分焦点（159.9ms，SD = 64.9）和焦点前（155.1ms，SD = 37.3）；也没有证据表明此年龄组儿童在其白语句中位置的中升调（T35）中通过变化时长来区分焦点（224.2ms，SD = 80.4）和焦点前（201.9ms，SD = 71.3）。另外，没有证据表明此年龄组儿童在其白语句中位置的高平调（T55）中通过变化时长来区分焦点（210.3ms，SD = 39.8）和焦点前（240ms，SD = 61.4）。

表 5－37　年龄组 = 6 岁，句中位置，时长作为结果变量：焦点（NF-m）vs. 焦点后（NF-i）模型拟合度分析一览表

模型	N_{pars}	－2 LLR	比较			
			模型	$\Delta\chi^2$	Δdf	p
0（仅纳入“说话人”作为随机截距）	3	－460.54				
1 + 声调	5	－448.72	0 vs 1	23.631	2	0.000***
2 + 焦点条件	6	－448.22	1 vs 2	0.991	1	0.319
3 + 声调：焦点条件	8	－446.98	2 vs 3	2.492	2	0.288

注：“$\Delta\chi^2$”表示的是卡方值的变化，“Δdf”表示的是自由度的变化。

表 5－38　年龄组 = 6 岁，句中位置，时长作为结果变量：焦点（NF-m）vs. 焦点前（NF-f）模型拟合度分析一览表

模型	N_{pars}	－2 LLR	比较			
			模型	$\Delta\chi^2$	Δdf	p
0（仅纳入“说话人”作为随机截距）	3	－434.29				
1 + 声调	5	－418.16	0 vs 1	32.254	2	0.000***
2 + 焦点条件	6	－418.10	1 vs 2	0.129	1	0.719
3 + 声调：焦点条件	8	－416.72	2 vs 3	2.743	2	0.254

注：“$\Delta\chi^2$”表示的是卡方值的变化，“Δdf”表示的是自由度的变化。

测试焦点域（窄焦点 vs. 宽焦点）在6岁组句中位置时长上表现的模型搭建细节见表2－2。模型的拟合度比较结果见表5－39。如表所示，拟合度最高的最佳模型是模型3（Model 3），这个模型包括声调和焦点条件的交互效应，χ^2（2）＝7.003，$p<0.05$。最佳模型的具体参数估计值见表5－40。笔者通过在每一个声调中检验焦点条件的作用来探索此交互效应的细节。在低降调（T21）中，进一步的分析揭示出焦点条件的主效应（$p<0.001$）；这说明，这一年龄组儿童在句中位置的低降调（T21）中通过缩短焦点成分的时长来区分窄焦点（159.9ms，SD＝64.9）和宽焦点（379.8ms，SD＝264）。在中升调（T35）中，进一步的分析也揭示出焦点条件的主效应（$p<0.01$）；这说明，这一年龄组儿童在句中位置的中升调（T35）中通过缩短焦点成分的时长来区分窄焦点（224.2ms，SD＝80.4）和宽焦点（311.8ms，SD＝164.1）。在高平调（T55）中，进一步的分析也揭示出焦点条件的主效应（$p<0.05$）。这说明，这一年龄组儿童在句中位置的高平调（T55）中通过缩短焦点成分的时长来区分窄焦点（210.3ms，SD＝39.8）和宽焦点（335.9ms，SD＝162.1）。如图5－5所示。

表5－39　年龄组＝6岁，句中位置，时长作为结果变量：窄焦点（NF-m）vs. 宽焦点（BF）模型拟合度分析一览表

模型	N_{pars}	－2 LLR	比较			
			模型	$\Delta\chi^2$	Δdf	p
0（仅纳入“说话人”作为随机截距）	3	－426.83				
1＋声调	5	－426.17	0 vs 1	1.314	2	0.518
2＋焦点条件	6	－414.95	1 vs 2	22.441	1	0.000***
3＋声调：焦点条件	8	－411.45	2 vs 3	7.003	2	0.030*

注：“$\Delta\chi^2$”表示的是卡方值的变化，“Δdf”表示的是自由度的变化。

表 5 – 40　年龄组 = 6 岁，句中位置，时长，窄焦点（NF-m）vs. 宽焦点（BF），最佳模型的参数估计值一览表

	Estimate	SE	*df*	*t* value	Pr（>|t|）
固定变量					
截距（Intercept）	376.195	59.441	5.219	6.329	0.001 **
中升调（T35）	−51.357	45.518	65.988	−1.128	0.263
高平调（T55）	−57.426	45.725	66.038	−1.256	0.214
焦点（NF-m）	−209.223	39.560	66.003	−5.289	0.000 ***
中升调（T35）：焦点（NF-m）	105.029	55.426	66.020	1.895	0.062
高平调（T55）：焦点（NF-m）	150.169	57.216	66.085	2.625	0.011 *
随机变量	名称	Variance	Std. Dev.		
发音人（Speaker）	Intercept	7630	87.35		
余量（Residual）		7718	87.85		

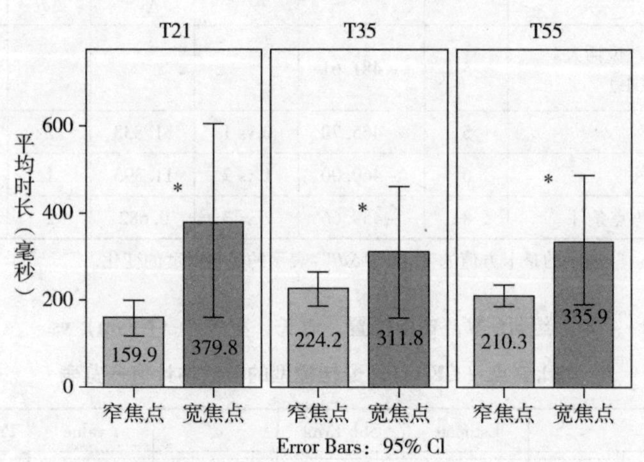

图 5 – 5　6 岁组句中位置窄焦点成分的平均时长（毫秒）vs. 宽焦点成分的平均时长（毫秒），n = 69，N = 3，显著性差异用 * 标示

测试对比度（窄焦点 vs. 对比焦点）在 6 岁组句中位置时长上表

现的模型搭建细节见表2－2。模型的拟合度比较结果见表5－41。如表所示，拟合度最高的最佳模型是模型2（Model 2），这个模型包括声调的主效应，χ^2（2）=31.833，$p<0.001$；焦点条件的主效应，χ^2（1）=11.393，$p<0.001$。最佳模型的具体参数估计值见表5－42。这说明，这一年龄组儿童在其白语句中位置的低降调（T21）中通过延长对比焦点的时长来区分窄焦点/非对比焦点（159.9ms，SD=64.9）和对比焦点（179.7ms，SD=40.7），也在中升调（T35）中通过延长对比焦点的时长来区分窄焦点/非对比焦点（224.2ms，SD=80.4）和对比焦点（249.3ms，SD=56.7），还在高平调（T55）中通过延长对比焦点的时长来区分窄焦点/非对比焦点（210.3ms，SD=39.8）和对比焦点（288.7ms，SD=108.7）。如图5－6所示。

表5－41　　年龄组=6岁，句中位置，时长作为结果变量：窄焦点（NF-m）vs. 对比焦点（CF-m）模型拟合度分析一览表

模型	N_{pars}	−2 LLR	比较			
			模型	$\Delta\chi^2$	Δdf	p
0（仅纳入“说话人”作为随机截距）	3	−481.61				
1+声调	5	−465.70	0 vs 1	31.833	2	0.000***
2+焦点条件	6	−460.00	1 vs 2	11.393	1	0.001***
3+声调：焦点条件	8	−459.66	2 vs 3	0.682	2	0.711

注：“$\Delta\chi^2$”表示的是卡方值的变化，“Δdf”表示的是自由度的变化。

表5－42　　年龄组=6岁，句中位置，时长，窄焦点（NF-m）vs. 对比焦点（CF-m），最佳模型的参数估计值一览表

	Estimate	Std. Error	*df*	*t* value	Pr（>|t|）
固定变量					
截距（Intercept）	197.469	33.563	3.695	5.883	0.005**
升调（T35）	60.026	12.981	83.014	4.624	0.000***
平调（T55）	86.369	13.687	83.011	6.310	0.000***
窄焦点（Narrow focus）	−36.344	10.405	83.009	−3.493	0.001***

续表

	Estimate	Std. Error	*df*	*t* value	Pr（>｜t｜）
随机变量	名称	Variance	Std. Dev.		
发音人（Speaker）	Intercept	2955	54.36		
余量（Residual）		2283	47.78		

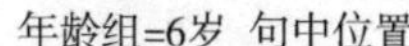

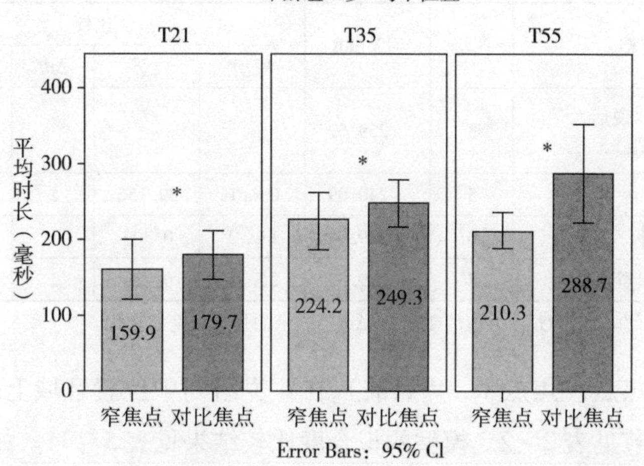

图5-6　6岁组句中位置窄焦点成分的平均时长（毫秒）vs. 对比焦点成分的平均时长（毫秒），n=86，N=3，显著性差异用 * 标示

二　音域

测试焦点（焦点 vs. 焦点后）在6岁组句中位置音域上表现的模型搭建细节见表2-2。模型的拟合度比较结果见表5-43。如表所示，拟合度最高的最佳模型是模型1（Model 1），这个模型只包括声调的主效应，χ^2（2）=31.967，$p<0.001$。因而，没有证据表明此年龄组儿童在其白语句中位置的低降调（T21）中通过变化音域来区分焦点（29.9Hz，SD=15.7）和焦点后（33Hz，SD=11.9），也没有证据表明此年龄组儿童在其白语句中位置的中升调（T35）中通过变化音域来区分焦点（51.7Hz，SD=14.6）和焦点后（46.4Hz，SD=17.5）。另

外，没有证据表明此年龄组儿童在其白语句中位置的高平调（T55）中通过变化音域来区分焦点（23Hz，SD =9.4）和焦点后（23Hz，SD = 3.6）。

表 5 – 43　　年龄组 =6 岁，句中位置，音域作为结果变量：焦点（NF-m）vs. 焦点后（NF-i）模型拟合度分析一览表

模型	N_{pars}	–2 LLR	比较			
			模型	$\Delta\chi^2$	Δdf	p
0（仅纳入"说话人"作为随机截距）	3	–259.67				
1 + 声调	5	–240.09	0 vs 1	39.156	2	0.000 ***
2 + 焦点条件	6	–239.94	1 vs 2	0.303	1	0.582
3 + 声调：焦点条件	8	–239.55	2 vs 3	0.783	2	0.676

注："$\Delta\chi^2$" 表示的是卡方值的变化，"Δdf" 表示的是自由度的变化。

测试焦点（焦点 vs. 焦点前）在 6 岁组句中位置音域上表现的模型搭建细节见表 2 – 2。模型的拟合度比较结果见表 5 – 44。如表所示，拟合度最高的最佳模型是模型 3（Model 3），这个模型包括声调和焦点的交互效应，χ^2（2）= 8.97，$p < 0.05$。最佳模型的具体参数估计值见表 5 – 45。笔者通过在每一个声调中检验焦点条件的作用来探索此交互效应的细节。在低降调（T21）中，进一步的分析并未揭示出焦点条件的主效应（$p = 0.191$）；这说明，这一年龄组儿童在其白语句中位置的低降调（T21）中并未通过变化焦点成分的音域来区分焦点（29.9Hz，SD = 15.7）和焦点前（41.6Hz，SD = 24.2）。在高平调（T55）中，进一步的分析也并未揭示出焦点条件的主效应（$p = 0.864$）；这说明，这一年龄组儿童在其白语句中位置的高平调（T55）中并未通过变化焦点成分的音域来区分焦点（23Hz，SD = 9.4）和焦点前（23.8Hz，SD = 14.6）。但是，在中升调（T35）中，进一步的分析揭示出焦点条件的主效应（$p < 0.05$）。这说明，这一年龄组儿童在其白语句中位置的中升调（T35）中通过扩展焦点成分的音域来区分

焦点（51.7Hz，SD = 14.6）和焦点前（37.3Hz，SD = 13.9）。如图5 – 7 所示。

表 5 – 44　年龄组 =6 岁，句中位置，音域作为结果变量：焦点（NF-m）vs. 焦点前（NF-f）模型拟合度分析一览表

模型	N_{pars}	–2 LLR	比较			
			模型	$\Delta\chi^2$	Δdf	p
0（仅纳入“说话人”作为随机截距）	3	–278.70				
1 + 声调	5	–267.01	0 vs 1	23.378	2	0.000 ***
2 + 焦点条件	6	–266.87	1 vs 2	0.289	1	0.591
3 + 声调：焦点条件	8	–262.38	2 vs 3	8.970	2	0.011 *

注：“$\Delta\chi^2$”表示的是卡方值的变化，“Δdf”表示的是自由度的变化。

表 5 – 45　年龄组 =6 岁，句中位置，音域，焦点（NF-m）vs. 焦点前（NF-f），最佳模型的参数估计值一览表

	Estimate	SE	*df*	*t* value	Pr（> | t |）
固定变量					
截距（Intercept）	43.027	6.153	11.422	6.992	0.000 ***
升调（T35）	–5.362	6.385	61.890	–0.840	0.404
平调（T55）	–17.523	5.982	62.422	–2.929	0.005 **
焦点（Narrow focus）	–11.696	6.792	61.815	–1.722	0.090
升调（T35）：焦点（Narrow focus）	26.523	8.806	61.805	3.012	0.004 **
升调（T55）：焦点（Narrow focus）	10.627	8.465	61.810	1.255	0.214
随机变量	名称	Variance	Std. Dev.		
发音人（Speaker）	Intercept	46.05	6.786		
余量（Residual）		172.13	13.120		

测试焦点域（窄焦点 vs. 宽焦点）在 6 岁组句中位置音域上表现的模型搭建细节见表 2 – 2。模型的拟合度比较结果见表 5 – 46。如表所示，拟合度最高的最佳模型是模型 1（Model 1），这个模型只包括声

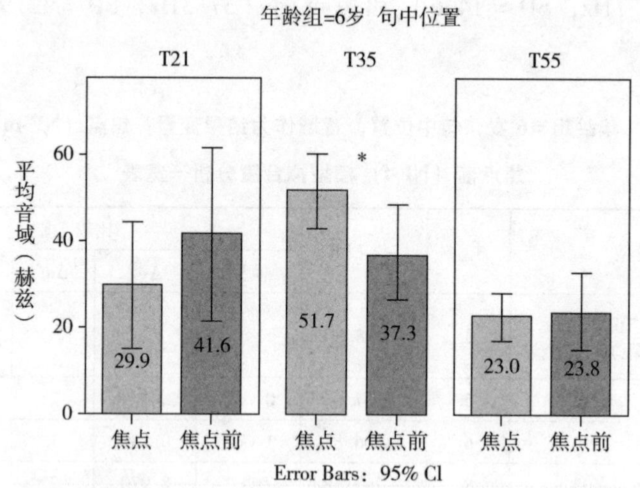

图5－7　6岁组句中位置不同声调中焦点成分的平均音域（赫兹）vs. 焦点前成分的平均音域（赫兹），n＝65，N＝3，显著性差异用＊标示

调的主效应，χ^2（2）＝26.305，$p<0.001$。因而，没有证据表明此年龄组白语儿童在句中位置的低降调（T21）中通过变化音域来区分窄焦点（29.9Hz，SD＝15.7）和宽焦点（46.3Hz，SD＝23.5），也没有证据表明此年龄组白语儿童在句中位置的中升调（T35）中通过变化音域来区分窄焦点（51.7Hz，SD＝14.6）和宽焦点（69.7Hz，SD＝56.6）。另外，没有证据表明此年龄组白语儿童在句中位置的高平调（T55）中通过变化音域来区分窄焦点（23Hz，SD＝9.4）和宽焦点（21.8Hz，SD＝10.5）。

表5－46　　年龄组＝6岁，句中位置，音域作为结果变量：窄焦点（NF-m）vs. 宽焦点（BF）模型拟合度分析一览表

模型	N_{pars}	－2 LLR	比较			
			模型	$\Delta\chi^2$	Δdf	p
0（仅纳入“说话人”作为随机截距）	3	－231.53				
1＋声调	5	－218.38	0 vs 1	26.305	2	0.000***

续表

模型	N_{pars}	-2 LLR	比较			
			模型	$\Delta\chi^2$	Δdf	p
2+焦点条件	6	-217.09	1 vs 2	2.574	1	0.109
3+声调：焦点条件	8	-215.48	2 vs 3	3.219	2	0.2

注："$\Delta\chi^2$"表示的是卡方值的变化，"Δdf"表示的是自由度的变化。

测试对比度（窄焦点 vs. 对比焦点）在6岁组句中位置音域上表现的模型搭建细节见表2-2。模型的拟合度比较结果见表5-47。如表所示，拟合度最高的最佳模型是模型1（Model 1），这个模型只包括声调的主效应，χ^2（2）=31.867，$p<0.001$。因而，没有证据表明此年龄组白语儿童在句中位置的低降调（T21）中通过变化音域来区分窄焦点（29.9Hz，SD=15.7）和对比焦点（34.5Hz，SD=17.6），也没有证据表明此年龄组白语儿童在句中位置的中升调（T35）中通过变化音域来区分窄焦点（51.7Hz，SD=14.6）和对比焦点（42.9Hz，SD=14.1）。另外，没有证据表明此年龄组白语儿童在句中位置的高平调（T55）中通过变化音域来区分窄焦点（23Hz，SD=9.4）和对比焦点（27.2Hz，SD=3.9）

表5-47　年龄组=6岁，句中位置，音域作为结果变量：窄焦点（NF-m）vs. 对比焦点（CF-m）模型拟合度分析一览表

模型	N_{pars}	-2 LLR	比较			
			模型	$\Delta\chi^2$	Δdf	p
0（仅纳入"说话人"作为随机截距）	3	-248.87				
1+声调	5	-232.93	0 vs 1	31.867	2	0.000***
2+焦点条件	6	-232.81	1 vs 2	0.250	1	0.617
3+声调：焦点条件	8	-230.82	2 vs 3	3.984	2	0.136

注："$\Delta\chi^2$"表示的是卡方值的变化，"Δdf"表示的是自由度的变化。

三　音高最大值

测试焦点（焦点 vs. 焦点后）在6岁组句中位置音高最大值上表

现的模型搭建细节见表 2－2。模型的拟合度比较结果见表 5－48。如表所示，拟合度最高的最佳模型是模型 1（Model 1），这个模型只包括声调的主效应，χ^2（2）= 63.376，$p < 0.001$。因而，没有证据表明此年龄组儿童在其白语句中位置的低降调（T21）中通过变化音高最大值来区分焦点（228.7Hz，SD = 25.1）和焦点后（226.3Hz，SD = 33.5），也没有证据表明此年龄组儿童在其白语句中位置的中升调（T35）中通过变化音高最大值来区分焦点（257.1Hz，SD = 17.8）和焦点后（261.6Hz，SD = 25.5）。另外，没有证据表明此年龄组儿童在其白语句中位置的高平调（T55）中通过变化音高最大值来区分焦点（331.8Hz，SD = 47.7）和焦点后（322.5Hz，SD = 40）。

表 5－48　年龄组 = 6 岁，句中位置，音高最大值作为结果变量：焦点（NF-m）vs. 焦点后（NF-i）模型拟合度分析一览表

模型	N_{pars}	−2 LLR	比较			
			模型	$\Delta\chi^2$	Δdf	p
0（仅纳入“说话人”作为随机截距）	3	−361.23				
1 + 声调	5	−329.54	0 vs 1	63.376	2	0.000 ***
2 + 焦点条件	6	−329.49	1 vs 2	0.094	1	0.760
3 + 声调：焦点条件	8	−329.22	2 vs 3	0.534	2	0.766

注：“$\Delta\chi^2$”表示的是卡方值的变化，“Δdf”表示的是自由度的变化。

测试焦点（焦点 vs. 焦点前）在 6 岁组句中位置音高最大值上表现的模型搭建细节见表 2－2。模型的拟合度比较结果见表 5－49。如表所示，拟合度最高的最佳模型是模型 1（Model 1），这个模型只包括声调的主效应，χ^2（2）= 53.372，$p < 0.001$。因而，没有证据表明此年龄组儿童在其白语句中位置的低降调（T21）中通过变化音高最大值来区分焦点（228.7Hz，SD = 25.1）和焦点前（239.9Hz，SD = 37.1），也没有证据表明此年龄组儿童在其白语句中位置的中升调（T35）中通过变化音高最大值来区分焦点（257.1Hz，SD = 17.8）和

焦点前（240Hz，SD = 4.2）。另外，没有证据表明此年龄组儿童在其白语句中位置的高平调（T55）中通过变化音高最大值来区分焦点（331.8Hz，SD = 47.7）和焦点前（318.6Hz，SD = 48.4）。

表 5 – 49　年龄组 = 6 岁，句中位置，音高最大值作为结果变量：焦点（NF-m）vs. 焦点前（NF-f）模型拟合度分析一览表

模型	N_{pars}	–2 LLR	比较			
			模型	$\Delta\chi^2$	Δdf	p
0（仅纳入"说话人"作为随机截距）	3	–352.22				
1 + 声调	5	–325.53	0 vs 1	53.372	2	0.000 ***
2 + 焦点条件	6	–325.16	1 vs 2	0.741	1	0.389
3 + 声调：焦点条件	8	–324.42	2 vs 3	1.474	2	0.479

注："$\Delta\chi^2$"表示的是卡方值的变化，"Δdf"表示的是自由度的变化。

测试焦点域（窄焦点 vs. 宽焦点）在 6 岁组句中位置音高最大值上表现的模型搭建细节见表 2 – 2。模型的拟合度比较结果见表 5 – 50。如表所示，拟合度最高的最佳模型是模型 1（Model 1），这个模型只包括声调的主效应，χ^2（2）= 42.333，$p < 0.001$。因而，没有证据表明此年龄组儿童在其白语句中位置的低降调（T21）中通过变化音高最大值来区分窄焦点（228.7Hz，SD = 25.1）和宽焦点（244.2Hz，SD = 20.9），也没有证据表明此年龄组儿童在其白语句中位置的中升调（T35）中通过变化音高最大值来区分窄焦点（257.1Hz，SD = 17.8）和宽焦点（274.9. Hz，SD = 35.4）。另外，没有证据表明此年龄组儿童在其白语句中位置的高平调（T55）中通过变化音高最大值来区分窄焦点（331.8Hz，SD = 47.7）和宽焦点（308.3Hz，SD = 51.2）。

测试对比度（窄焦点 vs. 对比焦点）在 6 岁组句中位置音高最大值上表现的模型搭建细节见表 2 – 2。模型的拟合度比较结果见表 5 – 51。如表所示，拟合度最高的最佳模型是模型 1（Model 1），这个模型只包括声调的主效应，χ^2（2）= 46.868，$p < 0.001$。因而，

没有证据表明此年龄组儿童在其白语句中位置的低降调（T21）中通过变化音高最大值来区分窄焦点（228.7Hz，SD = 25.1）和对比焦点（264.8Hz，SD = 15.2），也没有证据表明此年龄组儿童在其白语句中位置的中升调（T35）中通过变化音高最大值来区分窄焦点（257.1Hz，SD = 17.8）和对比焦点（258.4Hz，SD = 11.6）。另外，没有证据表明此年龄组儿童在其白语句中位置的高平调（T55）中通过变化音高最大值来区分窄焦点（331.8Hz，SD = 47.7）和对比焦点（312.1Hz，SD = 55.4）。

表5－50　年龄组 = 6 岁，句中位置，音高最大值作为结果变量：窄焦点（NF-m）vs. 宽焦点（BF）模型拟合度分析一览表

模型	N_{pars}	－2 LLR	比较			
			模型	$\Delta\chi^2$	Δdf	p
0（仅纳入“说话人”作为随机截距）	3	－295.53				
1 + 声调	5	－274.36	0 vs 1	42.333	2	0.000***
2 + 焦点条件	6	－274.34	1 vs 2	0.035	1	0.851
3 + 声调：焦点条件	8	－272.60	2 vs 3	3.485	2	0.175

注：“$\Delta\chi^2$”表示的是卡方值的变化，“Δdf”表示的是自由度的变化。

表5－51　年龄组 = 6 岁，句中位置，音高最大值作为结果变量：窄焦点（NF-m）vs. 对比焦点（CF-m）模型拟合度分析一览表

模型	N_{pars}	－2 LLR	比较			
			模型	$\Delta\chi^2$	Δdf	p
0（仅纳入“说话人”作为随机截距）	3	－373.33				
1 + 声调	5	－340.90	0 vs 1	46.868	2	0.000***
2 + 焦点条件	6	－349.86	1 vs 2	0.086	1	0.770
3 + 声调：焦点条件	8	－347.41	2 vs 3	4.892	2	0.087

注：“$\Delta\chi^2$”表示的是卡方值的变化，“Δdf”表示的是自由度的变化。

四 音高最小值

测试焦点（焦点 vs. 焦点后）在6岁组句中位置音高最小值上表现的模型搭建细节见表2-2。模型的拟合度比较结果见表5-52。如表所示，拟合度最高的最佳模型是模型1（Model 1），这个模型包括声调的主效应，χ^2（2）=72.124，$p<0.001$。因而，没有证据表明此年龄组儿童在其白语句中位置的低降调（T21）中通过变化音高最小值来区分焦点（198.8Hz，SD=17.7）和焦点后（210.8Hz，SD=12.1），也没有证据表明此年龄组儿童在其白语句中位置的中升调（T35）中通过变化音高最小值来区分焦点（213.5Hz，SD=3.9）和焦点后（213.4Hz，SD=6.4）。另外，没有证据表明此年龄组儿童在其白语句中位置的高平调（T55）中通过变化音高最小值来区分焦点（303.1Hz，SD=45.4）和焦点后（302.3Hz，SD=36.9）。

表5-52　年龄组=6岁，句中位置，音高最小值作为结果变量：焦点（NF-m）vs. 焦点后（NF-i）模型拟合度分析一览表

模型	N_{pars}	-2 LLR	比较			
			模型	$\Delta\chi^2$	Δdf	p
0（仅纳入“说话人”作为随机截距）	3	-309.39				
1+声调	5	-273.33	0 vs 1	72.124	2	0.000***
2+焦点条件	6	-273.28	1 vs 2	0.094	1	0.760
3+声调：焦点条件	8	-273.05	2 vs 3	0.458	2	0.796

注：“$\Delta\chi^2$”表示的是卡方值的变化，“Δdf”表示的是自由度的变化。

测试焦点（焦点 vs. 焦点前）在6岁组句中位置音高最小值上表现的模型搭建细节见表2-2。模型的拟合度比较结果见表5-53。如表所示，拟合度最高的最佳模型是模型1（Model 1），这个模型只包括声调的主效应，χ^2（2）=63.539，$p<0.001$。因而，没有证据表明此年龄组儿童在其白语句中位置的低降调（T21）中通过变化音高最小

值来区分焦点（198.8Hz，SD = 17.7）和焦点前（209.6Hz，SD = 10.9），也没有证据表明此年龄组儿童在其白语句中位置的中升调（T35）中通过变化音高最小值来区分焦点（213.5Hz，SD = 3.9）和焦点前（214.5Hz，SD = 16.3）。另外，没有证据表明此年龄组儿童在其白语句中位置的高平调（T55）中通过变化音高最小值来区分焦点（303.1Hz，SD = 45.4）和焦点前（294.8Hz，SD = 47.8）。

表 5-53　年龄组 =6 岁，句中位置，音高最小值作为结果变量：焦点（NF-m）vs. 焦点前（NF-f）模型拟合度分析一览表

模型	N_{pars}	-2 LLR	比较			
			模型	$\Delta\chi^2$	Δdf	p
0（仅纳入“说话人”作为随机截距）	3	-335.91				
1 + 声调	5	-304.14	0 vs 1	63.539	2	0.000***
2 + 焦点条件	6	-304.13	1 vs 2	0.023	1	0.879
3 + 声调：焦点条件	8	-303.71	2 vs 3	0.851	2	0.654

注：“$\Delta\chi^2$”表示的是卡方值的变化，“Δdf”表示的是自由度的变化。

测试焦点域（窄焦点 vs. 宽焦点）在 6 岁组句中位置音高最小值上表现的模型搭建细节见表 2-2。模型的拟合度比较结果见表 5-54。如表所示，拟合度最高的最佳模型是模型 1（Model 1），这个模型只包括声调的主效应，χ^2（2）= 52.354，$p < 0.001$。因而，没有证据表明此年龄组儿童在其白语句中位置的低降调（T21）中通过变化音高最小值来区分窄焦点（198.8Hz，SD = 17.7）和宽焦点（208.7Hz，SD = 13.9），也没有证据表明此年龄组儿童在其白语句中位置的中升调（T35）中通过变化音高最小值来区分窄焦点（213.5Hz，SD = 3.9）和宽焦点（205.2Hz，SD = 22）。另外，没有证据表明此年龄组儿童在其白语句中位置的高平调（T55）中通过变化音高最小值来区分窄焦点（303.1Hz，SD = 45.4）和宽焦点（286.5Hz，SD = 42.6）。

表 5－54　　年龄组＝6 岁，句中位置，音高最小值作为结果变量：
窄焦点（NF-m）vs. 宽焦点（BF）模型拟合度分析一览表

模型	N_{pars}	－2 LLR	比较			
			模型	$\Delta\chi^2$	Δdf	p
0（仅纳入“说话人”作为随机截距）	3	－260.75				
1＋声调	5	－234.57	0 vs 1	52.354	2	0.000 ***
2＋焦点条件	6	－234.33	1 vs 2	0.484	1	0.487
3＋声调：焦点条件	8	－233.72	2 vs 3	1.236	2	0.539

注：“$\Delta\chi^2$”表示的是卡方值的变化，“Δdf”表示的是自由度的变化。

测试对比度（窄焦点 vs. 对比焦点）在 6 岁组句中位置音高最小值上表现的模型搭建细节见表 2－2。模型的拟合度比较结果见表 5－55。如表所示，拟合度最高的最佳模型是模型 1（Model 1），这个模型只包括声调的主效应，χ^2（2）＝55.605，$p<0.001$。因而，没有证据表明此年龄组儿童在其白语句中位置的低降调（T21）中通过变化音高最小值来区分窄焦点（198.8Hz，SD＝17.7）和对比焦点（230.3Hz，SD＝25.6），也没有证据表明此年龄组儿童在其白语句中位置的中升调（T35）中通过变化音高最小值来区分窄焦点（213.5Hz，SD＝3.9）和对比焦点（207.6Hz，SD＝26.1）。另外，没有证据表明此年龄组儿童在其白语句中位置的高平调（T55）中通过变化音高最小值来区分窄焦点（303.1Hz，SD＝45.4）和对比焦点（285.9Hz，SD＝52.8）。

表 5－55　　年龄组＝6 岁，句中位置，音高最小值作为结果变量：
窄焦点（NF-m）vs. 对比焦点（CF-m）模型拟合度分析一览表

模型	N_{pars}	－2 LLR	比较			
			模型	$\Delta\chi^2$	Δdf	p
0（仅纳入“说话人”作为随机截距）	3	－348.44				
1＋声调	5	－320.64	0 vs 1	55.605	2	0.000 ***

续表

模型	N_{pars}	−2 LLR	比较			
			模型	$\Delta\chi^2$	Δdf	p
2 + 焦点条件	6	−320.48	1 vs 2	0.315	1	0.575
3 + 声调：焦点条件	8	−318.73	2 vs 3	3.507	2	0.173

注："$\Delta\chi^2$"表示的是卡方值的变化，"Δdf"表示的是自由度的变化。

第四节　年龄：7 岁

一　时长

测试焦点（焦点 vs. 焦点后）在 7 岁组句中位置时长上表现的模型搭建细节见表 2－2。模型的拟合度比较结果见表 5－56。如表所示，拟合度最高的最佳模型是模型 2（Model 2），这个模型包括声调的主效应，χ^2（2）= 33.322，$p < 0.001$；焦点条件的主效应，χ^2（2）= 5.692，$p < 0.05$。最佳模型的具体参数估计值见表 5－57。这说明，这一年龄组儿童在其白语句中位置的低降调（T21）中通过延长焦点成分的时长来区分焦点（171.4ms，SD = 48.2）和焦点后（150.5ms，SD = 45），也在中升调（T35）中通过延长焦点成分的时长来区分焦点（228.3ms，SD = 75.2）和焦点后（212ms，SD = 48.6），还在高平调（T55）中通过延长焦点成分的时长来区分焦点（260.7ms，SD = 9.1）和焦点后（220.4ms，SD = 36.5）。如图 5－8 所示。

表 5－56　年龄组 = 7 岁，句中位置，时长作为结果变量：焦点（NF-m）vs. 焦点后（NF-i）模型拟合度分析一览表

模型	N_{pars}	−2 LLR	比较			
			模型	$\Delta\chi^2$	Δdf	p
0（仅纳入"说话人"作为随机截距）	3	−634.04				
1 + 声调	5	−614.78	0 vs 1	38.527	2	0.000***

续表

模型	N_{pars}	−2 LLR	比较			
			模型	$\Delta\chi^2$	Δdf	p
2 + 焦点条件	6	−611.79	1 vs 2	5.972	1	0.015 *
3 + 声调：焦点条件	8	−611.31	2 vs 3	0.974	2	0.615

注："$\Delta\chi^2$"表示的是卡方值的变化，"Δdf"表示的是自由度的变化。

表 5−57　年龄组 = 7 岁，句中位置，时长，焦点（NF-m）vs. 焦点后（NF-i），最佳模型的参数估计值一览表

	Estimate	Std. Error	*df*	*t* value	Pr（>|t|）
固定变量					
截距（Intercept）	149.463	8.605	115.000	17.369	0.000 ***
中升调（T35）	59.311	10.549	115.000	5.623	0.000 ***
高平调（T55）	76.605	12.185	115.000	6.287	0.000 ***
焦点（NF-m）	23.219	9.378	115.000	2.476	0.015 *
随机变量	名称	Variance	Std. Dev.		
发音人（Speaker）	Intercept	0	0		
余量（Residual）		2446	49.45		

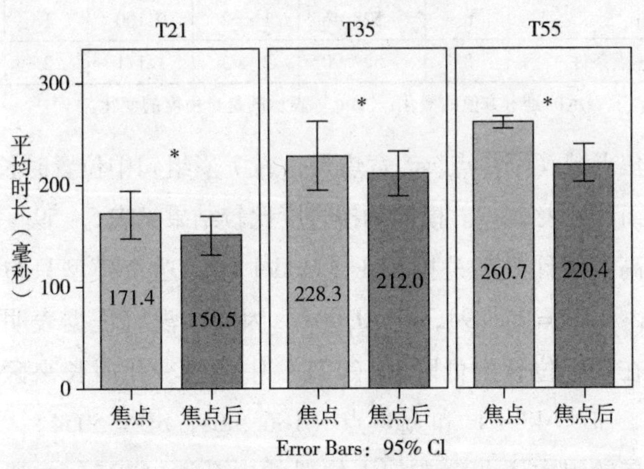

图 5−8　7 岁组句中位置焦点成分的平均时长（毫秒）vs. 焦点后成分的平均时长（毫秒），n = 115，N = 3，显著性差异用 * 标示

测试焦点（焦点 vs. 焦点前）在7岁组句中位置时长上表现的模型搭建细节见表2－2。模型的拟合度比较结果见表5－58。如表所示，拟合度最高的最佳模型是模型1（Model 1），这个模型只包括声调的主效应，χ^2（2）= 33.001，$p < 0.001$。因而，没有证据表明此年龄组白语儿童在句中位置的低降调（T21）中通过变化时长来区分焦点（171.4ms，SD = 48.2）和焦点前（152.7ms，SD = 27.6）；也没有证据表明此年龄组白语儿童在句中位置的中升调（T35）中通过变化时长来区分焦点（228.3ms，SD = 75.2）和焦点前（235.7ms，SD = 73.1）。另外，没有证据表明此年龄组白语儿童在句中位置的高平调（T55）中通过变化时长来区分焦点（260.7ms，SD = 9.1）和焦点前（261.5ms，SD = 29.1）。

表5－58　年龄组 =7岁，句中位置，时长作为结果变量：焦点（NF-m）vs. 焦点前（NF-f）模型拟合度分析一览表

模型	N_{pars}	−2 LLR	比较			
			模型	$\Delta\chi^2$	Δdf	p
0（仅纳入"说话人"作为随机截距）	3	−549.97				
1 + 声调	5	−528.51	0 vs 1	42.928	2	0.000 ***
2 + 焦点条件	6	−528.46	1 vs 2	0.100	1	0.752
3 + 声调：焦点条件	8	−527.90	2 vs 3	1.111	2	0.574

注："$\Delta\chi^2$"表示的是卡方值的变化，"Δdf"表示的是自由度的变化。

测试焦点域（窄焦点 vs. 宽焦点）在7岁组句中位置时长上表现的模型搭建细节见表2－2。模型的拟合度比较结果见表5－59。如表所示，拟合度最高的最佳模型是模型1（Model 1），这个模型只包括声调的主效应，χ^2（2）= 24.894，$p < 0.001$。因而，没有证据表明此年龄组白语儿童在句中位置的低降调（T21）中通过变化时长来区分窄焦点（171.4ms，SD = 48.2）和宽焦点（186.5ms，SD = 50.4）；也没有证据表明此年龄组白语儿童在句中位置的中升调（T35）中通过变化时长来区分窄焦点（228.3ms，SD = 75.2）和宽焦点（260.9ms，SD = 88.3）。另外，没有证据表明此年龄组白语儿童在句中位置的高平调

（T55）中通过变化时长来区分窄焦点（260.7ms，SD=9.1）和宽焦点（252.4ms，SD=28.3）。

表 5－59　年龄组＝7 岁，句中位置，时长作为结果变量：窄焦点（NF-m）vs. 宽焦点（BF）模型拟合度分析一览表

模型	N_{pars}	－2 LLR	比较			
			模型	$\Delta\chi^2$	Δdf	p
0（仅纳入"说话人"作为随机截距）	3	－484.18				
1＋声调	5	－471.73	0 vs 1	24.894	2	0.000***
2＋焦点条件	6	－470.95	1 vs 2	1.564	1	0.211
3＋声调：焦点条件	8	－470.19	2 vs 3	1.527	2	0.466

注："$\Delta\chi^2$"表示的是卡方值的变化，"Δdf"表示的是自由度的变化。

测试对比度（窄焦点 vs. 对比焦点）在 7 岁组句中位置时长上表现的模型搭建细节见表 2－2。模型的拟合度比较结果见表 5－60。如表所示，拟合度最高的最佳模型是模型 1（Model 1），这个模型只包括声调的主效应，χ^2（2）＝35.087，$p<0.001$。因而，没有证据表明此年龄组儿童在其白语句中位置的低降调（T21）中通过变化时长来区分窄焦点/非对比焦点（171.4ms，SD＝48.2）和对比焦点（159.5ms，SD＝40.3），也没有证据表明此年龄组儿童在其白语句中位置的中升调（T35）中通过变化时长来区分窄焦点/非对比焦点（228.3ms，SD＝75.2）和对比焦点（232.5ms，SD＝52.9）。另外，没有证据表明此年龄组儿童在其白语句中位置的高平调（T55）中通过变化时长来区分窄焦点/非对比焦点（260.7ms，SD＝9.1）和对比焦点（233.1ms，SD＝42.3）。

表 5－60　年龄组＝7 岁，句中位置，时长作为结果变量：窄焦点（NF-m）vs. 对比焦点（CF-m）模型拟合度分析一览表

模型	N_{pars}	－2 LLR	比较			
			模型	$\Delta\chi^2$	Δdf	p
0（仅纳入"说话人"作为随机截距）	3	－547.96				

续表

模型	N_{pars}	−2 LLR	比较			
			模型	$\Delta\chi^2$	Δdf	p
1 + 声调	5	−530.41	0 vs 1	35.087	2	0.000 ***
2 + 焦点条件	6	−530.05	1 vs 2	0.732	1	0.392
3 + 声调：焦点条件	8	−529.32	2 vs 3	1.452	2	0.484

注："$\Delta\chi^2$" 表示的是卡方值的变化，"Δdf" 表示的是自由度的变化。

二　音域

测试焦点（焦点 vs. 焦点后）在7岁组句中位置音域上表现的模型搭建细节见表2－2。模型的拟合度比较结果见表5－61。如表所示，拟合度最高的最佳模型是模型3（Model 3），这个模型包括声调和焦点条件的交互效应，χ^2（2）=11.002，$p<0.01$。最佳模型的具体参数估计值见表5－62。笔者通过在每一个声调中检验焦点条件的作用来探索此交互效应的细节。在低降调（T21）中，进一步的分析揭示出焦点条件的主效应（$p<0.01$）；这说明，这一年龄组儿童在句中位置的低降调（T21）中通过扩展焦点成分的音域来区分焦点（35Hz，SD=22.4）和焦点后（15.1Hz，SD=9.9）。在中升调（T35）中，进一步的分析也揭示出焦点条件的主效应（$p<0.01$）；这说明，这一年龄组儿童在句中位置的中升调（T35）中通过扩展焦点成分的音域来区分焦点（55.1Hz，SD=32.6）和焦点后（28.6Hz，SD=11.4）。但是，在高平调（T55）中，进一步的分析并未揭示出焦点条件的主效应（$p=0.230$）。这说明，这一年龄组儿童在句中位置的高平调（T55）中并未通过变化音域来区分焦点（20.7Hz，SD=11.4）和焦点后（24.1Hz，SD=7.3）。如图5－9所示。

测试焦点（焦点 vs. 焦点前）在7岁组句中位置音域上表现的模型搭建细节见表2－2。模型的拟合度比较结果见表5－63。如表所示，拟合度最高的最佳模型是模型1（Model 1），这个模型只包括声调的主效应，χ^2（2）=17.429，$p<0.001$。因而，没有证据表明此年龄组儿童在

其白语句中位置的低降调（T21）中通过变化音域来区分焦点（35Hz，SD=22.4）和焦点前（45.8Hz，SD=37.3），也没有证据表明此年龄组儿童在其白语句中位置的中升调（T35）中通过变化音域来区分焦点（55.1Hz，SD=32.6）和焦点前（40.8Hz，SD=29.7）。另外，没有证据表明此年龄组儿童在其白语句中位置的高平调（T55）中通过变化音域来区分焦点（20.7Hz，SD=11.4）和焦点前（19.3Hz，SD=5.6）。

表5-61　年龄组=7岁，句中位置，音域作为结果变量：焦点（NF-m）vs. 焦点后（NF-i）模型拟合度分析一览表

模型	N_{pars}	-2 LLR	比较			
			模型	$\Delta\chi^2$	Δdf	p
0（仅纳入"说话人"作为随机截距）	3	-382.49				
1+声调	5	-373.89	0 vs 1	17.207	2	0.000***
2+焦点条件	6	-369.03	1 vs 2	9.725	1	0.002**
3+声调：焦点条件	8	-363.53	2 vs 3	11.002	2	0.004**

注："$\Delta\chi^2$"表示的是卡方值的变化，"Δdf"表示的是自由度的变化。

表5-62　年龄组=7岁，句中位置，音域，焦点（NF-m）vs. 焦点后（NF-i），最佳模型的参数估计值一览表

	Estimate	Std. Error	df	t value	Pr（>|t|）
固定变量					
截距（Intercept）	17.051	6.625	10.028	2.574	0.028*
中升调（T35）	12.501	6.271	82.899	1.993	0.050*
高平调（T55）	8.337	6.293	83.066	1.325	0.189
焦点（NF-m）	13.364	6.742	84.280	1.982	0.051
中升调（T35）：焦点（NF-m）	12.178	8.826	83.552	1.380	0.171
高平调（T55）：焦点（NF-m）	-15.691	8.913	84.041	-1.760	0.082
随机变量	名称	Variance	Std. Dev.		
发音人（Speaker）	Intercept	60.21	7.76		
余量（Residual）		255.94	16.00		

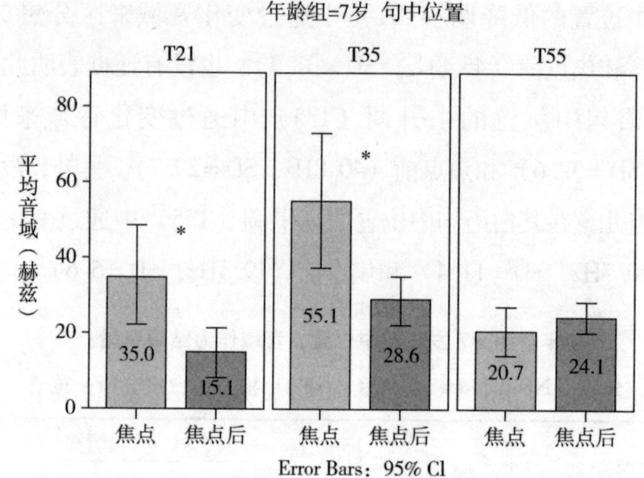

图5-9　7岁组句中位置焦点成分的平均音域（赫兹）vs. 焦点后成分的平均音域（赫兹），n=86，N=3，显著性差异用 * 标示

表5-63　年龄组=7岁，句中位置，音域作为结果变量：焦点（NF-m）vs. 焦点前（NF-f）模型拟合度分析一览表

模型	N_{pars}	-2 LLR	比较			
			模型	$\Delta\chi^2$	Δdf	p
0（仅纳入“说话人”作为随机截距）	3	-397.22				
1+声调	5	-388.50	0 vs 1	17.429	2	0.000 ***
2+焦点条件	6	-388.34	1 vs 2	0.334	1	0.563
3+声调：焦点条件	8	-385.50	2 vs 3	5.664	2	0.059

注：“$\Delta\chi^2$”表示的是卡方值的变化，“Δdf”表示的是自由度的变化。

测试焦点域（窄焦点 vs. 宽焦点）在7岁组句中位置音域上表现的模型搭建细节见表2-2。模型的拟合度比较结果见表5-64。如表所示，拟合度最高的最佳模型是模型3（Model 3），这个模型包括声调和焦点条件的交互效应，χ^2（2）=7.486，$p<0.05$。最佳模型的具体参数估计值见表5-65。笔者通过在每一个声调中检验焦点条件的作用来探索此交互效应的细节。在低降调（T21）中，进一步的分

析并未揭示出焦点条件的主效应（$p=0.052$）；这说明，这一年龄组儿童在句中位置的低降调（T21）中并未通过变化焦点成分的音域来区分窄焦点（35Hz，SD = 22.4）和宽焦点（65.4Hz，SD = 49.9）。在中升调（T35）中，进一步的分析也揭示出焦点条件的主效应（$p=0.129$）；这说明，这一年龄组儿童在句中位置的中升调（T35）中也并未通过变化焦点成分的音域来区分窄焦点（55.1Hz，SD = 32.6）和宽焦点（49.5Hz，SD = 18）。但是，在高平调（T55）中，进一步的分析揭示出焦点条件的主效应（$p<0.01$）。这说明，这一年龄组儿童在句中位置的高平调（T55）中通过变化扩展宽焦点成分的音域来区分窄焦点（20.7Hz，SD = 11.4）和宽焦点（37.7Hz，SD = 16.2）。如图 5－10 所示。

表 5－64　　年龄组 =7 岁，句中位置，音域作为结果变量：窄焦点（NF-m）vs. 宽焦点（BF）模型拟合度分析一览表

模型	N_{pars}	－2 LLR	比较			
			模型	$\Delta\chi^2$	Δdf	p
0（仅纳入“说话人”作为随机截距）	3	－348.57				
1＋声调	5	－344.07	0 vs 1	9.008	2	0.011 *
2＋焦点条件	6	－343.26	1 vs 2	1.605	1	0.205
3＋声调：焦点条件	8	－339.52	2 vs 3	7.486	2	0.024 *

注：“$\Delta\chi^2$” 表示的是卡方值的变化，“Δdf” 表示的是自由度的变化。

表 5－65　　年龄组 =7 岁，句中位置，音域，窄焦点（NF-m）vs. 宽焦点（BF），最佳模型的参数估计值一览表

	Estimate	Std. Error	*df*	*t* value	Pr（>｜t｜）
固定变量					
截距（Intercept）	54.80	10.48	16.33	5.227	0.000 ***
中升调（T35）	－12.62	10.96	71.38	－1.151	0.253
高平调（T55）	－19.80	10.62	72.57	－1.864	0.066
焦点（NF-m）	－25.24	10.42	71.56	－2.423	0.018 *

续表

	Estimate	Std. Error	*df*	*t* value	Pr（>|t|）
中升调（T35）：焦点（NF-m）	38.15	13.95	71.03	2.735	0.008 **
高平调（T55）：焦点（NF-m）	13.41	13.50	71.03	0.993	0.324
随机变量	名称	Variance	Std. Dev.		
发音人（Speaker）	Intercept	106.3	10.31		
余量（Residual）		527.1	22.96		

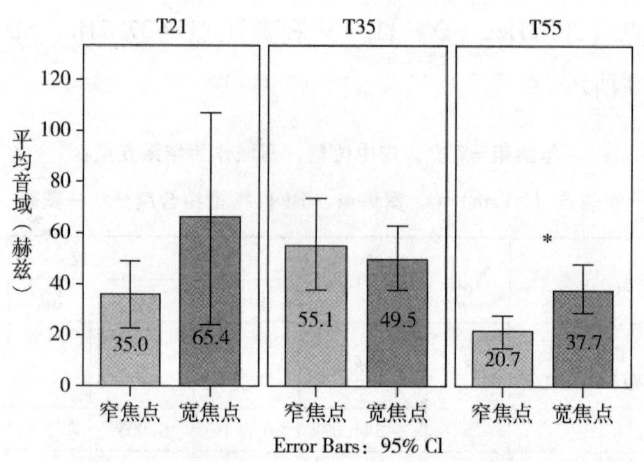

图 5－10　7 岁组句中位置窄焦点成分的平均音域（赫兹）vs. 宽焦点成分的平均音域（赫兹），n＝74，N＝3，显著性差异用＊标示

测试对比度（窄焦点 vs. 对比焦点）在 7 岁组句中位置音域上表现的模型搭建细节见表 2－2。模型的拟合度比较结果见表 5－66。如表所示，拟合度最高的最佳模型是模型 1（Model 1），这个模型只包括声调的主效应，χ^2（2）＝23.298，$p<0.001$。因而，没有证据表明此年龄组儿童在其白语句中位置的低降调（T21）中通过变化音域来区分窄焦点（35Hz，SD＝22.4）和对比焦点（39.3Hz，SD＝22.9），也没有证据表明此年龄组儿童在其白语句中位置的中升调（T35）中通过变化

音域来区分窄焦点（55.1Hz，SD = 32.6）和对比焦点（48.7Hz，SD = 28.4）。另外，没有证据表明此年龄组儿童在其白语句中位置的高平调（T55）中通过变化音域来区分窄焦点（20.7Hz，SD = 11.4）和对比焦点（24.6Hz，SD = 12.7）。

表 5 – 66　年龄组 = 7 岁，句中位置，音域作为结果变量：窄焦点（NF-m）vs. 对比焦点（CF-m）模型拟合度分析一览表

模型	N_{pars}	–2 LLR	比较			
			模型	$\Delta\chi^2$	Δdf	p
0（仅纳入“说话人”作为随机截距）	3	–394.69				
1 + 声调	5	–383.04	0 vs 1	23.298	2	0.000***
2 + 焦点条件	6	–383.03	1 vs 2	0.022	1	0.882
3 + 声调：焦点条件	8	–381.61	2 vs 3	2.845	2	0.241

注：“$\Delta\chi^2$”表示的是卡方值的变化，“Δdf”表示的是自由度的变化。

三　音高最大值

测试焦点（焦点 vs. 焦点后）在 7 岁组句中位置音高最大值上表现的模型搭建细节见表 2 – 2。模型的拟合度比较结果见表 5 – 67。如表所示，拟合度最高的最佳模型是模型 1（Model 1），这个模型只包括声调的主效应，χ^2（2）= 60.112，$p < 0.001$。因而，没有证据表明此年龄组儿童在其白语句中位置的低降调（T21）中通过变化音高最大值来区分焦点（243.7Hz，SD = 27.7）和焦点后（231.8Hz，SD = 27.1），也没有证据表明此年龄组儿童在其白语句中位置的中升调（T35）中通过变化音高最大值来区分焦点（248.3Hz，SD = 46.2）和焦点后（244.9Hz，SD = 32.2）。另外，没有证据表明此年龄组儿童在其白语句中位置的高平调（T55）中通过变化音高最大值来区分焦点（310.9Hz，SD = 59.9）和焦点后（322.9Hz，SD = 47.7）。

表5－67　年龄组＝7岁，句中位置，音高最大值作为结果变量：焦点（NF-m）vs. 焦点后（NF-i）模型拟合度分析一览表

模型	N_{pars}	－2 LLR	比较			
			模型	$\Delta\chi^2$	Δdf	p
0（仅纳入“说话人”作为随机截距）	3	－533.68				
1＋声调	5	－485.54	0 vs 1	96.281	2	0.000 ***
2＋焦点条件	6	－485.52	1 vs 2	0.057	1	0.812
3＋声调：焦点条件	8	－484.85	2 vs 3	1.336	2	0.513

注：“$\Delta\chi^2$”表示的是卡方值的变化，“Δdf”表示的是自由度的变化。

测试焦点（焦点 vs. 焦点前）在7岁组句中位置音高最大值上表现的模型搭建细节见表2－2。模型的拟合度比较结果见表5－68。如表所示，拟合度最高的最佳模型是模型1（Model 1），这个模型只包括声调的主效应，χ^2（2）＝59.006，$p<0.001$。因而，没有证据表明此年龄组儿童在其白语句中位置的低降调（T21）调中通过变化音高最大值来区分焦点（243.7Hz，SD＝27.7）和焦点前（248.2Hz，SD＝33.9），也没有证据表明此年龄组儿童在其白语句中位置的中升调（T35）中通过变化音高最大值来区分焦点（248.3Hz，SD＝46.2）和焦点前（243.4Hz，SD＝36.6）。另外，没有证据表明此年龄组儿童在其白语句中位置的高平调（T55）中通过变化音高最大值来区分焦点（310.94Hz，SD＝59.9）和焦点前（310.1Hz，SD＝49.6）。

表5－68　年龄组＝7岁，句中位置，音高最大值作为结果变量：焦点（NF-m）vs. 焦点前（NF-f）模型拟合度分析一览表

模型	N_{pars}	－2 LLR	比较			
			模型	$\Delta\chi^2$	Δdf	p
0（仅纳入“说话人”作为随机截距）	3	－486.63				
1＋声调	5	－457.13	0 vs 1	59.006	2	0.000 ***
2＋焦点条件	6	－457.12	1 vs 2	0.012	1	0.914

续表

模型	N_{pars}	−2 LLR	比较			
			模型	$\Delta\chi^2$	Δdf	p
3+声调：焦点条件	8	−456.56	2 vs 3	1.124	2	0.57

注："$\Delta\chi^2$"表示的是卡方值的变化，"Δdf"表示的是自由度的变化。

测试焦点域（窄焦点 vs. 宽焦点）在7岁组句中位置音高最大值上表现的模型搭建细节见表2-2。模型的拟合度比较结果见表5-69。如表所示，拟合度最高的最佳模型是模型1（Model 1），这个模型只包括声调的主效应，χ^2（2）=64.114，$p<0.001$。因而，没有证据表明此年龄组儿童在其白语句中位置的低降调（T21）中通过变化音高最大值来区分窄焦点（243.7Hz，SD=27.7）和宽焦点（265.8Hz，SD=34.3），也没有证据表明此年龄组儿童在其白语句中位置的中升调（T35）中通过变化音高最大值来区分窄焦点（248.3Hz，SD=46.2）和宽焦点（261.8Hz，SD=35.1）。另外，没有证据表明此年龄组儿童在其白语句中位置的高平调（T55）中通过变化音高最大值来区分窄焦点（310.9Hz，SD=59.9）和宽焦点（326.5Hz，SD=60.1）。

表5-69　年龄组=7岁，句中位置，音高最大值作为结果变量：窄焦点（NF-m）vs. 宽焦点（BF）模型拟合度分析一览表

模型	N_{pars}	−2 LLR	比较			
			模型	$\Delta\chi^2$	Δdf	p
0（仅纳入"说话人"作为随机截距）	3	−404.03				
1+声调	5	−371.98	0 vs 1	64.114	2	0.000***
2+焦点条件	6	−371.97	1 vs 2	0.011	1	0.916
3+声调：焦点条件	8	−371.57	2 vs 3	0.803	2	0.669

注："$\Delta\chi^2$"表示的是卡方值的变化，"Δdf"表示的是自由度的变化。

测试对比度（窄焦点 vs. 对比焦点）在7岁组句中位置音高最大值上表现的模型搭建细节见表2-2。模型的拟合度比较结果见表5-70。如表所示，拟合度最高的最佳模型是模型1（Model 1），这个模型只包括声调的主效应，χ^2（2）=47.253，$p<0.001$。因而，没有证据表明此年龄组儿童在其白语句中位置的低降调（T21）中通过变化音高最大值来区分窄焦点（243.7Hz，SD=27.7）和对比焦点（257.1Hz，SD=29.8），也没有证据表明此年龄组儿童在其白语句中位置的中升调（T35）中通过变化音高最大值来区分窄焦点（248.3Hz，SD=46.2）和对比焦点（252.9Hz，SD=40.9）。另外，没有证据表明此年龄组儿童在其白语句中位置的高平调（T55）中通过变化音高最大值来区分窄焦点（310.9Hz，SD=59.9）和对比焦点（301.7Hz，SD=54.5）。

表5－70　年龄组=7岁，句中位置，音高最大值作为结果变量：窄焦点（NF-m）vs. 对比焦点（CF-m）模型拟合度分析一览表

模型	N_{pars}	−2 LLR	比较			
			模型	$\Delta\chi^2$	Δdf	p
0（仅纳入“说话人”作为随机截距）	3	−461.44				
1＋声调	5	−437.81	0 vs 1	47.253	2	0.000***
2＋焦点条件	6	−437.80	1 vs 2	0.017	1	0.898
3＋声调：焦点条件	8	−435.28	2 vs 3	5.035	2	0.081

注：“$\Delta\chi^2$”表示的是卡方值的变化，“Δdf”表示的是自由度的变化。

四　音高最小值

测试焦点（焦点 vs. 焦点后）在7岁组句中位置音高最小值上表现的模型搭建细节见表2－2。模型的拟合度比较结果见表5－71。如表所示，拟合度最高的最佳模型是模型1（Model 1），这个模型包括声调的主效应，χ^2（2）=111.33，$p<0.001$。因而，没有证据表明此年龄组儿童在其白语句中位置的低降调（T21）中通过变化音高最小值来区分焦点（214.2Hz，SD=22.6）和焦点后（202.3Hz，SD=23.2），也没有证据表明此年龄组儿童在其白语句中位置的中升调

（T35）中通过变化音高最小值来区分焦点（193.5Hz，SD＝21.8）和焦点后（209.5Hz，SD＝15.3）。另外，没有证据表明此年龄组儿童在其白语句中位置的高平调（T55）中通过变化音高最小值来区分焦点（283Hz，SD＝42.1）和焦点后（297.1Hz，SD＝40.4）。

表 5－71 年龄组＝7 岁，句中位置，音高最小值作为结果变量：焦点（NF-m）vs. 焦点后（NF-i）模型拟合度分析一览表

模型	N_{pars}	－2 LLR	比较			
			模型	$\Delta\chi^2$	Δdf	p
0（仅纳入“说话人”作为随机截距）	3	－499.63				
1＋声调	5	－443.97	0 vs 1	111.33	2	0.000***
2＋焦点条件	6	－443.16	1 vs 2	1.618	1	0.203
3＋声调：焦点条件	8	－441.92	2 vs 3	2.465	2	0.292

注：“$\Delta\chi^2$”表示的是卡方值的变化，“Δdf”表示的是自由度的变化。

测试焦点（焦点 vs. 焦点前）在 7 岁组句中位置音高最小值上表现的模型搭建细节见表 2－2。模型的拟合度比较结果见表 5－72。如表所示，拟合度最高的最佳模型是模型 1（Model 1），这个模型只包括声调的主效应，χ^2（2）＝98.307，$p < 0.001$。因而，没有证据表明此年龄组儿童在其白语句中位置的低降调（T21）中通过变化音高最小值来区分焦点（214.2Hz，SD＝22.6）和焦点前（187.3Hz，SD＝15.9），也没有证据表明此年龄组儿童在其白语句中位置的中升调（T35）中通过变化音高最小值来区分焦点（193.5Hz，SD＝21.8）和焦点前（199.2Hz，SD＝17.8）。另外，没有证据表明此年龄组儿童在其白语句中位置的高平调（T55）中通过变化音高最小值来区分焦点（283Hz，SD＝42.1）和焦点前（282.8Hz，SD＝38）。

测试焦点域（窄焦点 vs. 宽焦点）在 7 岁组句中位置音高最小值上表现的模型搭建细节见表 2－2。模型的拟合度比较结果见表 5－73。如表所示，拟合度最高的最佳模型是模型 1（Model 1），这个模型只包括声调的主效应，χ^2（2）=80.662，$p<0.001$。因而，没有证据表明此年龄组儿童在其白语句中位置的低降调（T21）中通过变化音高最小值来区分窄焦点（214.2Hz，SD=22.6）和宽焦点（211.3Hz，SD=20.8），也没有证据表明此年龄组儿童在其白语句中位置的中升调（T35）中通过变化音高最小值来区分窄焦点（193.5Hz，SD=21.8）和宽焦点（212.3Hz，SD=34.4）。另外，没有证据表明此年龄组儿童在其白语句中位置的高平调（T55）中通过变化音高最小值来区分窄焦点（283Hz，SD=42.1）和宽焦点（288.8Hz，SD=49.8）。

表5-72　年龄组=7岁，句中位置，音高最小值作为结果变量：焦点（NF-m）vs. 焦点前（NF-f）模型拟合度分析一览表

模型	N_{pars}	-2 LLR	比较			
			模型	$\Delta\chi^2$	Δdf	p
0（仅纳入"说话人"作为随机截距）	3	-459.23				
1+声调	5	-410.07	0 vs 1	98.307	2	0.000**
2+焦点条件	6	-409.71	1 vs 2	0.723	1	0.395
3+声调：焦点条件	8	-407.84	2 vs 3	3.747	2	0.154

注："$\Delta\chi^2$"表示的是卡方值的变化，"Δdf"表示的是自由度的变化。

表5-73　年龄组=7岁，句中位置，音高最小值作为结果变量：窄焦点（NF-m）vs. 宽焦点（BF）模型拟合度分析一览表

模型	N_{pars}	-2 LLR	比较			
			模型	$\Delta\chi^2$	Δdf	p
0（仅纳入"说话人"作为随机截距）	3	-391.60				
1+声调	5	-351.27	0 vs 1	80.662	2	0.000***
2+焦点条件	6	-351.24	1 vs 2	0.051	1	0.822
3+声调：焦点条件	8	-350.79	2 vs 3	0.899	2	0.638

注："$\Delta\chi^2$"表示的是卡方值的变化，"Δdf"表示的是自由度的变化。

测试对比度（窄焦点 vs. 对比焦点）在7岁组句中位置音高最小

值上表现的模型搭建细节见表 2－2。模型的拟合度比较结果见表 5－74。如表所示，拟合度最高的最佳模型是模型 1（Model 1），这个模型只包括声调的主效应，χ^2（2）＝78.485，$p<0.001$。因而，没有证据表明此年龄组儿童在其白语句中位置的低降调（T21）中通过变化音高最小值来区分窄焦点（214.2Hz，SD＝22.6）和对比焦点（217.7Hz，SD＝24.2），也没有证据表明此年龄组儿童在其白语句中位置的中升调（T35）中通过变化音高最小值来区分窄焦点（193.5Hz，SD＝21.8）和对比焦点（204.2Hz，SD＝28.3）。另外，没有证据表明此年龄组儿童在其白语句中位置的高平调（T55）中通过变化音高最小值来区分窄焦点（283Hz，SD＝42.1）和对比焦点（277.1Hz，SD＝48.7）。

表 5－74　　年龄组＝7 岁，句中位置，音高最小值作为结果变量：窄焦点（NF-m）vs. 对比焦点（CF-m）模型拟合度分析一览表

模型	N_{pars}	－2 LLR	比较			
			模型	$\Delta\chi^2$	Δdf	p
0（仅纳入“说话人”作为随机截距）	3	－456.56				
1＋声调	5	－417.32	0 vs 1	78.485	2	0.000***
2＋焦点条件	6	－417.31	1 vs 2	0.018	1	0.893
3＋声调：焦点条件	8	－416.45	2 vs 3	1.714	2	0.424

注：“$\Delta\chi^2$”表示的是卡方值的变化，“Δdf”表示的是自由度的变化。

第五节　小结

本实验结果表明，4 岁白语儿童在句中位置既不通过变化音高相关韵律参数（包括音域、音高最大值、音高最小值），也不通过变化时长来区分焦点或不同焦点类型。5 岁时，白语儿童仍不通过变化音高相关韵律参数和时长区分焦点和非焦点，但是，5 岁的白语儿童能通过变化音高最大值和最小值来编码不同的焦点类型。具体来说，5岁的白语儿童在高平调（T55）中通过提高焦点成分的音高最大值来区分窄焦点和宽焦点，却降低音高最大值和最小值来区分窄焦点和对比焦点；另外，5岁的白语儿童在中升调（T35）中通过提高焦点成分的音高最大值来区分窄焦点和对比焦点。6岁时，白语儿童在其白语的中升调（T35）中通过扩展焦点成分的音域来区分焦点和焦点前。另外，6岁白语儿童还通过变化时长、音高最大值和音高最小值来区分窄焦点和对比焦点。具体来说，6岁的白语儿童通过缩短焦点成分的时长来区分窄焦点和对比焦点；在低降调（T21）中降低焦点成分的音高最大值和最小值来区分窄焦点和对比焦点，却在高平调（T55）中提高焦点成分的音高最大值和最小值来区分窄焦点和对比焦点。尽管6岁的白语儿童和白语成人相比还有一定差距，但是和5岁组相比，6岁的白语儿童开始展示其对时长的掌握。7岁时，白语儿童通过延长焦点成分的时长来区分焦点和焦点后，但既不通过变化时长也不通过变化音域来区分焦点和焦点前、不同的焦点类型，这一表现已经和白语成人完全一致。白语儿童焦点韵律编码发展阶段如表5－75所示。

表5－75　　白语儿童句中位置焦点韵律编码发展一览表①

年龄	韵律参数	焦点 vs. 焦点前	焦点 vs. 焦点后	窄焦点 vs. 宽焦点	窄焦点 vs. 对比焦点
4岁	时长	—	T21 >	T21 >	—
	音域	—	—	T21 <	—
	音高最大值	—	—	—	—
	音高最小值	—	—	—	—

① 在表5－75中，“—”表示并无任何证据表明相对应的韵律参数（如时长、音域、音高最大值和最小值）被用于区分不同的焦点条件。“T21、T35、T55”分别表示在该声调中发现韵律参数用于区分不同的焦点条件。另外，“<”或“>”表示不同焦点条件差异的方向性。同样的标示方式也运用在本书其他章节中。

续表

年龄	韵律参数	焦点 vs. 焦点前	焦点 vs. 焦点后	窄焦点 vs. 宽焦点	窄焦点 vs. 对比焦点
5 岁	时长	—	—	—	T35 <
	音域	—	—	—	—
	音高最大值	—	—	—	—
	音高最小值	—	—	—	—
6 岁	时长	—	—	<	<
	音域	T35 >	—	—	—
	音高最大值	—	—	—	—
	音高最小值	—	—	—	—
7 岁	时长	—	>	—	—
	音域	—	T21，T35 >	T55 <	—
	音高最大值	—	—	—	—
	音高最小值	—	—	—	—
成人	时长	—	>	—	—
	音域	—	—	—	—
	音高最大值	—	—	—	—
	音高最小值	—	—	—	—

第六节　结论与讨论

本书采用实验法，探索了母语为白语——一种在中国西南使用的声调语言——儿童焦点韵律编码的习得和发展。前人研究已发现（Liu et al.，2014；Liu，2017；刘璐等，2020；本书第三章），在白语句中位置，只有时长用于编码焦点，即在白语中，焦点成分与其作为焦点后成分相比，只有时长延长了。本书通过考察 4 岁至 7 岁的白语儿童表明：白语儿童对其母语白语焦点韵律编码的习得是呈阶段性发展的，且发展过程呈现曲折并最终向白语成人靠拢的趋势。具体来说，白语儿童在 4 岁时，尝试通过在低降调（T21）中通过变化韵律参数（包括时长和音域）来编码焦点、区分不同的焦点类型。5 岁时，白语儿童对于使用韵律参数来编码焦点的探索仅局限在对比焦点和焦点的中升调（T35）中，和白语成人的表现有较大差异。6 岁时，白语儿童继续探索使用韵律参数来编码焦点，开始使用音域在部分声调中（即中升调 T35）区分焦点和焦点前，并尝试通过变化时长区分窄焦点和宽焦点。和 5 岁阶段类似，6 岁阶段的探索和白语成人的表现仍有差异。7 岁是一个重要的发展阶段，白语儿童已经完全展现出其通过变化时长来编码焦点、和白语成人完全一致的能力（Liu et al.，2014；Liu，2017）。

与已有针对汉语、英语、荷兰语、瑞典语、韩语、德语等儿童研究结论一致的是（Arnhold，2016；Chen，2011；Grigos & Patel，2010；Grünloh et al.，2015；Romøren，2016；Yang，2017；Yang & Chen，2018），本书发现，韵律系统的跨语言差异塑造了不同母语背景儿童焦点韵律习得的发展路径。白语儿童句中焦点韵律的发展最终和白语成人一致，即只通过时长变化来区分焦点和非焦点。

就韵律参数掌握的先后顺序而言，句中位置的实验结果表明，白语儿童对于通过变化音高和时长来编码焦点的尝试几乎是同时开始的。从不同年龄段白语儿童焦点韵律编码的方式上可以看到，4 岁白语儿童已开始在低降调（T21）中变化时长和音域来区分焦点和焦点类型。但到了 5 岁阶段，白语儿童开始短暂丢失了焦点韵律编码的能力，仅在中升调（T35）中尝试通过变化时长来区分对比焦点和窄焦点。6 岁白语儿童仍试图通过变化音域和时长来编码焦点和焦点类型。不过，到了 7 岁阶段，白语儿童和白语成人一致，在所有声调中通过延长焦点成分的时长来区分焦点和焦点后。

如前所述，基于对不同年龄段白语儿童焦点韵律编码方式的考察，笔者发现白语儿童在 4 岁至 6 岁经历了一个尝试使用音高来编码焦点的阶段，而到了 7 岁就和白语成人在句中位置的表现完全一致，即只通过时长编码来编码窄焦点。有趣的地方在于，本书在考察使用韵律手段编码焦点方面较为局限的白语后发现，儿童语音的习得与发展不仅受到母语背景的影响，还表现出语言普遍性的效应。这一语言普遍性影响表现在白语儿童存在探索通过变化音高相关韵律参数编码焦点韵律的习得阶段，尽管在其母语的输入中并无任何与韵律编码相关的音高变化。

总的来说，白语儿童对句中位置焦点韵律编码的习得在 7 岁左右就已经和白语成人完全一致。句中位置焦点韵律编码的发展特点如下：（1）对于音高和时长的尝试在所考察的年龄范围内并未显示出先后顺序的差异；（2）7 岁左右就掌握通过延长焦点成分的时长来区分焦点和焦点后的能力，这一表现和白语成人完全一致；（3）白语儿童对于不同声调中焦点韵律编码的习得顺序有别。

最后，本书建议两个在未来研究中值得深入的话题。第一，国外以英语婴儿为主的研究发现：婴儿从 5 个月开始就可以辨别降调和降升调的差异，在 12 个月时能够感知宽焦点和窄焦点的差异，但要到两岁末才会产出与成人相似的语调曲拱，出现核心音高重调，用不同的语调表达意义。也就是说，韵律的感知习得要远远早于产出的，那么值得探索的问题就是，对于习得声调语言的儿童而言，词层面声调的存在是否会加速句层面语调习得的速度呢？第二，考虑到白语和汉语在焦点韵律编码上的差异，白汉双语儿童的焦点韵律编码的习得在母语系统和语言普遍性的竞争方式仍有待考察。对白语双语儿童韵律发展的考察可以对这一问题提供答案。

第六章　白语儿童句末焦点韵律编码的习得和发展

第一节　年龄:4 岁

一　时长

(一) 单音节词

测试焦点（焦点 vs. 焦点后）在 4 岁组句末位置（T44、T33）时长上表现的模型搭建细节见表 2－2。模型的拟合度比较结果见表 6－1。如表所示，拟合度最高的最佳模型是模型 1（Model 1），这个模型包括声调的主效应，χ^2（1）＝21.354，$p<0.001$。因而，没有证据表明此年龄组白语儿童在句末位置的中高平调（T44）中通过变化时长来区分焦点（419.1ms，SD＝60.3）和焦点后（418.6ms，SD＝28），也没有证据表明此年龄组白语儿童在句末位置的中平调（T33）中通过变化时长来区分焦点（306.2ms，SD＝76.8）和焦点后（313.7ms，SD＝93.7）。

表 6－1　年龄组＝4 岁，句末位置（T44、T33），时长作为结果变量：焦点（NF-f）vs. 焦点后（NF-m）模型拟合度分析一览表

模型	N_{pars}	－2 LLR	比较			
			模型	$\Delta\chi^2$	Δdf	p
0（仅纳入“说话人”作为随机截距）	3	－330.91				

续表

模型	N_{pars}	-2 LLR	比较			
			模型	$\Delta\chi^2$	Δdf	p
1 + 声调	4	-320.24	0 vs 1	21.354	1	0.000***
2 + 焦点条件	5	-320.23	1 vs 2	0.002	1	0.962
3 + 声调：焦点条件	6	-320.17	2 vs 3	0.138	1	0.710

注："$\Delta\chi^2$" 表示的是卡方值的变化，"Δdf" 表示的是自由度的变化。

测试焦点（焦点 vs. 焦点后后）在 4 岁组句末位置（T44、T33）时长上表现的模型搭建细节见表 2-2。模型的拟合度比较结果见表 6-2。如表所示，拟合度最高的最佳模型是模型 1（Model 1），这个模型只包括声调的主效应，χ^2（1）= 19.954，$p < 0.001$。因而，没有证据表明此年龄组白语儿童在句末位置的中高平调（T44）中通过变化时长来区分焦点（419.1ms，SD = 60.3）和焦点后后（383ms，SD = 40.1），也没有证据表明此年龄组白语儿童在句末位置的中平调（T33）中通过变化时长来区分焦点（306.2ms，SD = 76.8）和焦点后后（307.5ms，SD = 97.8）。

表 6-2　年龄组 = 4 岁，句末位置（T44、T33），时长作为结果变量：焦点（NF-f）vs. 焦点后后（NF-i）模型拟合度分析一览表

模型	N_{pars}	-2 LLR	比较			
			模型	$\Delta\chi^2$	Δdf	p
0（仅纳入"说话人"作为随机截距）	3	-389.48				
1 + 声调	4	-379.50	0 vs 1	19.954	1	0.000***
2 + 焦点条件	5	-379.13	1 vs 2	0.737	1	0.391
3 + 声调：焦点条件	6	-378.67	2 vs 3	0.934	1	0.334

注："$\Delta\chi^2$" 表示的是卡方值的变化，"Δdf" 表示的是自由度的变化。

测试焦点域（窄焦点 vs. 宽焦点）在 4 岁组句末位置（T44、T33）时长上表现的模型搭建细节见表 2-2。模型的拟合度比较结果见表 6-3。如表所示，拟合度最高的最佳模型是模型 1（Model 1），这个模型只包括声调的主效应，χ^2 （1）=20.402，$p<0.001$。因而，没有证据表明此年龄组白语儿童在句末位置的中高平调（T44）中通过变化时长来区分窄焦点（419.1ms，SD=60.3）和宽焦点（459.2.ms，SD=79.3），也没有证据表明此年龄组白语儿童在句末位置的中平调（T33）中通过变化时长来区分窄焦点（306.2ms，SD=76.8）和宽焦点（312.1.ms，SD=66.5）。

表6-3　年龄组=4岁，句末位置（T44、T33），时长作为结果变量：窄焦点（NF-f）vs. 宽焦点（BF）模型拟合度分析一览表

模型	N_{pars}	-2 LLR	比较			
			模型	$\Delta\chi^2$	Δdf	p
0（仅纳入“说话人”作为随机截距）	3	-242.14				
1+声调	4	-231.94	0 vs 1	20.402	1	0.000***
2+焦点条件	5	-231.71	1 vs 2	0.454	1	0.500
3+声调：焦点条件	6	-231.48	2 vs 3	0.466	1	0.495

注：“$\Delta\chi^2$”表示的是卡方值的变化，“Δdf”表示的是自由度的变化。

（二）双音节词

测试焦点（焦点 vs. 焦点后）在4岁组句末位置（T55/首音节）时长上表现的模型搭建细节见表2-3。模型的拟合度比较结果见表6-4。如表所示，拟合度最高的最佳模型是模型1（Model 1），这个模型包括焦点的主效应，χ^2 （1）=4.104，$p<0.05$。最佳模型的具体参数估计值见表6-5。因而，结果表明此年龄组白语儿童在句末位置（T55/首音节）中通过延长焦点成分的时长来区分焦点（248.9ms，SD=2）和焦点后（211ms，SD=36.3），如图6-1所示。

测试焦点（焦点 vs. 焦点后）在4岁组句末位置（T55/末音节）时长上表现的模型搭建细节见表2-3。模型的拟合度比较结果见表6-6。如表所示，并无任何纳入检验的变量能显著地提高模型的拟合度。因而，没有证据表明此年龄组白语儿童在句末位置（T55/末音节）中通过变化时长来区分焦点（343.9ms，SD=41.4）和焦点后

（365.9ms，SD=49.9）。

表6-4　年龄组=4岁，句末位置（T55/首音节），时长作为结果变量：焦点（NF-f）vs. 焦点后（NF-m）模型拟合度分析一览表

模型	N_{pars}	-2 LLR	比较			
			模型	$\Delta\chi^2$	Δdf	p
0（仅纳入“说话人”作为随机截距）	3	-84.216				
1+焦点条件	4	-82.165	1 vs 2	4.104	1	0.043 *

注：“$\Delta\chi^2$”表示的是卡方值的变化，“Δdf”表示的是自由度的变化。

表6-5　年龄组=4岁，句末位置（T55/首音节），时长，焦点（NF-f）vs. 焦点后（NF-m），最佳模型的参数估计值一览表

	Estimate	Std. Error	*df*	*t* value	Pr（>|t|）
固定变量					
截距（Intercept）	249.02	15.61	13.61	15.951	0.000 ***
焦点后（NF-m）	-37.01	17.16	16.10	-2.157	0.046 *
随机变量	名称	Variance	Std. Dev.		
发音人（Speaker）	Intercept	51.44	7.172		
余量（Residual）		878.73	29.643		

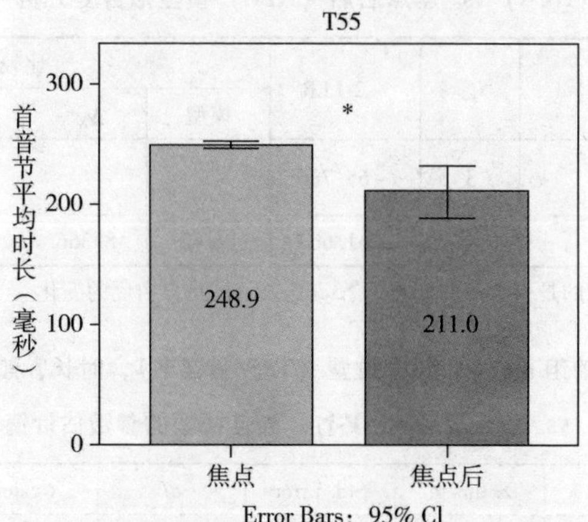

图6-1　4岁组句末位置（T55/首音节）中焦点的平均时长（毫秒）vs. 焦点后的平均时长（毫秒），n=17，N=3，显著性差异用*标示

表 6 – 6　年龄组 =4 岁，句末位置（T55/末音节），时长作为结果变量：焦点（NF-f）vs. 焦点后（NF-m）模型拟合度分析一览表

模型	N_{pars}	–2 LLR	比较			
			模型	$\Delta\chi^2$	Δdf	p
0（仅纳入"说话人"作为随机截距）	3	–124.63				
1 + 焦点条件	4	–124.13	1 vs 2	0.991	1	0.320

注："$\Delta\chi^2$"表示的是卡方值的变化，"Δdf"表示的是自由度的变化。

测试焦点（焦点 vs. 焦点后后）在 4 岁组句末位置（T55/首音节）时长上表现的模型搭建细节见表 2 – 3。模型的拟合度比较结果见表 6 – 7。如表所示，拟合度最高的最佳模型是模型 1（Model 1），这个模型包括焦点的主效应，χ^2（1）= 8.366，$p < 0.01$。最佳模型的具体参数估计值见表 6 – 8。因而，结果表明此年龄组白语儿童在句末位置高平调（T55）的首音节中通过延长焦点成分的时长来区分焦点（248.9ms，SD = 2）和焦点后后（213.9ms，SD = 28.4），如图 6 – 2 所示。

表 6 – 7　年龄组 =4 岁，句末位置（T55/首音节），时长作为结果变量：焦点（NF-f）vs. 焦点后后（NF-i）模型拟合度分析一览表

模型	N_{pars}	–2 LLR	比较			
			模型	$\Delta\chi^2$	Δdf	p
0（仅纳入"说话人"作为随机截距）	3	–65.786				
1 + 焦点条件	4	–61.603	1 vs 2	8.366	1	0.004 **

注："$\Delta\chi^2$"表示的是卡方值的变化，"Δdf"表示的是自由度的变化。

表 6 – 8　年龄组 =4 岁，句末位置（T55/首音节），时长，焦点（NF-f）vs. 焦点后后（NF-i），最佳模型的参数估计值一览表

	Estimate	Std. Error	*df*	*t* value	Pr（>|t|）
固定变量					
截距（Intercept）	255.688	13.553	4.976	18.866	0.000 ***
焦点后后（NF-i）	–35.741	9.932	11.090	–3.599	0.004 **

续表

	Estimate	Std. Error	*df*	*t* value	Pr (> | t|)
随机变量	名称	Variance	Std. Dev.		
发音人 (Speaker)	Intercept	284. 4	16. 87		
余量 (Residual)		276. 1	16. 62		

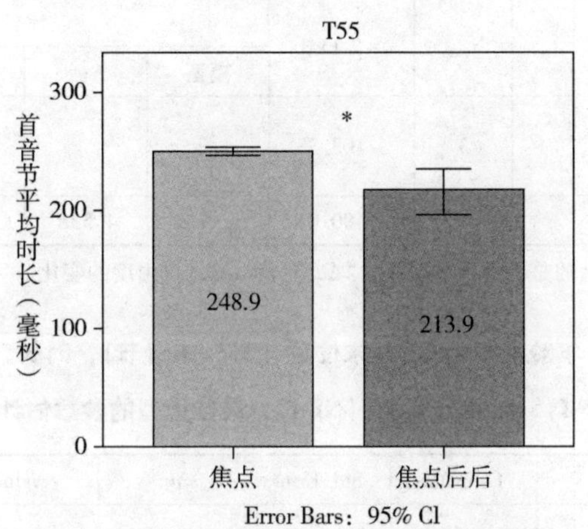

图 6-2　4 岁组句末位置（T55/首音节）中焦点的平均时长（毫秒）vs. 焦点后后的平均时长（毫秒），n = 14，N = 3，显著性差异用 * 标示

测试焦点（焦点 vs. 焦点后后）在 4 岁组句末位置（T55/末音节）时长上表现的模型搭建细节见表 2-3。模型的拟合度比较结果见表 6-9。拟合度最高的最佳模型是模型 1（Model 1），这个模型包括焦点的主效应，χ^2（1）= 4. 538，$p < 0.05$。最佳模型的具体参数估计值见表 6-10。因而，结果表明此年龄组白语儿童在句末位置高平调（T55）的末音节中通过延长焦点成分的时长来区分焦点（343. 9ms，SD = 41. 4）和焦点后后（307. 5ms，SD = 35）。如图 6-3 所示。

测试焦点域（窄焦点 vs. 宽焦点）在 4 岁组句末位置（T55/首音节）时长上表现的模型搭建细节见表 2-3。模型的拟合度比较结果见表 6-11。如表所示，并无任何纳入检验的变量能显著地提高模型的拟合度。因而，没有证据表明此年龄组白语儿童在句末位置（T55/首音节）中通过变化时长来区分窄焦点（248.9ms，SD＝2.0）和宽焦点（251.5ms，SD＝41.2）。

表6－9　年龄组＝4岁，句末位置（T55/末音节），时长作为结果变量：焦点（NF-f）vs. 焦点后后（NF-i）模型拟合度分析一览表

模型	N_{pars}	−2 LLR	比较			
			模型	$\Delta\chi^2$	Δdf	p
0（仅纳入"说话人"作为随机截距）	3	−102.33				
1＋焦点条件	4	−100.06	1 vs 2	4.538	1	0.033 *

注："$\Delta\chi^2$"表示的是卡方值的变化，"Δdf"表示的是自由度的变化。

表6－10　年龄组＝4岁，句末位置（T55/末音节），时长，焦点（NF-f）vs. 焦点后后（NF-i），最佳模型的参数估计值一览表

	Estimate	Std. Error	*df*	*t* value	Pr（＞|t|）
固定变量					
截距（Intercept）	344.072	12.840	5.898	26.797	0.000 ***
焦点后后（NF-i）	−35.339	15.656	18.108	−2.257	0.037 *
随机变量	名称	Variance	Std. Dev.		
发音人（Speaker）	Intercept	105.5	10.27		
余量（Residual）		1217.0	34.89		

表6－11　年龄组＝4岁，句末位置（T55/首音节），时长作为结果变量：窄焦点（NF-f）vs. 宽焦点（BF）模型拟合度分析一览表

模型	N_{pars}	−2 LLR	比较			
			模型	$\Delta\chi^2$	Δdf	p
0（仅纳入"说话人"作为随机截距）	3	−58.437				
1＋焦点条件	4	−58.427	1 vs 2	0.018	1	0.893

注："$\Delta\chi^2$"表示的是卡方值的变化，"Δdf"表示的是自由度的变化。

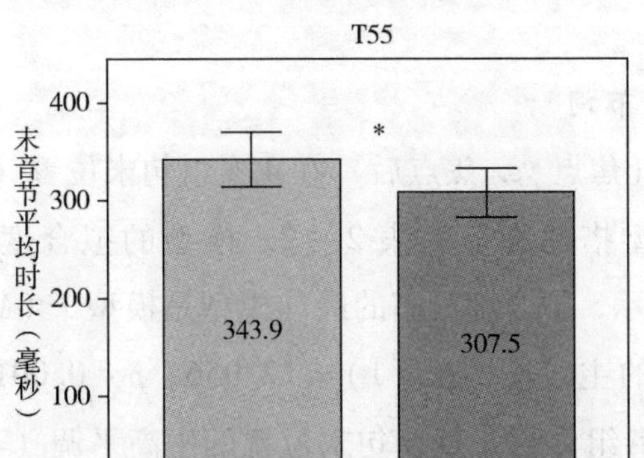

图6－3　4岁组句末位置（T55/末音节）中焦点的平均时长（毫秒）vs. 焦点后后的平均时长（毫秒），n＝20，N＝3，显著性差异用＊标示

测试焦点域（窄焦点 vs. 宽焦点）在4岁组句末位置（T55/末音节）时长上表现的模型搭建细节见表2－3。模型的拟合度比较结果见表6－12。如表所示，并无任何纳入检验的变量能显著地提高模型的拟合度。因而，没有证据表明此年龄组白语儿童在句末位置（T55/末音节）中通过变化时长来区分窄焦点（343.9ms，SD＝41.4）和宽焦点（364.4ms，SD＝91.1）。

表6－12　年龄组＝4岁，句末位置（T55/末音节），时长作为结果变量：窄焦点（NF-f）vs. 宽焦点（BF）模型拟合度分析一览表

模型	N_{pars}	－2 LLR	比较			
			模型	$\Delta\chi^2$	Δdf	p
0（仅纳入“说话人”作为随机截距）	3	－98.561				
1＋焦点条件	4	－98.485	1 vs 2	0.154	1	0.695

注：“$\Delta\chi^2$”表示的是卡方值的变化，“Δdf”表示的是自由度的变化。

二 音域

（一）单音节词

测试焦点（焦点 vs. 焦点后）在4岁组句末位置（T44、T33）音域上表现的模型搭建细节见表2－2。模型的拟合度比较结果见表6－13。如表所示，拟合度最高的最佳模型是模型1（Model 1），这个模型包括声调的主效应，χ^2（1）=12.056，$p<0.001$。因而，没有证据表明此年龄组白语儿童在句末位置的中高平调（T44）中通过变化音域来区分焦点（25.5Hz，SD=2.1）和焦点后（37Hz，SD=18），也没有证据表明此年龄组白语儿童在句末位置的中平调（T33）中通过变化音域来区分焦点（68.3Hz，SD=32.9）和焦点后（64.8Hz，SD=36.7）。

表6－13 年龄组=4岁，句末位置（T44、T33），音域作为结果变量：焦点（NF-f）vs. 焦点后（NF-m）模型拟合度分析一览表

模型	N_{pars}	−2 LLR	比较			
			模型	$\Delta\chi^2$	Δdf	p
0（仅纳入“说话人”作为随机截距）	3	−276.64				
1+声调	4	−270.61	0 vs 1	12.056	1	0.000***
2+焦点条件	5	−270.61	1 vs 2	3e−04	1	0.986
3+声调：焦点条件	6	−270.30	2 vs 3	0.635	1	0.426

注：“$\Delta\chi^2$”表示的是卡方值的变化，“Δdf”表示的是自由度的变化。

测试焦点（焦点 vs. 焦点后后）在4岁组句末位置（T44、T33）音域上表现的模型搭建细节见表2－2。模型的拟合度比较结果见表6－14。如表所示，拟合度最高的最佳模型是模型1（Model 1），这个模型包括声调的主效应，χ^2（1）=10.694，$p<0.01$。因而，没有证据表明此年龄组白语儿童在句末位置的中高平调（T44）中通过变化音域来区分焦点（25.5Hz，SD=2.1）和焦点后后（35.3Hz，SD=7.8），

也没有证据表明此年龄组白语儿童在句末位置的中平调（T33）中通过变化音域来区分焦点（68.3Hz，SD = 32.9）和焦点后后（63.1Hz，SD = 37.1）。

表 6-14　年龄组 = 4 岁，句末位置（T44、T33），音域作为结果变量：焦点（NF-f）vs. 焦点后后（NF-i）模型拟合度分析一览表

模型	N_{pars}	-2 LLR	比较			
			模型	$\Delta\chi^2$	Δdf	p
0（仅纳入“说话人”作为随机截距）	3	-309.56				
1 + 声调	4	-304.22	0 vs 1	10.694	1	0.001 **
2 + 焦点条件	5	-304.15	1 vs 2	0.127	1	0.721
3 + 声调：焦点条件	6	-303.76	2 vs 3	0.794	1	0.373

注：“$\Delta\chi^2$”表示的是卡方值的变化，“Δdf”表示的是自由度的变化。

测试焦点域（窄焦点 vs. 宽焦点）在 4 岁组句末位置（T44、T33）音域上表现的模型搭建细节见表 2-2。模型的拟合度比较结果见表 6-15。如表所示，拟合度最高的最佳模型是模型 1（Model 1），这个模型包括声调的主效应，χ^2（1）= 13.263，$p < 0.001$。因而，没有证据表明此年龄组白语儿童在句末位置的中高平调（T44）中通过变化音域来区分窄焦点（25.5Hz，SD = 2.1）和宽焦点（37.5Hz，SD = 8.9），也没有证据表明此年龄组白语儿童在句末位置的中平调（T33）中通过变化音域来区分窄焦点（68.3Hz，SD = 32.9）和宽焦点（71.5Hz，SD = 30.2）。

表 6-15　年龄组 = 4 岁，句末位置（T44、T33），音域作为结果变量：窄焦点（NF-f）vs. 宽焦点（BF）模型拟合度分析一览表

模型	N_{pars}	-2 LLR	比较			
			模型	$\Delta\chi^2$	Δdf	p
0（仅纳入“说话人”作为随机截距）	3	-200.24				

续表

模型	N_{pars}	-2 LLR	比较			
			模型	$\Delta\chi^2$	Δdf	p
1+声调	4	-193.61	0 vs 1	13.263	1	0.000***
2+焦点条件	5	-193.42	1 vs 2	0.378	1	0.539
3+声调：焦点条件	6	-193.33	2 vs 3	0.187	1	0.665

注："$\Delta\chi^2$"表示的是卡方值的变化，"Δdf"表示的是自由度的变化。

（二）双音节词

测试焦点（焦点 vs. 焦点后）在4岁组句末位置（T55/首音节）音域上表现的模型搭建细节见表2-3。模型的拟合度比较结果见表6-16。如表所示，并无任何纳入检验的变量能显著地提高模型的拟合度。因而，没有证据表明此年龄组白语儿童在句末位置（T55/首音节）中通过变化音域来区分焦点（27.6Hz，SD=10.7）和焦点后（21Hz，SD=7）。

表6-16　年龄组=4岁，句末位置（T55/首音节），音域作为结果变量：焦点（NF-f）vs. 焦点后（NF-m）模型拟合度分析一览表

模型	N_{pars}	-2 LLR	比较			
			模型	$\Delta\chi^2$	Δdf	p
0（仅纳入"说话人"作为随机截距）	3	-82.916				
1+焦点条件	4	-82.185	1 vs 2	3.462	1	0.063

注："$\Delta\chi^2$"表示的是卡方值的变化，"Δdf"表示的是自由度的变化。

测试焦点（焦点 vs. 焦点后）在4岁组句末位置（T55/末音节）音域上表现的模型搭建细节见表2-3。模型的拟合度比较结果见表6-17。如表所示，并无任何纳入检验的变量能显著地提高模型的拟合度。因而，没有证据表明此年龄组白语儿童在句末位置（T55/末音节）中通过变化音域来区分焦点（44.6Hz，SD=3.8）和焦点后（46.9Hz，SD=13.8）。

测试焦点（焦点 vs. 焦点后后）在 4 岁组句末位置（T55/首音节）音域上表现的模型搭建细节见表 2 – 3。模型的拟合度比较结果见表 6 – 18。如表所示，并无任何纳入检验的变量能显著地提高模型的拟合度。因而，没有证据表明此年龄组白语儿童在句末位置（T55/首音节）中通过变化音域来区分焦点（27.6Hz，SD = 10.7）和焦点后后（24.4Hz，SD = 10.4）。

表 6 – 17　年龄组 = 4 岁，句末位置（T55/末音节），音域作为结果变量：焦点（NF-f）vs. 焦点后（NF-m）模型拟合度分析一览表

模型	N_{pars}	−2 LLR	比较			
			模型	$\Delta\chi^2$	Δdf	p
0（仅纳入“说话人”作为随机截距）	3	−75.546				
1 + 焦点条件	4	−75.436	1 vs 2	0.220	1	0.639

注：“$\Delta\chi^2$”表示的是卡方值的变化，“Δdf”表示的是自由度的变化。

表 6 – 18　年龄组 = 4 岁，句末位置（T55/首音节），音域作为结果变量：焦点（NF-f）vs. 焦点后后（NF-i）模型拟合度分析一览表

模型	N_{pars}	−2 LLR	比较			
			模型	$\Delta\chi^2$	Δdf	p
0（仅纳入“说话人”作为随机截距）	3	−74.716				
1 + 焦点条件	4	−74.467	1 vs 2	0.498	1	0.480

注：“$\Delta\chi^2$”表示的是卡方值的变化，“Δdf”表示的是自由度的变化。

测试焦点（焦点 vs. 焦点后后）在 4 岁组句末位置（T55/末音节）音域上表现的模型搭建细节见表 2 – 3。模型的拟合度比较结果见表 6 – 19。如表所示，并无任何纳入检验的变量能显著地提高模型的拟合度。因而，没有证据表明此年龄组白语儿童在句末位置（T55/末音节）中通过变化音域来区分焦点（44.6Hz，SD = 3.8）和焦点后后（55.3Hz，SD = 19.7）。

测试焦点域（窄焦点 vs. 宽焦点）在4岁组句末位置（T55/首音节）音域上表现的模型搭建细节见表2－3。模型的拟合度比较结果见表6－20。如表所示，并无任何纳入检验的变量能显著地提高模型的拟合度。因而，没有证据表明此年龄组白语儿童在句末位置（T55/首音节）中通过变化音域来区分窄焦点（27.6Hz，SD＝10.7）和宽焦点（25.7Hz，SD＝11.7）。

表6－19　年龄组＝4岁，句末位置（T55/末音节），音域作为结果变量：焦点（NF-f）vs. 焦点后后（NF-i）模型拟合度分析一览表

模型	N_{pars}	－2 LLR	比较			
			模型	$\Delta\chi^2$	Δdf	p
0（仅纳入“说话人”作为随机截距）	3	－82.554				
1＋焦点条件	4	－80.975	1 vs 2	3.158	1	0.075

注：“$\Delta\chi^2$”表示的是卡方值的变化，“Δdf”表示的是自由度的变化。

表6－20　年龄组＝4岁，句末位置（T55/首音节），音域作为结果变量：窄焦点（NF-f）vs. 宽焦点（BF）模型拟合度分析一览表

模型	N_{pars}	－2 LLR	比较			
			模型	$\Delta\chi^2$	Δdf	p
0（仅纳入“说话人”作为随机截距）	3	－67.947				
1＋焦点条件	4	－67.881	1 vs 2	0.133	1	0.715

注：“$\Delta\chi^2$”表示的是卡方值的变化，“Δdf”表示的是自由度的变化。

测试焦点域（窄焦点 vs. 宽焦点）在4岁组句末位置（T55/末音节）音域上表现的模型搭建细节见表2－3。模型的拟合度比较结果见表6－21。如表所示，并无任何纳入检验的变量能显著地提高模型的拟合度。因而，没有证据表明此年龄组白语儿童在句末位置（T55/末音节）中通过变化音域来区分窄焦点（44.6Hz，SD＝3.8）和宽焦点（38.5Hz，SD＝10.8）。

表6-21　年龄组=4岁，句末位置（T55/末音节），音域作为
结果变量：窄焦点（NF-f）vs. 宽焦点（BF）模型拟合度分析一览表

模型	N_{pars}	-2 LLR	比较			
			模型	$\Delta\chi^2$	Δdf	p
0（仅纳入“说话人”作为随机截距）	3	-56.303				
1+焦点条件	4	-55.103	1 vs 2	2.400	1	0.121

注：“$\Delta\chi^2$”表示的是卡方值的变化，“Δdf”表示的是自由度的变化。

三　音高最大值

（一）单音节词

测试焦点（焦点 vs. 焦点后）在4岁组句末位置（T44、T33）音高最大值上表现的模型搭建细节见表2-2。模型的拟合度比较结果见表6-22。如表所示，无任一固定变量能提高模型的拟合度。因而，没有证据表明此年龄组儿童在其白语句末位置的中高平调（T44）中通过变化音高最大值来区分焦点（299.4Hz，SD=38.9）和焦点后（300.1Hz，SD=36），也没有证据表明此年龄组儿童在其白语句末位置的中平调（T33）中通过变化音高最大值来区分焦点（291.7Hz，SD=37.2）和焦点后（288.7Hz，SD=37.5）。

表6-22　年龄组=4岁，句末位置（T44、T33），音高最大值作为
结果变量：焦点（NF-f）vs. 焦点后（NF-m）模型拟合度分析一览表

模型	N_{pars}	-2 LLR	比较			
			模型	$\Delta\chi^2$	Δdf	p
0（仅纳入“说话人”作为随机截距）	3	-266.01				
1+声调	4	-265.70	0 vs 1	0.628	2	0.428
2+焦点条件	5	-265.60	1 vs 2	0.201	1	0.654
3+声调：焦点条件	6	-265.48	1 vs 2	0.229	1	0.633

注：“$\Delta\chi^2$”表示的是卡方值的变化，“Δdf”表示的是自由度的变化。

测试焦点（焦点 vs. 焦点后后）在4岁组句末位置（T44、T33）音高最大值上表现的模型搭建细节见表2－2。模型的拟合度比较结果见表6－23。如表所示，无任一固定变量能提高模型的拟合度。因而，没有证据表明此年龄组儿童在其白语句末位置的中高平调（T44）中通过变化音高最大值来区分焦点（299.4Hz，SD＝38.9）和焦点后后（318.6Hz，SD＝35.9），也没有证据表明此年龄组儿童在其白语句末位置的中平调（T33）中通过变化音高最大值来区分焦点（291.7Hz，SD＝37.2）和焦点后后（310.7Hz，SD＝62）。

表6－23　年龄组＝4岁，句末位置（T44、T33），音高最大值作为结果变量：焦点（NF-f）vs. 焦点后后（NF-i）模型拟合度分析一览表

模型	N_{pars}	－2 LLR	比较			
			模型	$\Delta\chi^2$	Δdf	p
0（仅纳入“说话人”作为随机截距）	3	－345.19				
1＋声调	4	－344.79	0 vs 1	0.806	2	0.369
2＋焦点条件	5	－344.20	1 vs 2	1.166	1	0.280
3＋声调：焦点条件	68	－344.19	2 vs 3	0.029	2	0.865

注：“$\Delta\chi^2$”表示的是卡方值的变化，“Δdf”表示的是自由度的变化。

测试焦点域（窄焦点 vs. 宽焦点）在4岁组句末位置（T44、T33）音高最大值上表现的模型搭建细节见表2－2。模型的拟合度比较结果见表6－24。如表所示，无任一固定变量能提高模型的拟合度。因而，没有证据表明此年龄组儿童在其白语句末位置的中高平调（T44）中通过变化音高最大值来区分窄焦点（299.4Hz，SD＝38.9）和宽焦点（298.8Hz，SD＝37.5），也没有证据表明此年龄组儿童在其白语句末位置的中平调（T33）中通过变化音高最大值来区分窄焦点（291.7Hz，SD＝37.2）和宽焦点（315.6Hz，SD＝16.2）。

表 6－24　年龄组＝4 岁，句末位置（T44、T33），音高最大值作为结果变量：窄焦点（NF-f）vs. 宽焦点（BF）模型拟合度分析一览表

模型	N_{pars}	－2 LLR	比较			
			模型	$\Delta\chi^2$	Δdf	p
0（仅纳入“说话人”作为随机截距）	3	－186.00				
1＋声调	4	－185.86	0 vs 1	0.270	1	0.604
2＋焦点条件	5	－185.03	1 vs 2	1.670	1	0.196
3＋声调：焦点条件	6	－185.02	2 vs 3	0.001	2	0.972

注：“$\Delta\chi^2$”表示的是卡方值的变化，“Δdf”表示的是自由度的变化。

（二）双音节词

测试焦点（焦点 vs. 焦点后）在 4 岁组句末位置（T55/首音节）音高最大值上表现的模型搭建细节见表 2－3。模型的拟合度比较结果见表 6－25。如表所示，并无任何纳入检验的变量能显著地提高模型的拟合度。因而，没有证据表明此年龄组白语儿童在句末位置（T55/首音节）中通过变化音高最大值来区分焦点（353Hz，SD＝59.4）和焦点后（359.8Hz，SD＝44.2）。

表 6－25　年龄组＝4 岁，句末位置（T55/首音节），音高最大值作为结果变量：焦点（NF-f）vs. 焦点后（NF-m）模型拟合度分析一览表

模型	N_{pars}	－2 LLR	比较			
			模型	$\Delta\chi^2$	Δdf	p
0（仅纳入“说话人”作为随机截距）	3	－130.28				
1＋焦点条件	4	－130.15	1 vs 2	0.262	1	0.609

注：“$\Delta\chi^2$”表示的是卡方值的变化，“Δdf”表示的是自由度的变化。

测试焦点（焦点 vs. 焦点后）在 4 岁组句末位置（T55/末音节）音高最大值上表现的模型搭建细节见表 2－3。模型的拟合度比较结果见表 6－26。如表所示，并无任何纳入检验的变量能显著地提高模型的拟合度。因而，没有证据表明此年龄组儿童在其白语句末位置高平调（T55）的末音节中通过变化音高最大值来区分焦点（381.7Hz, SD=53.5）和焦点后（409.1Hz，SD=68.3）。

表6－26　年龄组=4岁，句末位置（T55/末音节），音高最大值作为结果变量：焦点（NF-f）vs. 焦点后（NF-m）模型拟合度分析一览表

模型	N_{pars}	－2 LLR	比较			
			模型	$\Delta\chi^2$	Δdf	p
0（仅纳入“说话人”作为随机截距）	3	－143.37				
1＋焦点条件	4	－142.69	1 vs 2	1.363	1	0.243

注：“$\Delta\chi^2$”表示的是卡方值的变化，“Δdf”表示的是自由度的变化。

测试焦点（焦点 vs. 焦点后后）在4岁组句末位置（T55/首音节）音高最大值上表现的模型搭建细节见表2－3。模型的拟合度比较结果见表6－27。如表所示，并无任何纳入检验的变量能显著地提高模型的拟合度。因而，没有证据表明此年龄组白语儿童在句末位置（T55/首音节）中通过变化音高最大值来区分焦点（353Hz，SD=59.4）和焦点后后（359.2Hz，SD=47）。

表6－27　年龄组=4岁，句末位置（T55/首音节），音高最大值作为结果变量：焦点（NF-f）vs. 焦点后后（NF-i）模型拟合度分析一览表

模型	N_{pars}	－2 LLR	比较			
			模型	$\Delta\chi^2$	Δdf	p
0（仅纳入“说话人”作为随机截距）	3	－109.95				
1＋焦点条件	4	－109.95	1 vs 2	0	1	0.997

注：“$\Delta\chi^2$”表示的是卡方值的变化，“Δdf”表示的是自由度的变化。

测试焦点（焦点 vs. 焦点后后）在4岁组句末位置（T55/末音节）音高最大值上表现的模型搭建细节见表2－3。模型的拟合度比较结果见表6－28。如表所示，并无任何纳入检验的变量能显著地提高模型的拟合度。因而，没有证据表明此年龄组白语儿童在句末位置

（T55/末音节）中通过变化音高最大值来区分焦点（381.7Hz，SD = 53.5）和焦点后后（388.1Hz，SD = 28.7）。

表 6－28　年龄组＝4 岁，句末位置（T55/末音节），音高最大值作为结果变量：焦点（NF-f）vs. 焦点后后（NF-i）模型拟合度分析一览表

模型	N_{pars}	－2 LLR	比较			
			模型	$\Delta\chi^2$	Δdf	p
0（仅纳入“说话人”作为随机截距）	3	－114.36				
1＋焦点条件	4	－114.31	1 vs 2	0.087	1	0.769

注：“$\Delta\chi^2$”表示的是卡方值的变化，“Δdf”表示的是自由度的变化。

测试焦点域（窄焦点 vs. 宽焦点）在 4 岁组句末位置（T55/首音节）音高最大值上表现的模型搭建细节见表 2－3。模型的拟合度比较结果见表 6－29。如表所示，并无任何纳入检验的变量能显著地提高模型的拟合度。因而，没有证据表明此年龄组白语儿童在句末位置高平调（T55）的首音节中通过变化音高最大值来区分窄焦点（353Hz，SD＝59.4）和宽焦点（357.2Hz，SD＝41.7）。

表 6－29　年龄组＝4 岁，句末位置（T55/首音节），音高最大值作为结果变量：窄焦点（NF-f）vs. 宽焦点（BF）模型拟合度分析一览表

模型	N_{pars}	－2 LLR	比较			
			模型	$\Delta\chi^2$	Δdf	p
0（仅纳入“说话人”作为随机截距）	3	－94.132				
1＋焦点条件	4	－93.197	1 vs 2	1.869	1	0.172

注：“$\Delta\chi^2$”表示的是卡方值的变化，“Δdf”表示的是自由度的变化。

测试焦点域（窄焦点 vs. 宽焦点）在 4 岁组句末位置（T55/末音节）音高最大值上表现的模型搭建细节见表 2－3。模型的拟合度比较结果见表 6－30。如表所示，并无任何纳入检验的变量能显著地提高模型的拟合度。因而，没有证据表明此年龄组白语儿童在句末位置高平调（T55）的末音节中通过变化音高最大值来区分窄焦点（381.7Hz，SD=53.5）和宽焦点（382.7Hz，SD=39.4）。

表6-30 年龄组=4岁，句末位置（T55/末音节），音高最大值作为结果变量：窄焦点（NF-f）vs. 宽焦点（BF）模型拟合度分析一览表

模型	N_{pars}	-2 LLR	比较			
			模型	$\Delta\chi^2$	Δdf	p
0（仅纳入“说话人”作为随机截距）	3	-97.970				
1+焦点条件	4	-97.708	1 vs 2	0.524	1	0.469

注：“$\Delta\chi^2$”表示的是卡方值的变化，“Δdf”表示的是自由度的变化。

四 音高最小值

（一）单音节词

测试焦点（焦点 vs. 焦点后）在4岁组句末位置（T44、T33）音高最小值上表现的模型搭建细节见表2-2。模型的拟合度比较结果见表6-31。如表所示，拟合度最高的最佳模型是模型1（Model 1），这个模型包括声调的主效应，χ^2（1）=21.631，$p<0.001$。因而，没有证据表明此年龄组儿童在其白语句末位置的中高平调（T44）中通过变化音高最小值来区分焦点（272.2Hz，SD=36.7）和焦点后（263.1Hz，SD=31），也没有证据表明此年龄组儿童在其白语句末位置的中平调（T33）中通过变化音高最小值来区分焦点（208.3Hz，SD=20.5）和焦点后（229.6Hz，SD=40.7）。

表6-31 年龄组=4岁，句末位置（T44、T33），音高最小值作为结果变量：焦点（NF-f）vs. 焦点后（NF-m）模型拟合度分析一览表

模型	N_{pars}	-2 LLR	比较			
			模型	$\Delta\chi^2$	Δdf	p
0（仅纳入“说话人”作为随机截距）	3	-262.12				

续表

模型	N_{pars}	-2 LLR	比较			
			模型	$\Delta\chi^2$	Δdf	p
1 + 声调	4	-251.31	0 vs 1	21.631	1	0.000***
2 + 焦点条件	5	-250.62	1 vs 2	1.380	1	0.240
3 + 声调：焦点条件	6	-249.67	2 vs 3	1.903	1	0.168

注："$\Delta\chi^2$"表示的是卡方值的变化，"Δdf"表示的是自由度的变化。

测试焦点（焦点 vs. 焦点后后）在 4 岁组句末位置（T44、T33）音高最小值上表现的模型搭建细节见表 2-2。模型的拟合度比较结果见表 6-32。如表所示，拟合度最高的最佳模型是模型 1（Model 1），这个模型只包括声调的主效应，χ^2（1）= 13.999，$p < 0.001$。因而，没有证据表明此年龄组儿童在其白语句末位置的中高平调（T44）中通过变化音高最小值来区分焦点（272.2Hz，SD = 36.7）和焦点后后（269.8Hz，SD = 26），也没有证据表明此年龄组儿童在其白语句末位置的中平调（T33）中通过变化音高最小值来区分焦点（208.3Hz，SD = 20.5）和焦点后后（242.7Hz，SD = 49.2）。

表 6-32　年龄组 = 4 岁，句末位置（T44、T33），音高最小值作为结果变量：焦点（NF-f）vs. 焦点后后（NF-m）模型拟合度分析一览表

模型	N_{pars}	-2 LLR	比较			
			模型	$\Delta\chi^2$	Δdf	p
0（仅纳入"说话人"作为随机截距）	3	-320.25				
1 + 声调	5	-313.26	0 vs 1	13.999	1	0.000***
2 + 焦点条件	6	-311.24	1 vs 2	3.836	1	0.050
3 + 声调：焦点条件	8	-310.37	2 vs 3	1.936	2	0.164

注："$\Delta\chi^2$"表示的是卡方值的变化，"Δdf"表示的是自由度的变化。

测试焦点域（窄焦点 vs. 宽焦点）在 4 岁组句末位置（T44、T33）音高最小值上表现的模型搭建细节见表 2-2。模型的拟合度比较结果见表 6-33。如表所示，拟合度最高的最佳模型是模型 1（Model 1），这个模型只包括声调的主效应，χ^2（1）= 19.075，$p < 0.001$。因而，

没有证据表明此年龄组儿童在其白语句末位置的中高平调（T44）中通过变化音高最小值来区分窄焦点（272.2Hz，SD = 36.7）和宽焦点（261.3Hz，SD = 31.6），也没有证据表明此年龄组儿童在其白语句末位置的中平调（T33）中通过变化音高最小值来区分窄焦点（208.3Hz，SD = 20.5）和宽焦点（248.2Hz，SD = 38.8）。

表 6 – 33　年龄组 = 4 岁，句末位置（T44、T33），音高最小值作为结果变量：窄焦点（NF-f）vs. 宽焦点（BF）模型拟合度分析一览表

模型	N_{pars}	– 2 LLR	比较			
			模型	$\Delta\chi^2$	Δdf	p
0（仅纳入“说话人”作为随机截距）	3	– 192.37				
1 + 声调	4	– 182.83	0 vs 1	19.075	1	0.000***
2 + 焦点条件	5	– 181.42	1 vs 2	2.826	1	0.093
3 + 声调：焦点条件	6	– 180.35	2 vs 3	2.127	1	0.145

注：“$\Delta\chi^2$”表示的是卡方值的变化，“Δdf”表示的是自由度的变化。

（二）双音节词

测试焦点（焦点 vs. 焦点后）在 4 岁组句末位置（T55/首音节）音高最小值上表现的模型搭建细节见表 2 – 3。模型的拟合度比较结果见表 6 – 34。如表所示，并无任何纳入检验的变量能显著地提高模型的拟合度。因而，没有证据表明此年龄组儿童在其白语句末位置高平调（T55）的首音节中通过变化音高最小值来区分焦点（316.7Hz，SD = 61.3）和焦点后（329.4Hz，SD = 45.3）。

表 6 – 34　年龄组 = 4 岁，句末位置（T55/首音节），音高最小值作为结果变量：焦点（NF-f）vs. 焦点后（NF-m）模型拟合度分析一览表

模型	N_{pars}	– 2 LLR	比较			
			模型	$\Delta\chi^2$	Δdf	p
0（仅纳入“说话人”作为随机截距）	3	– 132.79				
1 + 焦点条件	4	– 132.29	1 vs 2	1.001	1	0.317

注：“$\Delta\chi^2$”表示的是卡方值的变化，“Δdf”表示的是自由度的变化。

测试焦点（焦点 vs. 焦点后）在 4 岁组句末位置（T55/末音节）音高最小值上表现的模型搭建细节见表 2－3。模型的拟合度比较结果见表 6－35。如表所示，并无任何纳入检验的变量能显著地提高模型的拟合度。因而，没有证据表明此年龄组儿童在其白语句末位置高平调（T55）的末音节中通过变化音高最小值来区分焦点（335.2Hz，SD＝55.1）和焦点后（344.2Hz，SD＝42.1）。

表 6－35　年龄组＝4 岁，句末位置（T55/末音节），音高最小值作为结果变量：焦点（NF-f）vs. 焦点后（NF-m）模型拟合度分析一览表

模型	N_{pars}	－2 LLR	比较			
			模型	$\Delta\chi^2$	Δdf	p
0（仅纳入“说话人”作为随机截距）	3	－131.64				
1＋焦点条件	4	－131.40	1 vs 2	0.465	1	0.495

注：“$\Delta\chi^2$”表示的是卡方值的变化，“Δdf”表示的是自由度的变化。

测试焦点（焦点 vs. 焦点后后）在 4 岁组句末位置（T55/首音节）音高最小值上表现的模型搭建细节见表 2－3。模型的拟合度比较结果见表 6－36。如表所示，并无任何纳入检验的变量能显著地提高模型的拟合度。因而，没有证据表明此年龄组儿童在其白语句末位置高平调（T55）的首音节中通过变化音高最小值来区分焦点（316.7Hz，SD＝61.3）和焦点后后（308.6Hz，SD＝66.3）。

表 6－36　年龄组＝4 岁，句末位置（T55/首音节），音高最小值作为结果变量：焦点（NF-f）vs. 焦点后后（NF-i）模型拟合度分析一览表

模型	N_{pars}	－2 LLR	比较			
			模型	$\Delta\chi^2$	Δdf	p
0（仅纳入“说话人”作为随机截距）	3	－120.21				
1＋焦点条件	4	－119.87	1 vs 2	0.680	1	0.410

注：“$\Delta\chi^2$”表示的是卡方值的变化，“Δdf”表示的是自由度的变化。

测试焦点（焦点 vs. 焦点后后）在 4 岁组句末位置（T55/末音节）音高最小值上表现的模型搭建细节见表 2 - 3。模型的拟合度比较结果见表 6 - 37。如表所示，并无任何纳入检验的变量能显著地提高模型的拟合度。因而，没有证据表明此年龄组儿童在其白语句末位置高平调（T55）的末音节中通过变化音高最小值来区分焦点（335. 2Hz，SD = 55. 1）和焦点后后（332. 8Hz，SD = 40. 1）。

表 6 - 37　年龄组 = 4 岁，句末位置（T55/末音节），音高最小值作为结果变量：焦点（NF-f）vs. 焦点后后（NF-i）模型拟合度分析一览表

模型	N_{pars}	−2 LLR	比较			
			模型	$\Delta\chi^2$	Δdf	p
0（仅纳入“说话人”作为随机截距）	3	−113. 03				
1 + 焦点条件	4	−112. 89	1 vs 2	0. 281	1	0. 596

注：“$\Delta\chi^2$” 表示的是卡方值的变化，“Δdf” 表示的是自由度的变化。

测试焦点域（窄焦点 vs. 宽焦点）在 4 岁组句末位置（T55/首音节）音高最小值上表现的模型搭建细节见表 2 - 3。模型的拟合度比较结果见表 6 - 38。如表所示，并无任何纳入检验的变量能显著地提高模型的拟合度。因而，没有证据表明此年龄组儿童在其白语句末位置高平调（T55）的首音节中通过变化音高最小值来区分窄焦点（316. 7Hz，SD = 61. 3）和宽焦点（323. 7Hz，SD = 54. 3）。

表 6 - 38　年龄组 = 4 岁，句末位置（T55/首音节），音高最小值作为结果变量：窄焦点（NF-f）vs. 宽焦点（BF）模型拟合度分析一览表

模型	N_{pars}	−2 LLR	比较			
			模型	$\Delta\chi^2$	Δdf	p
0（仅纳入“说话人”作为随机截距）	3	−102. 08				
1 + 焦点条件	4	−101. 98	1 vs 2	0. 203	1	0. 652

注：“$\Delta\chi^2$” 表示的是卡方值的变化，“Δdf” 表示的是自由度的变化。

测试焦点域（窄焦点 vs. 宽焦点）在4岁组句末位置（T55/末音节）音高最小值上表现的模型搭建细节见表2－3。模型的拟合度比较结果见表6－39。如表所示，并无任何纳入检验的变量能显著地提高模型的拟合度。因而，没有证据表明此年龄组儿童在其白语句末位置高平调（T55）的末音节中通过变化音高最小值来区分窄焦点（335.2Hz，SD＝55.1）和宽焦点（340.5Hz，SD＝39.8）。

表6－39　年龄组＝4岁，句末位置（T55/末音节），音高最小值作为结果变量：窄焦点（NF-f）vs. 宽焦点（BF）模型拟合度分析一览表

模型	N_{pars}	－2 LLR	比较			
			模型	$\Delta\chi^2$	Δdf	p
0（仅纳入“说话人”作为随机截距）	3	－94.474				
1＋焦点条件	4	－94.141	1 vs 2	0.665	1	0.415

注：“$\Delta\chi^2$”表示的是卡方值的变化，“Δdf”表示的是自由度的变化。

第二节　年龄:5岁

一　时长

（一）单音节词

测试焦点（焦点 vs. 焦点后）在5岁组句末位置（T44、T33）时长上表现的模型搭建细节见表2－2。模型的拟合度比较结果见表6－40。如表所示，拟合度最高的最佳模型是模型1（Model 1），这个模型包括声调的主效应，χ^2（1）＝4.165，$p<0.05$。因而，没有证据表明此年龄组白语儿童在句末位置的中高平调（T44）中通过变化时长来区分焦点（677.9ms，SD＝138.5）和焦点后（397.7ms，SD＝56.2），也没有证据表明此年龄组白语儿童在句末位置的中平调（T33）中通过变化时长来区分焦点（544.2ms，SD＝155.2）和焦点后（402.2ms，

SD = 134.9)。

表 6-40　年龄组 = 5 岁，句末位置（T44、T33），时长作为结果变量：焦点（NF-f）vs. 焦点后（NF-m）模型拟合度分析一览表

模型	N_{pars}	−2 LLR	比较			
			模型	$\Delta\chi^2$	Δdf	p
0（仅纳入“说话人”作为随机截距）	3	−182.31				
1 + 声调	4	−180.23	0 vs 1	4.165	1	0.041*
2 + 焦点条件	5	−178.73	1 vs 2	3.001	1	0.083
3 + 声调：焦点条件	6	−178.25	2 vs 3	0.961	1	0.327

注：“$\Delta\chi^2$”表示的是卡方值的变化，“Δdf”表示的是自由度的变化。

测试焦点（焦点 vs. 焦点后后）在 5 岁组句末位置（T44、T33）时长上表现的模型搭建细节见表 2-2。模型的拟合度比较结果见表 6-41。如表所示，拟合度最高的最佳模型是模型 1（Model 1），这个模型包括声调的主效应，χ^2（1）= 7.2，$p < 0.05$。因而，没有证据表明此年龄组白语儿童在句末位置的中高平调（T44）中通过变化时长来区分焦点（677.9ms，SD = 138.5）和焦点后后（582ms，SD = 117.7），也没有证据表明此年龄组白语儿童在句末位置的中平调（T33）中通过变化时长来区分焦点（544.2ms，SD = 155.2）和焦点后后（494.5ms，SD = 116.2）。

表 6-41　年龄组 = 5 岁，句末位置（T44、T33），时长作为结果变量：焦点（NF-f）vs. 焦点后后（NF-i）模型拟合度分析一览表

模型	N_{pars}	−2 LLR	比较			
			模型	$\Delta\chi^2$	Δdf	p
0（仅纳入“说话人”作为随机截距）	3	−258.69				
1 + 声调	4	−255.09	0 vs 1	7.200	1	0.007*
2 + 焦点条件	5	−254.03	1 vs 2	2.126	1	0.145
3 + 声调：焦点条件	6	−253.72	2 vs 3	0.619	1	0.431

注：“$\Delta\chi^2$”表示的是卡方值的变化，“Δdf”表示的是自由度的变化。

测试焦点域（窄焦点 vs. 宽焦点）在5岁组句末位置（T44、T33）时长上表现的模型搭建细节见表2-2。模型的拟合度比较结果见表6-42。如表所示，拟合度最高的最佳模型是模型2（Model 2），这个模型包括声调的主效应，χ^2（1）=10.123，$p<0.01$；焦点的主效应，χ^2（1）=4.257，$p<0.05$。最佳模型的具体参数估计值见表6-43。因而，结果表明此年龄组白语儿童既在其白语句末位置的中高平调（T44）中通过延长焦点成分的时长来区分窄焦点（677.9ms，SD=138.5）和宽焦点（623.5ms，SD=143），也在中平调（T33）中通过延长焦点成分的时长来区分窄焦点（544.2ms，SD=155.2）和宽焦点（434.3ms，SD=126.9）。如图6-4所示。

表6-42　年龄组=5岁，句末位置（T44、T33），时长作为结果变量：窄焦点（NF-f）vs. 宽焦点（BF）模型拟合度分析一览表

模型	N_{pars}	-2 LLR	比较			
			模型	$\Delta\chi^2$	Δdf	p
0（仅纳入“说话人”作为随机截距）	3	-188.65				
1+声调	4	-183.59	0 vs 1	10.123	1	0.001 **
2+焦点条件	5	-181.46	1 vs 2	4.257	1	0.039 *
3+声调：焦点条件	6	-181.40	2 vs 3	0.115	2	0.734

注：“$\Delta\chi^2$”表示的是卡方值的变化，“Δdf”表示的是自由度的变化。

表6-43　年龄组=5岁，句末位置（T44、T33），时长，窄焦点（NF-f）vs. 宽焦点（BF），最佳模型的参数估计值一览表

	Estimate	Std. Error	*df*	*t* value	Pr（>|t|）
固定变量					
截距（Intercept）	450.728	85.469	2.179	5.274	0.028 *
中高平调（T44）	118.795	29.177	29.059	4.072	0.000 ***
窄焦点（NF-f）	59.150	27.679	29.028	2.137	0.041 *
随机变量	名称	Variance	Std. Dev.		
发音人（Speaker）	Intercept	13592	116.58		
余量（Residual）		5627	75.02		

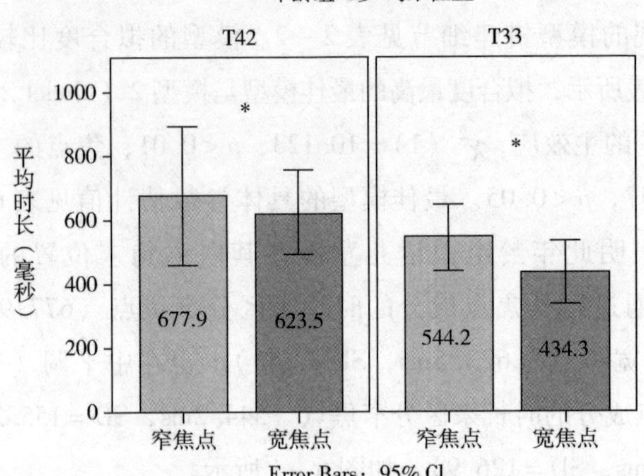

图6-4　5岁组句末位置（T44、T33）中窄焦点的平均时长（毫秒）vs. 宽焦点的平均时长（毫秒），n=31，N=3，显著性差异用＊标示

（二）双音节词

测试焦点（焦点 vs. 焦点后）在5岁组句末位置（T55/首音节）时长上表现的模型搭建细节见表2-3。模型的拟合度比较结果见表6-44。如表所示，并无任何纳入检验的变量能显著地提高模型的拟合度。因而，没有证据表明此年龄组儿童在其白语句末位置高平调（T55）的首音节中通过变化时长来区分焦点（322.4ms，SD=60.5）和焦点后（356.6ms，SD=76）。

表6-44　年龄组=5岁，句末位置（T55/首音节），时长作为结果变量：焦点（NF-f）vs. 焦点后（NF-m）模型拟合度分析一览表

模型	N_{pars}	-2 LLR	比较			
			模型	$\Delta\chi^2$	Δdf	p
0（仅纳入"说话人"作为随机截距）	3	-77.076				
1+焦点条件	4	-76.759	1 vs 2	0.633	1	0.426

注："$\Delta\chi^2$"表示的是卡方值的变化，"Δdf"表示的是自由度的变化。

测试焦点（焦点 vs. 焦点后）在 5 岁组句末位置（T55/末音节）时长上表现的模型搭建细节见表 2－3。模型的拟合度比较结果见表 6－45。如表所示，并无任何纳入检验的变量能显著地提高模型的拟合度。因而，没有证据表明此年龄组儿童在其白语句末位置高平调（T55）的末音节中通过变化时长来区分焦点（574.8ms，SD＝121）和焦点后（449.9ms，SD＝102.6）。

表 6－45　年龄组＝5 岁，句末位置（T55/末音节），时长作为结果变量：焦点（NF-f）vs. 焦点后（NF-m）模型拟合度分析一览表

模型	N_{pars}	－2 LLR	比较			
			模型	$\Delta\chi^2$	Δdf	p
0（仅纳入“说话人”作为随机截距）	3	－85.146				
1＋焦点条件	4	－83.384	1 vs 2	3.524	1	0.060

注：“$\Delta\chi^2$”表示的是卡方值的变化，“Δdf”表示的是自由度的变化。

测试焦点（焦点 vs. 焦点后后）在 5 岁组句末位置（T55/首音节）时长上表现的模型搭建细节见表 2－3。模型的拟合度比较结果见表 6－46。如表所示，并无任何纳入检验的变量能显著地提高模型的拟合度。因而，没有证据表明此年龄组儿童在其白语句末位置高平调（T55）的首音节中通过变化时长来区分焦点（322.4ms，SD＝60.5）和焦点后后（342.1ms，SD＝105.2）。

表 6－46　年龄组＝5 岁，句末位置（T55/首音节），时长作为结果变量：焦点（NF-f）vs. 焦点后后（NF-i）模型拟合度分析一览表

模型	N_{pars}	－2 LLR	比较			
			模型	$\Delta\chi^2$	Δdf	p
0（仅纳入“说话人”作为随机截距）	3	－76.648				
1＋焦点条件	4	－76.578	1 vs 2	0.139	1	0.709

注：“$\Delta\chi^2$”表示的是卡方值的变化，“Δdf”表示的是自由度的变化。

测试焦点（焦点 vs. 焦点后后）在 5 岁组句末位置（T55/末音节）时长上表现的模型搭建细节见表 2－3。模型的拟合度比较结果见表 6－47。如表所示，并无任何纳入检验的变量能显著地提高模型的拟合度。因而，没有证据表明此年龄组儿童其白语句末位置高平调（T55）的末音节中通过变化时长来区分焦点（574. 8ms，SD＝121）和焦点后后（516. 6ms，SD＝126. 6）。

表 6－47　年龄组＝5 岁，句末位置（T55/末音节），时长作为结果变量：焦点（NF-f）vs. 焦点后后（NF-i）模型拟合度分析一览表

模型	N_{pars}	－2 LLR	比较			
			模型	$\Delta\chi^2$	Δdf	p
0（仅纳入“说话人”作为随机截距）	3	－78. 469				
1＋焦点条件	4	－78. 311	1 vs 2	0. 317	1	0. 574

注：“$\Delta\chi^2$”表示的是卡方值的变化，“Δdf”表示的是自由度的变化。

测试焦点域（窄焦点 vs. 宽焦点）在 5 岁组句末位置（T55/首音节）时长上表现的模型搭建细节见表 2－3。模型的拟合度比较结果见表 6－48。如表所示，并无任何纳入检验的变量能显著地提高模型的拟合度。因而，没有证据表明此年龄组儿童在其白语句末位置高平调（T55）的首音节中通过变化时长来区分窄焦点（322. 4ms，SD＝60. 5）和宽焦点（341. 1ms，SD＝55. 4）。

表 6－48　年龄组＝5 岁，句末位置（T55/首音节），时长作为结果变量：窄焦点（NF-f）vs. 宽焦点（BF）模型拟合度分析一览表

模型	N_{pars}	－2 LLR	比较			
			模型	$\Delta\chi^2$	Δdf	p
0（仅纳入“说话人”作为随机截距）	3	－53. 126				
1＋焦点条件	4	－53. 097	1 vs 2	0. 059	1	0. 808

注：“$\Delta\chi^2$”表示的是卡方值的变化，“Δdf”表示的是自由度的变化。

测试焦点域（窄焦点 vs. 宽焦点）在5岁组句末位置（T55/末音节）时长上表现的模型搭建细节见表2－3。模型的拟合度比较结果见表6－49。如表所示，拟合度最高的最佳模型是模型1（Model 1），这个模型包括焦点的主效应，χ^2（1）=3.885，$p<0.05$。最佳模型的具体参数估计值见表6－50。因而，结果表明此年龄组儿童在其白语句首位置高平调（T55）的末音节中通过延长窄焦点成分的时长来区分窄焦点（574.8ms，SD=121）和宽焦点（439.5ms，SD=114.9）。如图6－5所示。

表6－49　年龄组=5岁，句末位置（T55/末音节），时长作为结果变量：窄焦点（NF-f）vs. 宽焦点（BF）模型拟合度分析一览表

模型	N_{pars}	－2 LLR	比较			
			模型	$\Delta\chi^2$	Δdf	p
0（仅纳入“说话人”作为随机截距）	3	－64.268				
1＋焦点条件	4	－62.325	1 vs 2	3.885	1	0.049 *

注：“$\Delta\chi^2$”表示的是卡方值的变化，“Δdf”表示的是自由度的变化。

表6－50　年龄组=5岁，句末位置（T55/末音节），时长，窄焦点（NF-f）vs. 宽焦点（BF），最佳模型的参数估计值一览表

	Estimate	Std. Error	*df*	*t* value	Pr（>|t|）
固定变量					
截距（Intercept）	411.966	63.982	3.051	6.439	0.007 **
焦点（NF-f）	69.519	32.062	8.129	2.168	0.061
随机变量	名称	Variance	Std. Dev.		
发音人（Speaker）	Intercept	11025	105.00		
余量（Residual）		2337	48.34		

二　音域

（一）单音节词

测试焦点（焦点 vs. 焦点后）在5岁组句末位置（T44、T33）音

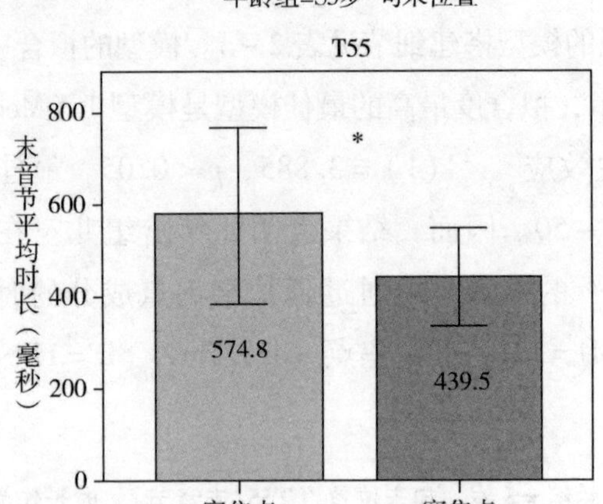

图 6－5　5 岁组句末位置（T55/末音节）中窄焦点的平均时长（毫秒）vs. 宽焦点的平均时长（毫秒），n＝11，N＝3，显著性差异用 * 标示

域上表现的模型搭建细节见表 2－2。模型的拟合度比较结果见表 6－51。如表所示，拟合度最高的最佳模型是模型 1（Model 1），这个模型包括声调的主效应，χ^2（1）＝10.971，$p<0.001$。因而，没有证据表明此年龄组白语儿童在句末位置的中高平调（T44）中通过变化音域来区分焦点（22.8Hz，SD＝6.3）和焦点后（24.7Hz，SD＝5.2），也没有证据表明此年龄组白语儿童在句末位置的中平调（T33）中通过变化音域来区分焦点（85.9Hz，SD＝51.8）和焦点后（57.5Hz，SD＝26）。

表 6－51　年龄组＝5 岁，句末位置（T44、T33），音域作为结果变量：焦点（NF-f）vs. 焦点后（NF-m）模型拟合度分析一览表

模型	N_{pars}	－2 LLR	比较			
			模型	$\Delta\chi^2$	Δdf	p
0（仅纳入“说话人”作为随机截距）	3	－154.61				
1＋声调	4	－149.12	0 vs 1	10.971	1	0.000 ***

续表

模型	N_{pars}	-2 LLR	比较			
			模型	$\Delta\chi^2$	Δdf	p
2 + 焦点条件	5	-148.05	1 vs 2	2.150	1	0.143
3 + 声调：焦点条件	6	-147.38	2 vs 3	1.339	1	0.247

注："$\Delta\chi^2$" 表示的是卡方值的变化，"Δdf" 表示的是自由度的变化。

测试焦点（焦点 vs. 焦点后后）在5岁组句末位置（T44、T33）音域上表现的模型搭建细节见表2-2。模型的拟合度比较结果见表6-52。如表所示，拟合度最高的最佳模型是模型1（Model 1），这个模型只包括声调的主效应，χ^2（1）=10.669，$p<0.01$。因而，没有证据表明此年龄组白语儿童在句末位置的中高平调（T44）中通过变化音域来区分焦点（22.8Hz，SD=6.3）和焦点后后（33.2Hz，SD=11.9），也没有证据表明此年龄组白语儿童在句末位置的中平调（T33）中通过变化音域来区分焦点（85.9Hz，SD=51.8）和焦点后后（76.3Hz，SD=50.2）。

表6-52　　年龄组=5岁，句末位置（T44、T33），音域作为结果变量：焦点（NF-f）vs. 焦点后后（NF-i）模型拟合度分析一览表

模型	N_{pars}	-2 LLR	比较			
			模型	$\Delta\chi^2$	Δdf	p
0（仅纳入"说话人"作为随机截距）	3	-227.33				
1 + 声调	4	-221.99	0 vs 1	10.669	1	0.001**
2 + 焦点条件	5	-221.95	1 vs 2	0.094	1	0.760
3 + 声调：焦点条件	6	-221.73	2 vs 3	0.434	1	0.51

注："$\Delta\chi^2$" 表示的是卡方值的变化，"Δdf" 表示的是自由度的变化。

测试焦点域（窄焦点 vs. 宽焦点）在5岁组句末位置（T44、T33）音域上表现的模型搭建细节见表2-2。模型的拟合度比较结果见表6-53。如表所示，拟合度最高的最佳模型是模型1（Model 1），这个模型只包括声调的主效应，χ^2（1）=8.656，$p<0.01$。因而，没有证

据表明此年龄组儿童在其白语句末位置的中高平调（T44）中通过变化音域来区分窄焦点（22.8Hz，SD =6.3）和宽焦点（40.6Hz，SD =20.4），也没有证据表明此年龄组儿童在其白语句末位置的中平调（T33）中通过变化音域来区分窄焦点（85.9Hz，SD =51.8）和宽焦点（73Hz，SD =44）。

表 6 –53　　年龄组 =5 岁，句末位置（T44、T33），音域作为结果变量：窄焦点（NF-f）vs. 宽焦点（BF）模型拟合度分析一览表

模型	N_{pars}	–2 LLR	比较			
			模型	$\Delta\chi^2$	Δdf	p
0（仅纳入“说话人”作为随机截距）	3	–161.69				
1 + 声调	4	–157.36	0 vs 1	8.656	1	0.003 **
2 + 焦点条件	5	–157.34	1 vs 2	0.032	1	0.857
3 + 声调：焦点条件	6	–156.81	2 vs 3	1.072	1	0.301

注：“$\Delta\chi^2$”表示的是卡方值的变化，“Δdf”表示的是自由度的变化。

（二）双音节词

测试焦点（焦点 vs. 焦点后）在 5 岁组句末位置（T55/首音节）音域上表现的模型搭建细节见表 2 – 3。模型的拟合度比较结果见表 6 –54。如表所示，并无任何纳入检验的变量能显著地提高模型的拟合度。因而，没有证据表明此年龄组儿童在其白语句末位置高平调（T55）的首音节中通过变化音域来区分焦点（29.3Hz，SD =19.7）和焦点后（28.7Hz，SD =8.6）。

表 6 –54　　年龄组 =5 岁，句末位置（T55/首音节），音域作为结果变量：焦点（NF-f）vs. 焦点后（NF-m）模型拟合度分析一览表

模型	N_{pars}	–2 LLR	比较			
			模型	$\Delta\chi^2$	Δdf	p
0（仅纳入“说话人”作为随机截距）	3	–49.067				

续表

模型	N_{pars}	-2 LLR	比较			
			模型	$\Delta\chi^2$	Δdf	p
1+焦点条件	4	-49.063	1 vs 2	0.008	1	0.930

注："$\Delta\chi^2$" 表示的是卡方值的变化，"Δdf" 表示的是自由度的变化。

测试焦点（焦点 vs. 焦点后）在5岁组句末位置（T55/末音节）音域上表现的模型搭建细节见表2-3。模型的拟合度比较结果见表6-55。如表所示，并无任何纳入检验的变量能显著地提高模型的拟合度。因而，没有证据表明此年龄组儿童在其白语句末位置高平调（T55）的末音节中通过变化音域来区分焦点（59Hz，SD=7.6）和焦点后（49.9Hz，SD=14.1）。

表6-55　年龄组=5岁，句末位置（T55/末音节），音域作为结果变量：焦点（NF-f）vs. 焦点后（NF-m）模型拟合度分析一览表

模型	N_{pars}	-2 LLR	比较			
			模型	$\Delta\chi^2$	Δdf	p
0（仅纳入"说话人"作为随机截距）	3	-51.170				
1+焦点条件	4	-50.385	1 vs 2	1.569	1	0.210

注："$\Delta\chi^2$" 表示的是卡方值的变化，"Δdf" 表示的是自由度的变化。

测试焦点（焦点 vs. 焦点后后）在5岁组句末位置（T55/首音节）音域上表现的模型搭建细节见表2-3。模型的拟合度比较结果见表6-56。如表所示，并无任何纳入检验的变量能显著地提高模型的拟合度。因而，没有证据表明此年龄组儿童在其白语句末位置高平调（T55）的首音节中通过变化音域来区分焦点（29.3Hz，SD=19.7）和焦点后后（37.9Hz，SD=6.1）。

测试焦点（焦点 vs. 焦点后后）在5岁组句末位置（T55/末音节）音域上表现的模型搭建细节见表2-3。模型的拟合度比较结果见表6-57。如表所示，并无任何纳入检验的变量能显著地提高模型的拟合度。因而，没有证据表明此年龄组儿童在其白语句末位置高平调

（T55）的末音节中通过变化音域来区分焦点（59Hz，SD = 7.6）和焦点后后（61.4Hz，SD = 18.1）。

表 6 – 56　　年龄组 = 5 岁，句末位置（T55/首音节），音域作为结果变量：焦点（NF-f）vs. 焦点后后（NF-i）模型拟合度分析一览表

模型	N_{pars}	–2 LLR	比较			
			模型	$\Delta\chi^2$	Δdf	p
0（仅纳入“说话人”作为随机截距）	3	–37.911				
1 + 焦点条件	4	–37.199	1 vs 2	1.424	1	0.233

注：“$\Delta\chi^2$”表示的是卡方值的变化，“Δdf”表示的是自由度的变化。

表 6 – 57　　年龄组 = 5 岁，句末位置（T55/末音节），音域作为结果变量：焦点（NF-f）vs. 焦点后后（NF-i）模型拟合度分析一览表

模型	N_{pars}	–2 LLR	比较			
			模型	$\Delta\chi^2$	Δdf	p
0（仅纳入“说话人”作为随机截距）	3	–48.991				
1 + 焦点条件	4	–48.953	1 vs 2	0.077	1	0.782

注：“$\Delta\chi^2$”表示的是卡方值的变化，“Δdf”表示的是自由度的变化。

测试焦点域（窄焦点 vs. 宽焦点）在 5 岁组句末位置（T55/首音节）音域上表现的模型搭建细节见表 2 – 3。模型的拟合度比较结果见表 6 – 58。如表所示，并无任何纳入检验的变量能显著地提高模型的拟合度。因而，没有证据表明此年龄组儿童在其白语句末位置高平调（T55）的首音节中通过变化音域来区分窄焦点（29.3Hz，SD = 19.7）和宽焦点（37.3Hz，SD = 11.6）。

测试焦点域（窄焦点 vs. 宽焦点）在 5 岁组句末位置（T55/末音节）音域上表现的模型搭建细节见表 2 – 3。模型的拟合度比较结果见表 6 – 59。如表所示，拟合度最高的最佳模型是模型 1（Model 1），这个模型包括焦点的主效应，χ^2（1）= 4.641，$p < 0.05$。最佳模型的具体参数估计值见表 6 – 60。因而，结果表明此年龄组白语儿童在其白

语句首位置高平调（T55）的末音节中通过延长窄焦点成分的时长来区分窄焦点（59Hz，SD =7.6）和宽焦点（46.8Hz，SD =9.3）。如图6 -6所示。

表6 -58　年龄组 =5岁，句末位置（T55/首音节），音域作为结果变量：窄焦点（NF-f）vs. 宽焦点（BF）模型拟合度分析一览表

模型	N_{pars}	-2 LLR	比较			
			模型	$\Delta\chi^2$	Δdf	p
0（仅纳入“说话人”作为随机截距）	3	-39.907				
1 +焦点条件	4	-39.502	1 vs 2	0.810	1	0.368

注：“$\Delta\chi^2$”表示的是卡方值的变化，“Δdf”表示的是自由度的变化。

表6 -59　年龄组 =5岁，句末位置（T55/末音节），音域作为结果变量：窄焦点（NF-f）vs. 宽焦点（BF）模型拟合度分析一览表

模型	N_{pars}	-2 LLR	比较			
			模型	$\Delta\chi^2$	Δdf	p
0（仅纳入“说话人”作为随机截距）	3	-37.045				
1 +焦点条件	4	-34.725	1 vs 2	4.641	1	0.031*

注：“$\Delta\chi^2$”表示的是卡方值的变化，“Δdf”表示的是自由度的变化。

表6 -60　年龄组 =5岁，句末位置（T55/末音节），音域，窄焦点（NF-f）vs. 宽焦点（BF），最佳模型的参数估计值一览表

	Estimate	Std. Error	df	t value	Pr（>|t|）
固定变量					
截距（Intercept）	46.765	3.183	10.000	14.69	0.000***
焦点（NF-f）	12.228	5.032	10.000	2.43	0.035*
随机变量	名称	Variance	Std. Dev.		
发音人（Speaker）	Intercept	0	0		
余量（Residual）		60.77	7.796		

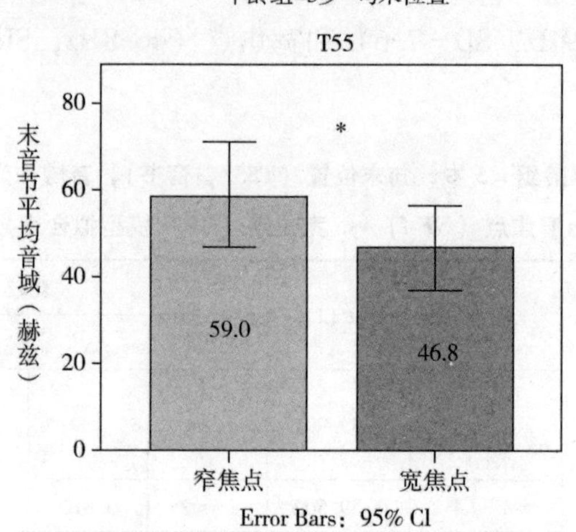

图6-6 5岁组句末位置（T55/末音节）中窄焦点的平均音域（赫兹）vs. 宽焦点的平均音域（赫兹），n=10，N=3，显著性差异用＊标示

三 音高最大值

（一）单音节词

测试焦点（焦点 vs. 焦点后）在5岁组句末位置（T44、T33）音高最大值上表现的模型搭建细节见表2-2。模型的拟合度比较结果见表6-61。如表所示，无任一固定变量能提高模型的拟合度。因而，没有证据表明此年龄组儿童在其白语句末位置的中高平调（T44）中通过变化音高最大值来区分焦点（299.8Hz，SD=18.4）和焦点后（312.3Hz，SD=21.7），没有证据表明此年龄组儿童在其白语句末位置的中平调（T33）中通过变化音高最大值来区分焦点（296.1Hz，SD=19.2）和焦点后（299.9Hz，SD=30.9）。

测试焦点（焦点 vs. 焦点后后）在5岁组句末位置（T44、T33）音高最大值上表现的模型搭建细节见表2-2。模型的拟合度比较结果见表6-62。如表所示，无任一固定变量能提高模型的拟合度。因而，没有证据表明此年龄组儿童在其白语句末位置的中高平调（T44）中通过变化音高最大值来区分焦点（299.8Hz，SD = 18.4）和焦点后后（305Hz，SD =20.9），也没有证据表明此年龄组儿童在其白语句末位置的中平调（T33）中通过变化音高最大值来区分焦点（296.1Hz，SD = 19.2）和焦点后后（299Hz，SD =21）。

表 6 –61　年龄组 =5 岁，句末位置（T44、T33），音高最大值作为结果变量：焦点（NF-f）vs. 焦点后（NF-m）模型拟合度分析一览表

模型	N_{pars}	–2 LLR	比较			
			模型	$\Delta\chi^2$	Δdf	p
0（仅纳入“说话人”作为随机截距）	3	–127.29				
1 + 声调	4	–126.79	0 vs 1	1.005	1	0.316
2 + 焦点条件	5	–126.49	1 vs 2	0.598	1	0.440
3 + 声调：焦点条件	6	–126.42	2 vs 3	0.131	1	0.718

注：“$\Delta\chi^2$”表示的是卡方值的变化，“Δdf”表示的是自由度的变化。

表 6 –62　年龄组 =5 岁，句末位置（T44、T33），音高最大值作为结果变量：焦点（NF-f）vs. 焦点后后（NF-i）模型拟合度分析一览表

模型	N_{pars}	–2 LLR	比较			
			模型	$\Delta\chi^2$	Δdf	p
0（仅纳入“说话人”作为随机截距）	3	–174.68				
1 + 声调	4	–174.24	0 vs 1	0.893	1	0.345
2 + 焦点条件	6	–174.16	1 vs 2	0.149	1	0.700
3 + 声调：焦点条件	8	–174.15	2 vs 3	0.020	1	0.887

注：“$\Delta\chi^2$”表示的是卡方值的变化，“Δdf”表示的是自由度的变化。

测试焦点域（窄焦点 vs. 宽焦点）在 5 岁组句末位置（T44、T33）音高最大值上表现的模型搭建细节见表 2 –2。模型的拟合度比较结果见表 6 –63。如表所示，无任一固定变量能提高模型的拟合度。因而，没有证据表明此年龄组儿童在其白语句末位置的中高平调（T44）中通过变化音高最大值来区分窄焦点（299.8Hz，SD = 18.4）和宽焦点

（301Hz，SD = 19.4），也没有证据表明此年龄组儿童在其白语句末位置的中平调（T33）中通过变化音高最大值来区分窄焦点（296.1Hz，SD = 19.2）和宽焦点（291.3Hz，SD = 16.1）。

表 6－63　年龄组 = 5 岁，句末位置（T44、T33）音高最大值作为结果变量：窄焦点（NF-f）vs. 宽焦点（BF）模型拟合度分析一览表

模型	N_{pars}	－2 LLR	比较			
			模型	$\Delta\chi^2$	Δdf	p
0（仅纳入“说话人”作为随机截距）	3	－119.67				
1 + 声调	4	－119.15	0 vs 1	1.032	1	0.310
2 + 焦点条件	5	－119.07	1 vs 2	0.172	1	0.678
3 + 声调：焦点条件	6	－118.96	2 vs 3	0.217	1	0.642

注：“$\Delta\chi^2$”表示的是卡方值的变化，“Δdf”表示的是自由度的变化。

（二）双音节词

测试焦点（焦点 vs. 焦点后）在 5 岁组句末位置（T55/首音节）音高最大值上表现的模型搭建细节见表 2－3。模型的拟合度比较结果见表 6－64。如表所示，并无任何纳入检验的变量能显著地提高模型的拟合度。因而，没有证据表明此年龄组儿童在其白语句末位置高平调（T55）的首音节中通过变化音高最大值来区分焦点（331.8Hz，SD = 42.3）和焦点后（341.9Hz，SD = 36.6）。

表 6－64　年龄组 = 5 岁，句末位置（T55/首音节），音高最大值作为结果变量：焦点（NF-f）vs. 焦点后（NF-m）模型拟合度分析一览表

模型	N_{pars}	－2 LLR	比较			
			模型	$\Delta\chi^2$	Δdf	p
0（仅纳入“说话人”作为随机截距）	3	－55.152				
1 + 焦点条件	4	－55.029	1 vs 2	0.246	1	0.620

注：“$\Delta\chi^2$”表示的是卡方值的变化，“Δdf”表示的是自由度的变化。

测试焦点（焦点 vs. 焦点后）在 5 岁组句末位置（T55/末音节）

音高最大值上表现的模型搭建细节见表2-3。模型的拟合度比较结果见表6-65。如表所示，并无任何纳入检验的变量能显著地提高模型的拟合度。因而，没有证据表明此年龄组儿童在其白语句末位置高平调（T55）的末音节中通过扩展变化音高最大值来区分焦点（370.1Hz，SD=16.3）和焦点后（367.4Hz，SD=35.1）。

表6-65　年龄组=5岁，句末位置（T55/末音节），音高最大值作为结果变量：焦点（NF-f）vs. 焦点后（NF-m）模型拟合度分析一览表

模型	N_{pars}	-2 LLR	比较			
			模型	$\Delta\chi^2$	Δdf	p
0（仅纳入“说话人”作为随机截距）	3	-66.488				
1+焦点条件	4	-66.369	1 vs 2	0.237	1	0.627

注：“$\Delta\chi^2$”表示的是卡方值的变化，“Δdf”表示的是自由度的变化。

测试焦点（焦点 vs. 焦点后后）在5岁组句末位置（T55/首音节）音高最大值上表现的模型搭建细节见表2-3。模型的拟合度比较结果见表6-66。如表所示，并无任何纳入检验的变量能显著地提高模型的拟合度。因而，没有证据表明此年龄组儿童在其白语句末位置高平调（T55）的首音节中通过变化音高最大值来区分焦点（331.8Hz，SD=42.3）和焦点后后（340.6Hz，SD=52.5）。

表6-66　年龄组=5岁，句末位置（T55/首音节），音高最大值作为结果变量：焦点（NF-f）vs. 焦点后后（NF-i）模型拟合度分析一览表

模型	N_{pars}	-2 LLR	比较			
			模型	$\Delta\chi^2$	Δdf	p
0（仅纳入“说话人”作为随机截距）	3	-56.787				
1+焦点条件	4	-56.193	1 vs 2	1.186	1	0.276

注：“$\Delta\chi^2$”表示的是卡方值的变化，“Δdf”表示的是自由度的变化。

测试焦点（焦点 vs. 焦点后后）在5岁组句末位置（T55/末音

节）音高最大值上表现的模型搭建细节见表2－3。模型的拟合度比较结果见表6－67。如表所示，并无任何纳入检验的变量能显著地提高模型的拟合度。因而，没有证据表明此年龄组儿童在其白语句末位置高平调（T55）的末音节中通过变化音高最大值来区分焦点（370.1Hz，SD＝16.3）和焦点后后（365.6Hz，SD＝54.4）。

表6－67　年龄组＝5岁，句末位置（T55/末音节），音高最大值作为结果变量：焦点（NF-f）vs. 焦点后后（NF-i）模型拟合度分析一览表

模型	N_{pars}	－2 LLR	比较			
			模型	$\Delta\chi^2$	Δdf	p
0（仅纳入“说话人”作为随机截距）	3	－65.339				
1＋焦点条件	4	－65.228	1 vs 2	0.222	1	0.637

注：“$\Delta\chi^2$”表示的是卡方值的变化，“Δdf”表示的是自由度的变化。

测试焦点域（窄焦点 vs. 宽焦点）在5岁组句末位置（T55/首音节）音高最大值上表现的模型搭建细节见表2－3。模型的拟合度比较结果见表6－68。如表所示，并无任何纳入检验的变量能显著地提高模型的拟合度。因而，没有证据表明此年龄组儿童在其白语句末位置高平调（T55）的末音节中通过变化音高最大值来区分窄焦点（331.8Hz，SD＝42.3）和宽焦点（372.9Hz，SD＝46.9）。

表6－68　年龄组＝5岁，句末位置（T55/首音节），音高最大值作为结果变量：窄焦点（NF-f）vs. 宽焦点（BF）模型拟合度分析一览表

模型	N_{pars}	－2 LLR	比较			
			模型	$\Delta\chi^2$	Δdf	p
0（仅纳入“说话人”作为随机截距）	3	－49.703				
1＋焦点条件	4	－48.531	1 vs 2	2.344	1	0.126

注：“$\Delta\chi^2$”表示的是卡方值的变化，“Δdf”表示的是自由度的变化。

测试焦点域（窄焦点 vs. 宽焦点）在5岁组句末位置（T55/末音

节）音高最大值上表现的模型搭建细节见表 2－3。模型的拟合度比较结果见表 6－69。如表所示，并无任何纳入检验的变量能显著地提高模型的拟合度。因而，没有证据表明此年龄组儿童在其白语句末位置高平调（T55）的末音节中通过变化音高最大值来区分窄焦点（370.1Hz，SD＝16.3）和宽焦点（395Hz，SD＝32.3）。

表 6－69　年龄组＝5 岁，句末位置（T55/末音节），音高最大值作为结果变量：窄焦点（NF-f）vs. 宽焦点（BF）模型拟合度分析一览表

模型	N_{pars}	－2 LLR	比较			
			模型	$\Delta\chi^2$	Δdf	p
0（仅纳入“说话人”作为随机截距）	3	－51.017				
1＋焦点条件	4	－50.430	1 vs 2	1.175	1	0.279

注：“$\Delta\chi^2$”表示的是卡方值的变化，“Δdf”表示的是自由度的变化。

四　音高最小值

（一）单音节词

测试焦点（焦点 vs. 焦点后）在 5 岁组句末位置（T44、T33）音高最小值上表现的模型搭建细节见表 2－2。模型的拟合度比较结果见表 6－70。如表所示，拟合度最高的最佳模型是模型 1（Model 1），这个模型包括声调的主效应，χ^2（1）＝17.896，$p<0.001$。因而，没有证据表明此年龄组儿童在其白语句末位置的中高平调（T44）中通过变化音高最小值来区分焦点（277Hz，SD＝18.4）和焦点后（239.5Hz，SD＝31.3），也没有证据表明此年龄组儿童在其白语句末位置的中平调（T33）中通过变化音高最小值来区分焦点（223.2Hz，SD＝32.5）和焦点后（239.5Hz，SD＝31.3）。

测试焦点（焦点 vs. 焦点后后）在 5 岁组句末位置（T44、T33）音高最小值上表现的模型搭建细节见表 2－2。模型的拟合度比较结果见表 6－71。如表所示，拟合度最高的最佳模型是模型 1（Model 1），这个模型只包括声调的主效应，χ^2（1）=17.994，$p<0.001$。因而，没有证据表明此年龄组儿童在其白语句末位置的中高平调（T44）中通过变化音高最小值来区分焦点（277Hz，SD=18.4）和焦点后后（271.8Hz，SD=27.3），也没有证据表明此年龄组儿童在其白语句末位置的中平调（T33）中通过变化音高最小值来区分焦点（223.2Hz，SD=32.5）和焦点后后（228.1Hz，SD=38.7）。

表6-70　年龄组=5岁，句末位置（T44、T33），音高最小值作为结果变量：焦点（NF-f）vs. 焦点后（NF-m）模型拟合度分析一览表

模型	N_{pars}	-2 LLR	比较			
			模型	$\Delta\chi^2$	Δdf	p
0（仅纳入“说话人”作为随机截距）	3	-156.31				
1+声调	4	-147.36	0 vs 1	17.896	1	0.000***
2+焦点条件	5	-146.69	1 vs 2	1.337	1	0.248
3+声调：焦点条件	6	-146.64	2 vs 3	0.098	1	0.754

注：“$\Delta\chi^2$”表示的是卡方值的变化，“Δdf”表示的是自由度的变化。

表6-71　年龄组=5岁，句末位置（T44、T33），音高最小值作为结果变量：焦点（NF-f）vs. 焦点后后（NF-m）模型拟合度分析一览表

模型	N_{pars}	-2 LLR	比较			
			模型	$\Delta\chi^2$	Δdf	p
0（仅纳入“说话人”作为随机截距）	3	-218.01				
1+声调	4	-209.02	0 vs 1	17.994	1	0.000*
2+焦点条件	5	-209.01	1 vs 2	0.003	1	0.957
3+声调：焦点条件	6	-208.90	2 vs 3	0.222	1	0.638

注：“$\Delta\chi^2$”表示的是卡方值的变化，“Δdf”表示的是自由度的变化。

测试焦点域（窄焦点 vs. 宽焦点）在5岁组句末位置（T44、T33）音高最小值上表现的模型搭建细节见表2-2。模型的拟合度比较结果见表6-72。如表所示，拟合度最高的最佳模型是模型1（Model 1），这个模型只包括声调的主效应，χ^2（1）=15.293，$p<0.001$。因而，没有证据表明此年龄组儿童在其白语句末位置的中高平调（T44）中通过变化音高最小值来区分窄焦点（277Hz，SD=18.4）和宽焦点（260.4Hz，SD=25.3），也没有证据表明此年龄组儿童在其白语句末位置的中平调（T33）中通过变化音高最小值来区分窄焦点（223.2Hz，SD=32.5）和宽焦点（227.1Hz，SD=21.4）。

表 6-72　年龄组=5岁，句末位置（T44、T33），音高最小值作为结果变量：窄焦点（NF-f）vs. 宽焦点（BF）模型拟合度分析一览表

模型	N_{pars}	-2 LLR	比较			
			模型	$\Delta\chi^2$	Δdf	p
0（仅纳入“说话人”作为随机截距）	3	-151.57				
1+声调	4	-143.92	0 vs 1	15.293	1	0.000***
2+焦点条件	5	-143.81	1 vs 2	0.229	1	0.632
3+声调：焦点条件	6	-143.29	2 vs 3	1.032	1	0.310

注：“$\Delta\chi^2$”表示的是卡方值的变化，“Δdf”表示的是自由度的变化。

（二）双音节词

测试焦点（焦点 vs. 焦点后）在5岁组句末位置（T55/首音节）音高最小值上表现的模型搭建细节见表2-3。模型的拟合度比较结果见表6-73。如表所示，并无任何纳入检验的变量能显著地提高模型的拟合度。因而，没有证据表明此年龄组儿童在其白语句末位置高平调（T55）的首音节中通过变化音高最小值来区分焦点（302.4Hz，SD=48.3）和焦点后（313.2Hz，SD=32.5）。

表 6-73　年龄组=5岁，句末位置（T55/首音节），音高最小值作为结果变量：焦点（NF-f）vs. 焦点后（NF-m）模型拟合度分析一览表

模型	N_{pars}	-2 LLR	比较			
			模型	$\Delta\chi^2$	Δdf	p
0（仅纳入“说话人”作为随机截距）	3	-54.365				

续表

模型	N_{pars}	−2 LLR	比较			
			模型	$\Delta\chi^2$	Δdf	p
1 + 焦点条件	4	−54.125	1 vs 2	0.480	1	0.488

注："$\Delta\chi^2$" 表示的是卡方值的变化，"Δdf" 表示的是自由度的变化。

测试焦点（焦点 vs. 焦点后）在 5 岁组句末位置（T55/末音节）音高最小值上表现的模型搭建细节见表 2 – 3。模型的拟合度比较结果见表 6 – 74。如表所示，并无任何纳入检验的变量能显著地提高模型的拟合度。因而，没有证据表明此年龄组儿童在其白语句末位置高平调（T55）的末音节中通过变化音高最小值来区分焦点（311.1Hz，SD = 18.2）和焦点后（310.9Hz，SD = 26.4）。

表 6 – 74　年龄组 = 5 岁，句末位置（T55/末音节），音高最小值作为结果变量：焦点（NF-f）vs. 焦点后（NF-m）模型拟合度分析一览表

模型	N_{pars}	−2 LLR	比较			
			模型	$\Delta\chi^2$	Δdf	p
0（仅纳入"说话人"作为随机截距）	3	−59.068				
1 + 焦点条件	4	−58.607	1 vs 2	0.923	1	0.337

注："$\Delta\chi^2$" 表示的是卡方值的变化，"Δdf" 表示的是自由度的变化。

测试焦点（焦点 vs. 焦点后后）在 5 岁组句末位置（T55/首音节）音高最小值上表现的模型搭建细节见表 2 – 3。模型的拟合度比较结果见表 6 – 75。如表所示，并无任何纳入检验的变量能显著地提高模型的拟合度。因而，没有证据表明此年龄组儿童在其白语句末位置高平调（T55）的首音节中通过变化音高最小值来区分焦点（302.4Hz，SD = 48.3）和焦点后后（309.6Hz，SD = 46.9）。

测试焦点（焦点 vs. 焦点后后）在 5 岁组句末位置（T55/末音节）音高最小值上表现的模型搭建细节见表 2 – 3。模型的拟合度比较结果见表 6 – 76。如表所示，并无任何纳入检验的变量能显著地提高模型的拟合度。因而，没有证据表明此年龄组儿童在其白语句末位置高平调（T55）的末音节中通过变化音高最小值来区分焦点（311.1Hz，SD = 18.2）和焦点后后（310.4Hz，SD = 39.5）。

表 6 – 75 年龄组 = 5 岁，句末位置（T55/首音节），音高最小值作为结果变量：焦点（NF-f）vs. 焦点后后（NF-i）模型拟合度分析一览表

模型	N_{pars}	–2 LLR	比较			
			模型	$\Delta\chi^2$	Δdf	p
0（仅纳入“说话人”作为随机截距）	3	–49.469				
1 + 焦点条件	4	–48.118	1 vs 2	2.701	1	0.100

注：“$\Delta\chi^2$”表示的是卡方值的变化，“Δdf”表示的是自由度的变化。

表 6 – 76 年龄组 = 5 岁，句末位置（T55/末音节），音高最小值作为结果变量：焦点（NF-f）vs. 焦点后后（NF-i）模型拟合度分析一览表

模型	N_{pars}	–2 LLR	比较			
			模型	$\Delta\chi^2$	Δdf	p
0（仅纳入“说话人”作为随机截距）	3	–58.443				
1 + 焦点条件	4	–58.390	1 vs 2	0.106	1	0.745

注：“$\Delta\chi^2$”表示的是卡方值的变化，“Δdf”表示的是自由度的变化。

测试焦点域（窄焦点 vs. 宽焦点）在 5 岁组句末位置（T55/首音节）音高最小值上表现的模型搭建细节见表 2 – 3。模型的拟合度比较结果见表 6 – 77。如表所示，并无任何纳入检验的变量能显著地提高模型的拟合度。因而，没有证据表明此年龄组儿童在其白语句末位置高平调（T55）的首音节中通过变化音高最小值来区分窄焦点（302.4Hz，SD = 48.3）和宽焦点（335.6Hz，SD = 38.6）。

测试焦点域（窄焦点 vs. 宽焦点）在 5 岁组句末位置（T55/末音节）音高最小值上表现的模型搭建细节见表 2 – 3。模型的拟合度比较结果见表 6 – 78。如表所示，拟合度最高的最佳模型是模型 1（Model 1），这个模型包括焦点的主效应，χ^2（1）= 6.919，$p < 0.01$。最佳模型的具体参数估计值见表 6 – 79。因而，结果表明此年龄组儿

童在其白语句末位置高平调（T55）的末音节中通过延长窄焦点成分的时长来区分窄焦点（311.1Hz，SD = 18.2）和宽焦点（342.6Hz，SD =20.2）。如图 6 – 7 所示。

表 6 – 77　年龄组 =5 岁，句末位置（T55/首音节），音高最小值作为结果变量：窄焦点（NF-f） vs. 宽焦点（BF）模型拟合度分析一览表

模型	N_{pars}	– 2 LLR	比较			
			模型	$\Delta\chi^2$	Δdf	p
0（仅纳入“说话人”作为随机截距）	3	– 47.427				
1 + 焦点条件	4	– 46.447	1 vs 2	1.960	1	0.162

注：“$\Delta\chi^2$”表示的是卡方值的变化，“Δdf”表示的是自由度的变化。

表 6 – 78　年龄组 =5 岁，句末位置（T55/末音节），音高最小值作为结果变量：窄焦点（NF-f） vs. 宽焦点（BF）模型拟合度分析一览表

模型	N_{pars}	– 2 LLR	比较			
			模型	$\Delta\chi^2$	Δdf	p
0（仅纳入“说话人”作为随机截距）	3	– 48.302				
1 + 焦点条件	4	– 44.843	1 vs 2	6.919	1	0.009 **

注：“$\Delta\chi^2$”表示的是卡方值的变化，“Δdf”表示的是自由度的变化。

表 6 – 79　年龄组 =5 岁，句末位置（T55/末音节），音高最小值，窄焦点（NF-f） vs. 宽焦点（BF），最佳模型的参数估计值一览表

	Estimate	Std. Error	df	t value	Pr（> | t |）
固定变量					
截距（Intercept）	344.809	9.229	3.454	37.362	0.000 ***
焦点（NF-f）	– 23.142	7.422	8.605	– 3.118	0.013 *
随机变量	名称	Variance	Std. Dev.		
发音人（Speaker）	Intercept	190.3	13.80		
余量（Residual）		127.3	11.28		

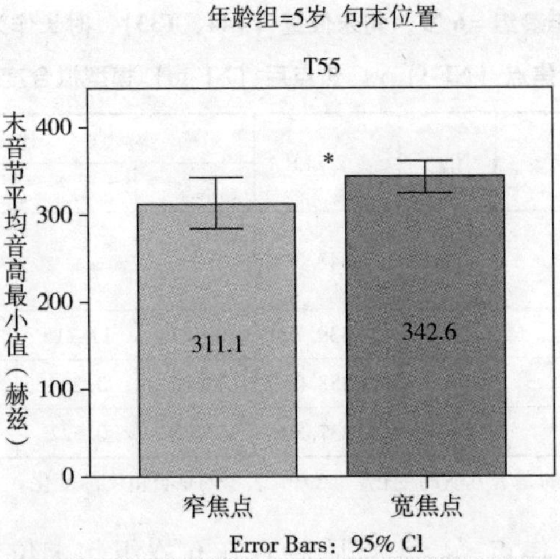

年龄组=5岁 句末位置

T55

末音节平均音高最小值（赫兹）

	窄焦点	宽焦点
平均值	311.1	342.6

Error Bars：95% Cl

图6－7　5岁组句末位置（T55/末音节）中窄焦点的平均音高最小值（赫兹）vs. 宽焦点的平均音高最小值（赫兹），n＝11，N＝3，显著性差异用＊标示

第三节　年龄：6岁

一　时长

（一）单音节词

测试焦点（焦点 vs. 焦点后）在6岁组句末位置（T44、T33）时长上表现的模型搭建细节见表2－2。模型的拟合度比较结果见表6－80。如表所示，拟合度最高的最佳模型是模型1（Model 1），这个模型包括声调的主效应，χ^2（1）＝17.215，$p<0.001$。因而，没有证据表明此年龄组儿童在其白语句末位置的中高平调（T44）中通过变化时长来区分焦点（401.5ms，SD＝65）和焦点后（343.9ms，SD＝93），也没有证据表明此年龄组儿童在其白语句末位置的中平调（T33）中通过变化时长来区分焦点（296.7ms，SD＝75.2）和焦点后（271.5ms，SD＝83.3）。

表 6－80　　年龄组＝6 岁，句末位置（T44、T33），时长作为结果变量：焦点（NF-f）vs. 焦点后（NF-m）模型拟合度分析一览表

模型	N_{pars}	－2 LLR	比较			
			模型	$\Delta\chi^2$	Δdf	p
0（仅纳入“说话人”作为随机截距）	3	－348.31				
1＋声调	4	－339.70	0 vs 1	17.215	1	0.000***
2＋焦点条件	5	－338.06	1 vs 2	3.284	1	0.070
3＋声调：焦点条件	6	－337.80	2 vs 3	0.522	1	0.47

注：“$\Delta\chi^2$”表示的是卡方值的变化，“Δdf”表示的是自由度的变化。

测试焦点（焦点 vs. 焦点后后）在 6 岁组句末位置（T44、T33）时长上表现的模型搭建细节见表 2－2。模型的拟合度比较结果见表 6－81。如表所示，拟合度最高的最佳模型是模型 2（Model 2），这个模型包括声调的主效应，χ^2（1）＝11.327，$p<0.001$；焦点的主效应，χ^2（1）＝6.316，$p<0.05$。最佳模型的具体参数估计值见表 6－82。因而，结果表明此年龄组白语儿童既在其白语句末位置的中高平调（T44）中均通过延长焦点成分的时长来区分焦点（401.5ms，SD＝65）和焦点后后（333ms，SD＝80.9），也在其白语句末位置的中平调（T33）中通过延长焦点成分的时长来区分焦点（296.7ms，SD＝75.2）和焦点后后（269.6ms，SD＝94.1）。如图 6－8 所示。

表 6－81　　年龄组＝6 岁，句末位置（T44、T33），时长作为结果变量：焦点（NF-f）vs. 焦点后后（NF-i）模型拟合度分析一览表

模型	N_{pars}	－2 LLR	比较			
			模型	$\Delta\chi^2$	Δdf	p
0（仅纳入“说话人”作为随机截距）	3	－300.64				
1＋声调	4	－294.98	0 vs 1	11.327	1	0.000***
2＋焦点条件	5	－291.82	1 vs 2	6.316	1	0.012*
3＋声调：焦点条件	6	－291.37	2 vs 3	0.889	1	0.346

注：“$\Delta\chi^2$”表示的是卡方值的变化，“Δdf”表示的是自由度的变化。

表 6－82　年龄组＝6 岁，句末位置（T44、T33），时长，焦点（NF-f）vs. 焦点后后（NF-i），最佳模型的参数估计值一览表

	Estimate	Std. Error	*df*	*t* value	Pr（>｜t｜）
固定变量					
截距（Intercept）	307.707	31.300	3.746	9.831	0.000 ***
中高平调（T44）	73.077	17.965	49.073	4.068	0.000 ***
焦点后后（NF-i）	－44.792	17.236	49.006	－2.599	0.012 *
随机变量	名称	Variance	Std. Dev.		
发音人（Speaker）	Intercept	2404	49.03		
余量（Residual）		3801	61.65		

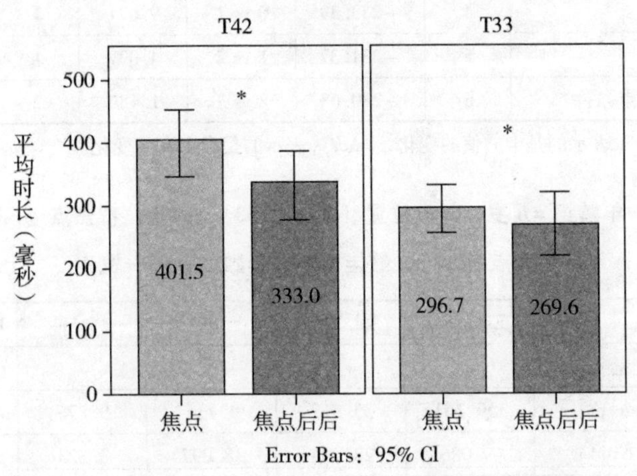

图 6－8　6 岁组句末位置（T44、T33）中焦点的平均时长（毫秒）vs. 焦点后后的平均时长（毫秒），n＝52，N＝3，显著性差异用＊标示

测试焦点域（窄焦点 vs. 宽焦点）在 6 岁组句末位置（T44、T33）时长上表现的模型搭建细节见表 2－2。模型的拟合度比较结果见表 6－83。如表所示，拟合度最高的最佳模型是模型 2（Model 2），这个模型包括声调的主效应，χ^2（1）＝9.671，$p<0.001$；焦点条件的主效应，χ^2（1）＝4.037，$p<0.05$。最佳模型的具体参数估计值见表 6－84。这说明，这一年龄组儿童在其白语句末位置的中高平调（T44）

中通过延长窄焦点成分的时长来区分窄焦点（401.5ms，SD=65）和宽焦点（367.4ms，SD=107.6），却在中平调（T33）中通过缩短窄焦点成分的时长来区分窄焦点（296.7ms，SD=75.2）和宽焦点（367.1ms，SD=97.4）。如图6-9所示。

表6-83　年龄组=6岁，句末位置（T44、T33），时长作为结果变量：窄焦点（NF-f）vs. 宽焦点（BF）模型拟合度分析一览表

模型	N_{pars}	−2 LLR	比较			
			模型	$\Delta\chi^2$	Δdf	p
0（仅纳入“说话人”作为随机截距）	3	−238.22				
1+声调	4	−233.39	0 vs 1	9.671	1	0.000***
2+焦点条件	5	−231.37	1 vs 2	4.037	1	0.046*
3+声调：焦点条件	6	−230.63	2 vs 3	1.480	2	0.224

注：“$\Delta\chi^2$”表示的是卡方值的变化，“Δdf”表示的是自由度的变化。

表6-84　年龄组=6岁，句末位置（T44、T33），时长，窄焦点（NF-f）vs. 宽焦点（BF），最佳模型的参数估计值一览表

	Estimate	Std. Error	*df*	*t* value	Pr（>|t|）
固定变量					
截距（Intercept）	350.763	35.517	4.736	9.876	0.000***
中高平调（T44）	69.086	20.789	38.097	3.323	0.002**
窄焦点（NF-f）	−42.883	20.694	38.317	−2.072	0.045*
随机变量	名称	Variance	Std. Dev.		
发音人（Speaker）	Intercept	2728	52.23		
余量（Residual）		3939	62.76		

（二）双音节词

测试焦点（焦点 vs. 焦点后）在6岁组句末位置（T55/首音节）时长上表现的模型搭建细节见表2-3。模型的拟合度比较结果见表6-85。如表所示，并无任何纳入检验的变量能显著地提高模型的拟合度。因而，没有证据表明此年龄组儿童在其白语句末位置高平调（T55）

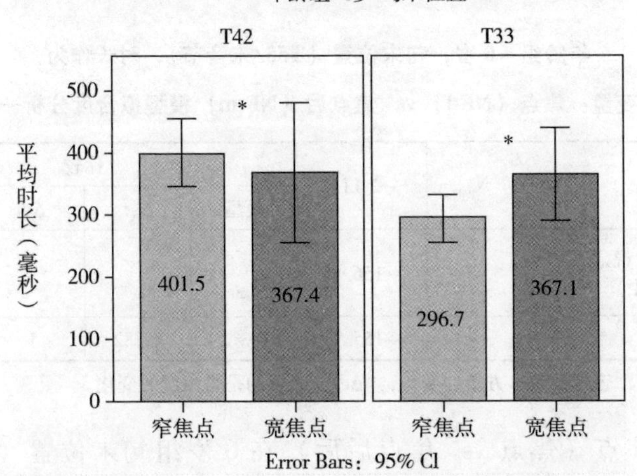

图 6－9　6 岁组句末位置（T44、T33）中窄焦点的平均时长（毫秒）vs. 宽焦点的平均时长（毫秒），n＝41，N＝3，显著性差异用＊标示

的首音节中通过变化时长来区分焦点（261. 5ms，SD＝96. 1）和焦点后（243. 1ms，SD＝78. 6）。

表 6－85　年龄组＝6 岁，句末位置（T55/首音节），时长作为结果变量：焦点（NF-f）vs. 焦点后（NF-m）模型拟合度分析一览表

模型	N_{pars}	－2 LLR	比较			
			模型	$\Delta\chi^2$	Δdf	p
0（仅纳入“说话人”作为随机截距）	3	－146. 7				
1＋焦点条件	4	－145. 8	1 vs 2	1. 801	1	0. 180

注：“$\Delta\chi^2$”表示的是卡方值的变化，“Δdf”表示的是自由度的变化。

测试焦点（焦点 vs. 焦点后）在 6 岁组句末位置（T55/末音节）时长上表现的模型搭建细节见表 2－3。模型的拟合度比较结果见表 6－86。如表所示，并无任何纳入检验的变量能显著地提高模型的拟合度。因而，没有证据表明此年龄组儿童在其白语句末位置高平调（T55）的末音节中通过变化时长来区分焦点（301. 4ms，SD＝97. 7）和焦点后（268.9ms，SD = 93.4）。

表6－86　年龄组 = 6 岁，句末位置（T55/末音节），时长作为结果变量：焦点（NF-f）vs. 焦点后（NF-m）模型拟合度分析一览表

模型	N_{pars}	－2 LLR	比较			
			模型	$\Delta\chi^2$	Δdf	p
0（仅纳入"说话人"作为随机截距）	3	－156.85				
1 + 焦点条件	4	－155.71	1 vs 2	2.282	1	0.131

注："$\Delta\chi^2$"表示的是卡方值的变化，"Δdf"表示的是自由度的变化。

测试焦点（焦点 vs. 焦点后后）在 6 岁组句末位置（T55/首音节）时长上表现的模型搭建细节见表 2－3。模型的拟合度比较结果见表 6－87。如表所示，并无任何纳入检验的变量能显著地提高模型的拟合度。因而，没有证据表明此年龄组儿童在其白语句末位置高平调（T55）的首音节中通过变化时长来区分焦点（261.5ms，SD = 96.1）和焦点后后（266.9ms，SD = 77.6）。

表6－87　年龄组 = 6 岁，句末位置（T55/首音节），时长作为结果变量：焦点（NF-f）vs. 焦点后后（NF-i）模型拟合度分析一览表

模型	N_{pars}	－2 LLR	比较			
			模型	$\Delta\chi^2$	Δdf	p
0（仅纳入"说话人"作为随机截距）	3	－116.79				
1 + 焦点条件	4	－116.67	1 vs 2	0.047	1	0.829

注："$\Delta\chi^2$"表示的是卡方值的变化，"Δdf"表示的是自由度的变化。

测试焦点（焦点 vs. 焦点后后）在 6 岁组句末位置（T55/末音节）时长上表现的模型搭建细节见表 2－3。模型的拟合度比较结果见表 6－88。如表所示，并无任何纳入检验的变量能显著地提高模型的拟合度。因而，没有证据表明此年龄组儿童在其白语句末位置高平调（T55）的末音节中通过变化时长来区分焦点（301.4ms，SD = 97.7）

和焦点后后（306.1ms，SD＝110.4）。

表 6－88　　年龄组＝6 岁，句末位置（T55/末音节），时长作为结果变量：焦点（NF-f）vs. 焦点后后（NF-i）模型拟合度分析一览表

模型	N_{pars}	－2 LLR	比较			
			模型	$\Delta\chi^2$	Δdf	p
0（仅纳入“说话人”作为随机截距）	3	－124.81				
1＋焦点条件	4	－124.80	1 vs 2	0.024	1	0.876

注：“$\Delta\chi^2$”表示的是卡方值的变化，“Δdf”表示的是自由度的变化。

测试焦点域（窄焦点 vs. 宽焦点）在 6 岁组句末位置（T55/首音节）时长上表现的模型搭建细节见表 2－3。模型的拟合度比较结果见表 6－89。如表所示，并无任何纳入检验的变量能显著地提高模型的拟合度。因而，没有证据表明此年龄组儿童在其白语句末位置高平调（T55）的首音节中通过变化时长来区分窄焦点（261.5ms，SD＝96.1）和宽焦点（240.5ms，SD＝82.4）。

表 6－89　　年龄组＝6 岁，句末位置（T55/首音节），时长作为结果变量：窄焦点（NF-f）vs. 宽焦点（BF）模型拟合度分析一览表

模型	N_{pars}	－2 LLR	比较			
			模型	$\Delta\chi^2$	Δdf	p
0（仅纳入“说话人”作为随机截距）	3	－93.957				
1＋焦点条件	4	－93.909	1 vs 2	0.095	1	0.758

注：“$\Delta\chi^2$”表示的是卡方值的变化，“Δdf”表示的是自由度的变化。

测试焦点域（窄焦点 vs. 宽焦点）在 6 岁组句末位置（T55/末音节）时长上表现的模型搭建细节见表 2－3。模型的拟合度比较结果见表 6－90。如表所示，并无任何纳入检验的变量能显著地提高模型的拟合度。因而，没有证据表明此年龄组儿童在其白语句末位置高平调（T55）的末音节中通过变化时长来区分窄焦点（301.4ms，SD＝97.7）

和宽焦点（309.5ms，SD = 117.8）。

表6-90　年龄组 = 6岁，句末位置（T55/末音节），时长作为结果变量：窄焦点（NF-f）vs. 宽焦点（BF）模型拟合度分析一览表

模型	N_{pars}	-2 LLR	比较			
			模型	$\Delta\chi^2$	Δdf	p
0（仅纳入“说话人”作为随机截距）	3	-107.11				
1 + 焦点条件	4	-106.98	1 vs 2	0.243	1	0.622

注：“$\Delta\chi^2$”表示的是卡方值的变化，“Δdf”表示的是自由度的变化。

二　音域

（一）单音节词

测试焦点（焦点 vs. 焦点后）在6岁组句末位置（T44、T33）音域上表现的模型搭建细节见表2-2。模型的拟合度比较结果见表6-91。如表所示，拟合度最高的最佳模型是模型1（Model 1），这个模型包括声调的主效应，χ^2（1）= 11.483，$p < 0.001$。因而，没有证据表明此年龄组儿童在其白语句末位置的中高平调（T44）中通过变化音域来区分焦点（28.7Hz，SD = 21.2）和焦点后（34.3Hz，SD = 5.3），也没有证据表明此年龄组儿童在其白语句末位置的中平调（T33）中通过变化音域来区分焦点（68.4Hz，SD = 33.7）和焦点后（60.1Hz，SD = 36.5）。

表6-91　年龄组 = 6岁，句末位置（T44、T33），音域作为结果变量：焦点（NF-f）vs. 焦点后（NF-m）模型拟合度分析一览表

模型	N_{pars}	-2 LLR	比较			
			模型	$\Delta\chi^2$	Δdf	p
0（仅纳入“说话人”作为随机截距）	3	-281.42				
1 + 声调	4	-275.58	0 vs 1	11.483	1	0.000***

续表

模型	N_{pars}	-2 LLR	比较			
			模型	$\Delta\chi^2$	Δdf	p
2+焦点条件	5	-275.54	1 vs 2	0.280	1	0.597
3+声调：焦点条件	6	-275.24	2 vs 3	0.599	1	0.439

注："$\Delta\chi^2$" 表示的是卡方值的变化，"Δdf" 表示的是自由度的变化。

测试焦点（焦点 vs. 焦点后后）在6岁组句末位置（T44、T33）音域上表现的模型搭建细节见表2-2。模型的拟合度比较结果见表6-92。如表所示，拟合度最高的最佳模型是模型1（Model 1），这个模型只包括声调的主效应，χ^2（1）=13.719，$p<0.001$。因而，结果表明此年龄组儿童既未在其白语句末位置的中高平调（T44）中通过变化音域来区分焦点（28.7Hz，SD=21.2）和焦点后后（31.9Hz，SD=20.7），也未在中平调（T33）中通过变化音域来区分焦点（68.4Hz，SD=33.7）和焦点后后（56.8Hz，SD=31.5）。

表6-92　　年龄组=6岁，句末位置（T44、T33），音域作为结果变量：焦点（NF-f）vs. 焦点后后（NF-i）模型拟合度分析一览表

模型	N_{pars}	-2 LLR	比较			
			模型	$\Delta\chi^2$	Δdf	p
0（仅纳入"说话人"作为随机截距）	3	-249.55				
1+声调	4	-242.69	0 vs 1	13.719	1	0.000***
2+焦点条件	5	-242.38	1 vs 2	0.611	1	0.434
3+声调：焦点条件	6	-241.97	2 vs 3	0.826	1	0.363

注："$\Delta\chi^2$" 表示的是卡方值的变化，"Δdf" 表示的是自由度的变化。

测试焦点域（窄焦点 vs. 宽焦点）在6岁组句末位置（T44、T33）音域上表现的模型搭建细节见表2-2。模型的拟合度比较结果见表6-93。如表所示，拟合度最高的最佳模型是模型1（Model 1），这个模型只包括声调的主效应，χ^2（1）=15.505，$p<0.001$。这说明，这一年龄组儿童既未在其白语句末位置的中高平调（T44）中通过变化窄

焦点的音域来区分窄焦点（28.7Hz，SD = 21.2）和宽焦点（15.2Hz，SD = 10.8），也未在中平调（T33）中通过变化窄焦点的音域来区分窄焦点（68.4Hz，SD = 33.7）和宽焦点（66.1Hz，SD = 39.1）。

表 6－93　　年龄组 =6 岁，句末位置（T44、T33），音域作为结果变量：窄焦点（NF-f）vs. 宽焦点（BF）模型拟合度分析一览表

模型	N_{pars}	－2 LLR	比较			
			模型	$\Delta\chi^2$	Δdf	p
0（仅纳入“说话人”作为随机截距）	3	－195.45				
1＋声调	4	－187.70	0 vs 1	15.505	1	0.000 ***
2＋焦点条件	5	－187.50	1 vs 2	0.385	1	0.535
3＋声调：焦点条件	6	－187.36	2 vs 3	0.293	2	0.589

注：“$\Delta\chi^2$”表示的是卡方值的变化，“Δdf”表示的是自由度的变化。

（二）双音节词

测试焦点（焦点 vs. 焦点后）在 6 岁组句末位置（T55/首音节）音域上表现的模型搭建细节见表 2－3。模型的拟合度比较结果见表 6－94。如表所示，并无任何纳入检验的变量能显著地提高模型的拟合度。因而，没有证据表明此年龄组儿童在其白语句末位置高平调（T55）的首音节中通过变化音域来区分焦点（28.7Hz，SD = 14.1）和焦点后（23.8Hz，SD = 10.4）。

表 6－94　　年龄组 =6 岁，句末位置（T55/首音节），音域作为结果变量：焦点（NF-f）vs. 焦点后（NF-m）模型拟合度分析一览表

模型	N_{pars}	－2 LLR	比较			
			模型	$\Delta\chi^2$	Δdf	p
0（仅纳入“说话人”作为随机截距）	3	－97.387				
1＋焦点条件	4	－96.852	1 vs 2	1.069	1	0.301

注：“$\Delta\chi^2$”表示的是卡方值的变化，“Δdf”表示的是自由度的变化。

测试焦点（焦点 vs. 焦点后）在 6 岁组句末位置（T55/末音节）

音域上表现的模型搭建细节见表2－3。模型的拟合度比较结果见表6－95。如表所示，拟合度最高的最佳模型是模型1（Model 1），这个模型包括焦点的主效应，χ^2（1）=4.601，$p<0.05$。最佳模型的具体参数估计值见表6－96。这说明，这一年龄组儿童在其白语句末位置高平调（T55）的末音节中通过扩展焦点成分的音域来区分焦点（51.8Hz，SD=35.3）和焦点后（35.9Hz，SD=23）。如图6－10所示。

表6－95　年龄组=6岁，句末位置（T55/末音节），音域作为结果变量：焦点（NF-f）vs. 焦点后（NF-m）模型拟合度分析一览表

模型	N_{pars}	－2 LLR	比较			
			模型	$\Delta\chi^2$	Δdf	p
0（仅纳入“说话人”作为随机截距）	3	－97.707				
1＋焦点条件	4	－95.406	1 vs 2	4.601	1	0.032*

注：“$\Delta\chi^2$”表示的是卡方值的变化，“Δdf”表示的是自由度的变化。

表6－96　年龄组=6岁，句末位置（T55/末音节），音域，焦点（NF-f）vs. 焦点后（NF-m），最佳模型的参数估计值一览表

	Estimate	Std. Error	*df*	*t* value	Pr（>丨t丨）
固定变量					
截距（Intercept）	56.329	14.636	3.371	3.849	0.025*
焦点后（NF-m）	－14.826	6.508	19.006	－2.278	0.035*
随机变量	名称	Variance	Std. Dev.		
发音人（Speaker）	Intercept	570	23.87		
余量（Residual）		230.7	15.19		

测试焦点（焦点 vs. 焦点后后）在6岁组句末位置（T55/首音节）音域上表现的模型搭建细节见表2－3。模型的拟合度比较结果见表6－97。如表所示，并无任何纳入检验的变量能显著地提高模型的拟合度。因而，没有证据表明此年龄组儿童在其白语句末位置高平调（T55）的首音节中通过变化音域来区分焦点（28.7Hz，SD=14.1）和焦点后后（24.3Hz，SD=10.6）。

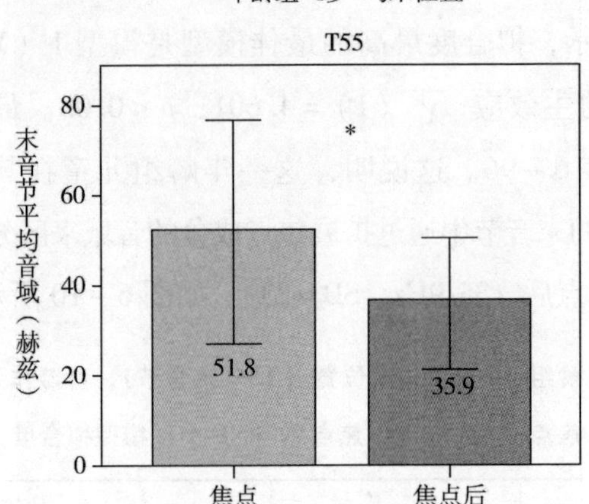

图6－10　6岁组句末位置（T55/末音节）中焦点的平均音域（赫兹）vs. 焦点后的平均音域（赫兹），n＝22，N＝3，显著性差异用＊标示

表6－97　年龄组＝6岁，句末位置（T55/首音节），音域作为结果变量：焦点（NF-f）vs. 焦点后后（NF-i）模型拟合度分析一览表

模型	N_{pars}	－2 LLR	比较			
			模型	$\Delta\chi^2$	Δdf	p
0（仅纳入“说话人”作为随机截距）	3	－78.363				
1＋焦点条件	4	－78.048	1 vs 2	0.631	1	0.427

注：“$\Delta\chi^2$”表示的是卡方值的变化，“Δdf”表示的是自由度的变化。

测试焦点（焦点 vs. 焦点后后）在6岁组句末位置（T55/末音节）音域上表现的模型搭建细节见表2－3。模型的拟合度比较结果见表6－98。如表所示，并无任何纳入检验的变量能显著地提高模型的拟合度。因而，没有证据表明此年龄组儿童在其白语句末位置高平调（T55）的末音节中通过变化音域来区分焦点（51.8Hz，SD＝35.3）和焦点后后（34.5Hz，SD＝22）。

表 6－98　　年龄组＝6 岁，句末位置（T55/末音节），音域作为结果变量：焦点（NF-f）vs. 焦点后后（NF-i）模型拟合度分析一览表

模型	N_{pars}	－2 LLR	比较			
			模型	$\Delta\chi^2$	Δdf	p
0（仅纳入“说话人”作为随机截距）	3	－76.460				
1＋焦点条件	4	－76.025	1 vs 2	0.870	1	0.351

注：“$\Delta\chi^2$”表示的是卡方值的变化，“Δdf”表示的是自由度的变化。

测试焦点域（窄焦点 vs. 宽焦点）在 6 岁组句末位置（T55/首音节）音域上表现的模型搭建细节见表 2－3。模型的拟合度比较结果见表 6－99。如表所示，并无任何纳入检验的变量能显著地提高模型的拟合度。因而，没有证据表明此年龄组儿童在其白语句末位置高平调（T55）的首音节中通过变化音域来区分窄焦点（28.7Hz，SD＝14.1）和宽焦点（35.9Hz，SD＝10.2）。

表 6－99　　年龄组＝6 岁，句末位置（T55/首音节），音域作为结果变量：窄焦点（NF-f）vs. 宽焦点（BF）模型拟合度分析一览表

模型	N_{pars}	－2 LLR	比较			
			模型	$\Delta\chi^2$	Δdf	p
0（仅纳入“说话人”作为随机截距）	3	－67.210				
1＋焦点条件	4	－66.547	1 vs 2	1.325	1	0.250

注：“$\Delta\chi^2$”表示的是卡方值的变化，“Δdf”表示的是自由度的变化。

测试焦点域（窄焦点 vs. 宽焦点）在 6 岁组句末位置（T55/末音节）音域上表现的模型搭建细节见表 2－3。模型的拟合度比较结果见表 6－100。如表所示，并无任何纳入检验的变量能显著地提高模型的拟合度。因而，没有证据表明此年龄组儿童在其白语句末位置高平调（T55）的末音节中通过变化音域来区分窄焦点（51.8Hz，SD＝35.3）和宽焦点（50.9Hz，SD＝18.4）。

表 6－100　年龄组＝6 岁，句末位置（T55/末音节），音域作为结果变量：窄焦点（NF-f）vs. 宽焦点（BF）模型拟合度分析一览表

模型	N_{pars}	－2 LLR	比较			
			模型	$\Delta\chi^2$	Δdf	p
0（仅纳入“说话人”作为随机截距）	3	－72.522				
1＋焦点条件	4	－72.471	1 vs 2	0.102	1	0.750

注：“$\Delta\chi^2$”表示的是卡方值的变化，“Δdf”表示的是自由度的变化。

三　音高最大值

（一）单音节词

测试焦点（焦点 vs. 焦点后）在 6 岁组句末位置（T44、T33）音高最大值上表现的模型搭建细节见表 2－2。模型的拟合度比较结果见表 6－101。如表所示，无任一固定变量能提高模型的拟合度。因而，没有证据表明此年龄组儿童在其白语句末位置的中高平调（T44）中通过变化音高最大值来区分焦点（288.2Hz，SD＝9.2）和焦点后（303.2Hz，SD＝6.8），也没有证据表明此年龄组儿童在其白语句末位置的中平调（T33）中通过变化音高最大值来区分焦点（290.2Hz，SD＝20.7）和焦点后（292.8Hz，SD＝19.8）。

表 6－101　年龄组＝6 岁，句末位置（T44、T33），音高最大值作为结果变量：焦点（NF-f）vs. 焦点后（NF-m）模型拟合度分析一览表

模型	N_{pars}	－2 LLR	比较			
			模型	$\Delta\chi^2$	Δdf	p
0（仅纳入“说话人”作为随机截距）	3	－202.93				
1＋声调	4	－202.74	0 vs 1	0.387	1	0.534
2＋焦点条件	5	－201.50	1 vs 2	2.470	1	0.116
3＋声调：焦点条件	6	－201.08	2 vs 3	0.849	1	0.357

注：“$\Delta\chi^2$”表示的是卡方值的变化，“Δdf”表示的是自由度的变化。

测试焦点（焦点 vs. 焦点后后）在 6 岁组句末位置（T44、T33）音高最大值上表现的模型搭建细节见表 2－2。模型的拟合度比较结果见表 6－102。如表所示，无任一固定变量能提高模型的拟合度。因而，没有证据表明此年龄组儿童在其白语句末位置的中高平调（T44）中通过变化音高最大值来区分焦点（288.2Hz，SD＝9.2）和焦点后后（312.3Hz，SD＝26.5），也没有证据表明此年龄组儿童在其白语句末位置的中平调（T33）中通过变化音高最大值来区分焦点（290.2Hz，SD＝20.7）和焦点后后（287.6Hz，SD＝31.2）。

表 6－102　年龄组＝6 岁，句末位置（T44、T33），音高最大值作为结果变量：焦点（NF-f）vs. 焦点后后（NF-i）模型拟合度分析一览表

模型	N_{pars}	－2 LLR	比较			
			模型	$\Delta\chi^2$	Δdf	p
0（仅纳入“说话人”作为随机截距）	3	－219.13				
1＋声调	5	－217.26	0 vs 1	3.725	1	0.054
2＋焦点条件	6	－216.61	1 vs 2	1.312	1	0.252
3＋声调：焦点条件	8	－214.90	2 vs 3	3.425	1	0.064

注：“$\Delta\chi^2$”表示的是卡方值的变化，“Δdf”表示的是自由度的变化。

测试焦点域（窄焦点 vs. 宽焦点）在 6 岁组句末位置（T44、T33）音高最大值上表现的模型搭建细节见表 2－2。模型的拟合度比较结果见表 6－103。如表所示，无任一固定变量能提高模型的拟合度。因而，

表 6－103　年龄组＝6 岁，句末位置（T44、T33），音高最大值作为结果变量：窄焦点（NF-f）vs. 宽焦点（BF）模型拟合度分析一览表

模型	N_{pars}	－2 LLR	比较			
			模型	$\Delta\chi^2$	Δdf	p
0（仅纳入“说话人”作为随机截距）	3	－142.99				
1＋声调	4	－142.89	0 vs 1	0.206	2	0.650
2＋焦点条件	5	－142.85	1 vs 2	0.066	1	0.798
3＋声调：焦点条件	6	－142.32	2 vs 3	1.065	2	0.302

注：“$\Delta\chi^2$”表示的是卡方值的变化，“Δdf”表示的是自由度的变化。

没有证据表明此年龄组儿童在其白语句末位置的中高平调（T44）中通过变化音高最大值来区分窄焦点（288.2Hz，SD = 9.2）和宽焦点（292.5Hz，SD = 19.3），也没有证据表明此年龄组儿童在其白语句末位置的中平调（T33）中通过变化音高最大值来区分窄焦点（290.2Hz，SD = 20.7）和宽焦点（285Hz，SD = 13.3）。

（二）双音节词

测试焦点（焦点 vs. 焦点后）在 6 岁组句末位置（T55/首音节）音高最大值上表现的模型搭建细节见表 2－3。模型的拟合度比较结果见表 6－104。如表所示，并无任何纳入检验的变量能显著地提高模型的拟合度。因而，没有证据表明此年龄组儿童在其白语句末位置高平调（T55）的首音节中通过变化音高最大值来区分焦点（344.9Hz，SD = 30.6）和焦点后（339.2Hz，SD = 28.8）。

表 6－104　年龄组 = 6 岁，句末位置（T55/首音节），音高最大值作为结果变量：焦点（NF-f）vs. 焦点后（NF-m）模型拟合度分析一览表

模型	N_{pars}	－2 LLR	比较			
			模型	$\Delta\chi^2$	Δdf	p
0（仅纳入“说话人”作为随机截距）	3	－133.64				
1 + 焦点条件	4	－133.50	1 vs 2	0.292	1	0.589

注：“$\Delta\chi^2$”表示的是卡方值的变化，“Δdf”表示的是自由度的变化。

测试焦点（焦点 vs. 焦点后）在 6 岁组句末位置（T55/末音节）音高最大值上表现的模型搭建细节见表 2－3。模型的拟合度比较结果见表 6－105。如表所示，并无任何纳入检验的变量能显著地提高模型的拟合度。因而，没有证据表明此年龄组儿童在其白语句末位置高平调（T55）的末音节中通过变化音高最大值来区分焦点（393.1Hz，SD = 61.2）和焦点后（376.6Hz，SD = 51.1）。

测试焦点（焦点 vs. 焦点后后）在 6 岁组句末位置（T55/首音节）音高最大值上表现的模型搭建细节见表 2－3。模型的拟合度比较结果见表6－106。如表所示，并无任何纳入检验的变量能显著地提高模型的拟合度。因而，没有证据表明此年龄组儿童在其白语句末位置高平调（T55）的首音节中通过变化音高最大值来区分焦点（344.9Hz，SD＝30.6）和焦点后后（349.8Hz，SD＝26.2）。

表6－105　年龄组＝6岁，句末位置（T55/末音节），音高最大值作为结果变量：焦点（NF-f）vs. 焦点后（NF-m）模型拟合度分析一览表

模型	N_{pars}	－2 LLR	比较			
			模型	$\Delta\chi^2$	Δdf	p
0（仅纳入“说话人”作为随机截距）	3	－127.00				
1＋焦点条件	4	－126.11	1 vs 2	1.783	1	0.182

注：“$\Delta\chi^2$”表示的是卡方值的变化，“Δdf”表示的是自由度的变化。

表6－106　年龄组＝6岁，句末位置（T55/首音节），音高最大值作为结果变量：焦点（NF-f）vs. 焦点后后（NF-i）模型拟合度分析一览表

模型	N_{pars}	－2 LLR	比较			
			模型	$\Delta\chi^2$	Δdf	p
0（仅纳入“说话人”作为随机截距）	3	－104.11				
1＋焦点条件	4	－104.02	1 vs 2	0.177	1	0.674

注：“$\Delta\chi^2$”表示的是卡方值的变化，“Δdf”表示的是自由度的变化。

测试焦点（焦点 vs. 焦点后后）在6岁组句末位置（T55/末音节）音高最大值上表现的模型搭建细节见表2－3。模型的拟合度比较结果见表6－107。如表所示，并无任何纳入检验的变量能显著地提高模型的拟合度。因而，没有证据表明此年龄组儿童在其白语句末位置高平调（T55）的末音节中通过变化音高最大值来区分焦点（393.1Hz，SD＝61.2）和焦点后后（364.3Hz，SD＝33.1）。

测试焦点域（窄焦点 vs. 宽焦点）在6岁组句末位置（T55/首音节）音高最大值上表现的模型搭建细节见表2－3。模型的拟合度比较结果见表 6－108。如表所示，并无任何纳入检验的变量能显著地提高模型的拟合度。因而，没有证据表明此年龄组儿童在其白语句末位置高平调（T55）的首音节中通过变化音高最大值来区分窄焦点（344. 9Hz，SD＝30. 6）和宽焦点（346. 8Hz，SD＝29. 7）。

表 6－107　年龄组＝6 岁，句末位置（T55/末音节），音高最大值作为结果变量：焦点（NF-f） vs. 焦点后后（NF-i）模型拟合度分析一览表

模型	N_{pars}	－2 LLR	比较			
			模型	$\Delta\chi^2$	Δdf	p
0（仅纳入“说话人”作为随机截距）	3	－91. 354				
1＋焦点条件	4	－91. 297	1 vs 2	0. 113	1	0. 737

注：“$\Delta\chi^2$”表示的是卡方值的变化，“Δdf”表示的是自由度的变化。

表 6－108　年龄组＝6 岁，句末位置（T55/首音节），音高最大值作为结果变量：窄焦点（NF-f） vs. 宽焦点（BF）模型拟合度分析一览表

模型	N_{pars}	－2 LLR	比较			
			模型	$\Delta\chi^2$	Δdf	p
0（仅纳入“说话人”作为随机截距）	3	－85. 843				
1＋焦点条件	4	－85. 833	1 vs 2	0. 019	1	0. 890

注：“$\Delta\chi^2$”表示的是卡方值的变化，“Δdf”表示的是自由度的变化。

测试焦点域（窄焦点 vs. 宽焦点）在 6 岁组句末位置（T55/末音节）音高最大值上表现的模型搭建细节见表 2－3。模型的拟合度比较结果见表 6－109。如表所示，并无任何纳入检验的变量能显著地提高模型的拟合度。因而，没有证据表明此年龄组儿童在其白语句末位置高平调（T55）的末音节中通过变化音高最大值来区分窄焦点（393. 1Hz，SD＝61. 2）和宽焦点（399. 3Hz，SD＝75. 6）。

表 6 - 109　年龄组 = 6 岁，句末位置（T55/末音节），音高最大值作为结果变量：窄焦点（NF-f）vs. 宽焦点（BF）模型拟合度分析一览表

模型	N_{pars}	-2 LLR	比较			
			模型	$\Delta\chi^2$	Δdf	p
0（仅纳入"说话人"作为随机截距）	3	-94.51				
1 + 焦点条件	4	-94.51	1 vs 2	9e - 04	1	0.976

注："$\Delta\chi^2$"表示的是卡方值的变化，"Δdf"表示的是自由度的变化。

四　音高最小值

（一）单音节词

测试焦点（焦点 vs. 焦点后）在 6 岁组句末位置（T44、T33）音高最小值上表现的模型搭建细节见表 2 - 2。模型的拟合度比较结果见表 6 - 110。如表所示，拟合度最高的最佳模型是模型 1（Model 1），这个模型只包括声调的主效应，χ^2（1）= 34.722，$p < 0.001$。因而，没有证据表明此年龄组儿童在其白语句末位置的中高平调（T44）中通过变化音高最小值来区分焦点（271.5Hz，SD = 8.6）和焦点后（275Hz，SD = 20.3），也没有证据表明此年龄组儿童在其白语句末位置的中平调（T33）中通过变化音高最小值来区分焦点（225.9Hz，SD = 19.5）和焦点后（231.4Hz，SD = 28.2）。

表 6 - 110　年龄组 = 6 岁，句末位置（T44、T33），音高最小值作为结果变量：焦点（NF-f）vs. 焦点后（NF-m）模型拟合度分析一览表

模型	N_{pars}	-2 LLR	比较			
			模型	$\Delta\chi^2$	Δdf	p
0（仅纳入"说话人"作为随机截距）	3	-279.77				
1 + 声调	4	-262.41	0 vs 1	34.722	1	0.000***
2 + 焦点条件	5	-262.06	1 vs 2	0.686	1	0.408
3 + 声调：焦点条件	6	-262.05	2 vs 3	0.025	2	0.876

注："$\Delta\chi^2$"表示的是卡方值的变化，"Δdf"表示的是自由度的变化。

测试焦点（焦点 vs. 焦点后后）在6岁组句末位置（T44、T33）音高最小值上表现的模型搭建细节见表2－2。模型的拟合度比较结果见表6－111。如表所示，拟合度最高的最佳模型是模型1（Model 1），这个模型只包括声调的主效应，χ^2（2）=41.962，$p<0.001$。因而，没有证据表明此年龄组儿童在其白语句末位置的中高平调（T44）中通过变化音高最小值来区分焦点（271.5Hz，SD=8.6）和焦点后后（280.4Hz，SD=37.3），也没有证据表明此年龄组儿童在其白语句末位置的中平调（T33）中通过变化音高最小值来区分焦点（225.9Hz，SD=19.5）和焦点后后（219.8Hz，SD=9.8）。

表6－111　年龄组=6岁，句末位置（T44、T33），音高最小值作为结果变量：焦点（NF-f）vs. 焦点后后（NF-i）模型拟合度分析一览表

模型	N_{pars}	－2 LLR	比较			
			模型	$\Delta\chi^2$	Δdf	p
0（仅纳入“说话人”作为随机截距）	3	－232.24				
1+声调	4	－211.26	0 vs 1	41.962	1	0.000***
2+焦点条件	5	－211.25	1 vs 2	0.005	1	0.946
3+声调：焦点条件	6	－210.57	2 vs 3	1.374	1	0.241

注：“$\Delta\chi^2$”表示的是卡方值的变化，“Δdf”表示的是自由度的变化。

测试焦点域（窄焦点 vs. 宽焦点）在6岁组句末位置（T44、T33）音高最小值上表现的模型搭建细节见表2－2。模型的拟合度比较结果见表6－112。如表所示，拟合度最高的最佳模型是模型1（Model 1），这个模型只包括声调的主效应，χ^2（1）=34.752，$p<0.001$。因而，没有证据表明此年龄组儿童在其白语句末位置的中高平调（T44）中通过变化音高最小值来区分窄焦点（271.5Hz，SD=8.6）和宽焦点（277.3Hz，SD=12.8），也没有证据表明此年龄组儿童在其白语句末位置的中平调（T33）中通过变化音高最小值来区分窄焦点（225.9Hz，SD=19.5）和宽焦点（227.4Hz，SD=25.2）。

表 6－112　年龄组＝6 岁，句末位置（T44、T33），音高最小值作为结果变量：窄焦点（NF-f）vs. 宽焦点（BF）模型拟合度分析一览表

模型	N_{pars}	－2 LLR	比较			
			模型	$\Delta\chi^2$	Δdf	p
0（仅纳入“说话人”作为随机截距）	3	－181.22				
1＋声调	4	－163.84	0 vs 1	34.752	1	0.000***
2＋焦点条件	5	－163.73	1 vs 2	0.233	1	0.629
3＋声调：焦点条件	6	－163.67	2 vs 3	0.112	1	0.738

注：“$\Delta\chi^2$”表示的是卡方值的变化，“Δdf”表示的是自由度的变化。

（二）双音节词

测试焦点（焦点 vs. 焦点后）在 6 岁组句末位置（T55/首音节）音高最小值上表现的模型搭建细节见表 2－3。模型的拟合度比较结果见表 6－113。如表所示，并无任何纳入检验的变量能显著地提高模型的拟合度。因而，没有证据表明此年龄组儿童在其白语句末位置高平调（T55）的首音节中通过变化音高最小值来区分焦点（308.2Hz，SD＝34.6）和焦点后（308.8Hz，SD＝34）。

表 6－113　年龄组＝6 岁，句末位置（T55/首音节），音高最小值作为结果变量：焦点（NF-f）vs. 焦点后（NF-m）模型拟合度分析一览表

模型	N_{pars}	－2 LLR	比较			
			模型	$\Delta\chi^2$	Δdf	p
0（仅纳入“说话人”作为随机截距）	3	－137.68				
1＋焦点条件	4	－137.68	1 vs 2	0.002	1	0.966

注：“$\Delta\chi^2$”表示的是卡方值的变化，“Δdf”表示的是自由度的变化。

测试焦点（焦点 vs. 焦点后）在 6 岁组句末位置（T55/末音节）音高最小值上表现的模型搭建细节见表 2－3。模型的拟合度比较结果见表 6－114。如表所示，并无任何纳入检验的变量能显著地提高模型的拟合度。因而，没有证据表明此年龄组儿童在其白语句末位置高平调

（T55）的末音节中通过变化音高最小值来区分焦点（328.6Hz，SD = 24.2）和焦点后（319.3Hz，SD = 6.6）。

表 6 - 114　年龄组 = 6 岁，句末位置（T55/末音节），音高最小值作为结果变量：焦点（NF-f）vs. 焦点后（NF-m）模型拟合度分析一览表

模型	N_{pars}	-2 LLR	比较			
			模型	$\Delta\chi^2$	Δdf	p
0（仅纳入“说话人”作为随机截距）	3	-90.201				
1 + 焦点条件	4	-89.363	1 vs 2	1.675	1	0.196

注：“$\Delta\chi^2$”表示的是卡方值的变化，“Δdf”表示的是自由度的变化。

测试焦点（焦点 vs. 焦点后后）在 6 岁组句末位置（T55/首音节）音高最小值上表现的模型搭建细节见表 2 - 3。模型的拟合度比较结果见表 6 - 115。如表所示，并无任何纳入检验的变量能显著地提高模型的拟合度。因而，没有证据表明此年龄组儿童在其白语句末位置高平调（T55）的首音节中通过变化音高最小值来区分焦点（308.2Hz，SD = 34.6）和焦点后后（318.6Hz，SD = 18.8）。

表 6 - 115　年龄组 = 6 岁，句末位置（T55/首音节），音高最小值作为结果变量：焦点（NF-f）vs. 焦点后后（NF-i）模型拟合度分析一览表

模型	N_{pars}	-2 LLR	比较			
			模型	$\Delta\chi^2$	Δdf	p
0（仅纳入“说话人”作为随机截距）	3	-104.34				
1 + 焦点条件	4	-103.95	1 vs 2	0.775	1	0.379

注：“$\Delta\chi^2$”表示的是卡方值的变化，“Δdf”表示的是自由度的变化。

测试焦点（焦点 vs. 焦点后后）在 6 岁组句末位置（T55/末音节）音高最小值上表现的模型搭建细节见表 2 - 3。模型的拟合度比较结果见表 6 - 116。如表所示，并无任何纳入检验的变量能显著地提高模型的拟合度。因而，没有证据表明此年龄组儿童在其白语句末位置高平调（T55）的末音节中通过变化音高最小值来区分焦点（328.6Hz，SD＝24.2）和焦点后后（332Hz，SD＝16.3）。

表 6－116　年龄组＝6 岁，句末位置（T55/末音节），音高最小值作为结果变量：焦点（NF-f）vs. 焦点后后（NF-i）模型拟合度分析一览表

模型	N_{pars}	－2 LLR	比较			
			模型	$\Delta\chi^2$	Δdf	p
0（仅纳入“说话人”作为随机截距）	3	－87.405				
1＋焦点条件	4	－87.269	1 vs 2	0.271	1	0.602

注：“$\Delta\chi^2$”表示的是卡方值的变化，“Δdf”表示的是自由度的变化。

测试焦点域（窄焦点 vs. 宽焦点）在 6 岁组句末位置（T55/首音节）音高最小值上表现的模型搭建细节见表 2－3。模型的拟合度比较结果见表 6－117。如表所示，并无任何纳入检验的变量能显著地提高模型的拟合度。因而，没有证据表明此年龄组儿童在其白语句末位置高平调（T55）的首音节中通过变化音高最小值来区分窄焦点（308.2Hz，SD＝34.6）和宽焦点（310.9Hz，SD＝27.9）。

表 6－117　年龄组＝6 岁，句末位置（T55/首音节），音高最小值作为结果变量：窄焦点（NF-f）vs. 宽焦点（BF）模型拟合度分析一览表

模型	N_{pars}	－2 LLR	比较			
			模型	$\Delta\chi^2$	Δdf	p
0（仅纳入“说话人”作为随机截距）	3	－87.263				
1＋焦点条件	4	－87.248	1 vs 2	0.030	1	0.863

注：“$\Delta\chi^2$”表示的是卡方值的变化，“Δdf”表示的是自由度的变化。

测试焦点域（窄焦点 vs. 宽焦点）在 6 岁组句末位置（T55/末音节）音高最小值上表现的模型搭建细节见表 2－3。模型的拟合度比较结果见表 6－118。如表所示，并无任何纳入检验的变量能显著地提高模型的拟合度。因而，没有证据表明此年龄组儿童在其白语句末位置高平调（T55）的末音节中通过变化音高最小值来区分窄焦点（328.6Hz，SD＝24.2）和宽焦点（332.8Hz，SD＝36.4）。

表6－118　年龄组＝6岁，句末位置（T55/末音节），音高最小值作为结果变量：窄焦点（NF-f）vs. 宽焦点（BF）模型拟合度分析一览表

模型	N_{pars}	－2 LLR	比较			
			模型	$\Delta\chi^2$	Δdf	p
0（仅纳入“说话人”作为随机截距）	3	－82.897				
1＋焦点条件	4	－82.888	1 vs 2	0.019	1	0.890

注：“$\Delta\chi^2$”表示的是卡方值的变化，“Δdf”表示的是自由度的变化。

第四节　年龄：7岁

一　时长

（一）单音节词

测试焦点（焦点 vs. 焦点后）在7岁组句末位置（T44、T33）时长上表现的模型搭建细节见表2－2。模型的拟合度比较结果见表6－119。如表所示，拟合度最高的最佳模型是模型1（Model 1），这个模型包括声调的主效应，χ^2（1）＝16.62，$p<0.001$。因而，没有证据表明此年龄组儿童在其白语句末位置的中高平调（T44）中通过变化时长来区分焦点（395.6ms，SD＝53.3）和焦点后（384.4ms，SD＝93.7），也没有证据表明此年龄组儿童在其白语句末位置的中平调（T33）中通过变化时长来区分焦点（306.2ms，SD＝81.1）和焦点后（312ms，SD＝77.5）。

测试焦点（焦点 vs. 焦点后后）在7岁组句末位置（T44、T33）时长上表现的模型搭建细节见表2－2。模型的拟合度比较结果见表6－120。如表所示，拟合度最高的最佳模型是模型1（Model 1），这个模型只包括声调的主效应，χ^2（2）=11.969，$p<0.001$。因而，没有证据表明此年龄组白语儿童在其白语句末位置的中高平调（T44）中通过变化时长来区分焦点（395.6ms，SD=53.3）和焦点后后（332.4ms，SD=92.1），也没有证据表明此年龄组白语儿童在其白语句末位置的中平调（T33）中通过变化时长来区分焦点（306.2ms，SD=81.1）和焦点后后（283.5ms，SD=71.5）。

表 6-119　　年龄组=7岁，句末位置（T44、T33），时长作为结果变量：焦点（NF-f）vs. 焦点后（NF-m）模型拟合度分析一览表

模型	N_{pars}	-2 LLR	比较			
			模型	$\Delta\chi^2$	Δdf	p
0（仅纳入“说话人”作为随机截距）	3	-467.69				
1+声调	4	-459.38	0 vs 1	16.62	1	0.000***
2+焦点条件	5	-459.38	1 vs 2	0.012	1	0.912
3+声调：焦点条件	6	-459.27	2 vs 3	0.221	2	0.639

注：“$\Delta\chi^2$”表示的是卡方值的变化，“Δdf”表示的是自由度的变化。

表 6-120　　年龄组=7岁，句末位置（T44、T33），时长作为结果变量：焦点（NF-f）vs. 焦点后后（NF-i）模型拟合度分析一览表

模型	N_{pars}	-2 LLR	比较			
			模型	$\Delta\chi^2$	Δdf	p
0（仅纳入“说话人”作为随机截距）	3	-503.47				
1+声调	4	-497.48	0 vs 1	11.969	2	0.000***
2+焦点条件	5	-495.87	1 vs 2	3.221	1	0.073
3+声调：焦点条件	6	-495.13	2 vs 3	1.485	1	0.223

注：“$\Delta\chi^2$”表示的是卡方值的变化，“Δdf”表示的是自由度的变化。

测试焦点域（窄焦点 vs. 宽焦点）在7岁组句末位置（T44、T33）时长上表现的模型搭建细节见表2-2。模型的拟合度比较结果见表6-121。如表所示，拟合度最高的最佳模型是模型2（Model 2），这个模型包括声调的主效应，χ^2（1）=11.424，$p<0.001$；焦点条件的主效应，χ^2（1）=9.624，$p<0.01$。最佳模型的具体参数估计值见表6－122。这说明，这一年龄组儿童既在其白语句末位置的中高平调（T44）中通过缩短窄焦点的时长来区分窄焦点（395.6ms，SD=53.3）和宽焦点（446.9ms，SD=75.9），也在中平调（T33）中通过缩短窄焦点的时长来区分窄焦点（306.2ms，SD=81.1）和宽焦点（371.3ms，SD=91.4）。如图6－11所示。

表6－121　年龄组=7岁，句末位置（T44、T33），时长作为结果变量：窄焦点（NF-f）vs. 宽焦点（BF）模型拟合度分析一览表

模型	N_{pars}	－2 LLR	比较			
			模型	$\Delta\chi^2$	Δdf	p
0（仅纳入"说话人"作为随机截距）	3	－397.10				
1＋声调	4	－391.39	0 vs 1	11.424	1	0.000***
2＋焦点条件	5	－386.57	1 vs 2	9.624	1	0.002**
3＋声调：焦点条件	6	－386.50	2 vs 3	0.142	1	0.707

注："$\Delta\chi^2$"表示的是卡方值的变化，"Δdf"表示的是自由度的变化。

表6－122　年龄组=7岁，句末位置（T44、T33），时长，窄焦点（NF-f）vs. 宽焦点（BF），最佳模型的参数估计值一览表

	Estimate	Std. Error	*df*	*t* value	Pr（>|t|）
固定变量					
截距（Intercept）	368.288	20.061	7.095	18.359	0.000***
中高平调（T44）	82.676	21.752	64.440	3.801	0.000***
窄焦点（NF-f）	－60.628	18.846	65.435	－3.217	0.002**
随机变量	名称	Variance	Std. Dev.		
发音人（Speaker）	Intercept	483	21.98		
余量（Residual）		5742	75.78		

（二）双音节词

测试焦点（焦点 vs. 焦点后）在7岁组句末位置（T55/首音节）

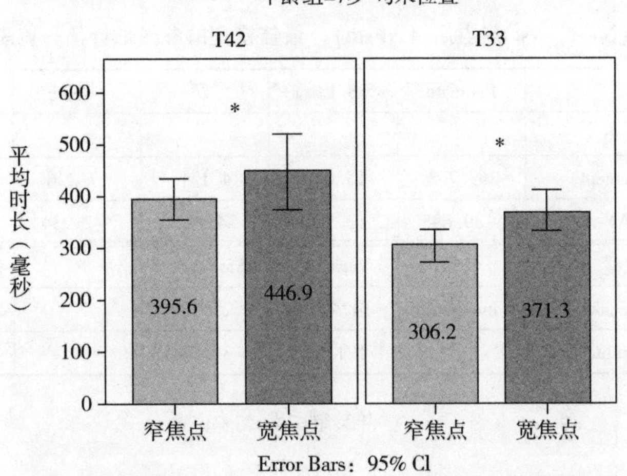

图6-11　7岁组句末位置（T44、T33）中窄焦点的平均时长（毫秒）vs. 宽焦点的平均时长（毫秒），n=67，N=3，显著性差异用＊标示

时长上表现的模型搭建细节见表2-3。模型的拟合度比较结果见表6-123。如表所示，拟合度最高的最佳模型是模型1（Model 1），这个模型包括焦点的主效应，χ^2（1）=7.069，$p<0.01$。最佳模型的具体参数估计值见表6-124。这说明，这一年龄组儿童在其白语句首位置高平调（T55）的首音节中通过延长焦点成分的时长来区分焦点（268.3ms，SD=52.9）和焦点后（234ms，SD=26.3）。如图6-12所示。

表6-123　　年龄组=7岁，句末位置（T55/首音节），时长作为结果变量：焦点（NF-f）vs. 焦点后（NF-m）模型拟合度分析一览表

模型	N_{pars}	-2 LLR	比较			
			模型	$\Delta\chi^2$	Δdf	p
0（仅纳入“说话人”作为随机截距）	3	-139.97				
1+焦点条件	4	-136.44	1 vs 2	7.069	1	0.008**

注：“$\Delta\chi^2$”表示的是卡方值的变化，“Δdf”表示的是自由度的变化。

表 6 – 124　年龄组 =7 岁，句末位置（T55/首音节），时长，焦点（NF-f）vs. 焦点后（NF-m），最佳模型的参数估计值一览表

	Estimate	Std. Error	*df*	*t* value	Pr（>|t|）
固定变量					
截距（Intercept）	269. 733	15. 659	4. 171	17. 226	0. 000 ***
焦点前（NF-m）	–39. 693	13. 527	24. 122	–2. 934	0. 007 **
随机变量	名称	Variance	Std. Dev.		
发音人（Speaker）	Intercept	474. 5	21. 78		
余量（Residual）		1213. 3	34. 83		

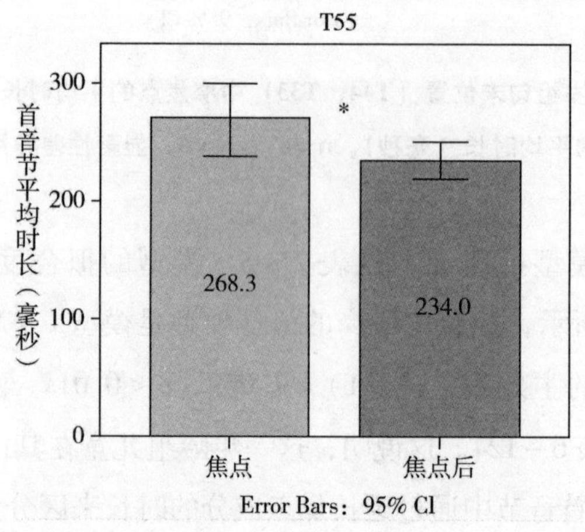

图 6 – 12　7 岁组句末位置（T55/首音节）中焦点的平均时长（毫秒）vs. 焦点后的平均时长（毫秒），n = 27，N = 3，显著性差异用 * 标示

测试焦点（焦点 vs. 焦点后）在 7 岁组句末位置（T55/末音节）时长上表现的模型搭建细节见表 2 – 3。模型的拟合度比较结果见表 6 – 125。如表所示，并无任何纳入检验的变量能显著地提高模型的拟合度。因而，没有证据表明此年龄组儿童在其白语句末位置高平调（T55）的末音节中通过变化时长来区分焦点（300ms，SD = 55. 3）和焦点后（273. 4ms，SD = 46. 8）。

表 6－125　　年龄组＝7 岁，句末位置（T55/末音节），时长作为结果变量：焦点（NF-f）vs. 焦点后（NF-m）模型拟合度分析一览表

模型	N_{pars}	－2 LLR	比较			
			模型	$\Delta\chi^2$	Δdf	p
0（仅纳入“说话人”作为随机截距）	3	－155.21				
1＋焦点条件	4	－155.19	1 vs 2	2.039	1	0.154

注：“$\Delta\chi^2$”表示的是卡方值的变化，“Δdf”表示的是自由度的变化。

测试焦点（焦点 vs. 焦点后后）在 7 岁组句末位置（T55/首音节）时长上表现的模型搭建细节见表 2－3。模型的拟合度比较结果见表 6－126。如表所示，并无任何纳入检验的变量能显著地提高模型的拟合度。因而，没有证据表明此年龄组儿童在其白语句末位置高平调（T55）的首音节中通过变化时长来区分焦点（268.3ms，SD＝52.9）和焦点后后（252.1ms，SD＝52.9）。

表 6－126　　年龄组＝7 岁，句末位置（T55/首音节），时长作为结果变量：焦点（NF-f）vs. 焦点后后（NF-i）模型拟合度分析一览表

模型	N_{pars}	－2 LLR	比较			
			模型	$\Delta\chi^2$	Δdf	p
0（仅纳入“说话人”作为随机截距）	3	－164.91				
1＋焦点条件	4	－164.38	1 vs 2	1.062	1	0.303

注：“$\Delta\chi^2$”表示的是卡方值的变化，“Δdf”表示的是自由度的变化。

测试焦点（焦点 vs. 焦点后后）在 7 岁组句末位置（T55/末音节）时长上表现的模型搭建细节见表 2－3。模型的拟合度比较结果见表 6－127。如表所示，拟合度最高的最佳模型是模型 1（Model 1），这个模型包括焦点的主效应，χ^2（1）＝6.247，$p<0.05$。最佳模型的具体参数估计值见表 6－128。这说明，这一年龄组儿童在其白语句末位置高平调（T55）的末音节中通过延长焦点成分的时长来区分焦点（300ms，SD＝55.3）和焦点后后（258.5ms，SD＝19.9）。如图

6－13 所示。

表 6－127　年龄组＝7 岁，句末位置（T55/末音节），时长作为结果变量：焦点（NF-f）vs. 焦点后后（NF-i）模型拟合度分析一览表

模型	N_{pars}	－2 LLR	比较			
			模型	$\Delta\chi^2$	Δdf	p
0（仅纳入“说话人”作为随机截距）	3	－141.44				
1＋焦点条件	4	－138.32	1 vs 2	6.247	1	0.012 *

注：“$\Delta\chi^2$”表示的是卡方值的变化，“Δdf”表示的是自由度的变化。

表 6－128　年龄组＝7 岁，句末位置（T55/末音节），时长，焦点（NF-f）vs. 焦点后后（NF-i），最佳模型的参数估计值一览表

	Estimate	Std. Error	df	t value	Pr（＞|t|）
固定变量					
截距（Intercept）	299.95	10.85	27.00	27.640	0.000 ***
焦点后后（NF-i）	－41.46	15.64	27.00	－2.651	0.013 *
随机变量	名称	Variance	Std. Dev.		
发音人（Speaker）	Intercept	0	0		
余量（Residual）		1649	40.61		

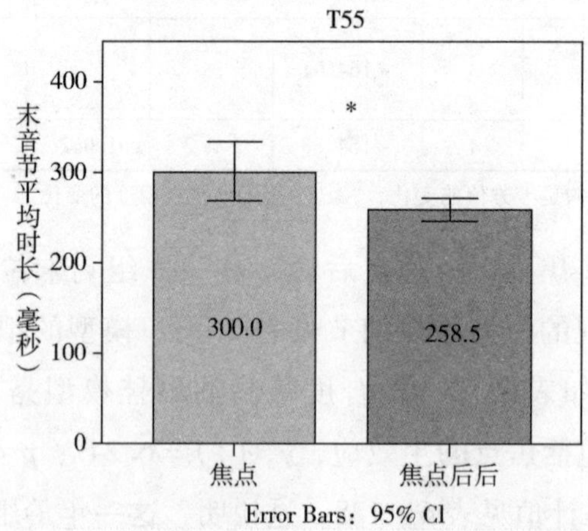

图 6－13　7 岁组句末位置（T55/末音节）中焦点的平均时长（毫秒）vs. 焦点后后的平均时长（毫秒），n＝27，N＝3，显著性差异用＊标示

测试焦点域（窄焦点 vs. 宽焦点）在 7 岁组句末位置（T55/首音节）时长上表现的模型搭建细节见表 2－3。模型的拟合度比较结果见表 6－129。如表所示，并无任何纳入检验的变量能显著地提高模型的拟合度。因而，没有证据表明此年龄组儿童在其白语句末位置高平调（T55）的首音节中通过变化时长来区分窄焦点（268. 3ms，SD＝52. 9）和宽焦点（284. 4ms，SD＝14. 3）。

表 6－129　　年龄组＝7 岁，句末位置（T55/首音节），时长作为结果变量：窄焦点（NF-f）vs. 宽焦点（BF）模型拟合度分析一览表

模型	N_{pars}	－2 LLR	比较			
			模型	$\Delta\chi^2$	Δdf	p
0（仅纳入"说话人"作为随机截距）	3	－112. 08				
1＋焦点条件	4	－112. 00	1 vs 2	0. 160	1	0. 689

注："$\Delta\chi^2$" 表示的是卡方值的变化，"Δdf" 表示的是自由度的变化。

测试焦点域（窄焦点 vs. 宽焦点）在 7 岁组句末位置（T55/末音节）时长上表现的模型搭建细节见表 2－3。模型的拟合度比较结果见表 6－130。如表所示，并无任何纳入检验的变量能显著地提高模型的拟合度。因而，没有证据表明此年龄组儿童在其白语句末位置高平调（T55）的末音节中通过变化时长来区分窄焦点（300ms，SD＝55. 3）和宽焦点（316. 2ms，SD＝97. 5）。

表 6－130　　年龄组＝7 岁，句末位置（T55/末音节），时长作为结果变量：窄焦点（NF-f）vs. 宽焦点（BF）模型拟合度分析一览表

模型	N_{pars}	－2 LLR	比较			
			模型	$\Delta\chi^2$	Δdf	p
0（仅纳入"说话人"作为随机截距）	3	－141. 45				
1＋焦点条件	4	－141. 30	1 vs 2	0. 299	1	0. 585

注："$\Delta\chi^2$" 表示的是卡方值的变化，"Δdf" 表示的是自由度的变化。

二 音域

（一）单音节词

测试焦点（焦点 vs. 焦点后）在7岁组句末位置（T44、T33）音域上表现的模型搭建细节见表2－2。模型的拟合度比较结果见表6－131。如表所示，拟合度最高的最佳模型是模型1（Model 1），这个模型包括声调的主效应，χ^2（1）=24.273，$p<0.001$。因而，没有证据表明此年龄组白语儿童在其白语句末位置的中高平调（T44）中通过变化音域来区分焦点（31.1Hz，SD=7.1）和焦点后（24.2Hz，SD=8.9），也没有证据表明此年龄组白语儿童在其白语句末位置的中平调（T33）中通过变化音域来区分焦点（59.6Hz，SD=26.7）和焦点后（50.2Hz，SD=18.3）。

表6－131　年龄组=7岁，句末位置（T44、T33），音域作为结果变量：焦点（NF-f）vs. 焦点后（NF-m）模型拟合度分析一览表

模型	N_{pars}	－2 LLR	比较			
			模型	$\Delta\chi^2$	Δdf	p
0（仅纳入“说话人”作为随机截距）	3	－353.18				
1＋声调	4	－341.04	0 vs 1	24.273	1	0.000***
2＋焦点条件	5	－339.25	1 vs 2	3.594	1	0.058
3＋声调：焦点条件	6	－339.22	2 vs 3	0.058	2	0.810

注：“$\Delta\chi^2$”表示的是卡方值的变化，“Δdf”表示的是自由度的变化。

测试焦点（焦点 vs. 焦点后后）在7岁组句末位置（T44、T33）中音域上表现的模型搭建细节见表2－2。模型的拟合度比较结果见表6－132。如表所示，拟合度最高的最佳模型是模型1（Model 1），这个模型只包括声调的主效应，χ^2（1）=24.903，$p<0.001$。因而，没有证据表明此年龄组白语儿童在其白语句末位置的中高平调（T44）中通过变化音域来区分焦点（31.1Hz，SD=7.1）和焦点后后（23.3Hz，

SD = 14.9)，也没有证据表明此年龄组白语儿童在其白语句末位置的中平调（T33）中通过变化音域来区分焦点（59.6Hz，SD = 26.7）和焦点后后（54.8Hz，SD = 28.8）。

表 6 - 132　　年龄组 = 7 岁，句末位置（T44、T33），音域作为结果变量：焦点（NF-f）vs. 焦点后后（NF-i）模型拟合度分析一览表

模型	N_{pars}	-2 LLR	比较			
			模型	$\Delta\chi^2$	Δdf	p
0（仅纳入"说话人"作为随机截距）	3	-427.23				
1 + 声调	4	-414.78	0 vs 1	24.903	1	0.000***
2 + 焦点条件	6	-414.19	1 vs 2	1.177	1	0.278
3 + 声调：焦点条件	7	-414.16	2 vs 3	0.072	1	0.788

注："$\Delta\chi^2$"表示的是卡方值的变化，"Δdf"表示的是自由度的变化。

测试焦点域（窄焦点 vs. 宽焦点）在 7 岁组句末位置（T44、T33）中音域上表现的模型搭建细节见表 2 - 2。模型的拟合度比较结果见表 6 - 133。如表所示，拟合度最高的最佳模型是模型 1（Model 1），这个模型只包括声调的主效应，χ^2（1）= 14.281，$p < 0.001$。这说明，这一年龄组儿童既未在其白语句末位置的中高平调（T44）中通过变化音域来区分窄焦点（31.1Hz，SD = 7.1）和宽焦点（28.6Hz，SD = 15.8），也未在中平调（T33）中通过变化音域来区分窄焦点（59.6Hz，SD = 26.7）和宽焦点（64.5Hz，SD = 39.8）。

表 6 - 133　　年龄组 = 7 岁，句末位置（T44、T33），音域作为结果变量：窄焦点（NF-f）vs. 宽焦点（BF）模型拟合度分析一览表

模型	N_{pars}	-2 LLR	比较			
			模型	$\Delta\chi^2$	Δdf	p
0（仅纳入"说话人"作为随机截距）	3	-336.22				
1 + 声调	4	-329.07	0 vs 1	14.281	1	0.000***
2 + 焦点条件	5	-328.99	1 vs 2	0.166	1	0.683

续表

模型	N_{pars}	−2 LLR	比较			
			模型	$\Delta\chi^2$	Δdf	p
3 + 声调：焦点条件	6	−328.88	2 vs 3	0.223	1	0.637

注："$\Delta\chi^2$" 表示的是卡方值的变化，"Δdf" 表示的是自由度的变化。

（二）双音节词

测试焦点（焦点 vs. 焦点后）在 7 岁组句末位置（T55/首音节）音域上表现的模型搭建细节见表 2－3。模型的拟合度比较结果见表 6－134。如表所示，并无任何纳入检验的变量能显著地提高模型的拟合度。因而，没有证据表明此年龄组儿童在其白语句末位置高平调（T55）的首音节中通过变化音域来区分焦点（22.4Hz，SD＝7.9）和焦点后（21.3Hz，SD＝11）。

表 6－134　年龄组＝7 岁，句末位置（T55/首音节），音域作为结果变量：焦点（NF-f）vs. 焦点后（NF-m）模型拟合度分析一览表

模型	N_{pars}	−2 LLR	比较			
			模型	$\Delta\chi^2$	Δdf	p
0（仅纳入"说话人"作为随机截距）	3	−98.854				
1 + 焦点条件	4	−98.811	1 vs 2	0.086	1	0.769

注："$\Delta\chi^2$" 表示的是卡方值的变化，"Δdf" 表示的是自由度的变化。

测试焦点（焦点 vs. 焦点后）在 7 岁组句末位置（T55/末音节）音域上表现的模型搭建细节见表 2－3。模型的拟合度比较结果见表 6－135。如表所示，并无任何纳入检验的变量能显著地提高模型的拟合度。因而，没有证据表明此年龄组儿童在其白语句末位置高平调（T55）的末音节中通过变化音域来区分焦点（44.8Hz，SD＝30.9）和焦点后（32.1Hz，SD＝8）。

测试焦点（焦点 vs. 焦点后后）在 7 岁组句末位置（T55/首音节）音域上表现的模型搭建细节见表 2－3。模型的拟合度比较结果见表

6–136。如表所示，拟合度最高的最佳模型是模型 1（Model 1），这个模型包括焦点的主效应，χ^2（1）=10.975，$p<0.01$。最佳模型的具体参数估计值见表 6–137。这说明，这一年龄组儿童在其白语句末位置高平调（T55）的首音节中通过变化音域来区分焦点（22.4Hz，SD=7.9）和焦点后后（13Hz，SD=5.9）。如图 6–14 所示。

表 6–135　年龄组=7 岁，句末位置（T55/末音节），音域作为结果变量：焦点（NF-f）vs. 焦点后（NF-m）模型拟合度分析一览表

模型	N_{pars}	–2 LLR	比较			
			模型	$\Delta\chi^2$	Δdf	p
0（仅纳入“说话人”作为随机截距）	3	–118.79				
1+焦点条件	4	–117.79	1 vs 2	2.006	1	0.157

注：“$\Delta\chi^2$”表示的是卡方值的变化，“Δdf”表示的是自由度的变化。

表 6–136　年龄组=7 岁，句末位置（T55/首音节），音域作为结果变量：焦点（NF-f）vs. 焦点后后（NF-i）模型拟合度分析一览表

模型	N_{pars}	–2 LLR	比较			
			模型	$\Delta\chi^2$	Δdf	p
0（仅纳入“说话人”作为随机截距）	3	–94.727				
1+焦点条件	4	–89.240	1 vs 2	10.975	1	0.001***

注：“$\Delta\chi^2$”表示的是卡方值的变化，“Δdf”表示的是自由度的变化。

表 6–137　年龄组=7 岁，句末位置（T55/首音节），音域，焦点（NF-f）vs. 焦点后后（NF-i），最佳模型的参数估计值一览表

	Estimate	Std. Error	*df*	*t* value	Pr（>|t|）
固定变量					
截距（Intercept）	22.363	1.904	27.000	11.75	0.000***
焦点后后（NF-i）	–9.398	2.554	27.000	–3.68	0.001**
随机变量	名称	Variance	Std. Dev.		
发音人（Speaker）	Intercept	0	0		
余量（Residual）		43.49	6.595		

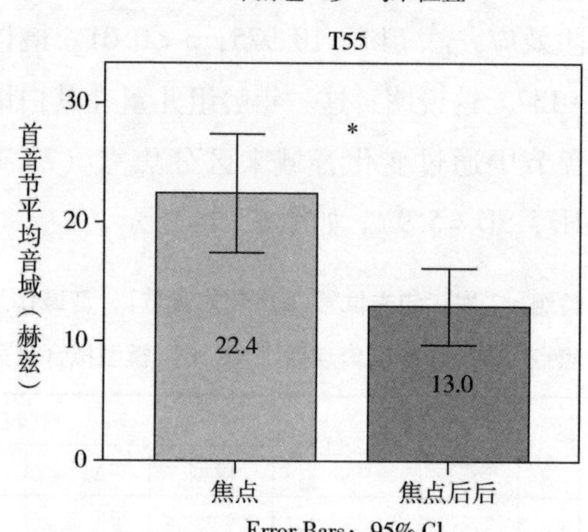

图 6－14　7 岁组句末位置（T55/首音节）中焦点的平均音域（赫兹）vs. 焦点后后的平均音域（赫兹），n＝27，N＝3，显著性差异用＊标示

测试焦点（焦点 vs. 焦点后后）在 7 岁组句末位置（T55/末音节）音域上表现的模型搭建细节见表 2－3。模型的拟合度比较结果见表 6－138。如表所示，并无任何纳入检验的变量能显著地提高模型的拟合度。因而，没有证据表明此年龄组儿童在其白语句末位置高平调（T55）的末音节中通过变化音域来区分焦点（44. 8Hz，SD＝30. 9）和焦点后后（34. 8Hz，SD＝16）。

表 6－138　年龄组＝7 岁，句末位置（T55/末音节），音域作为结果变量：焦点（NF-f）vs. 焦点后后（NF-i）模型拟合度分析一览表

模型	N_{pars}	－2 LLR	比较			
			模型	$\Delta\chi^2$	Δdf	p
0（仅纳入“说话人”作为随机截距）	3	－137. 60				
1＋焦点条件	4	－136. 88	1 vs 2	1. 445	1	0. 229

注：“$\Delta\chi^2$”表示的是卡方值的变化，“Δdf”表示的是自由度的变化。

测试焦点域（窄焦点 vs. 宽焦点）在7岁组句末位置（T55/首音节）音域上表现的模型搭建细节见表2－3。模型的拟合度比较结果见表6－139。如表所示，并无任何纳入检验的变量能显著地提高模型的拟合度。因而，没有证据表明此年龄组儿童在其白语句末位置高平调（T55）的首音节中通过变化音域来区分窄焦点（22.4Hz，SD＝7.9）和宽焦点（26Hz，SD＝7.3）。

表6－139　年龄组＝7岁，句末位置（T55/首音节），音域作为结果变量：窄焦点（NF-f）vs. 宽焦点（BF）模型拟合度分析一览表

模型	N_{pars}	－2 LLR	比较			
			模型	$\Delta\chi^2$	Δdf	p
0（仅纳入“说话人”作为随机截距）	3	－75.554				
1＋焦点条件	4	－74.880	1 vs 2	1.348	1	0.246

注：“$\Delta\chi^2$”表示的是卡方值的变化，“Δdf”表示的是自由度的变化。

测试焦点域（窄焦点 vs. 宽焦点）在7岁组句末位置（T55/末音节）音域上表现的模型搭建细节见表2－3。模型的拟合度比较结果见表6－140。如表所示，并无任何纳入检验的变量能显著地提高模型的拟合度。因而，没有证据表明此年龄组儿童在其白语句末位置高平调（T55）的末音节中通过变化音域来区分窄焦点（44.8Hz，SD＝30.9）和宽焦点（37.3Hz，SD＝15.7）。

表6－140　年龄组＝7岁，句末位置（T55/末音节），音域作为结果变量：窄焦点（NF-f）vs. 宽焦点（BF）模型拟合度分析一览表

模型	N_{pars}	－2 LLR	比较			
			模型	$\Delta\chi^2$	Δdf	p
0（仅纳入“说话人”作为随机截距）	3	－111.04				
1＋焦点条件	4	－110.91	1 vs 2	0.276	1	0.600

注：“$\Delta\chi^2$”表示的是卡方值的变化，“Δdf”表示的是自由度的变化。

三 音高最大值

（一）单音节词

测试焦点（焦点 vs. 焦点后）在 7 岁组句末位置（T44、T33）音高最大值上表现的模型搭建细节见表 2 – 2。模型的拟合度比较结果见表 6 – 141。如表所示，无任一固定变量能提高模型的拟合度。因而，没有证据表明此年龄组儿童在其白语句末位置的中高平调（T44）中通过变化音高最大值来区分焦点（301. 2Hz，SD = 24. 9）和焦点后（284. 5Hz，SD = 29. 6），也没有证据表明此年龄组儿童在其白语句末位置的中平调（T33）中通过变化音高最大值来区分焦点（279Hz，SD = 26. 1）和焦点后（282. 8Hz，SD = 27. 7）。

表 6 – 141 年龄组 = 7 岁，句末位置（T44、T33），音高最大值作为结果变量：焦点（NF-f）vs. 焦点后（NF-m）模型拟合度分析一览表

模型	N_{pars}	– 2 LLR	比较			
			模型	$\Delta\chi^2$	Δdf	p
0（仅纳入“说话人”作为随机截距）	3	– 353. 64				
1 + 声调	4	– 349. 39	0 vs 1	8. 492	1	0. 004 **
2 + 焦点条件	5	– 349. 39	1 vs 2	6e – 04	1	0. 980
3 + 声调：焦点条件	6	– 347. 61	2 vs 3	3. 564	1	0. 059

注：“$\Delta\chi^2$”表示的是卡方值的变化，“Δdf”表示的是自由度的变化。

测试焦点（焦点 vs. 焦点后后）在 7 岁组句末位置（T44、T33）音高最大值上表现的模型搭建细节见表 2 – 2。模型的拟合度比较结果见表 6 – 142。如表所示，拟合度最高的最佳模型是模型 1（Model 1），这个模型只包括声调的主效应，χ^2（1）= 14. 319，$p < 0.001$。因而，没有证据表明此年龄组儿童在其白语句末位置的中高平调（T44）中通过变化音高最大值来区分焦点（301. 2Hz，SD = 24. 9）和焦点后后（302. 8Hz，SD = 32. 8），也没有证据表明此年龄组儿童在其白语句末

位置的中平调（T33）中通过变化音高最大值来区分焦点（279Hz，SD = 26.1）和焦点后后（281Hz，SD = 34.8）。

表 6－142　年龄组 =7 岁，句末位置（T44、T33），音高最大值作为结果变量：焦点（NF-f）vs. 焦点后后（NF-i）模型拟合度分析一览表

模型	N_{pars}	－2 LLR	比较			
			模型	$\Delta\chi^2$	Δdf	p
0（仅纳入“说话人”作为随机截距）	3	－421.46				
1 + 声调	4	－414.30	0 vs 1	14.319	1	0.000 ***
2 + 焦点条件	5	－414.14	1 vs 2	0.314	1	0.575
3 + 声调：焦点条件	6	－414.13	2 vs 3	0.015	1	0.904

注：“$\Delta\chi^2$”表示的是卡方值的变化，“Δdf”表示的是自由度的变化。

测试焦点域（窄焦点 vs. 宽焦点）在 7 岁组句末位置（T44、T33）音高最大值上表现的模型搭建细节见表 2－2。模型的拟合度比较结果见表 6－143。如表所示，拟合度最高的最佳模型是模型 1（Model 1），这个模型只包括声调的主效应，χ^2（1）= 11.077，$p < 0.001$。因而，没有证据表明此年龄组儿童在其白语句末位置的中高平调（T44）中通过变化音高最大值来区分窄焦点（301.2Hz，SD = 24.9）和宽焦点（297Hz，SD = 33.5），也没有证据表明此年龄组儿童在其白语句末位置的中平调（T33）中通过变化音高最大值来区分窄焦点（279Hz，SD = 26.1）和宽焦点（287.3Hz，SD = 30.7）。

表 6－143　年龄组 =7 岁，句末位置（T44、T33），音高最大值作为结果变量：窄焦点（NF-f）vs. 宽焦点（BF）模型拟合度分析一览表

模型	N_{pars}	－2 LLR	比较			
			模型	$\Delta\chi^2$	Δdf	p
0（仅纳入“说话人”作为随机截距）	3	－302.01				
1 + 声调	5	－296.48	0 vs 1	11.077	1	0.000 ***
2 + 焦点条件	6	－296.10	1 vs 2	0.761	1	0.383
3 + 声调：焦点条件	8	－295.46	2 vs 3	1.262	1	0.261

（二）双音节词

测试焦点（焦点 vs. 焦点后）在7岁组句末位置（T55/首音节）音高最大值上表现的模型搭建细节见表2－3。模型的拟合度比较结果见表6－144。如表所示，并无任何纳入检验的变量能显著地提高模型的拟合度。因而，没有证据表明此年龄组儿童在其白语句末位置高平调（T55）的首音节中通过变化音高最大值来区分焦点（347.6Hz，SD＝33.8）和焦点后（337.7Hz，SD＝34.7）。

表6－144　年龄组＝7岁，句末位置（T55/首音节），音高最大值作为结果变量：焦点（NF-f）vs. 焦点后（NF-m）模型拟合度分析一览表

模型	N_{pars}	－2 LLR	比较			
			模型	$\Delta\chi^2$	Δdf	p
0（仅纳入“说话人”作为随机截距）	3	－136.45				
1＋焦点条件	4	－136.25	1 vs 2	0.398	1	0.528

注：“$\Delta\chi^2$”表示的是卡方值的变化，“Δdf”表示的是自由度的变化。

测试焦点（焦点 vs. 焦点后）在7岁组句末位置（T55/末音节）音高最大值上表现的模型搭建细节见表2－3。模型的拟合度比较结果见表6－145。如表所示，并无任何纳入检验的变量能显著地提高模型的拟合度。因而，没有证据表明此年龄组儿童在其白语句末位置高平调（T55）的末音节中通过变化音高最大值来区分焦点（374.2Hz，SD＝56.4）和焦点后（365.5Hz，SD＝37.7）。

表6－145　年龄组＝7岁，句末位置（T55/末音节），音高最大值作为结果变量：焦点（NF-f）vs. 焦点后（NF-m）模型拟合度分析一览表

模型	N_{pars}	－2 LLR	比较			
			模型	$\Delta\chi^2$	Δdf	p
0（仅纳入“说话人”作为随机截距）	3	－155.12				
1＋焦点条件	4	－155.08	1 vs 2	0.083	1	0.773

注：“$\Delta\chi^2$”表示的是卡方值的变化，“Δdf”表示的是自由度的变化。

测试焦点（焦点 vs. 焦点后后）在7岁组句末位置（T55/首音节）音高最大值上表现的模型搭建细节见表2－3。模型的拟合度比较结果见表6－146。如表所示，拟合度最高的最佳模型是模型1（Model 1），这个模型包括焦点的主效应，χ^2（1）=6.159，$p<0.05$。最佳模型的具体参数估计值见表6－147。这说明，这一年龄组儿童在句末位置高平调（T55）的首音节中通过提高焦点成分的音高最大值来区分焦点（347.6Hz，SD＝33.8）和焦点后后（325.2Hz，SD＝29.1）。如图6－15所示。

表6－146　年龄组＝7岁，句末位置（T55/首音节），音高最大值作为结果变量：焦点（NF-f）vs. 焦点后后（NF-i）模型拟合度分析一览表

模型	N_{pars}	－2 LLR	比较			
			模型	$\Delta\chi^2$	Δdf	p
0（仅纳入“说话人”作为随机截距）	3	－144.91				
1＋焦点条件	4	－141.83	1 vs 2	6.159	1	0.013*

注：“$\Delta\chi^2$”表示的是卡方值的变化，“Δdf”表示的是自由度的变化。

表6－147　年龄组＝7岁，句末位置（T55/首音节），音高最大值，焦点（NF-f）vs. 焦点后后（NF-i），最佳模型的参数估计值一览表

	Estimate	Std. Error	df	t value	Pr（>｜t｜）
固定变量					
截距（Intercept）	345.460	13.961	3.590	24.744	0.000***
焦点后后（NF-i）	－19.669	7.514	28.024	－2.618	0.014*
随机变量	名称	Variance	Std. Dev.		
发音人（Speaker）	Intercept	492.0	22.18		
余量（Residual）		430.8	20.76		

测试焦点（焦点 vs. 焦点后后）在7岁组句末位置（T55/末音节）音高最大值上表现的模型搭建细节见表2－3。模型的拟合度比较结果见表6－148。如表所示，并无任何纳入检验的变量能显著地提高模型的拟合度。因而，没有证据表明此年龄组儿童在其白语句末位置

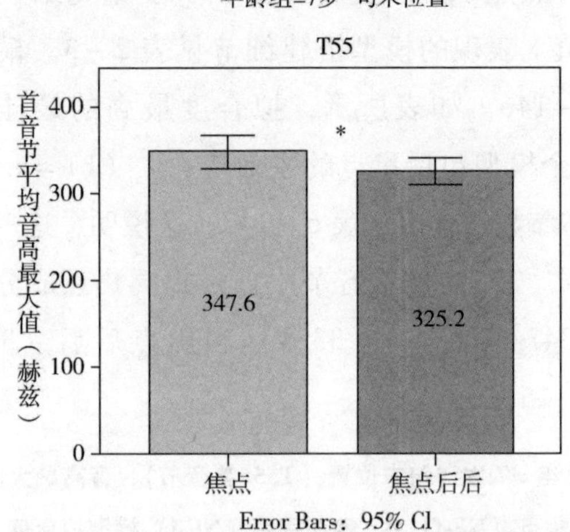

图 6－15　7 岁组句末位置（T55/首音节）中焦点的平均音高最大值（赫兹）vs. 焦点后后的平均音高最大值（赫兹），n＝31，N＝3，显著性差异用＊标示

高平调（T55）的末音节中通过变化音高最大值来区分焦点（374.2Hz，SD＝56.4）和焦点后后（356.1Hz，SD＝37）。

表 6－148　年龄组＝7 岁，句末位置（T55/末音节），音高最大值作为结果变量：焦点（NF-f）vs. 焦点后后（NF-i）模型拟合度分析一览表

模型	N_{pars}	－2 LLR	比较			
			模型	$\Delta\chi^2$	Δdf	p
0（仅纳入“说话人”作为随机截距）	3	－160.61				
1＋焦点条件	4	－159.99	1 vs 2	1.247	1	0.264

注：“$\Delta\chi^2$”表示的是卡方值的变化，“Δdf”表示的是自由度的变化。

测试焦点域（窄焦点 vs. 宽焦点）在 7 岁组句末位置（T55/首音节）音高最大值上表现的模型搭建细节见表 2－3。模型的拟合度比较结果见表 6－149。如表所示，并无任何纳入检验的变量能显著地提高模型的拟合度。因而，没有证据表明此年龄组儿童在其白语句末位置高平调（T55）的首音节中通过变化音高最大值来区分窄焦点（347.6Hz，SD = 33.8）和宽焦点（340.5Hz，SD = 31.5）。

表 6 – 149　年龄组 = 7 岁，句末位置（T55/首音节），音高最大值作为结果变量：窄焦点（NF-f）vs. 宽焦点（BF）模型拟合度分析一览表

模型	N_{pars}	–2 LLR	比较			
			模型	$\Delta\chi^2$	Δdf	p
0（仅纳入“说话人”作为随机截距）	3	–107.43				
1 + 焦点条件	4	–107.43	1 vs 2	0.002	1	0.965

注：“$\Delta\chi^2$”表示的是卡方值的变化，“Δdf”表示的是自由度的变化。

测试焦点域（窄焦点 vs. 宽焦点）在 7 岁组句末位置（T55/末音节）音高最大值上表现的模型搭建细节见表 2 – 3。模型的拟合度比较结果见表 6 – 150。如表所示，并无任何纳入检验的变量能显著地提高模型的拟合度。因而，没有证据表明此年龄组儿童在其白语句末位置高平调（T55）的末音节中通过变化音高最大值来区分窄焦点（374.2Hz，SD = 56.4）和宽焦点（355.3Hz，SD = 50.9）。

表 6 – 150　年龄组 = 7 岁，句末位置（T55/末音节），音高最大值作为结果变量：窄焦点（NF-f）vs. 宽焦点（BF）模型拟合度分析一览表

模型	N_{pars}	–2 LLR	比较			
			模型	$\Delta\chi^2$	Δdf	p
0（仅纳入“说话人”作为随机截距）	3	–129.00				
1 + 焦点条件	4	–128.97	1 vs 2	0.054	1	0.817

注：“$\Delta\chi^2$”表示的是卡方值的变化，“Δdf”表示的是自由度的变化。

四　音高最小值

（一）单音节词

测试焦点（焦点 vs. 焦点后）在 7 岁组句末位置（T44、T33）音高最小值上表现的模型搭建细节见表2－2。模型的拟合度比较结果见表6－151。如表所示，拟合度最高的最佳模型是模型3（Model 3），这个模型包括声调和焦点条件的交互效应，χ^2（1）=4.067，$p<0.05$。最佳模型的具体参数估计值见表6－152。笔者通过在每一个声调中检验焦点条件的作用来探索此交互效应的细节。在中高平调（T44）中，进一步的分析并未揭示出焦点条件的主效应（$p=0.094$）；这说明，这一年龄组的儿童在句末位置的中高平调（T44）中并未通过变化音高最小值来区分焦点（270.1Hz，SD＝21.1）和焦点后（252.1Hz，SD＝32.4）。在中平调（T33）中，进一步的分析并未揭示出焦点条件的主效应（$p=0.172$）；这说明，这一年龄组的儿童在句末位置的中平调（T33）中并未通过变化音高最小值来区分焦点（219.5Hz，SD＝26.4）和焦点后（227Hz，SD＝30.4）。如图6－16所示。

表6－151　年龄组＝7岁，句末位置（T44、T33），音高最小值作为结果变量：焦点（NF-f）vs. 焦点后（NF-m）模型拟合度分析一览表

模型	N_{pars}	－2 LLR	比较			
			模型	$\Delta\chi^2$	Δdf	p
0（仅纳入“说话人”作为随机截距）	3	－387.04				
1＋声调	4	－367.06	0 vs 1	39.964	1	0.000 ***
2＋焦点条件	5	－366.93	1 vs 2	0.250	1	0.617
3＋声调：焦点条件	6	－364.90	2 vs 3	4.067	1	0.044 *

注：“$\Delta\chi^2$”表示的是卡方值的变化，“Δdf”表示的是自由度的变化。

表6－152　年龄组＝7岁，句末位置（T44、T33），音高最小值，焦点（NF-f）vs. 焦点后（NF-m），最佳模型的参数估计值一览表

	Estimate	Std. Error	*df*	*t* value	Pr（>|t|）
固定变量					
截距（Intercept）	218.860	10.611	3.606	20.626	0.000 ***
中高平调（T44）	49.204	7.579	78.078	6.492	0.000 ***
焦点后（NF-m）	8.244	5.448	78.058	1.513	0.134

续表

	Estimate	Std. Error	*df*	*t* value	Pr（>｜t｜）
中高平调（T44）：焦点后（NF-m）	-21.035	10.299	78.082	-2.042	0.045 *
随机变量	名称	Variance	Std. Dev.		
发音人（Speaker）	Intercept	293.9	17.14		
余量（Residual）		429.6	20.73		

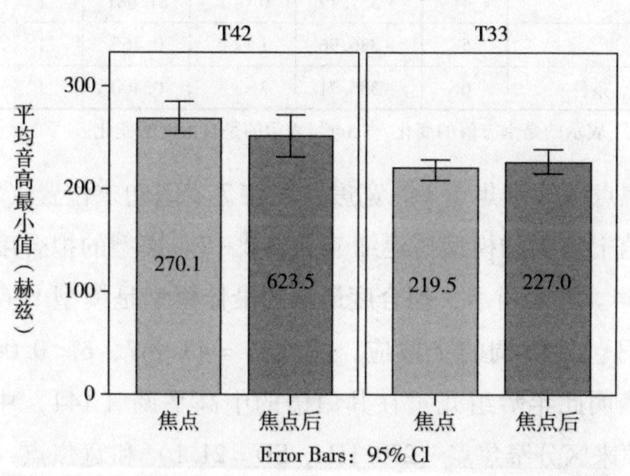

图 6-16　7 岁组句末位置（T44、T33）中焦点的平均音高最小值（赫兹）vs. 焦点后的平均音高最小值（赫兹），n=81，N=3，显著性差异用＊标示

测试焦点（焦点 vs. 焦点后后）在 7 岁组句末位置（T44、T33）音高最小值上表现的模型搭建细节见表 2-2。模型的拟合度比较结果见表 6-153。如表所示，拟合度最高的最佳模型是模型1（Model 1），这个模型只包括声调的主效应，χ^2（1）=81.681，$p<0.001$。因而，没有证据表明此年龄组儿童在其白语句末位置的中高平调（T44）中通过变化音高最小值来区分焦点（270.1Hz，SD=21.1）和焦点后后（275Hz，SD=22.9），也没有证据表明此年龄组儿童在其白语句末位置的中平调（T33）中通过变化音高最小值来区分焦点（219.5Hz，

SD = 26.4）和焦点后后（220.3Hz，SD = 26.2）。

表 6 - 153　年龄组 = 7 岁，句末位置（T44、T33），音高最小值作为结果变量：焦点（NF-f）vs. 焦点后后（NF-i）模型拟合度分析一览表

模型	N_{pars}	-2 LLR	比较			
			模型	$\Delta\chi^2$	Δdf	p
0（仅纳入"说话人"作为随机截距）	3	-428.03				
1 + 声调	4	-387.19	0 vs 1	81.681	1	0.000***
2 + 焦点条件	5	-386.96	1 vs 2	0.465	1	0.495
3 + 声调：焦点条件	6	-386.71	2 vs 3	0.490	1	0.484

注："$\Delta\chi^2$"表示的是卡方值的变化，"Δdf"表示的是自由度的变化。

测试焦点域（窄焦点 vs. 宽焦点）在 7 岁组句末位置（T44、T33）音高最小值上表现的模型搭建细节见表 2 - 2。模型的拟合度比较结果见表 6 - 154。如表所示，拟合度最高的最佳模型是模型 1（Model 1），这个模型只包括声调的主效应，χ^2（1）= 45.947，$p < 0.001$。因而，没有证据表明此年龄组儿童在其白语的中高平调（T44）中通过变化音高最小值来区分窄焦点（270.1Hz，SD = 21.1）和宽焦点（268.5Hz，SD = 28.4），也没有证据表明此年龄组儿童在其白语的中平调（T33）中通过变化音高最小值来区分窄焦点（219.5Hz，SD = 26.4）和宽焦点（222.8Hz，SD = 30.6）。

表 6 - 154　年龄组 = 7 岁，句末位置（T44、T33），音高最小值作为结果变量：窄焦点（NF-f）vs. 宽焦点（BF）模型拟合度分析一览表

模型	N_{pars}	-2 LLR	比较			
			模型	$\Delta\chi^2$	Δdf	p
0（仅纳入"说话人"作为随机截距）	3	-334.98				
1 + 声调	4	-312.01	0 vs 1	45.947	1	0.000***
2 + 焦点条件	5	-311.95	1 vs 2	0.114	1	0.736
3 + 声调：焦点条件	6	-311.93	2 vs 3	0.038	1	0.846

注："$\Delta\chi^2$"表示的是卡方值的变化，"Δdf"表示的是自由度的变化。

（二）双音节词

测试焦点（焦点 vs. 焦点后）在 7 岁组句末位置（T55/首音节）音高最小值上表现的模型搭建细节见表 2－3。模型的拟合度比较结果见表 6－155。如表所示，并无任何纳入检验的变量能显著地提高模型的拟合度。因而，没有证据表明此年龄组儿童在其白语句末位置高平调（T55）的首音节中通过变化音高最小值来区分焦点（319.7Hz，SD＝35.9）和焦点后（313.2Hz，SD＝32.6）。

表 6－155　年龄组＝7 岁，句末位置（T55/首音节），音高最小值作为结果变量：焦点（NF-f）vs. 焦点后（NF-m）模型拟合度分析一览表

模型	N_{pars}	－2 LLR	比较			
			模型	$\Delta\chi^2$	Δdf	p
0（仅纳入“说话人”作为随机截距）	3	－142.36				
1＋焦点条件	4	－142.34	1 vs 2	0.057	1	0.811

注：“$\Delta\chi^2$”表示的是卡方值的变化，“Δdf”表示的是自由度的变化。

测试焦点（焦点 vs. 焦点后）在 7 岁组句末位置（T55/末音节）音高最小值上表现的模型搭建细节见表 2－3。模型的拟合度比较结果见表 6－156。如表所示，并无任何纳入检验的变量能显著地提高模型的拟合度。因而，没有证据表明此年龄组儿童在其白语句末位置高平调（T55）的末音节中通过变化音高最小值来区分焦点（329.4Hz，SD＝35.5）和焦点后（323.2Hz，SD＝34）。

表 6－156　年龄组＝7 岁，句末位置（T55/末音节），音高最小值作为结果变量：焦点（NF-f）vs. 焦点后（NF-m）模型拟合度分析一览表

模型	N_{pars}	－2 LLR	比较			
			模型	$\Delta\chi^2$	Δdf	p
0（仅纳入“说话人”作为随机截距）	3	－139.38				
1＋焦点条件	4	－139.37	1 vs 2	0.023	1	0.880

注：“$\Delta\chi^2$”表示的是卡方值的变化，“Δdf”表示的是自由度的变化。

测试焦点（焦点 vs. 焦点后后）在 7 岁组句末位置（T55/首音节）音高最小值上表现的模型搭建细节见表 2 – 3。模型的拟合度比较结果见表 6 – 157。如表所示，并无任何纳入检验的变量能显著地提高模型的拟合度。因而，没有证据表明此年龄组儿童在其白语句末位置高平调（T55）的首音节中通过变化音高最小值来区分焦点（319.7Hz，SD = 35.9）和焦点后后（309.2Hz，SD = 25.6）。

表 6 – 157　年龄组 = 7 岁，句末位置（T55/首音节），音高最小值作为结果变量：焦点（NF-f）vs. 焦点后后（NF-i）模型拟合度分析一览表

模型	N_{pars}	– 2 LLR	比较			
			模型	$\Delta\chi^2$	Δdf	p
0（仅纳入“说话人”作为随机截距）	3	– 145.32				
1 + 焦点条件	4	– 144.83	1 vs 2	0.983	1	0.322

注：“$\Delta\chi^2$”表示的是卡方值的变化，“Δdf”表示的是自由度的变化。

测试焦点（焦点 vs. 焦点后后）在 7 岁组句末位置（T55/末音节）音高最小值上表现的模型搭建细节见表 2 – 3。模型的拟合度比较结果见表 6 – 158。如表所示，并无任何纳入检验的变量能显著地提高模型的拟合度。因而，没有证据表明此年龄组儿童在其白语句末位置高平调（T55）的末音节中通过变化音高最小值来区分焦点（329.4Hz，SD = 35.5）和焦点后后（317Hz，SD = 28.2）。

表 6 – 158　年龄组 = 7 岁，句末位置（T55/末音节），音高最小值作为结果变量：焦点（NF-f）vs. 焦点后后（NF-i）模型拟合度分析一览表

模型	N_{pars}	– 2 LLR	比较			
			模型	$\Delta\chi^2$	Δdf	p
0（仅纳入“说话人”作为随机截距）	3	– 143.81				
1 + 焦点条件	4	– 143.10	1 vs 2	1.426	1	0.232

注：“$\Delta\chi^2$”表示的是卡方值的变化，“Δdf”表示的是自由度的变化。

测试焦点域（窄焦点 vs. 宽焦点）在7岁组句末位置（T55/首音节）音高最小值上表现的模型搭建细节见表2－3。模型的拟合度比较结果见表6－159。如表所示，并无任何纳入检验的变量能显著地提高模型的拟合度。因而，没有证据表明此年龄组儿童在其白语句末位置高平调（T55）的首音节中通过变化音高最小值来区分窄焦点（319.7Hz，SD＝35.9）和宽焦点（314.4Hz，SD＝35）。

表6－159　年龄组＝7岁，句末位置（T55/首音节），音高最小值作为结果变量：窄焦点（NF-f）vs. 宽焦点（BF）模型拟合度分析一览表

模型	N_{pars}	－2 LLR	比较			
			模型	$\Delta\chi^2$	Δdf	p
0（仅纳入“说话人”作为随机截距）	3	－114.35				
1＋焦点条件	4	－114.35	1 vs 2	1e－04	1	0.993

注：“$\Delta\chi^2$”表示的是卡方值的变化，“Δdf”表示的是自由度的变化。

测试焦点域（窄焦点 vs. 宽焦点）在7岁组句末位置（T55/末音节）音高最小值上表现的模型搭建细节见表2－3。模型的拟合度比较结果见表6－160。如表所示，并无任何纳入检验的变量能显著地提高模型的拟合度。因而，没有证据表明此年龄组儿童在其白语句末位置高平调（T55）的末音节中通过变化音高最小值来区分窄焦点（329.4Hz，SD＝35.5）和宽焦点（317.7Hz，SD＝45.2）。

表6－160　年龄组＝7岁，句末位置（T55/末音节），音高最小值作为结果变量：窄焦点（NF-f）vs. 宽焦点（BF）模型拟合度分析一览表

模型	N_{pars}	－2 LLR	比较			
			模型	$\Delta\chi^2$	Δdf	p
0（仅纳入“说话人”作为随机截距）	3	－113.88				
1＋焦点条件	4	－113.73	1 vs 2	0.279	1	0.598

注：“$\Delta\chi^2$”表示的是卡方值的变化，“Δdf”表示的是自由度的变化。

第五节　小结

本实验结果表明，白语儿童在4岁时通过变化句末位置的时长来区分焦点和非焦点。具体来说，4岁白语儿童通过延长句末位置焦点成分的时长来区分焦点成分和焦点后成分、焦点后后成分，且只限于对于高平调（T55）的变化。5岁时，白语儿童通过变化句末位置时长、音域和音高最小值来区分窄焦点和宽焦点。具体来说，5岁白语儿童通过延长句末窄焦点成分的时长来区分窄焦点和宽焦点，且只在中高平调（T44）、中平调（T33）和双音节高平调（T55）的末音节中；另外，5岁白语儿童通过扩展句末窄焦点成分双音节高平调（T55）的末音节音域来区分窄焦点和宽焦点，而这样的音域扩展主要体现在压低句末窄焦点成分双音节高平调（T55）末音节的音高最小值。6岁时，白语儿童既通过变化时长，也通过变化音域来编码焦点和焦点类型，但变化的方式却缺乏一致性。具体来说，6岁白语儿童在中高平调（T44）和中平调（T33）中，延长句末焦点成分的时长来区分焦点成分和焦点后后成分，却通过在中高平调（T44）中缩短句末焦点成分的时长、在中平调（T33）中延长焦点成分的时长来区分窄焦点和宽焦点；另外，6岁白语儿童通过扩展句末窄焦点成分双音节高平调（T55）的末音节音域来区分焦点和焦点后。7岁时，白语儿童对于通过变化韵律参数来编码焦点和焦点类型的能力进一步发展。具体来说，7岁白语儿童通过延长句末窄焦点成分双音节高平调（T55）的末音节时长来区分焦点和焦点后，延长句末窄焦点成分双音节高平调（T55）的末音节时长来区分焦点和焦点后后，缩短中高平调（T44）、中平调（T33）窄焦点成分的时长来区分窄焦点和宽焦点；另外，7岁白语儿童通过扩展句末窄焦点成分双音节高平调（T55）的首音节音域来区分焦点和焦点后后，而这样的音域扩展主要体现在提高句末窄焦点成分双音节高平调（T55）首音节的音高最大值。白语儿童句末位置焦点韵律编码发展阶段如表 6－161 所示。

表 6－161　　白语儿童句末位置焦点韵律编码发展一览表①

年龄组	韵律参数	焦点 vs. 焦点后	焦点 vs. 焦点后后	窄焦点 vs. 宽焦点
4 岁	时长	T55/o1 >	T55 >	—
	音域	—	—	—
	音高最大值	—	—	—
	音高最小值	—	—	—
5 岁	时长	—	—	T44，T33，T55/o2 >
	音域	—	—	T55/o2 >
	音高最大值	—	—	—
	音高最小值	—	—	T55/o2 <
6 岁	时长	—	T44，T33 >	T44 >，T33 <
	音域	T55/o2 >	—	—
	音高最大值	—	—	—
	音高最小值	—	—	—
7 岁	时长	T55/o1 >	T55/o2 >	T44，T33 <
	音域	—	T55/o1 >	—
	音高最大值	—	T55/o1 >	—
	音高最小值	—	—	—
成人	时长	—	T33，T44 >	—
	音域	—	—	—
	音高最大值	—	—	—
	音高最小值	—	—	—

① 在表 6－161 中，“—”表示并无任何证据表明相对应的韵律参数（包括时长、音域、音高最大值和最小值）被用于区分不同的焦点条件。“T44”或“T33”表示在该声调中发现韵律参数用于区分不同的焦点条件。“T55”表示在双音节名词性宾语的首音节（o1）和末音节（o2）该声调（T55）中均发现韵律参数用于区分不同的焦点条件。“T55/o1”表示在双音节名词性宾语的首音节（o1）该声调（T55）中发现韵律参数用于区分不同的焦点条件。“T55/o2”表示在双音节名词性宾语的末音节（o2）该声调（T55）中发现韵律参数用于区分不同的焦点条件。另外，“<”或“>”表示不同焦点条件差异的方向性。同样的标示方式也运用在本书其他章节中。

第六节 结论与讨论

本书采用实验法，探索了母语为白语——一种在中国西南使用的声调语言——儿童焦点韵律编码的习得和发展。本章节呈现的是句末位置的实验结果。已有研究发现（Liu et al.，2014；Liu，2017；刘璐等，2020；本书第三章），白语句中位置主要依靠时长变化来编码焦点。本书第三章在对白语成人句末位置焦点韵律编码的考察中发现，白语成人仅通过延长中高平调（T44）和中平调（T33）焦点成分的时长来区分焦点和焦点后后。

本章通过考察 4 岁至 7 岁白语儿童的焦点韵律编码发现：白语儿童对其母语白语焦点韵律编码的习得是呈阶段性发展的，且发展过程呈现曲折并最终向白语成人靠拢的趋势。其中，句末位置焦点韵律编码的习得要更为复杂，这可能是由于句末位置还存在边界调习得的叠加。具体来说，白语儿童在 4 岁时，初步显示出其能通过变化时长来区分焦点和非焦点（包括焦点后、焦点后后）的能力，但仅限于高平调（T55）中。5 岁时，白语儿童对于通过变化时长来编码焦点的能力不再局限于高平调（T55）中，而是拓展到了中高平调（T44）、中平调（T33）中；不过，白语儿童通过变化时长区分的是窄焦点和宽焦点，而不是焦点和非焦点，这与白语成人通过时长变化区分焦点和非焦点存在一定差异。另外，除了时长，5 岁白语儿童也表现出其使用音域和音高最大值的变化来编码焦点的能力，即通过扩展句末窄焦点成分双音节高平调（T55）的末音节音域来区分窄焦点和宽焦点，而这样的音域扩展主要体现在压低句末窄焦点成分双音节高平调（T55）末音节的音高最小值。但是，对于音高相关韵律参数变化来编码焦点的手段并未在白语成人的产出中发现（Liu et al.，2014；Liu，2017；刘增慧，2021），尤其是在句末位置（本书第三章）。6 岁时，白语儿童对于通过变化时长来编码焦点的能力继续发展，不但通过变化时长区分窄焦点和宽焦点，而且将时长变化用于区分焦点和非焦点。另外，除了时长，6 岁白语儿童不再通过变化音高相关韵律参数区分窄焦点和宽焦点，而是通过扩展句末窄焦点成分双音节高平调（T55）的末音节音域来区分焦点和焦点后。虽然 6 岁白语儿童编码句末焦点的方式与白语成人存在一定差异，但与 4 岁和 5 岁白语儿童相比，更接近白语成人的表现。7 岁时，白语儿童通过变化时长来区分句末位置焦点和非焦点（包括焦点、焦点后后），窄焦点和宽焦点，且通过扩展句末窄焦点成分双音节高平调（T55）的首音节音域来区分焦点和焦点后后，而这样的音域扩展主要体现在提高句末窄焦点成分双音节高平调（T55）首音节的音高最大值上。与白语成人相比，7 岁白语儿童焦点韵律的编码方式仍存在一定差异，即白语成人只变化时长来区分焦点和非焦点，而并不使用音高相关韵律参数变化来编码焦点和焦点类型。但是，和 4 岁、5 岁、6 岁白语儿童相比，7 岁白语儿童在使用时长编码焦点方面明显要更为成熟。

从对时长和音高使用的比较来看，白语儿童首先尝试的是对时长变化的掌握，并且对于时长变化的习得也是最早实现的。比如，4 岁的白语儿童在其白语的句末位置就开始尝试延长高平调（T55）焦点成分的时长来区分焦点和非焦点，而对音高相关韵律参数的变化要到 5 岁才出现。同时，6 岁的白语儿童通过延长中平调（T33）和中高平调（T44）焦点成分的时长来区分焦点和非焦点，这一表现已和白语成人完全一致。

白语儿童在句末位置使用时长进行韵律编码的习得呈现 U 型趋势。4 岁至 5 岁的白语儿童虽然尝试通过变化时长来编码窄焦点，但是这一年龄阶段的白语儿童对于时长的变化和白语成人还有较大差异。到了 6 岁，白语儿童已然能够掌握和白语成人一致的、通过延长中高平调（T44）和中平调（T33）焦点成分的时长来区分焦点和非焦点的能力。但是，6 岁白语儿童通过变化时长来编码窄焦点的能力在 7 岁阶段出现了“丢失”的现象，但是，白语儿童可能会在更年长的阶段再次向白语成人靠拢，与白语成人在句末位置焦点韵律编码的方式一致，因而白语儿童在其句末位置使用时长进行韵律编码的习得呈现 U 型趋势。

白语儿童在其句末位置焦点韵律编码中对于不同声调中韵律参数的变化也存在差异，即时长的变化几乎遍及不同调域的平调，但是音高的变化主要集中在高调域的平调。比如，4 岁白语儿童在高平调（T55）中尝试通过变化时长以区分焦点和非焦点；5 岁白语儿童在高平调（T55）、中高平调（T44）和中平调（T33）中尝试通过变化时长以区分窄焦点和宽焦点；6 岁和 7 岁白语儿童在高平调（T55）、中高平调（T44）和中平调（T33）中均尝试通过变化时长以编码窄焦点和不同的焦点类型。但是，只有 5 岁至 7 岁的白语儿童通过音高变化编码窄焦点和不同的焦点类型，且对音高的变化仅限于高平调（T55）中。笔者认为，白语儿童在句末位置不同声调焦点韵律编码的差异和本书第四章所发现的结果均可归因于声调和焦点编码的平行编码，也就是说，白语通过变化音高和时长进行焦点韵律编码的同时，更要保证的是通过变化音高和时长来进行调位的区分，因为这一区分涉及了词汇意义的表达。白语中共有三个平调，包括高平调（T55）、中高平调（T44）和中平调（T33）；四个降调，包括中高降调（T42）、中降调（T32）、中降调（T31）和低降调（T21）。就当前研究所考察的句末位置而言，实验设计中包括了白语的三个平调，即高平调（T55）、中高平调（T44）和中平调（T33）。在白语中通过变化音高（包括音域、音高最大值和音高最小值）以编码焦点的方式极有可能造成中平调（T33）与中高平调（T44）和高平调（T55）相混。同时，通过变化时长就相对自由度更大，毕竟调位的表达主要依靠的是音域、音高最大值、音高最小值、斜率等构成的音高曲线的变化。因而，笔者认为：白语焦点韵律的编码方式在不同声调中存在差异，而这一差异主要是为了保证调位的音系表达。然而，如何解释白语儿童在其句末位置焦点韵律编码中对于音高的变化主要集中在高调域的平调（即高平调 T55）而非其他调域的平调（即中高平调 T44 和中平调 T33）？笔者认为，这一差异同样可归因于声调和焦点编码的平行编码，即白语通过变化音高和时长进行焦点韵律编码的同时，更要保证的是通过变化音高和时长来进行调位的区分。白语中存在三个平调，相对而言，对于高平调（T55）音高的变化是在调域空间的最高点，能够往更为广阔的空间扩展，而不是侵占已有声调的调域空间，因而可避免与其他调域平调（即中高平调 T44 和中平调 T33）的相混。

总的来说，白语儿童对句末位置焦点韵律编码的习得在曲折中发展，其发展特点如下：（1）7 岁白语儿童在句末位置焦点韵律编码方面仍未能和白语成人完全一致；（2）白语儿童首先尝试的是对时长变化的掌握，并且对于时长变化的习得也是最早实现的（虽然有“再度丢失”的现象）；（3）白语儿童在其句末位置使用时长进行韵律编码的习得呈现 U 型趋势，6 岁阶段出现和白语成人一致的能力，到 7 岁阶段却“再度丢失”，可能会在更年长的阶段再次向白语成人靠拢；（4）白语儿童对于不同声调中焦点韵律编码的习得顺序有别。

第七章　白语儿童焦点韵律编码的习得和发展

第一节　引言

近年来，儿童焦点韵律编码能力的习得和发展问题受到了学界的广泛关注。已有研究发现，韵律系统的跨语言差异塑造了不同母语背景儿童焦点韵律习得的发展路径（Arnhold，2016；Chen，2011；Grigos & Patel，2010；Grünloh et al.，2015；Romøren，2016；Yang，2017；Yang & Chen，2018）。Chen（2018）基于跨语言背景儿童焦点韵律编码习得的比较提出：语言中焦点韵律标记越是依赖语音手段，习得该语言为母语的儿童习得语音手段的时间越早；而母语焦点功能与相应的音系线索间的关系越透明，习得该语言为母语的儿童习得窄焦点音系标记则越早。此外，语言中词汇是否有声调；以及韵律在标记词序焦点中的重要性也是影响儿童焦点韵律习得的重要因素（Chen，2018）。然而，已有研究多关注韵律手段较为丰富的语言（如汉语、英语、荷兰语等），对使用韵律手段较为局限的语言（如白语等）的关注较少。本书关注的是白语儿童焦点韵律的习得和发展。白语，是一种主要在中国西南地区为白族（拥有约100万人口）所使用的声调语言，属藏缅语。已有研究发现（Liu et al.，2014；Liu，2017；刘璐等，2020），在白语（主要是句中位置）中，只有时长用于编码焦点，即在白语中，焦点成分与其作为焦点后成分相比，只有时长延长了。本书采用实验法，探索了母语为白语——一种在中国西南使用的声调语言——儿童焦点韵律编码的习得和发展。

本书关注的核心问题是白语儿童如何习得其母语中的焦点韵律编码，具体关注三个重点：（1）白语儿童的焦点韵律习得和发展呈现怎样的发展路径？（2）语言普遍性（language universal）和语言特异性（language specific）如何塑造白语儿童的焦点韵律习得？（3）白语儿童的焦点韵律编码在不同句子位置是否存在差异？为了探索这三个重点，本书考察了白语成人和不同年龄段白语儿童的半自然产出中韵律如何被用来编码窄焦点、焦点域和对比度存在差异的不同焦点类型。具体来说，通过考察白语成人所产出的白语来回答白语的焦点如何通过韵律实现（研究问题1）；考察4岁、5岁、6岁和7岁的白语儿童所产出的白语SVO句的句首位置来回答白语儿童句首焦点韵律编码如何习得和发展（研究问题2）；考察4岁、5岁、6岁和7岁的白语儿童所产出的白语SVO句的句中位置来回答白语儿童句中焦点韵律编码如何习得和发展（研究问题3）；考察4岁、5岁、6岁和7岁的白语儿童所产出的白语SVO句的句末位置来回答白语儿童句末焦点韵律编码如何习得和发展（研究问题4）。对于研究问题2、3和研究问题4的回答，及与白语成人（研究问题1）的比较能使我们掌握白语儿童的焦点韵律的发展路径，进而揭示语言普遍性（language universal）和语言特异性（language specific）对白语儿童焦点韵律习得和发展的影响及作用。

在本章接下来的部分中，首先展示的是本书第三、四、五和六章的主要研究结果并讨论这些研究结果如何支持或否决在第一章中所提出的研究假设和预设（本章第二部分）；其次讨论在第一章中提出的三个核心问题（本章第三部分）；最后，笔者就未来对儿童韵律发展研究的方向提出展望和建议。

第二节　主要研究发现、重访研究假设

就白语中韵律在焦点编码中所扮演的角色问题（研究问题1），笔者前期对白语句中位置的研究（Liu et al.，2014；Liu，2017）表明，白语仅通过延长焦点后成分的时长来区分焦点和焦点后成分，而不通过变化音高来编码焦点和焦点类型。但是，已有对荷兰语等语言的研究已表明，焦点韵律编码方式在不同句子位置是存在差异的（Romøren & Chen，2015；Romøren，2016）。因而，本书提出两个相反的研究假设（研究假设1a和研究假设1b）。所提出的研究假设1及基于此研究假设提出的研究预设复述如（1）：

笔者假设，在白语的不同句子位置中（包括句首、句中和句末）焦点韵律编码的方式略有差异。也就是说，白语焦点韵律的编码方式在不同句子位置存在不一致性（研究假设1a）。对于白语成人的研究预测是：相对于句首位置和句末位置的非焦点成分，白语说话人只通过延长焦点成分的时长来编码窄焦点，他们并不通过改变时长和音高来区分焦点域和对比度存在差异的不同焦点类型。但是，白语说话人具体改变时长来编码焦点的方式略有差异。笔者提出的逆研究假设是：在白语的所有句子位置中（包括句首、句中和句末）时长是主要编码焦点的韵律参数。也就是说，白语焦点韵律的编码方式无论在句子的哪一位置均一致（研究假设1b）。对于白语成人的研究预测是：相对于所有句子位置的非焦点成分，白语说话人只通过延长焦点成分的时长来编码窄焦点，他们并不通过改变时长和音高来区分焦点域和对比度存在差异的不同焦点类型。

（1）研究假设1a：白语焦点韵律的编码方式在不同句子位置存在不一致性。

研究预设：相对于句首位置和句末位置的非焦点成分，白语说话人只通过延长焦点成分的时长来编码窄焦点，他们并不通过改变时长和音高来区分焦点域和对比度存在差异的不同焦点类型。但是，白语说话人在不同句子位置改变时长来编码焦点的方式略有差异。

研究假设 1b：白语焦点韵律的编码方式无论在句子的哪一位置均一致。

研究预设：相对于所有句子位置的非焦点成分，白语说话人只通过延长焦点成分的时长来编码窄焦点，他们并不通过改变时长和音高来区分焦点域和对比度存在差异的不同焦点类型。

本书结果表明，句首位置的焦点韵律编码实现和句中、句末位置存在差异，白语句首位置的焦点韵律编码有通过音高变化来实现的迹象。在句首位置，白语成人通过变化焦点成分的时长和音高来区分焦点和非焦点（包括焦点前和焦点前前成分），而并不区分窄焦点和宽焦点。具体来说，在白语成人的产出中，除了双音节高平调（T55）的末音节外，和同一句子成分作为焦点前前成分相比，在所有声调中的焦点成分时长均延长；中高降调（T42）焦点成分的音域扩展；中高降调（T42）和高平调（T55）焦点成分的音高最大值升高；双音节高平调（T55）首音节焦点成分的音高最小值升高。同时，和同一句子成分作为焦点前成分相比，中高降调（T42）和中平调（T33）焦点成分的时长延长，双音节高平调（T55）末音节焦点成分的音高最大值和最小值升高。然而，白语成人并未通过变化时长和音高相关韵律参数来编码焦点域存在差异的不同焦点类型（即窄焦点 vs. 宽焦点）。在句中位置，白语成人在所有声调中只使用时长变化来区分窄焦点和非焦点。具体来说，在窄焦点中，无论是什么声调，作为焦点成分的时长比其作为焦点后成分的时长要长。然而，无论是什么声调，时长的变化并不用于区分焦点和焦点前。另外，研究结果表明：白语说话人无论在什么声调中，都不通过变化时长来区分焦点域和对比度存在差异的不同焦点类型。就使用音高相关的韵律参数而言，白语者在句中位置的所有声调中，都不通过变化音高相关的韵律参数来区分窄焦点和非焦点（焦点前或焦点后），或区分焦点域和对比度存在差异的不同焦点类型。在句末位置，白语成人通过变化焦点成分的时长来区分焦点和非焦点（主要是焦点后后），而并不区分窄焦点和宽焦点。具体说来，在白语成人的产出中，和同一句子成分作为焦点后成分相比，焦点成分的时长和音高相关韵律参数并无显著变化，而与焦点后后成分相比，中高平调（T44）和中平调（T33）的焦点成分时长延长。另外，白语成人并未通过变化时长和音高相关韵律参数在句末位置编码焦点域存在差异的不同焦点类型（即窄焦点 vs. 宽焦点）。也就是说，白语焦点韵律编码的实现存在不同句子位置的不对称性。

就研究问题 2 而言，已有研究表明儿童的韵律习得随着年龄和语言经验的增长而发展，并受其母语背景的影响。另外，句首位置并不承担较为复杂的韵律功能（如表达功能语调的边界调），且因为句首位置存在焦点后压缩实现的可能性，句首焦点的辨认比句末焦点更为容易（Chen et al.，2009；王蓓等，2013）。因而，本书提出研究假设 2。所提出的研究假设 2 及基于此研究假设提出的预设复述如（2）：

(2) 研究假设 2：四岁至七岁的白语儿童在句首位置的焦点韵律编码习得随着年龄和语言经验的增长而向白语成人靠拢。

研究预设：在句首位置，相对于非焦点成分，白语儿童逐渐掌握通过延长焦点成分的时长来编码窄焦点。但是，无论是哪一个年龄段的白语儿童均不通过改变时长和音高来区分焦点域存在差异的不同焦点类型，和白语成人类似。另外，白语儿童对于句首焦点韵律编码的习得要比句末焦点早。

本书结果表明，不同年龄阶段白语儿童句首焦点韵律编码的实现并不相同，呈现随着年龄和语言经验的增长而发展的趋势。另外，白语儿童句首焦点韵律的编码和声调存在互动关系。四岁的白语儿童通过变化句首位置焦点成分的时长和音高来区分焦点和非焦点，但并不通过变化韵律参数来区分焦点域存在差异的焦点类型（窄焦点 vs. 宽焦点）。具体来说，在四岁白语儿童的产出中，与焦点前成分相比，高平调（T55）焦点成分的音域扩展、中高降调（T42）焦点成分的音高最大值升高、双音节高平调（T55）焦点成分末音节的音高最小值升高；和焦点前前成分相比，中高降调（T42）焦点成分的时长延长。五岁时，白语儿童通过变化时长和音高来编码焦点和焦点类型。具体来说，在五岁白语儿童的产出中，与焦点前成分相比，高平调（T55）焦点成分的音高最大值和最小值均升高；和焦点前前成分相比，高平调（T55）焦点成分的音高最大值升高、双音节高平调（T55）焦点成分末音节的音高最小值升高；和宽焦点成分相比，除双音节高平调（T55）焦点成分首音节外，所有声调焦点成分的时长均缩短、音域均压缩。六岁时，白语儿童通过变化时长、音高最大值和最小值区分焦点和非焦点。具体说来，在六岁白语儿童的产出中，与焦点前成分相比，双音节高平调（T55）焦点成分末音节的音高最大值升高；和焦点前前成分相比，双音节高平调（T55）焦点成分末音节的时长延长、中高降调（T42）和高平调（T55）焦点成分的音高最大值升高。七岁时，白语儿童通过变化时长和音高来编码焦点和焦点类型。具体来说，在七岁白语儿童的产出中，与焦点前成分相比，双音节高平调（T55）焦点成分末音节的时长缩短，且除双音节高平调（T55）焦点成分首音节外，所有声调焦点成分音高最大值和最小值均升高；和焦点前前成分相比，中高降调（T42）和中平调（T33）焦点成分时长延长、所有声调音高最大值均升高、双音节高平调（T55）焦点成分末音节的音域扩展（且这一音域扩展体现在其音高最小值的升高上）；和宽焦点成分相比，所有声调焦点成分时长均缩短，且除双音节高平调

（T55）焦点成分外，所有声调（即中高降调 T42 和中平调 T33）焦点成分音域压缩、音高最大值和最小值均升高。

就研究问题 3 而言，已有研究表明儿童的韵律发展随着年龄和语言经验的增长而发展，且句中位置并不承担较为复杂的韵律功能（如表达功能语调的边界调）。另外，已有研究还发现句中位置因存在焦点后压缩实现的可能性，在产出中句中位置的焦点识别比句末焦点更为容易（Chen et al.，2009；王蓓等，2013）。因而，本书提出研究假设 3。所提出的研究假设 3 及基于此研究假设提出的预设复述如（3）：

> （3）研究假设 3：四岁至七岁的白语儿童在句中位置的焦点韵律编码习得随着年龄增长而向白语成人靠拢。
>
> 研究预设：在句中位置，相对于非焦点成分，白语儿童逐渐掌握通过延长焦点成分的时长来编码窄焦点。但是，无论是哪一个年龄段的白语儿童均不通过改变时长和音高来区分焦点域和对比度存在差异的不同焦点类型，和白语成人类似。另外，白语儿童对于句中焦点韵律编码的习得要比句末焦点早。

本书结果表明，不同年龄阶段白语儿童句中焦点韵律编码的实现并不相同，呈现随着年龄和语言经验的增长而发展的趋势。另外，白语儿童句中焦点韵律的编码和声调存在互动关系。白语儿童在四岁时既不通过变化音高相关韵律参数（包括音域、音高最大值、音高最小值），也不通过变化时长来区分焦点或不同焦点类型。五岁白语儿童仍不通过变化音高和时长来编码焦点或宽焦点；但是，五岁白语儿童却在其中升调（T35）和高平调（T55）中通过变化音高最大值来区分窄焦点和对比焦点。六岁白语儿童在其白语的中升调（T35）中通过扩展焦点成分的音域来区分焦点和焦点前，且和五岁组的表现部分一致，即在其白语的高平调（T55）中通过变化音高最大值来区分窄焦点和对比焦点。七岁白语儿童通过延长焦点成分的时长来区分焦点和焦点后，但既不通过变化时长也不通过变化音域来区分焦点和焦点前、不同的焦点类型。白语儿童与只通过变化时长在所有声调中区分焦点和非焦点的成人比有一定差距，但随着年龄和语言经验的增长，白语儿童焦点韵律编码的能力逐渐向白语成人靠拢，尤其是七岁白语儿童。

就研究问题4而言，已有研究表明儿童的韵律发展随着年龄和语言经验的增长而发展，且句末位置承担了较为复杂的韵律功能（如表达功能语调的边界调）。另外，已有研究还发现句末位置不存在焦点后压缩实现的可能性，在产出中句末位置的焦点识别比句中焦点更为困难（Chen et al.，2009；王蓓等，2013）。因而，本书提出研究假设4。所提出的研究假设4及基于此研究假设提出的预设复述如（4）：

（4）研究假设4：四岁至七岁的白语儿童在句末位置的焦点韵律编码习得随着年龄增长而向白语成人靠拢。

研究预设：在句末位置，相对于非焦点成分，白语儿童逐渐掌握通过延长焦点成分的时长来编码窄焦点。但是，无论是哪一个年龄段的白语儿童均不通过改变时长和音高来区分焦点域存在差异的不同焦点类型，和白语成人类似。另外，白语儿童对于句末焦点韵律编码的习得要比句首焦点、句中焦点晚。

本书结果表明，不同年龄阶段白语儿童句末焦点韵律编码的实现并不相同，呈现随着年龄和语言经验的增长而发展的趋势。另外，白语儿童句末焦点韵律的编码和声调存在互动关系。四岁白语儿童在高平调（T55）中通过变化句末位置焦点成分的时长来区分焦点和非焦点（包括焦点后和焦点后后），但并不通过变化韵律参数来区分焦点类型（窄焦点 vs. 宽焦点）。五岁白语儿童对于通过变化时长来编码焦点的能力不再局限于高平调（T55），而是拓展到了中高平调（T44）、中平调（T33）；不过，此年龄段的白语儿童通过变化时长区分的是窄焦点和宽焦点，而不是焦点和非焦点，这与白语成人通过时长变化区分焦点和非焦点的表现存在一定差异。另外，除了时长，五岁的白语儿童也表现出其使用音域和音高最大值的变化来编码焦点的能力，即通过扩展句末双音节高平调（T55）窄焦点成分的末音节音域来区分窄焦点和宽焦点，而这样的音域扩展主要体现在压低此音节的音高最小值上。但是，通过变化音高相关韵律参数来编码焦点的手段并未在白语成人的产出中发现（Liu et al.，2014；Liu，2017；刘增慧，2021）。六岁的白语儿童对于通过变化时长来编码焦点的能力继续发展，不仅通过变化时长区分窄焦点和宽焦点，而且用来区分焦点和非焦点。另外，除了时长，六岁的白语儿童不再通过变化音高区分窄焦点和宽焦点，而是通过扩展句末双音节高平调（T55）窄焦点成分的末音节音域来区分焦点和焦点后。虽然六岁白语儿童编码焦点的方式与白语成人存在一定差异，但与四岁和五岁白语儿童相比，更接近白语成人的表现。七岁白语儿童通过变化时长来区分焦点和非焦点（包括焦点、焦点后后），窄焦点和宽焦点，且通过扩展句末双音节高平调（T55）窄焦点成分的首音节音域来区分焦点和焦点后后，而这样的音域扩展主要体现在提高此音节的音高最大值。七岁白语儿童焦点韵律的编码方式与白语成人相比仍存在一定差异，即白语成人只通过变化时长来区分焦点和非焦点，并不使用音高变化来编码焦点和焦点类型。但是，和四岁、五岁、六岁白语儿童相比，七岁白语儿童明显在使用时长编码焦点方面更为成熟。

在对研究问题 2、3 和 4 回答的基础上，可以发现句子位置对焦点韵律编码习得的影响和作用，即白语儿童对不同句子位置的焦点韵律编码习得存在差异。与句首、句末位置相比，白语儿童在句中位置通过变化韵律参数编码焦点的表现和白语成人更为一致。就跨语言差异/语言特异性、语言普遍性和句子位置对白语儿童焦点韵律编码习得的影响和作用，笔者将在接下来的部分中进行深入探讨。

总之，本书的实验结果部分证实了研究假设 2，即四岁至七岁白语儿童的句首焦点韵律编码习得随着年龄增长而向白语成人靠拢。与研究预设 2 不同的是，白语儿童对于句首焦点韵律编码的习得并不比句末焦点早；本书的研究结果显示，白语儿童对于句首焦点韵律编码的习得要比句末焦点晚一些。本书的实验结果证实了研究假设 3，即四岁至七岁的白语儿童在句中位置的焦点韵律编码习得随着年龄增长而向白语成人靠拢；另外，白语儿童对于句中焦点韵律编码的习得比句末焦点早。本书的实验结果部分证实了研究假设 4，即四岁至七岁的白语儿童在句末位置的焦点韵律编码习得随着年龄增长而向白语成人靠拢。与研究预设 4 不同的是，白语儿童对于句末焦点韵律编码的习得要比句中焦点晚，但不比句首焦点晚。

第三节　讨论与结论

为了全面揭示白语儿童焦点韵律编码习得的发展路径，研究问题 1 关于白语焦点韵律编码方式（成人）的研究结果（本书第三章），研究问题 2 关于四岁至七岁白语儿童句首焦点韵律编码习得发展的研究结果（本书第四章），研究问题 3 关于四岁至七岁白语儿童句中焦点韵律编码习得发展的研究结果（本书第五章），研究问题 4 关于四岁至七岁白语儿童句末焦点韵律编码习得发展的研究结果（本书第五章）在表 7 – 1 中一并进行比较和展示。同时，为了聚焦白语儿童使用韵律参数进行焦点编码的习得，表 7 – 1 中只展现了各句子位置中具有可比性的各种焦点条件，即焦点和非焦点的对比分为焦点 vs. 焦点前（只涉及句首和句中位置）、焦点 vs. 焦点后（只涉及句中和句末位置）；宽焦点和窄焦点的对比。在表 7 – 1 中，“—”表示并无任何证据表明相对应的韵律参数（如时长、音域、音高最大值和最小值）被用于区分不同的焦点条件。“T42”“T44”“T33”或“T21”表示在该声调中发现韵律参数用于区分不同的焦点条件。“T55”表示在双音节

表 7－1　　四岁至七岁白语儿童和白语成人焦点韵律编码方式对比一览表

年龄	韵律参数	焦点 vs. 焦点前			焦点 vs. 焦点后			窄焦点 vs. 宽焦点		
		句首	句中	句末	句首	句中	句末	句首	句中	句末
4 岁	时长	—	—	○	○	T21 >	T55/o1 >	—	T21 >	—
	音域	T55/s1 >	—	○	○	—	—	—	T21 <	—
	音高最大值	T42 >	—	○	○	—	—	—	—	—
	音高最小值	T55/s2 >	—	○	○	—	—	—	—	—
5 岁	时长	—	—	○	○	—	—	T42，T33，T55/s2 <	—	T42，T33，T55/o2 >
	音域	—	—	○	○	—	—	T42，T33 <，T55/s2 >	—	T55/o2 >
	音高最大值	T55 >	—	○	○	—	—	—	—	—
	音高最小值	T55 >	—	○	○	—	—	—	—	T55/o2 <
6 岁	时长	—	—	○	○	—	—	—	<	T44 >，T33 <
	音域	—	T35 >	○	○	—	T55/o2 >	—	—	—
	音高最大值	T55/s1 >	—	○	○	—	—	—	—	—
	音高最小值	—	—	○	○	—	—	—	—	—
7 岁	时长	T55/s2 <	—	○	○	>	T55/o1 >	<	—	T33，T44 <
	音域	—	—	○	○	T21，T35 >	—	T42，T33 <	T55 <	—
	音高最大值	T42，T33，T55/s2 >	—	○	○	—	—	T42，T33 >	—	—
	音高最小值	T42，T33 >	—	○	○	—	—	T42，T33 >	—	—
白语成人	时长	T42，T33 >	—	○	○	>	—	—	—	—
	音域	—	—	○	○	—	—	—	—	—
	音高最大值	T55/s2 >	—	○	○	—	—	—	—	—
	音高最小值	T55/s2 >	—	○	○	—	—	—	—	—

名词性主语的首音节（s1）和末音节（s2）该声调（T55）中均发现韵律参数用于区分不同的焦点条件。“T55/s1”表示在双音节名词性主语的首音节（s1）该声调（T55）中发现韵律参数用于区分不同的焦点条件。“T55/s2”表示在双音节名词性主语的末音节（s2）该声调（T55）中发现韵律参数用于区分不同的焦点条件。“T55/o1”表示在双音节名词性宾语的首音节（o1）该声调（T55）中发现韵律参数用于区分不同的焦点条件。“T55/o2”表示双时节名词性宾语的末音节（o2）该声调（T55）中发现韵律参数用于区分不同的焦点条件。另外，“<”或“>”表示不同焦点条件差异的方向性。“○”表示该组对比不存在。同样的标示方式也运用在本书其他章节中。

如表7-1所示，四岁至七岁白语儿童的焦点韵律编码习得随着年龄和语言经验的增长逐渐向白语成人靠拢，而母语背景、语言普遍性、句子位置和声调都塑造着白语儿童的韵律发展路径。

一　母语背景塑造儿童焦点韵律发展

已有研究发现，在白语中，只有时长用于编码焦点，即在白语中（主要是句中位置），焦点成分与其作为焦点后成分相比，只有时长延长了（Liu et al.，2014；Liu，2017；刘璐等，2020）。然而，已有研究并未深入考察白语不同句子位置焦点韵律编码方式的差异性。本书一方面考察了白语成人在其白语的不同句子位置（包括句首、句中和句末）中焦点韵律编码方式的差异，另一方面考察了四岁至七岁白语儿童焦点韵律编码的习得与发展。对白语成人焦点韵律编码方式的考察结果表明：白语成人在不同句子位置的焦点韵律编码表现并不一致。在句首位置，白语成人通过变化焦点成分的时长和音高来区分焦点和非焦点（包括焦点前和焦点前前成分），而并不区分窄焦点和宽焦点。在句中和句末位置，白语成人在所有声调中只使用时长变化来区分窄焦点和非焦点。白语儿童在四岁时，显示出在句首和句末位置的个别声调中（高平调T55和中高降调T42）尝试变化时长和音域来区分焦点，但和成年人还有很大差异。五岁，白语儿童似乎进入了“尝试阶段”，较多地通过变化音高和时长来区分焦点域存在差异的不同焦点类型，但是这一表现和白语成人并不相同，即白语成人并不通过变化韵律参数来区分焦点域存在差异的焦点类型（Liu et al.，2014；Liu，2017）。六岁，白语儿童继续探索使用韵律参数来编码焦点，但更多是通过变化音高来区分焦点和焦点类型，较少使用时长。和五岁阶段类似，六岁阶段的探索和白语成人的表现仍有差异，这两个年龄阶段的儿童似乎暂时停滞了对时长的控制，而更多地关注使用音高来编码焦点。七岁是一个重要的发展阶段，白语儿童已经完全展现出其通过变化时长来区分焦点和焦点后——和白语成人完全一致的能力（Liu et al.，2014；Liu，2017）。但是，不容忽视的是，七岁的白语儿童仍通过变化音高在句首位置的个别声调中区分焦点和焦点类型（主要在中平调 T33 和中高降调 T42 中）。七岁白语儿童利用音高的变化编码焦点的表现和白语成人并不一致。

与已有针对汉语、英语、荷兰语、瑞典语、韩语、德语等儿童研究结论一致的是（Arnhold，2016；Chen，2011；Grigos & Patel，2010；Grünloh et al.，2015；Romøren，2016；Yang，2017；Yang & Chen，2018），本书发现，韵律系统的跨语言差异塑造了不同母语背景儿童焦点韵律习得的发展路径。对四岁至七岁白语儿童焦点韵律编码方式的考察结果表明：白语儿童对其母语白语焦点韵律编码的习得是呈阶段性发展的，其发展过程呈现曲折并最终向白语成人靠拢的趋势，而白语儿童对不同句子位置焦点韵律编码的习得也存在差异。具体来说，白语儿童在四岁时就已经掌握了和白语成人一致的、通过提高双音节高平调（T55）末音节的音高最小值在句首位置区分焦点和焦点前的能力，但是这一能力并未在五岁、六岁和七岁阶段得到稳定的发展，而是呈现 U 型发展趋势。另外，七岁白语儿童展现出其和白语成人一致的、通过提高双音节高平调（T55）末音节的音高最大值在句首位置区分焦点和焦点前的能力，同时还能通过延长所有声调焦点成分的时长在句中位置区分焦点和焦点后。

从白语儿童对不同韵律参数习得的发展角度，本书也揭示出母语背景对儿童焦点韵律发展的影响。在白语中音高相关韵律参数（主要是音高最大值和音高最小值）的变化，仅见于句首位置高平调（T55）中焦点和焦点前的区分。与此相对应的是，白语儿童对不同韵律参数的掌握和其母语特点紧密相关。比如，4 岁的白语儿童最早是开始在句首位置高平调中通过提高焦点成分的音高最小值来区分焦点和焦点前、句中位置低降调中通过延长焦点成分的时长来区分焦点和焦点后，而非在其他位置或声调中。这一特点可以清晰地显示出母语背景对儿童焦点韵律发展的塑造作用。

二　语言普遍性在儿童焦点韵律发展中的作用

本书在考察使用韵律手段编码焦点方面较为局限的白语后发现，儿童语音的习得与发展不仅受到母语背景的影响，还表现出语言普遍性的效应。语言普遍性（language universal）在儿童焦点韵律发展中的作用不容忽视。这一语言普遍性影响主要体现在：尽管在白语儿童的母语输入中音高变化在不同句子位置是存在差异的，且音高变化的使用在白语中是非常局限的，但是，白语儿童的句首、句中和句末位置均存在通过探索变化音高相关韵律参数编码焦点的发展阶段，具体来说，在白语的句中位置，音高相关韵律参数（包括音域、音高最大值、音高最小值）并不用于编码焦点和焦点类型（Liu et al.，2014；Liu，2017；刘璐等，2020）。音高相关韵律参数（主要是音高最大值和最小值）仅在白语句首位置的高平调中用于区分焦点和焦点前。但是，四岁的白语儿童就已经在句首位置的中高降调（T42）和高平调（T55）中通过音域、音高最大值和最小值的变化来区分焦点前和焦点后。五岁和六岁的白语儿童继续探索，试图将音高的变化拓展至其他声调中，但是其使用却较为随机，缺乏规律。六岁的白语儿童开始减少对音高变化的关注，似乎表现出了对各韵律参数的“规整”，仅在其白语的句首和句末位置通过变化音高来区分焦点和焦点类型。七岁白语儿童仅在句首位置使用音高来区分焦点和焦点类型，但是其使用时长来编码焦点的能力已经和白语成人非常类似。

笔者认为，如扩大考察对象的年龄组，将能观察到白语儿童七岁以后在焦点韵律习得方面的继续发展，对韵律参数的变化继续“规整”，最终和白语成人完全一致。

三　句子位置对儿童焦点韵律习得的影响

本书结果还发现，白语儿童在不同句子位置的焦点韵律发展路径并不一致。与句中位置相比，白语儿童句首焦点编码的发展呈现较为复杂的模式。白语儿童在句首位置不仅通过变化音高相关韵律参数（包括音域、音高最大值和音高最小值），而且通过变化时长来区分焦点和非焦点（包括焦点前和焦点前前），且焦点韵律编码的方式在不同声调中表现也并不一致。一方面，白语儿童句首位置与主要通过变化时长在所有声调中区分焦点和焦点前的白语成人相比有较大差距；另一方面，白语儿童句首位置的表现和句中位置的表现也有较大差距，而白语儿童句中位置的表现更接近白语成人。由此，可以看出，白语儿童对句首焦点编码的习得要比句中焦点编码的习得晚一些。

和句中位置相比，白语儿童句末焦点编码的发展也同样呈现较为复杂的模式。白语儿童在句末位置不仅通过变化音高相关韵律参数（包括音域、音高最大值和音高最小值），而且通过变化时长来区分焦点和非焦点（包括焦点后和焦点后后），且焦点韵律编码的方式在不同声调中表现也并不一致。一方面，白语儿童句末位置的表现与不通过变化韵律参数在所有声调中区分焦点和非焦点的白语成人相比有较大差距；另一方面，白语儿童句末位置的表现和句中位置的表现也有一定差距，而白语儿童句中位置的表现更接近白语成人。由此，可以看出，白语儿童对句末焦点编码的习得要比句中焦点编码的习得晚一些。

和句末位置相比，白语儿童句首焦点编码的发展呈现更为复杂的模式。白语儿童在句首和句末位置均通过变化音高相关韵律参数（包括音域、音高最大值和音高最小值）和时长来区分焦点和非焦点、焦点类型（窄焦点 vs. 宽焦点）。另外，白语儿童在句首和句末位置焦点韵律编码的方式在不同声调中表现也并不一致。一方面，白语儿童在句首位置和句末位置编码焦点的方式与主要通过变化时长在所有声调中区分焦点和非焦点的白语成人都存在一定差距；另一方面，相对而言，白语儿童句末位置的表现要更为接近白语成人的表现。具体来说，在句首位置，虽然四岁的白语儿童就已经表现出其能通过提高双音节高平调（T55）焦点成分末音节音高最小值来区分焦点和焦点前，但是这一能力并未在后续的发展中（包括五岁、六岁和七岁年龄段）得以持续；和白语成人在句首位置的表现相比，白语儿童直到七岁时才掌握通过提高双音节高平调（T55）焦点成分末音节音高最大值来区分焦点和焦点前的能力，且这一能力和白语成人还有一定差距。也就是说，在句首位置，白语儿童直到七岁才掌握和白语成人一致的、在高平调（T55）中提高音高最大值来区分焦点和焦点前的能力。在句末位置，白语儿童从四岁起就通过变化时长来编码焦点，而这一尝试从五岁一直延续到了七岁。另外，五岁阶段的白语儿童还试图通过变化音高（包括音域和音高最大值）来区分焦点和焦点类型；白语儿童在句末位置通过时长和音高的变化来区分焦点和焦点类型的尝试到七岁年龄段仍在持续。与白语儿童相比，白语成人并未在句末位置通过变化任何韵律参数来区分焦点和非焦点（包括焦点前和焦点后）和焦点类型。也就是说，直到七岁，白语儿童在句末位置焦点韵律编码的实现方式仍和白语成人存在差异。由此可以看出，白语儿童对句首焦点编码的习得要比句末焦点编码的习得早一些。

那么，如何理解句子位置对白语儿童焦点韵律习得的影响呢？笔者认为句子位置对白语儿童焦点韵律习得影响从本质上说是跨语言差异的作用。如前所述，本书结果显示，白语儿童对句中焦点编码的习得要比句首和句末位置早，而对句首焦点编码的习得又要比句末焦点早。首先，就句中焦点的习得先于句末焦点习得而言，笔者认为和句中位置提供了焦点后压缩的空间有关系，即句中位置因其存在焦点后压缩的情况，导致了句中焦点更为凸显，从而对于儿童来说更容易掌握。同时，白语儿童从白语成人处获得的语言输入中，也是焦点成分和焦点后成分比时长延长。因而，白语儿童对于句中焦点编码的习得较早是比较容易理解的。其次，和句中焦点相比，句首和句末焦点的较晚习得可归因于句首和句末位置同时承担了功能语调和边界调的功能。对于儿童来说，在同一位置需要同时兼顾焦点韵律和功能语调的实现有一定难度，从而句首和句末焦点韵律是较难也是较晚习得的。再次，和句末焦点相比，句首焦点也提供了焦点后压缩的空间，因而句首焦点的习得确要早于句末焦点。另外，笔者认为，同样提供了焦点后压缩的空间，但是和句中位置相比，白语儿童较晚习得句首焦点编码和白语中不同焦点编码手段的相对重要性有关系。除了使用韵律手段（Liu et al.，2014；Liu，2017；刘璐等，2020；本书第三章），白语也采用语序和形态词法标记来区分焦点信息和非焦点信息或主题信息。具体来说，白语的常态语序是SVO，但是在凸显宾语的话题地位时，会使用OSV语序。另外，主语的话题地位可以选择性地通过话题标记词，比如，“$\mathrm{nɯ}^{55}$”和“$\mathrm{lɯ}^{44}$”来标记（赵燕珍，2009）。白语中这些通过非韵律手段来编码焦点的现象也许能解释其较低程度地使用韵律来编码焦点的表现。虽然在人类语言中，焦点编码的多重手段并存并不一定妨碍韵律作为编码焦点的一种手段（Chen，Lee & Pan，2016；Gussenhoven，2007；Michaud & Brunelle，2016），不同语言使用编码手段到何种程度却是存在差异的。比如，一些语言使用韵律手段编码焦点要比其使用非韵律手段编码焦点的程度更深，像荷兰语和德语（Chen，2009；Frey，2006）。但是，其他语言使用非韵律手段编码焦点和其使用韵律手段编码焦点的程度不相上下，像芬兰语和土耳其语（Arnhold，Chen & Järvikivi，2016；Īşsever，2003）。具体来说，已有对荷兰语和德语的研究也表明，在德语中焦点的实现对于韵律的依赖程度要比在荷兰语中弱，因为德语还能依赖较为常见的语序来实现焦点的编码。与德语和荷兰语相比，在芬兰语中，语序在焦点编码中起到更为显著的作用（参见 Arnhold，Chen & Järvikivi，2016 的综述）。在这一背景下对荷兰语、德语和芬兰语儿童焦点韵律习得的考察发现：语序和韵律之间相对平等的关系更鼓励韵律在标记性强的语序中的使用。反之，韵律的作用更凸显反而会限制在标记性弱的语序中使用韵律。具体来说，Arnhold 等（2016）、Sauermann 等（2011）和 Chen & Höhle（2018）考察了 4 岁至 5 岁的芬兰语、德语和荷兰语儿童如何在 SVO 句子和 OVS 句子中使用韵律来实现的不同焦点类型（即宽焦点、窄焦点和对比焦点）。Arnhold 等（2016）发现芬兰语儿童在 SVO 句子和 OVS 句子中产出的名词性宾语在宾语窄焦点条件下，其平均音节时长要比其在主语窄焦点下长一些。另外，在 OVS 句子中，芬兰语儿童在对比焦点条件下产出名词的音域要比同一名词在窄焦点和宽焦点条件下所产出的要宽。这些研究结果表明，无论是在 SVO 句子还是 OVS 句子中，4 岁至 5 岁的芬兰语儿童已经能够掌握使用时长和音域来将对比焦点和窄焦点与非焦点或者宽焦点区分开来。和同年龄段的芬兰语儿童相比，德语儿童通过变化时长和音高来编码焦点的能力要差一些。Sauermann 等（2011）发现，德语儿童只在名词性主语上通过变化音高来区分不同的焦点类型。具体来说，当名词性主语是对比焦点或窄焦点成分与其是宽焦点成分相比，德语儿童提高 SVO 句中名词性主语的音高最大值、扩展名词性主语的音域来标记对比焦点和窄焦点，却在 OVS 句中通过扩展名词性主语的音域来标记窄焦点和对比焦点。和德语儿童相比，荷兰语儿童对于音高和时长的使用更为局限。Chen & Höhle（2018）指出，荷兰语儿童在 SVO 句的产出中，只通过提高名词性主语的音高最大值、延长名词性主语的时长来标记主语对比焦点

（和宽焦点相比），且通过提高名词性主语的音高最大值来标记主语对比焦点（和主语窄焦点相比）。白语的情况也可类比，也就是说，因为白语句首位置还存在语序和形态词法标记的手段，语序和韵律之间的关系并不平等，反而限制了韵律的使用。因此，白语可视为一种使用非韵律手段编码焦点要比其使用韵律手段编码焦点程度更深的语言。与句中焦点相比，句首焦点对于白语儿童来说是较为困难的，哪怕其提供了焦点后压缩的可能性。

可以看到，句子位置对儿童焦点韵律习得的影响从本质上说是跨语言差异的作用，即不同语言中不同焦点编码手段的相对重要性影响了儿童焦点韵律习得和发展的路径。

四 声调和焦点韵律互动关系在儿童焦点韵律习得中的体现

本书对声调和焦点韵律编码的互动关系在儿童焦点韵律习得中的作用也进行了考察，并发现声调和焦点韵律互动关系也体现在不同年龄段白语儿童的韵律发展中。本书考察了不同句子位置中白语儿童焦点韵律编码的习得和发展，以下笔者从本书所考察的不同句子位置中白语儿童对不同声调焦点成分的变化依次分析。

首先，本书考察了白语儿童对句首焦点韵律编码的习得和发展，具体考察的是高平调（T55）、中高降调（T42）和中平调（T33），其中高平调（T55）是双音节（即两个高平调组成的双音节词）。研究结果如前所述：声调和焦点韵律编码习得的互动关系在句首位置的习得较为复杂，具体来说：（1）四岁白语儿童就开始尝试扩展高平调（T55）焦点成分的音域（主要体现在提高末音节的音高最小值）、提高中高降调（T42）焦点成分的音高最大值来区分焦点和焦点前；（2）五岁白语儿童继续尝试通过提高高平调（T55）焦点成分的音高最大值和最小值来区分焦点和焦点前；同时，五岁白语儿童试图通过缩短和压缩近乎所有声调（高平调 T55 的末音节、中高降调 T42、中平调 T33）焦点成分的时长和音域来区分窄焦点和宽焦点；（3）六岁白语儿童对五岁阶段的若干尝试进行了“规整”，只提高了高平调（T55）首音节的音高最大值来区分焦点和焦点前；（4）七岁白语儿童的焦点韵律习得再次“徘徊”。就时长而言，七岁白语儿童通过缩短高平调（T55）焦点成分末音节的时长区分焦点和焦点前，且缩短所有声调焦点成分的时长来区分窄焦点和宽焦点；就音高而言，七岁白语儿童提高近乎所有声调（高平调 T55 末音节、中高降调 T42、中平调 T33）焦点成分的音高最大值、中高降调（T42）和中平调（T33）焦点成分的音高最小值来区分焦点和焦点前；另外，七岁白语儿童压缩中高降调（T42）和中平调（T33）焦点成分的音域（主要体现在同时提高这两个声调的音高最大值和最小值）来区分窄焦点和宽焦点。因而，在句首位置，白语儿童首先尝试的是在高平调（T55）和中高降调（T42）中通过变化音高来编码焦点，然而直到七岁也没能掌握和白语成人一致的编码焦点的能力。

其次，本书还考察了白语儿童对句中焦点韵律编码的习得和发展，具体考察的是高平调（T55）、中升调（T35）和低降调（T21），所有目标声调均为单音节词。研究结果发现：四岁白语儿童在低降调中通过变化时长来编码焦点；但五岁白语儿童似乎短暂地“丢失”了这一能力；六岁白语儿童开始尝试通过扩展中升调（T35）的音域来区分焦点和焦点前，但这一表现与白语成人并不一致；而七岁白语儿童已经掌握了和白语成人一致的、通过延长所有声调焦点成分的时长来区分焦点和焦点后的能力。因而，在句中位置，白语儿童早在四岁阶段就已尝试了通过延长低降调（T21）焦点成分的时长来编码窄焦点，最终在七岁掌握了和白语成人完全一致的、在所有声调中变化时长来编码焦点的能力。

最后，本书考察了白语儿童对句末焦点韵律编码的习得和发展，具体考察的是高平调（T55）、中高平调（T44）和中平调（T33），其中高平调（T55）是双音节（即两个高平调组成的双音节词）。研究结果如前所述：声调和焦点韵律编码习得的互动关系在句末位置的习得比句中位置的习得复杂，但比句首位置的习得简单，具体来说：（1）四岁白语儿童尝试通过延长高平调（T55）双音节宾语的首音节时长来区分焦点和焦点后，但是这一尝试在五岁、六岁阶段都并未出现；（2）五岁白语儿童致力于通过变化近乎所有声调（高降调 T55 末音节、中高平调 T44、中平调 T33）的时长和个别声调（高平调 T55 末音节）的音域来区分窄焦点和宽焦点；（3）六岁白语儿童仅压缩高平调（T55）焦点成分末音节来区分焦点和焦点后；另外，六岁白语儿童还压缩中高平调（T44）和中平调（T33）焦点成分的音域来区分窄焦点和宽焦点；（4）七岁白语儿童再度展现出其四岁阶段就已掌握的、通过延长高平调（T55）双音节宾语的首音节时长来区分焦点和焦点后的能力；七岁白语儿童还通过缩短中高平调（T44）和中平调（T33）的时长来区分窄焦点和宽焦点。因而，在句末位置，白语儿童首先尝试的是在高平调（T55）中通过变化时长来编码焦点，然而直到七岁也没能掌握和白语成人一致的编码焦点的能力。

这一研究结果与 Yang（2017）对汉语儿童焦点韵律习得的研究发现一致，即声调和焦点韵律的互动关系在白语儿童的习得过程中起到了非常重要的作用，在不同声调中儿童通过韵律参数的变化来编码焦点是存在差异的，呈阶段性发展的特点。白语儿童较早就开始尝试音高和时长的变化，对于音高的变化，白语儿童更多的是从曲折调入手（即中高降调 T42 和中升调 T35）；而对于时长的变化，则是从高平调（T55）和低降调（T21）开始。笔者认为，这与声调和焦点韵律编码共用的韵律参数有关。一方面，因为声调主要依靠音高变化实现，而白语中存在三个平调，分别处于三个调域，即高调域（高平调 T55）、中高调域（T44）、中调域（T33），以及另一个和低平调十分接近的低降调（T21）。那么，在白语中通过改变平调的音高但却保持平调的特性不变是比较困难的，因为一旦改变某一个平调的音高参数，就有和其他平调混淆的极大可能性。因而，通过改变平调的音高来凸显焦点需要比较成熟的语言能力。显然，当前研究所考察的白语儿童对于使用韵律参数来编码焦点的尝试并未从改变平调的音高开始，而是从改变时长入手。另一方面，白语中有五个曲折调，包括四个降调（中高降调 T42、中降调 T32、中降调 31 和低降调 21），一个升调（T35）。其中，升调因其在白语语音系统中的唯一性，对其音高的变化是较不容易和其他声调相混的。然而，对四个降调的音高变化看似容易相混，但是其实，在高调域和中高调域也存在一个降调——中高降调 T42，因而白语儿童并未通过变化其他降调（如低降调 21）的音高来凸显焦点，而是选择了较不容易相混的中高降调（T42）。

总之，本书通过考察四岁至七岁白语儿童和白语成人，探明了白语儿童白语焦点韵律编码的发展路径。本书发现，在焦点韵律编码的发展路径上，白语儿童随着年龄和语言经验的增长逐渐向白语成人靠拢，呈阶段性发展的特点。白语儿童到了七岁基本可以掌握和白语成人类似的焦点韵律编码能力。本书结果显示，母语背景和语言普遍性塑造儿童焦点韵律的发展，这一发现和对汉语（Yang & Chen，2018）、荷兰语（Chen，2011）、瑞典语（Romøren，2016）、德语（Müller 等，2006；Sauermann，2011）、韩语（Yang，2017）、芬兰语（Arnold 等，2016）儿童的研究结论一致。其中，白语儿童在不同句子位置和声调中焦点韵律编码的习得也存在差异，而这些差异均可归因于母语背景在儿童焦点韵律发展中的作用。

本书的不足之处在于：对于不同句子位置声调的考察缺乏周遍性，而是选择了具有代表性的声调，具体来说，白语共有八个声调，其中三个平调、四个降调和一个升调。当前研究句首位置选取的是高平调（T55）、中高降调（T42）、中平调（T33），句中位置选取的是高平调（T55）、中升调（T35）、低降调（T21），句末位置选取的是高平调（T55）、中高平调（T44）、中平调（T33）。虽然当前考察选取的声调将——（1）实验方法的兼容性，即图片游戏中的图片是否能表达相应的语义；（2）被试儿童的词汇水平，即特定声调的特定词汇是否是儿童已经掌握的词汇；（3）实验长度的可接受性，即当前实验时长经多次测试已是被试儿童所能接受的实验时长的上限①——以上三个主要因素考虑入内，但是不可否认的是，缺乏对不同句子位置声调考察的周遍性一定程度上限制了当前实验结果的普遍性（generalization）。因而，采用更大的样本并同时采用拉丁方（Latin square）设计来复制当前研究，从而验证当前研究结果的普遍性是非常有意义的。

第四节 研究展望

本书建议在未来研究中值得深入的话题。第一，国外以英语婴儿为主的研究发现：婴儿从 5 个月开始就可以辨别降调和降升调的差异，在 12 个月时能够感知宽焦点和窄焦点的差异，但要到两岁末才会产出与成人相似的语调曲拱，出现核心音高重音（nuclear pitch accent），用不同的语调表达意义。也就是说，韵律的感知是要远远早于产出的，那么值得探索的问题就是，对于习得声调语言的儿童而言，词层面声调的存在是否会加速句层面语调习得的速度呢？第二，考虑到白语和汉语在焦点韵律编码上的差异，白汉双语儿童的焦点韵律编码的习得在母语系统和语言普遍性的竞争方式仍有待考察，尤其是言语的认知处理层面，未来对白语双语儿童韵律发展的考察可以对这一问题提供答案。第三，当前研究虽然采用的是重复设计采样，但是如能扩大儿童被试将有助于验证当前的实验结果。第四，当前研究发现在不同的句子位置，白语儿童的发展路径和速率并不一致，而直至七岁，白语儿童在某些句子位置（比如句首位置）的发展仍和白语成人存在一定差异，因而未来对白语儿童韵律发展的考察应当适当扩大考察的年龄

① 如采用 8（句首八个声调）×8（句中八个声调）×8（句末 8 个声调）×5（焦点条件）=2560 测试段，约需 14 个小时完成实验。

范围。第五，已有研究发现，儿童的韵律发展存在个体差异，而这一差异和儿童的词汇水平和音乐能力有一定的相关性（Prieto & Esteve-Gibert，2018），因而未来对白语儿童韵律发展的考察应当考虑通过控制相关因素并考察个体差异的影响及作用。

参考文献

艾磊、苏玮雅、尹曼芬：《白语喜洲镇话声调的测试分析》，《大理大学学报》1997 年第 2 期。

戴庆夏、李绍尼：《汉语对白语的影响》，戴庆夏主编《汉语与少数民族语言关系概论》，中央民族大学出版社 1992 年版。

邓瑶、何稳菊：《云南大理喜洲白族居民语言生活调查》，《民族翻译》2012 年第 3 期。

何稳菊：《喜洲白语单字调实验研究》，硕士学位论文，云南大学，2015 年。

克里斯特尔：《现代语言学词典》，商务印书馆 2000 年版。

李嵬、祝华、BARBARA DODD 等：《说普通话儿童的语音习得》，《心理学报》2000 年第 32 卷第 2 期。

李宇明：《儿童语言的发展》，华中师范大学出版社 1995 年版。

刘璐、王蓓、李雪巧：《白语焦点和边界的韵律编码方式》，《民族语文》2020 年第 6 期。

刘增慧：《白汉双语儿童汉语焦点韵律发展研究》，中国社会科学出版社 2021 年版。

刘兆吉、彭新鼎、陈志君：《三—六岁儿童语音发展水平调查研究》，《儿童心理与教育心理》1980 年第 1 期。

司玉英：《普通话儿童语音习得的个案研究》，《当代语言学》2006 年第 8 卷第 1 期。

王蓓、吐尔逊、卡得、许毅：《维吾尔语焦点的韵律实现及感知》，《声学学报》2013 年第 38 卷第 1 期。

徐琳主编：《大理丛书 · 白语篇》，云南民族出版社 2008 年版。

许政援：《三岁前儿童语言发展的研究和有关的理论问题》，《心理发展与教育》1996 年第 12 卷第 3 期。

张云秋：《汉语儿童早期语言的发展》，商务印书馆 2014 年版。

赵衍荪、徐琳：《白汉词典》，四川民族出版社 1996 年版。

赵燕珍：《赵庄白语参考语法》，博士学位论文，中央民族大学，2009 年。

朱智贤：《中国儿童青少年心理发展与教育》，中国卓越出版公司 1990 年版。

邹泓、宫齐：《〈韵律在一语习得中的发展〉评介》，《中国外语》2020 年第 17 卷第 6 期。

Allen, B., *Bai dialect survey*, Kunming: Yunnan Nationalities Publishing House, 2004.

Arnhold, A., Chen, A. & Järvikivi, J., Acquiring complex focus-marking: Finnish 4-to 5-year-olds use prosody and word order in interaction, *Frontiers in Psychology*, 2016, 7: 1 – 19.

Arnhold, A., Complex prosodic focus marking in Finnish: Expanding the data landscape, *Journal of Phonetics*, 2016, 56: 85 – 109.

Asu, E. L. & Nolan, F., The analysis of low accentuation in Estonian, *Language and Speech*, 2007, 50 (4): 567 – 588.

Baayen, R. H., Davidson, D. J. & Bates, D. M., Mixed-effects modeling with crossed random effects for subjects and items, *Journal of Memory and Language*, 2008, 59 (4): 390 – 412.

Bard, E. G. & Aylett, M. P., The dissociation of deaccenting, givenness, and syntactic role in spontaneous speech, In J. J. Ohala, Y. Hasegawa, M. Ohala, D. Granville & A. C. Bailey (Eds.), *Proceedings of the International Congress of Phonetic Sciences* (*ICPhS* – 14), San Francisco,

1999：1753 – 1756.

Bates，D.，Kliegl，R.，Vasishth，S. & Baayen，H.，Parsimonious mixed models，*arXiv*：1506.04967［*Stat*］. Retrieved from http：//arxiv.org/abs/1506.04967，2015.

Bates，D.，Mächler，M.，Bolker，B. & Walker，S.，lme4：Linear mixed-effects models using Eigen and S4. Retrieved from http：//CRAN.R-project.org/package=lme4，2015.

Bauer，R. S.，Cheung，K.，Cheung，P. & Ng，L.，Acoustic correlates of focus-stress in Hong Kong Cantonese，In *Eleventh Annual Meeting of the Southeast Asian Linguistics Society*，2001：29 – 49.

Baumann，S. & Kügler，F.，Prosody and information status in typological perspective-Introduction to the special issue，*Lingua*，2015，165：179 – 182

Baumann，S.，Becker，J.，Grice，M. & Mücke，D.，Tonal and articulatory marking of focus in German，In J. Trouvain & J. B. William（Eds.），*Proceedings of the 16th International Congress of Phonetic Sciences*，Saarbrücken：Saarland University，2007：1029 – 1032.

Bavin，E. L.，Language acuquisiton in crosslinguistic perspective，*Annual Review of Anthropology*，1995，24（1）：373 – 396.

Beckman，M. E. & Pierrehumbert，J. B.，Intonational structure in Japanese and English，*Phonology*，1986，3（1）：255 – 309.

Beckman，M. E.，The parsing of prosody，*Language and Cognitive Processes*，1996，11（1 – 2）：17 – 68.

Boersma，P. & Weenink，D.，Praat：Doing phonetics by computer（Version 5.4.01），Retrieved from http：//www.praat.org/，2006.

Bouma，G.，*Starting a sentence in Dutch*：*A corpus study of subject-and object-fronting*，Unpublished PhD dissertation. University of Groningen，2008.

Bruce, G., *Allmän och svensk prosodi*, Lund Universitet: Institutionen för Lingbistik, 1998.

Bruce, G., Compoonents of a prosodic typology of Swedish intonation, In T. Riad & C. Gussenhoven (Eds.), *Tones and tunes: Typological and comparative studies in word and sentence prosody*, Berlin: Mouton de Gruyter, 2007, 1: 113 - 146.

Chafe, W. L., Givenness, contrastiveness, definiteness, subjects, Topics, and point of view, In C. N. Li (Ed.), *Subject and topic*, New York: Academic Press, 1976: 25 - 55.

Chao, Y., *A grammar of spoken Chinese*, Berkeley and Los Angeles: University of California Press, 1968.

Chao, Y., A system of tone letters, *Le Maitre Phonetique*, 1930 (45): 24 - 27.

Chen, A. & Höhle, B., *Four-to five-year-olds' use of word order and prosody in focus marking in Dutch*, Linguistics Vangurad, 2018.

Chen, A., Get the focus right across languages: Acquisition of prosodic focus-marking in production, In P. Prieto & Esteve-Gibert (Eds.), *The development of prosody in first language acquisition*, Amsterdam: Benjamins, 2018.

Chen, A., Is there really an asymmetry in the acquisition of the focus-to-accentuation mapping? *Lingua*, 2010, 120 (8): 1926 - 1939.

Chen, A., The phonetics of sentence-initial topic and focus in adult and child Dutch, In M. Cláudia Vigário, S. Frota & M. J. Freitas (Eds.), *Phonetics and phonology: Interactions and interrelations*, Amsterdam: John Benjamins Publishing, 2009, 306: 91 - 106.

Chen, A., The prosodic investigation of information structure, In M. Krifka & R. Musan (Eds.), *The expression of information structure*, Berlin: Mouton de Gruyter, 2012: 251 - 286.

Chen, A., Tuning information packaging: Intonational realization of topic and focus in child Dutch, *Journal of Child Language*, 2011, 38 (5): 1055-1083.

Chen, S., Wang, B. & Xu, Y., Closely related languages, different ways of realizing focus, In *Interspeech*, Brighton, UK, 2009: 1007-1010.

Chen, Yiya & Braun, B., Prosodic realization of information structure categories in Standard Chinese, In R. Hoffmann & H. Mixdorff (Eds.), *Proceedings of Speech Prosody* 2006, Dresden, Germany, 2006.

Chen, Yiya & Gussenhoven, C., Emphasis and tonal implementation in Standard Chinese, *Journal of Phonetics*, 2008, 36 (4): 724-746.

Chen, Yiya, Lee, P. P. & Pan, H., Topic and focus marking in Chinese, In C. Féry & S. Ishihara (Eds.), *The Oxford handbook of information structure*, Oxford: Oxford University Press, 2016: 733-752.

Clark, H. H., Haviland, S. E. & Freedle, R., Comprehension and the Given-New contrast, In *Discourse production and comprehension*, Norwood, N. J. Ablex, 1977, 1: 1-40.

Cooper, W. E., Eady, S. J. & Mueller, P. R., Acoustical aspects of contrastive stress in question-answer contexts, *The Journal of the Acoustical Society of America*, 1985, 77 (6): 2142-2156.

Couper-Kuhlen, E., *An Introduction to English Prosody*, London: Edward Arnold, 1986.

De Jong, J., On the treatment of focus phenomena in functional grammar, *GLOT*, *Leids Taalkundig Bulletin*, 1980, 3: 89-115.

De Ruiter, L. E., *Studies on intonation and information structure in child and adult German* (Doctoral dissertation), Radboud University, Nijmegen, 2010.

Field, A., Miles, J. & Field, Z., *Discovering statistics using R*, Los Angeles: SAGE Publication Ltd., 2012.

Frey, W., Contrast and movement to the German prefield, In V. Molnár & S. Winkler (Eds.), *The architecture of focus*, Berlin: de Gruyter, 2006: 235 – 264.

Frota, S., *Prosody and focus in European Portuguese: Phonological phrasing and intonation*, New York, NY: Garland, 2000.

Frota, S., The prosody of focus: A case-study with cross-linguistic implications, In *Proceedings of Speech Prosody* 2002, Aix-en-Provence, France, 2002: 315 – 318.

Grigos, M. I. & Patel, R., Acquisition of articulatory control for sentential focus in children, *Journal of Phonetics*, 2010, 38 (4): 706 – 715.

Grünloh, T., Lieven, E. & Tomasello, M., Young children's intonational marking of new, given and contrastive referents, *Language Learning and Development*, 2015, 11 (2): 95 – 127.

Gu, W. & Lee, T., Effects of focus on prosody of Cantonese speech-A comparison of surface feature analysis and model-based analysis, In *Proceedings of the International Workshop Paralinguistic Speech'* 07, Saarbrücken, Germany, 2007: 59 – 64.

Gundel, J. K., On different kinds of focus, In P. Bosch & R. Van de Sandt (Eds.), *Focus: Linguistic, cognitive, and computational perspectives*, Cambridge: Cambridge University Press, 1999: 293 – 305.

Gundel, J. K., Universals of topic-comment structure, *Studies in Syntactic Typology*, 1988, 17: 209 – 239.

Guo, J., Lieven, E., Budwig, N., Ervin-Tripp, S., Nakamura, K. & Öz çalişkan, Ş. (eds.), *Crosslinguistic approaches to the psychology of language: Research in the tradition of Dan Isaac Slobin*, New York, NY: Psycholgy Press, 2008.

Gussenhoven, C. & Bruce, G., Word prosody and intonation, In H. van der Hulst (Ed.), *Word prosody systems of languages of Europe*, Berlin:

Mouton de Gruyter, 1999: 233 – 271.

Gussenhoven, C. & Teeuw, R., A moraic and a syllabic H-tone in Yucatec Maya, *Fonología Instrumental: Patrones Fónicos Y Variación*, 2008: 49 – 71.

Gussenhoven, C., Focus, mode and the nucleus, *Journal of Linguistics*, 1983, 19 (2): 377 – 417.

Gussenhoven, C., Notions and subnotions in information structure, *Acta Linguistica Hungarica*, 2007, 55 (3 – 4): 381 – 395.

Gussenhoven, C., *The phonology of tone and intonation*, Cambridge: Cambridge University Press, 2004.

Halliday, M., Matthiessen, C. M. & Matthiessen, C., *An introduction to functional grammar*, London: Routledge, 2004.

Halliday, M. A., Notes on transitivity and theme in English: Part 2, *Journal of Linguistics*, 1967b, 3 (2): 199 – 244.

Hanssen, J., Peters, J. & Gussenhoven, C., Prosodic effects of focus in Dutch declaratives, In *Proceedings of Speech Prosody* 2008, Campinas, Brazil, 2008: 609 – 612.

Heldner, M., On the reliability of overall intensity and spectral emphasis as acoustic correlates of focal accents in Swedish, *Journal of Phonetics*, 2003, 31 (1): 39 – 62.

Hockett, C. F., A course in modern linguistics, *Language Learning*, 1958, 8 (3 – 4): 73 – 75.

Hornby, P. A. & Hass, W. A., Use of contrastive stress by preschool children, *Journal of Speech Language and Hearing Research*, 1970, 13 (2): 395 – 399.

Jackendoff, R. S., *Semantic interpretation in generative grammar*, Cambridge, MA: The MIT Press, 1972.

Jannedy, S., Prosodic focus in Vietnamese, In S. Ishihara, S. Jannedy &

A. Schwarz (Eds.), *Interdisciplinary studies on information structure*, Postdam: Universitätsverlag Potsdam, 2007, 8: 209 - 230.

Jannedy, S., The effect of focus on lexical tones in Vietnamese, In A. Botinis (Ed.), *Proceedings of ISCA Tutorial and Research Workshop On Experimental Linguistics*, Athens: ISCA and the University of Athens, 2008: 113 - 116.

Jun, S. - A. & Lee, H. - J., Phonetic and phonological markers of contrastive focus in Korean, In *Proceedings of the 5th International Conference on Spoken Language Processing* (*ICSLP* 98), Sydney, Australia, 1998.

Jun, S. A., Korean intonational phonology and prosodic transcription, In S. - A. Jun (Ed.), *Prosodic typology: The phonology of intonation and phrasing*, Oxford: Oxford University Press, 2005: 201 - 229.

Krifka, M., Basic notions of information structure, *Acta Linguistica Hungarica*, 2008, 55 (3 - 4): 243 - 276.

Kuznetsova, A., Brockhoff, P. B. & Christensen, R. H. B., lmerTest: Tests in linear mixed effect models, *R Package Version* 2.0 - 20, Retrieved from http://CRAN.R-project.org/package = lmerTest, 2013.

Kügler, F. & Genzel, S., On the prosodic expression of pragmatic prominence: The case of pitch register lowering in Akan, *Language and Speech*, 2012, 55 (3): 331 - 359.

Kügler, F. & Skopeteas, S., On the universality of prosodic reflexes of contrast: The case of Yucatec Maya, In *Proceedings of the 16th International Congress of Phonetic Sciences*, Saarbrücken, 2007: 1025 - 1028.

Ladd, D. R., *Intonational phonology*, Cambridge: Cambridge University Press, 1996.

Lambrecht, K., *Information structure and sentence form: Topic, focus, and the mental representations of discourse referents*, Cambridge: Cambridge

University Press, 1994.

Liu, Z., Chen, A. & Van de Velde, H., Prosodic focus marking in Bai, In N. Campbell, D. Gibbon & D. Hirst (Eds.), *Proceedings of the 7th International Conference on Speech Prosody*, Dublin, Ireland, 2014: 628–631.

Liu, Z., *The development of prosodic focus-marking in early bilinguals' L2: A study of Bai-Mandarin early bilinguals' Mandarin* (Doctoral dissertation), Utrecht University, 2017.

Liu, Z., Van de Velde, H. & Chen, A., Intonational Realization of Declarative Questions in Bai, *Proceedings of the 9th International Conference on Speech Prosody*, Poznan, Poland, 2018: 124–128.

MacWhinney, B. & Bates, E., Sentential devices for conveying givenessness and newness: A cross-cultural development study, *Journal of Verval Learning and Verbel Behavior*, 1978, 17 (5): 539–558.

Magezi, D. A., Linear mixed-effects models for within-participant psychology experiments: An introductory tutorial and free, graphical user interface (LMMgui), *Frontiers in Psychology*, 2015, 6: 1–7.

Man, V. C. H., Focus effects on Cantonese tones: An acoustic study, In *Proceedings of Speech Prosody* 2002, Aix-en-Provence, France, 2002: 467–470.

Maskikit-Essed, R. & Gussenhoven, C., No stress, no pitch accent, no prosodic focus: the case of Ambonese Malay, *Phonology*, 2016, 33 (2): 353–389.

Michaud, A. & Brunelle, M., Information structure in Asia: Yongning Na (Sino-Tibetan) and Vietnamese (Austroasiatic), In C. Féry & S. Ishihara (Eds.), *The Oxford handbook of information structure*, Oxford: Oxford University Press, 2016: 774–789.

Michaud, A. & Vu-Ngoc, T., Glottalized and nonglottalized tones under emphasis: Open quotient curves remain stable, F0 curve is modified, In B. Bel & I. Marlien (Eds.), *Proceedings of Speech Prosody* 2004, Nara, Japan, 2004: 745 – 748.

Müller, A., Höhle, B., Schmitz, M. & Weissenborn, J., Focus-to-stress alignment in 4-to 5-year-old German-learning children, In A. Belletti, E. Bennati, C. Chesi, E. DiDomenico & I. Ferrari (Eds.), *Proceedings of GALA* 2005 Newcastle: Cambridge Scholars Press, 2006: 393 – 407.

Nespor, M. & Vogel, I., *Prosodic phonology* (2nd ed.), Dordrecht: Walter de Gruyter, 2007.

Ouyang, I. C. & Kaiser, E., Prosody and information structure in a tone language: An investigation of Mandarin Chinese, *Language, Cognition and Neuroscience*, 2015, 30 (1 – 2): 57 – 72.

O'Brien, M. & Gut, U., Phonological and phonetic realisation of different types of focus in L2 speech, In K. Dziubalska-Kołaczyk, M. Wrembel & M. Kul (Eds.), *Proceedings of the 6th International Symposium on the Acquisition of Second Language Speech*, *New Sounds* 2010, Poznań, Poland, 2010: 331 – 336.

Prieto, P. & Esteve-Gibert, N., *Prosodic development in first language acquisition*, Amsterdam: John Benjamins, 2018.

Prieto, P., Intonational meaning, *Wiley Interdisciplinary Reviews: Cognitive Science*, 2015, 6: 371 – 381.

Quené, H. & Van den Bergh, H., Examples of mixed-effects modeling with crossed random effects and with binomial data, *Journal of Memory and Language*, 2008, 59 (4): 413 – 425.

R Core Team, R: A language and environment for statistical computing, *R Foundation for Statistical Computing*, *Vienna*, *Austria*, Retrieved from http://www.R – project.org/, 2014.

Romøren, A. S. H. & Chen, A., Quiet is the new loud: Pausing and focus in child and adult Dutch, *Language and Speech*, 2015, 58 (1): 8 –23.

Romøren, A. S. H. & Chen, A. , The acquisition of prosodic marking of narrow focus in Central Swedish, *Journal of Child Language*, 2022, 49 (2): 213 –238.

Romøren, A. S. H. , *Hunting highs and lows: The acquisition of prosodic focus marking in Swedish and Dutch* (Doctoral dissertation), Utrecht University, 2016.

Röher, C. , Baumann, S. & Grice, M. , The effect of verbs on prosodic focus marking of information status: Production and perception in German, *Proceedings of the 18th International Congress of Phonetic Sciences*, Glasgow, 2015: 1 –5.

Sauermann, A. , Höhle, B. , Chen, A. & Järvikivi, J. , Intonational marking of focus in different word orders in German children, *Processing of the 28th West Coast Conference on Formal Linguisitcs*, Los Angeles, 2011: 313 –322.

Schauber, E. , Focus and presupposition: A comparison of English intonation and Navajo particle placement, In D. J. Napoli (Ed.), *Elements of tone, stress, and intonation*, Washington, D. C. : Georgetown University Press, 1978: 144 –173.

Sgall, P. , Hajicová, E. & Panevová, J. , *The meaning of the sentence in its semantic and pragmatic aspects*, Dordrecht: Reidel, 1986.

Shen, C. & Xu, Y. , Prosodic Focus with Post-focus Compression in Lan-Yin Mandarin, In *Proceedings of Speech Prosody* 2016, Boston, MA, USA, 2016.

Shih, C. , Tone and intonation in Mandarin, *Working Papers of the Cornell Phonetics Laboratory*, 1988, 3: 83 –109.

Slobin, D. , Universal and particular in language acquisition, In E. Wanner & L. R. Gleitman (Eds.), *Language acquisition: The state of the art*, Cambridge: Cambridge University Press, 1982: 128 – 172.

Turk, A., Nakai, S. & Sugahara, M., Acoustic segment durations in prosodic research: A practical guide, In S. Sudhoff (Ed.), *Methods in empirical prosody research*, Berlin: Mouton de Gruyter, 2006: 1 – 28.

Vallduví, E. & Engdahl, E., The linguistic realization of information packaging, *Linguistics*, 1996, 34 (3): 459 – 520.

Vallduví, E., *The informational component* (Doctoral dissertation), University of Pennsylvania, Philadelphia, USA, 1990.

Wang, B., Li, C., Wu, Q., Zhang, X., Wang, B. & Xu, Y., Production and perception of focus in PFC and non-PFC languages: Comparing Beijing Mandarin and Hainan Tsat, In *INTERSPEECH* 2012, 13*th Annual Conference of the International Speech Communication Association*, Portland, OR, USA, 2012: 663 – 666.

Wang, B., Wang, L. & Qadir, T., Prosodic realization of focus in six languages/dialects in China, In *Proceedings of the* 17*th International Congress of Phonetic Sciences*, Hong Kong, China, 2011: 144 – 147.

Wang, F., *Language contact and language comparison: the case of Bai* (Doctoral dissertation), City University of Hong Kong, Hong Kong, 2004.

Wang, F., On the genetic position of the Bai language, *Cahiers de Linguistique Asie Orientale*, 2005, 34 (1): 101 – 127.

Wiersma, G. C., *A study of the Bai (Minjia) language along historical lines* (Doctoral dissertation), University of California, Berkeley, 2005.

Wonnacott, E. & Watson, D. G., Acoustic emphasis in four year olds, *Cognition*, 2008, 107 (3): 1093 – 1101.

Wu, W. L. & Xu, Y., Prosodic focus in Hong Kong Cantonese without post-focus compression, In *Proceedings of Speech Prosody* 2010, Chicago, IL, USA, 2010: 1 – 4.

Xu, Y. & Wang, Q. E., Pitch targets and their realization: Evidence from

Mandarin Chinese, *Speech Communication*, 2001, 33 (4): 319 – 337.

Xu, Y., Chen, S. – W. & Wang, B., Prosodic focus with and without post-focus compression: A typological divide within the same language family? *The Linguistic Review*, 2012, 29 (1): 131 – 147.

Xu, Y., Effects of tone and focus on the formation and alignment of f0 contours, *Journal of Phonetics*, 1999, 27 (1): 55 – 105.

Yang, A. & Chen, A., Prosodic focus marking in child and adult Mandarin Chinese, In C. Gussenhoven, Y. Chen & D. Dediu (Eds.), *Proceedings of the 4th International Symposium on Tonal Aspects of Language*, Nijmegen, 2014: 54 – 58.

Yang, A. & Chen, A., The developmental path to adult-like prosodic focus-marking in Mandarin Chinese-speaking children, *First Language*, 2018, 38 (1): 26 – 46.

Yang, A., *The acquisition of prosodic focus-marking in Mandarin Chinese and Seoul Korean-speaking children* (Doctoral dissertation), Utrecht University, 2017.

Yip, M., *Tone*, Cambridge: Cambridge University Press, 2002.

Zerbian, S., Investigating prosodic focus marking in Northern Sotho, In K. Hartmann, E. Aboh & M. Zimmermann (Eds.), *Focus strategies: Evidence from African languages*, Berlin: Mouton de Gruyter, 2007: 55 – 79.

İşsever, S., Information structure in Turkish: the word order-prosody interface, *Lingua*, 2003, 113 (11): 1025 – 1053.

后　　记

对于白语儿童来说，或是对于任何双语儿童来说，仅对其所操的一种语言及其发展路径进行探究是远远不够的。感谢云南省哲学社会规划项目和云南大学的资助，让我得以在 2018 年再次赴云南省大理白族自治州喜洲镇金圭寺村进行田野调查，并深入考察白语儿童的焦点韵律发展，弥补了我于 2012 年至 2017 年完成的关于白语儿童汉语焦点韵律发展研究时的缺憾。

借此机会特别感谢恩师 Aoju Chen 教授、Hans Van de Velde 教授和 René Kager 教授，在我博士毕业之后，仍鼎力在学术发展上给我提供中肯的建议和无私的支持。

衷心感谢云南大学民俗学专业学生杨识余、汉语国际教育专业学生梁淑芬、所有大理白族自治州喜洲镇金圭寺村参与本书的发音儿童和他们的家长，没有他们的积极参与和配合，本书难以顺利完成。

感谢云南大学的杨立权老师和赵燕珍老师，在实验设计阶段及后续的书写阶段给予的宝贵建议和支持。另外，非常感谢云南大学文学院院长王卫东老师对本书出版的鼓励与支持，由衷感谢云南大学给我提供的良好科研和教学环境。

最后感谢云南大学的谢思雨、罗洁和王敏同学在审校本书过程给予的帮助和支持。感谢中国社会科学出版社承担本书的出版工作，感谢陈肖静编辑的尽心审校。

由于本人研究水平有限，书中一定存在不少不足之处，敬请读者批评指正。

刘增慧

2022 年 4 月